甘孜州年鉴

༄༅། །དཀར་མཛེས་ཁྲུལ་གྱི་ལོ་རྒྱུས་མེ་ལོང་།

2016

GANZI PREFECTURE YEARBOOK

甘孜藏族自治州人民政府 主办
甘孜州地方志办公室 编

方志出版社
Publishing House of Local Records

图书在版编目（CIP）数据

甘孜州年鉴. 2016 / 甘孜州地方志办公室编. —北京：方志出版社，2017.1
ISBN 978-7-5144-2345-7

Ⅰ. ①甘… Ⅱ. ①甘… Ⅲ. ①甘孜-2016-年鉴
Ⅳ. ①Z527.12

中国版本图书馆 CIP 数据核字（2017）第 031224 号

甘孜州年鉴（2016）

编　　者：甘孜州地方志办公室
责任编辑：罗　滔
出 版 人：冀祥德
出 版 者：方志出版社
　　地址　北京市朝阳区潘家园东里 9 号（国家方志馆 4 层）
　　邮编　100021
　　网址　http://www. fzph.org
发　　行：方志出版社发行中心
　　（010）67110500
经　　销：各地新华书店
印　　刷：成都勤德印务有限公司
开　　本：889×1194　　1/16
印　　张：18
字　　数：460 千
版　　次：2017 年 1 月第 1 版　　2017 年 1 月第 1 次印刷
印　　数：0001~1000 册
ISBN 978-7-5144-2345-7　　定价：198. 00 元

LING DAO SHI CHA 领导视察

2015年10月13日，省委书记王东明（中）到甘孜州稻城县香格里拉镇热光村调研

2015年1月11—12日，省政府副省长、省公安厅厅长侍俊深入甘孜州调研藏区维稳安保工作（摄影：王晶雄）

2015年7月8日，州委书记刘成鸣（中）在泸定县冷碛镇团结村调研

2015年1月6—8日，州人大常委会主任李康（左二）到雅江县开展“同心同向”工作

2015年11月2日，州长益西达瓦（中）在康定市调研督导民生项目建设

2015年1月9日，州政协主席易凡（中）率部分省、州、县政协委员视察州法检两院工作

Z HONG DA HUI YI 重大会议

2015年1月23日，甘孜州第十一届人民代表大会第四次会议在康定召开

2015年1月22日，政协甘孜州第十二届委员会第四次会议在康定召开

2015年3月3日，州委政法暨维稳工作会议在康定召开

2015年9月1日，举全州之力开展群众工作全覆盖总结表彰暨常态推进会议在康定召开

2015年12月21—22日，中共甘孜州委十届八次全委（扩大）会议在康定召开

2015年5月19日，甘孜州“三严三实”专题教育工作视频会议在康定召开

2015年9月10日，甘孜州妇女第十二次全州代表大会在康定召开

2015年9月30日，四川甘孜藏区（深圳）旅游宣传推介会在深圳市举行

ZHENG WU HUO DONG 政务活动

2015年5月31日，撤销康定县设立康定市授牌授印仪式在康定新城举行，康定成为四川藏区首个县级市

2015年10月23日，川滇藏青交界地藏区市（州）长第一次联席会议在甘孜州康定市举行

2015年8月21日，“2015中国·甘孜环贡嘎山国际百公里户外运动挑战赛”在康定情歌广场开幕

2015年3月11日，四川省文化科技卫生“三下乡”“欢乐藏区行”暨“法律七进”活动走进甘孜县

2015年7月10日，中国·白玉“康巴户外天堂”察青松多摄影大赛开镜仪式在康定情歌广场举行

2015年“十一”黄金周，康定木格措景区游人如织

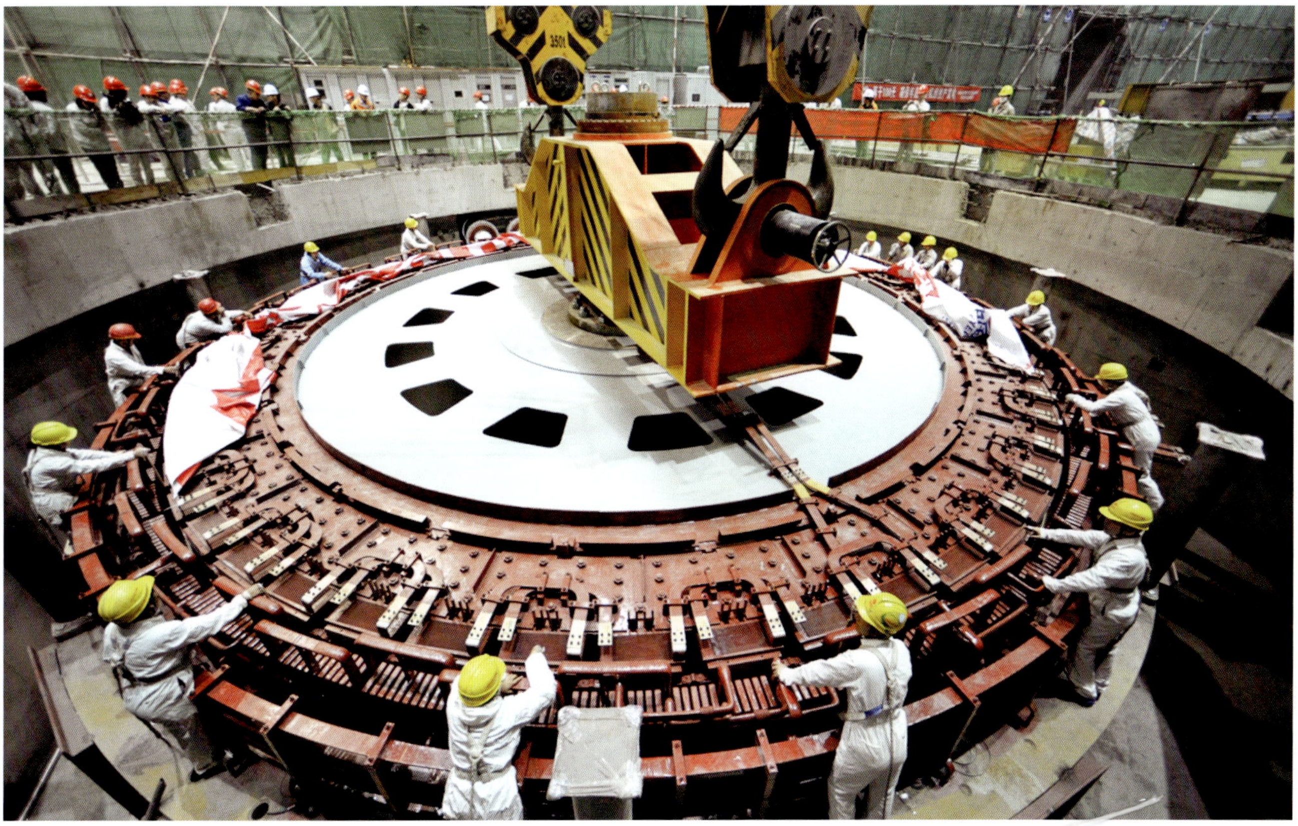

2015年10月25日，总重量达700吨的黄金坪水电站1号20万千瓦机组转子吊装成功

2015年4月18日，中国泸定第五届乡村旅游红樱桃节开幕仪式现场

2015年6月1日，甘孜州特殊教育学校庆祝“六一”儿童节现场

消防“进校园”“进军训”活动现场（州消防支队提供）

2015年7月31日，甘孜州庆“八一”双拥慰问活动在康定举行

2015年9月8日，朱德总司令和五世格达活佛纪念馆开馆仪式在甘孜县举行

甘孜军分区组织开展冬季野营拉练（甘孜军分区提供）

2015年12月4日，甘孜州委、州政府向全州受灾及困难群众发送御寒物资启动仪式现场

2015年8月15日，民政部配发甘孜州救灾专用车发放仪式（州民政局提供）

2015年6月20日，成都—康定—拉萨航线首航成功

2015年7月25~27日，格萨尔千幅唐卡在青海省玉树州展出

2015年12月4日，雅安市和甘孜州“区域医疗卫生服务战略合作”签字仪式在康定举行

2015年10月17日，全国扶贫日甘孜主题活动现场

2015年8月22日，首届中国甘孜巴塘户外嘉年华暨中法山地车邀请赛在巴塘县举行

2015年5月，甘孜州推荐的第七届省劳模在成都接受表彰（摄影：张浩）

2015年6月25日，甘孜州老年大学声乐班在省直机关工委举办的“走在前列·党旗飘扬”主题歌咏活动上荣获三等奖（摄影：蒋耀原）

9月25日，州政务服务中心工商窗口发出甘孜州首张“三证合一、一照一码”营业执照

新建成的甘孜州人民医院第二医疗区（州卫计委提供）

建设中的丹巴县酿酒葡萄基地（州农业畜牧局提供）

2015年8月，康北儿童福利院建成并投入使用（州民政局提供）

安全用电宣讲（州电力公司提供）

折多山交通疏导（摄影：廖玉）

编辑说明

一、《甘孜州年鉴》是由州人民政府主办，甘孜州地方志办公室负责编纂的地方综合性资料工具书。本年鉴从2000年开始，逐年编纂出版。

二、本年鉴以马克思列宁主义、毛泽东思想、邓小平理论、“三个代表”重要思想和科学发展观为指导，深入贯彻习近平总书记系列重要讲话精神，坚持辩证唯物主义和历史唯物主义的立场、观点和方法，全面、系统地记载2015年1月1日至12月31日甘孜州政治、经济、文化、社会发展情况，为党政决策提供参考依据，为社会各界了解和研究甘孜州提供翔实的资料和最新的信息，并为编修《甘孜州志》积累资料。

三、本年鉴采用分类编辑法，卷首设特载、专文、甘孜概貌、大事记，卷中设中共甘孜州委、甘孜州人大常委会、州政府、政协甘孜州委员会、中共甘孜州纪律检查委员会、社会团体、法治、武装、经济管理、财政·税务、金融·保险、商贸·旅游业、农业、工业、城乡建设·环境保护、交通、邮政·通信、科学·教育、文化体育·新闻出版、卫生、民族·宗教、社会生活、县（市）·海螺沟景区、人物·荣誉、索引29个类目，全书采用类目、分目、条目三级结构层次，以条目为主、图表为辅的编辑风格，收录彩色图片　张。条目标题用【】标明。

四、“人物·先进集体”收录2015年度州、县党政军企事业单位领导名录，“逝世人物”收录2015年逝世的、有影响的甘孜州籍领导和干部，先进人物和集体排列按国家级、省级、州级为序。

五、本年鉴共46万字左右。年鉴中所用统计数据受来源和统计口径等因素影响有差异，使用时请以州统计局提供的统计资料为准。

六、本年鉴中所有“上年”均指“2014年”，“州”均指“甘孜州”。

七、本年鉴卷首总目设中、藏文，卷末索引采用主题分析索引法，按主题词首字汉语拼音字母顺序排列。

甘孜藏族自治州地方志办公室

2016年10月30日

《甘孜州年鉴》编纂委员会

主　　任：葛　宁

副 主 任：刘亦兵　牛麦青云

委　　员：（按姓氏笔画排列）

王成康　刘启蓉　李　凡　拥　措　格　绒

郭秀英

《甘孜州年鉴》编辑部

主　　编：刘启蓉

副 主 编：韩广富　孙义英

执行编辑：泽朗初　吴东强　朱英全　廖才蓉

编　　辑：喻元伟　罗　萍　陈朝伟　徐　霞　雷小红

李艳萍　舒大花　郭寿康　李佳憬

藏　　文：拥　措　汪青志玛

特约撰稿人

（以姓氏笔画为序）

王　聪	叶智勇	田振晓	冯　颖	朱春雨	朱　瑜	刘玉瑶
刘清勇	刘　渊	刘煊华	江　勇	严王清	杜金松	杨立骅
杨　旭	杨克勇	杨尚志	杨艳琼	李　飞	李春芳	李　映
李洛珍	李　毅	肖　勇	吴艾芳	吴怀钰	吴　波	汪　涛
张红艺	张显兴	陈　阳	陈攀峰	林　龙	林咏峰	欧阳万进
金　珠	金　桥	周孝辉	庞红卫	郑　芳	泽翁志玛	赵　琴
荆林庆	段慧超	洪　彬	洛松次仁	徐　佳	涂英莉	桑郎翁确
黄世才	黄礼霞	黄光辉	梁学群	董碧霞	敬向峰	蒋丽华
蒋明泉	童红英	谢达飞	解必彦	蔡其华	廖移海	德　西
魏　琼	魏鑫旻					

总　目

༄༅། །སྤྱིའི་དཀར་ཆག

དཀར་ཆག
目　录

དམིགས་བསལ་དུ་འགོད་པ།
特　载

ཆེད་དོན་རྩོམ་ཡིག
专　文

དཀར་མཛེས་ཀྱི་གནས་ཚུལ་མདོར་བསྡུས།
甘孜概貌

དོན་ཆེན་ཟིན་ཐོ།
大事记

ཀྲུང་གུང་དཀར་མཛེས་ཁུལ་ཨུ་ཡོན་ལྷན་ཁང་།
中共甘孜州委员会

དཀར་མཛེས་ཁུལ་དམངས་ཆེན་རྒྱུན་ལྷན་ཁང་།

甘孜州人大常委会

དཀར་མཛེས་ཁུལ་མི་དམངས་སྲིད་གཞུང་།

甘孜州人民政府

སྲིད་གྲོས་དཀར་མཛེས་ཁུལ་ཨུ་ཡོན་ལྷན་ཁང་།
政协甘孜州委员会

དཀར་མཛེས་ཁུལ་སྒྲིག་ཁྲིམས་ཞིབ་བཤེར་ཨུ་ཡོན་ལྷན་ཁང་།
中共甘孜州纪律检查委员会

སྤྱི་ཚོགས་ཚོགས་པ།
社会团体

ཁྲིམས་ལུགས།

法 治

དམག་དཔུང་།

武 装

དཔལ་འབྱོར་དོ་དམ།

经济管理

ནོར་སྲིད་དང་ཁྲལ་དོན།
财政·税务

དངུལ་རྩ་དང་ཉེན་འགོག་འགན་ལེན།

金融・保险

༄།།ཚོང་ལས་ཧྲེ་ཚོང་ཡུལ་སྐོར་ལས་རིགས།

商贸・旅游业

ཞིང་ལས།

农　业

བཟོ་ལས།

工　业

གྲོང་ཁྱེར་འཛུགས་སྐྲུན་དང་ཁོར་ཡུག་སྲུང་སྐྱོང་།

城乡建设 · 环境保护

འགྲིམ་འགྲུལ།

交　通

སྦྲག་སྲིད་དང་འཕྲིན་སྐྱེལ།
邮政·通信

ཚན་རིག་དང་སློབ་གསོ།
科学·教育

རིག་གནས་ལུས་རྩལ་དང་གསར་འགྱུར་དཔེ་སྐྲུན།
文化体育·新闻出版

འཕྲོད་བསྟེན།
卫 生

མི་རིགས་དང་ཆོས་ལུགས།
民族·宗教

སྤྱི་ཚོགས་འཚོ་བ།
社会生活

རྫོང་(གྲོང་ཁྱེར)དང་དཀར་ལུང་པའི་སྤྱོད་ལམ།
县（市）·海螺沟景区

མི་སྣ་·མཚན་སྙན།
人物·荣誉

དཀར་ཆག
索　引

དམིགས་བསལ་དུ་འགོད་པ།
特 载

在州委十届八次全委（扩大）会议第一次会议上的讲话

中共甘孜州委书记 刘成鸣

（2015年12月21日）

州委十届八次全会是在我州同步全面建成小康社会进入决胜阶段召开的一次重要会议。这次会议的主要任务是，全面学习贯彻党的十八届五中全会、省委十届七次全会精神，总结报告州委常委会一年来的工作，审议通过《中共甘孜州委关于制定国民经济和社会发展第十三个五年规划的建议》，动员全州干部群众凝心聚力，坚定信心，众志成城，克难奋进，努力推进甘孜科学发展、统筹发展，确保到2020年与全国全省同步全面建成小康社会。

一、州委常委会一年来的主要工作

州委十届六次全会以来，在省委的坚强领导下，州委常委会全面贯彻落实党的十八大和十八届三中、四中、五中全会、中央第六次西藏工作座谈会和省委十届五次、六次、七次全会、省委藏区工作会议精神，始终坚持“四个全面”战略布局，认真贯彻落实中央“依法治藏、富民兴藏、长期建藏、凝聚人心、夯实基础”的治藏方略和省委“标本兼治、长短结合、综合施策、攻心为上，统筹抓好发展民生稳定三件大事”的藏区工作思路，团结带领全州各族干部群众，主动适应经济发展新常态，扎实做好改革发展各项工作，全面加强经济、政治、文化、社会、生态文明建设和党的建设，开创了科学发展、民生改善、和谐稳定、民族团结、生态良好、党建提升的良好局面。

（一）围绕“六个精准”“五个一批”，集中力量推进扶贫攻坚。召开州委十届七次全会专题部署扶贫攻坚工作，紧紧围绕扶贫对象精准、扶贫项目精准、资金使用精准、扶贫措施精准、驻村帮扶精准、脱贫成效精准“六个精准”及扶持生产和就业发展一批、移民搬迁安置一批、低保政策兜底一批、医疗救助扶持一批、灾后重建帮扶一批“五个一批”要求，制定了“3 + 10”的精准扶贫工作体系和“十三五”农村扶贫开发规划，精准识别扶贫对象，健全落实州领导联系贫困县（市）和干部驻村帮扶制度，全面落实驻村帮扶工作，大力开展新村扶贫、产业扶贫、基础扶贫、智力扶贫、生态扶贫，深入开展暗访督查工作，确保圆满完成2015年的减贫目标任务。

（二）培育壮大特色优势产业，推动重点产业规模总量逐步扩大。科学编制《甘孜州全域旅游发展规划》，启动实施全域旅游“十大工程”，大力发展乡村旅游，创建精品旅游景区，积极树推“圣洁甘孜”品牌，举办“纪念红军长征80周年”系列活动，预计全年接待游客1050万人次，实现旅游综合收入104亿元。紧紧围绕建设“高原现代特色生态农牧业”目标，打造“一圈一带一走廊”产业布局，大力发展“四大优势产业”，着力培育“八大产业基地”，积极开发“十大特色产品”，切实强化农业、惠及农村、富裕农民。坚持“全力支持大型、全面参与中型、全域清理小型”的水电开发思路，加快建设“两江一河”干流大型水电站，全年预计实现新增水电装机103万千瓦。有序推进矿产资源开发，大力实施14个重点项目建设，预计实现产值14.5亿元。

（三）加力推进基础设施建设，着力破解制约发展的短板瓶颈。始终坚持交通先行，加力推进国道318线东海路、国道317线雀儿山隧道、雅康高速公路（甘孜段）等16个重点项目建设，完成交通投资108亿元，全力推进交通建设再上新台阶。推进农网城网设施改造升级，全面完成无电地区电力建设。加强城镇基础设施建设，完善城镇规划，强化城乡环境综合整治，提升城镇配套能力，切实做强县城，做优乡镇，做美村寨。

（四）采取务实举措改善民生，共建共享促进社会和谐。积极创建“藏区一流、人民满意”教育，全面构建十五年免费教育体系，大力推进“双语”教学和寄宿制教育办学，突出民族教育办学特色。加快构建医疗服务新格局，强化医疗服务体系标准化建设，提升公共卫生服务水平。全面推进文化惠民，积极开展“送文化下乡”活动，让农牧民群众共享民族文化发展成果。大力实施“就业促进”民生工程，城镇登记失业率控制在4.2%以内。加快推进康定“11·22”地震灾后恢复重建，完工项目118个，完成总投资的45%。芦山、得荣地震灾后重建有序推进，灾区群众生产生活水平显著提升。

（五）谋划推动重点领域改革，不断增强经济社会发展动力活力。坚持把全面深化改革作为全局工作的重点，召开4次深改领导小组会议，研究制定了《中共甘孜州委重要改革举措实施规划（2014—2020年）》，积极稳妥推进农业农村、国资国企、党的建设等7个方面改革，研究制定20项改革实施意见和方案，推动全州深化改革落地落实，加快改革红利释放。

（六）全方位扩大开放合作，创造开放型经济优势迈出坚实步伐。积极搭建对外开放平台，举办了“广州民营企业甘孜行”等系列投资促进活动，借助2015年中外知名企业四川行等投资平台，宣传推介各类招商引资项目176个，签约项目5个、总投资56.8亿元。深化与成都、雅安等周边地区的交流合作，大力发展“飞地经济”，推进甘眉工业园区、成甘工业园区建设，共同促进区域协调发展。深化对口帮扶工作，实施了广东省对口支援两年项目计划，进一步提高开放合作水平。

（七）加强党的群众工作，进一步密切党群干群关系。召开了群众工作全覆盖总结表彰会，推进群众工作常态化。结对认亲发挥了深化情感融合的作用，干部与群众之间更加和谐。同心同向发挥了系牢联系纽带的作用，寺庙僧尼积极支持配合党委、政府工作。爱心帮扶发挥了扶贫济困的作用，正由政府引导参与向全社会主动参与转变。宣传教育发挥了凝聚奋进共识的作用，广大群众爱国、守法、感恩、团结的意识明显提升。共建共创发挥了夯实基层基础的作用，基层组织凝聚力、战斗力、号召力进一步提升。幸福工程发挥了改善基础条件的作用，群众诉求得到更多关注和有效解决。

（八）持续深入推进依法治州，全州社会大局保持稳定。深入贯彻落实中央第六次西藏工作座谈会和省委藏区工作会议精神，印发了《关于贯彻落实省委藏区工作会议精神推进经济社会发展和长治久安的实施意见》。抓实反分维稳各项工作，全力维护敏感节点社会稳定，有力挫败了分裂集团妄图借达赖“庆生”捣乱破坏图谋；妥善处置了阿安扎西病亡善后事件，维护了社会大局稳定。加大法治宣传力度，扎实开展“法律七进”活动，“六五”普法圆满收官，提高了农牧民群众法律意识，提高了我州社会治理法治化水平，营造了良好的法治氛围。

（九）严格寺庙依法管理，积极引导宗教与社会主义社会相适应。深化寺庙分类管理达标升级，加强宗教领域专项整治，全面开展活动场所、寺庙财务、未成年人员入寺清退等工作，促进寺庙规范管理有秩序。继续开展4座重点寺庙综合整治工作，平稳有序地完成了道孚灵雀寺、铜佛山觉姆寺的集中宣讲工作，实现了工作组入寺、中央和省州重要会议精神入寺、法律宣讲入寺、管理服务入寺“四个首次入寺”，积极引导宗教与社会主义社会相适应。

（十）大力推进民主政治建设，充分发挥政治制度优势。高度重视人大工作，进一步加强和改善对人大工作的领导，尊重和支持人大及其常委会依法行使职权。大力支持政协工作，推动政协在促进经济发展上有新行动，在促进民生改善上有新作为，在促进协调合作上有新贡献。充分发挥统一战线和群团组织作用，召开州委群团工作会议进行专题部署，出台了《关于加强和改进党的群团工作的意见》。进一步加强党管武装工作，支持国防后备力量建设。

（十一）提升党的建设科学化水平，着力夯实党在藏区的执政基础。加强思想政治建设，强化州委和县（市、局）党委中心组学习，引导党员干部“讲政治懂规矩守纪律”。坚持“好干部”标准，注重在“反分维稳一线、扶贫攻坚一线、重大项目建设一线、艰苦复杂环境一线”选拔干部，选优配强各级领导班子和领导干部。制定完善“百千万康巴英才工程”实施细则和考核办法，引进各类急需紧缺人才。强力整治软乡弱村，积极开展“六查六审”工作，完善整顿措施，着力提升基层组织战斗力、凝聚力、号召力。深入开展“三严三实”专题教育，以“执行落实年”为契机，持续开展正风肃纪，集中整治不作为、乱作为等突出问题。始终保持惩治腐败高压态势，坚持“零容忍”，强化执纪问责，形成强大震慑。全州纪检监察机关已立案382件，结案348件，给予党纪政纪处分347人；自办案件立案17件17人，移送司法机关9人，给予党纪政纪处分12人。

一年来，州委常委会切实加强自身建设，带头坚定理想信念，始终在思想上政治上行动上与党中央和省委保持高度一致，全面贯彻落实中央大政方针和省委决策部署。带头坚持真抓实干，坚持用中央和省委重要精神指导实践、推动工作，从制度机制上谋划解决事关甘孜全局和长远的问题，不断提高领导经济社会发展的能力水平。带头坚持群众路线，始终把群众利益放在第一位，走乡入村调查研究，切实为群众办实事解难事。带头坚持精诚团结，严格落实民主集中制，集思广益，博采众长，形成了团结有力的工作合力。带头坚持清正廉洁，始终把纪律和规矩挺在前面，努力做好表率。在州委常委班子带领下，全州各级党组织和广大干部职工紧紧围绕全州中心工作，知责担当、迎难而上，全面贯彻落实中央和省委、州委决策部署，推动全州各项事业迈上了新的台阶。

二、州委“十三五”规划建议的说明

党的十八届五中全会指出，“到2020年

全面建成小康社会，是我们党确定的两个一百年奋斗目标的第一个百年奋斗目标。‘十三五’时期是全面建成小康社会的决胜阶段，‘十三五’规划必须紧紧围绕实现这个奋斗目标来制定。”11月16日，省委十届七次全会召开，审议通过了《中共四川省委关于制定国民经济和社会发展第十三个五年规划的建议》，会议明确指出，到2020年与全国同步全面建成小康社会是贯彻落实中央“四个全面”战略布局的重大任务，是谱写伟大中国梦四川篇章必须肩负的历史使命。制定好“十三五”经济社会发展规划，事关“两个跨越”目标顺利实现，事关治蜀兴川事业全面发展进步。

对甘孜而言，“十三五”时期，既是推进扶贫开发攻坚的决战期、全面深化改革的攻坚期、实施依法治州的巩固期，更是推进经济社会发展和长治久安总体部署、实现与全国全省同步全面建成小康社会的决胜期。制定好“十三五”规划建议，进一步明确未来五年全州发展的目标任务，对于协调推进中央“四个全面”战略布局、落实省委藏区工作系列决策部署，推动甘孜经济社会持续健康发展、确保与全国全省同步全面建成小康社会具有极其特殊而深远的重大意义。我们要紧紧围绕同步全面建成小康社会这一目标，突出脱贫奔康和长治久安两个关键，统筹抓好发展民生稳定三件大事，精心组织实施扶贫攻坚、依法治州、产业富民、交通先行、城乡提升、生态文明建设“六大战略”，加快建设美丽生态和谐小康甘孜。

建议的起草过程。州委常委会高度重视“十三五”规划建议的起草工作。今年6月以来，常委会就对涉及全州经济社会发展的各方面工作相继进行了专题调研，并逐步提出了一些关于未来五年发展的思路、目标和举措，从而为建议起草提供了重要参考依据。9月，常委会专题研究了“十三五”规划建议起草相关事宜。9月24日，州“四大班子”专题听取了“十三五”规划工作进展情况汇报，并作了进一步安排部署。

同时，常委会还对建议起草工作提出了四个方面的具体原则：一是坚持中央和省委精神与甘孜实际相结合，切实将中央新的发展理念和省委要求部署与州委“一个目标、两个关键、三件大事、六大战略”和既有部署对接起来，做到既保持总体目标要求、战略重点、重大举措的一致性和连续性，又符合州情实际、彰显甘孜特色。二是坚持目标导向与问题导向相统一，既从确保与全国全省同步全面建成小康社会的总目标来倒推任务、明确方向和时间节点，又从迫切需要解决的突出问题着力，特别是扶贫攻坚、改善民生这类事关全州人民切身利益的现实问题，要切实找出破解难题的途径和方法。三是坚持全面规划与重点突破相协调，既下好“一盘棋”，注重协调推进经济、政治、文化、社会、生态文明“五位一体”建设和党的建设，又抓住“牛鼻子”，突出对重点产业、重点领域和薄弱环节的集中攻关，并提出切实可行思路和务实举措。四是坚持战略谋划和操作实施相衔接，既强调规划建议的宏观性、战略性和指导性，体现管宏观、管长远、管全局的作用，又突出规划建议的约束力和可操作性。

根据上述原则，起草组进行了深入思考和认真研究，对《建议》提纲进行了4次修改，并专门组织州级相关部门召开了起草工作协调会，《建议》初稿形成后起草组进行了多次修改。11月16日，省委十届七次全会后，起草组结合省委《建议》对州委《建议》初稿再次进行了完善，并先后3次通过书面和召开专题座谈会方式，广泛征求了州“四大家”班子成员、各县（市）、州级各部门、省州属单位和部分全国、省、州党代表、人大代表、政协委员以及社会各界代表的意见建议，共吸收采纳修改意见207条。12月16日，州委常委会2015年第15次会议对《建议》稿再次进行了专题研究和讨论，起草组根据常委会讨论意见又作了进一步修改完善，最终形成提交全会审议的《建议（讨论稿）》。在征求意见过程中，大家一致认为，州委《建议》稿充分贯彻了中央和省委精神、体现了甘孜实际、反映了群众意愿，并以战略思维、全局视野和科学部署绘制了全州未来五年的宏伟蓝图，具有很强的前瞻性、指导性和针对性，全会审议通过后必将成为指导“十三五”时期全州经济社会发展的纲领性文件，必将为建设美丽生态和谐小康甘孜、确保同步全面建成小康社会开启新的历史篇章。

《建议》稿的总体框架和主要内容。在总体框架上主要分为三大板块、八个部分。第一板块由导语和第一部分构成，属于总论。主要阐述了同步全面建成小康社会决胜阶段的形势和任务，总结了“十二五”期我州发展的主要成就，分析了“十三五”期我州发展的内外环境，提出了“十三五”期我州发展的指导思想、基本原则和主要目标。第二板块由第二至第七部分构成，属于分论。主要围绕“五大发展理念”和推进依法治州进行阐述和部署，明确了“十三五”期我州发展重点和重大举措。主要讲坚持创新发展理念，增强加快发展内生动力；坚持协调发展理念，构建平衡发展总体格局；坚持绿色发展理念，突显生态文明建设后发优势；坚持开放发展理念，推动全方位合作共赢；坚持共享发展理念，着力增进人民群众福祉；实施依法治州战略，加强平安和谐甘孜建设。第三板块由第八部分和结束语构成。主要讲加强和改善党的领导，凝聚“十三五”工作强大合力，号召全州各级党组织和广大干部群众，进一步坚定信心、振奋精神，攻坚克难、务实进取，为实现“十三五”发展目标、夺取同步全面建成小康社会的伟大胜利而奋斗。

需要特别说明的是，在这次州委“十三五”规划建议的起草中，我们还注意把握了以下几个重大问题。

第一，注重用新的发展理念和思想来引领推动全州“十三五”时期发展。党的十八大以来，以习近平同志为总书记的党中央坚持和发展中国特色社会主义，形成了一系列治国理政的新理念新思想新战略。尤其是党的十八届五中全会鲜明提出了创新、协调、绿色、开放、共享“五大发展理念”，科学回答了新形势下需要什么样的发展、走什么样发展道路的重大问题，成为“十三五”乃至更长时期我国发展的方向指引。深刻领会和把握好“五大发展理念”和这些新的思想、新的战略，并将其转化为符合甘孜发展实际、体现甘孜发展特色的具体实践，是当前制定“十三五”规划建议最重大最紧迫最首要的任务。

州委认真贯彻落实中央和省委精神，始终坚持“四个全面”战略布局和“五位一体”建设任务，以创新、协调、绿色、开放、共享“五大发展理念”为主线对《建议》稿进行谋篇布局，并按照适应把握引领经济发展新常态、确保同步全面建成小康社会的要求进行战略谋划和科学部署，注重优化经济结构、增强内生动力、补齐发展短板，确立了我州“十三五”时期的发展思路、发展方向和目标任务。这些都充分体现和贯彻了党的十八届五中全会、省委十届七次全会新的理念要求。

第二，着眼从过去五年实践探索中总结经验，把“十二五”的经验和成就继续贯彻到“十三五”发展之中。每一个五年规划，既有相对独立的体系和要求，又体现一脉相承的发展进程。谋划“十三五”发展不是“另起炉灶”，而是要在“十二五”发展形成的物质成果和思想成果基础上，总结经验、保持定力，朝着既定目标坚定前行。

州委《建议》稿全面回顾了我州“十二五”特别是十八大以来的工作。“十二五”时期是我州应对各种困难挑战、推进加快发展很不平凡的五年。五年来，面对复杂多变的宏观经济形势、艰巨繁重的改革发展稳定任务，州委团结带领全州各族干部群众，认真贯彻落实中央系列重大决策部署和省委藏区工作思路，全面推进经济、政治、文化、社会、生态文明建设和党的建设，基本完成了“十二五”规划确定的各项目标任务，全州呈现出经济较快增长、民生持续改善、社会和谐稳定的良好局面。可以说，过去的五年，是甘孜建州以来国家投入力度最大、项目建设最多、基础设施改善最快、发展质量和效益最好、民生改善最为显著的五年，开创了经济社会发展新局面，为“十三五”奠定了坚实基础。

一是打下了坚实的经济基础。坚持把发展作为第一要务，把经济建设作为兴州之要，保持专注发展定力。2015 年，预计完成地区生产总值 213.7 亿元，“十二五”年均增长 9.4%；人均 GDP1.85 万元，“十二五”年均增长 7.7%；全社会固定资产投资 420 亿元，“十二五”期间累计完成投资 1900 亿元；地方公共财政收入 29.6 亿元，“十二五”年均增长 10%；社会消费品零售总额 74.29 亿元，“十二五”年均增长 13%；城镇居民人民可支配收入 2.5 万元，“十二五”年均增长 11%；农村居民人均可支配收入 8443 元，“十二五”年均增长 21.5%，经济社会保持了良好的发展态势。

二是建立了牢固的发展基础。交通建设实现历史性跨越，实施两轮“交通建设三年集中攻坚”，改造完成干线公路 28 条 3022 公里，亚丁机场建成通航，雅康高速（甘孜段）全面开工，甘孜格萨尔机场、川藏铁路雅康段前期工作加快推进，乡村公路通达通畅能力明显提高，“十二五”期间总投资 383.8 亿元，是“十一五”期间的 5.6 倍。“电力天路”建设强力推进，“新甘石”“川藏联网”工程建成投运，解决了 26.8 万无电地区农牧民用电问题。水利基础设施全面加强，玛依河、洛须等骨干中型水利工程基本建成。信息服务能力全面提升，光缆线路达到 5.7 万公里，发展基础条件进一步改善。

三是培育了深厚的产业基础。绿色产业不断培育壮大，旅游产业发展势头强劲，逐步成为经济发展的支柱产业；水电建设速度不断加快，水电装机总容量达到 720 万千瓦；高原生态农牧业、优势矿业等产业支撑作用显著增强，中藏药业和民族文化产业加快发展。生态文明建设成效突出，编制完成《甘孜州生态文明建设规划》，森林草原得到有效保护、沙化土地得到有效治理，生态环境保护和建设步入良性循环。关键领域和重点环节改革深入推进，全方位开放合作格局初步形成，发展动力和活力显著增强。

四是夯实了良好的民生基础。始终坚持把保障和改善民生作为一切工作的出发点和落脚点，大力实施民生工程，群众上学难、看病难、行路难、饮水难等问题进一步得到缓解。同时，集中力量推进扶贫开发，“十二五”期间我州共投入扶贫资金 38.45 亿元，较“十一五”期增长 1 倍多，实现 23 万余人脱贫，贫困发生率从 2010 年的 39.3% 下降到 2015 年的 14.9%，群众生活水平和质量得到提升。

五是形成了浓厚的法治基础。全面深入推进依法治州，统筹推进科学立法、严格执法、公正司法、全民守法，切实把甘孜各项事业纳入法治化轨道。旗帜鲜明反对分裂，牢牢掌握维稳工作主动权。加强寺庙依法管理，先后制定出台了《甘孜藏族自治州藏传佛教事务条例》等管理制度，开展了“五热爱两遵守三负责”主题教育等活动，推进寺庙“五通”建设，维护了宗教领域和谐稳定。

六是巩固了广泛的群众基础。举全州之力推进群众工作全覆盖，党群干群走得更近，党心民心贴得更紧，“和谐稳定是福、分裂破坏是祸”的共识更加深入人心，全州农牧民群众盼发展、思发展的愿望更加强烈，齐心协力脱贫奔康的氛围更加浓厚，形成了汉藏一家亲、民族大团结的良好局面。

七是筑牢了可靠的干部基础。坚决贯彻中央从严治党方针，切实加强领导班子建设，在艰苦复杂的反分维稳和繁重的发展民生工作实践中，打造了一支政治立场坚定、素质优良、作风硬朗、敢打硬仗、善打胜仗的干部队伍，各级党政班子精诚团结、和衷共济，各级干部勤勉敬业，全州上下心往一处想、劲往一处使，汇聚了同步全面建成小康社会的强大合力。

实践证明，州委过去五年的发展理念、决策部署和重大举措是完全正确的，符合甘孜实际，这些重要成果，坚持了“四个全面”战略布局，坚持了发展民生稳定三件大事一起抓的藏区工作思路，符合创新发展、协调发展、绿色发展、开放发展、共享发展理念的内涵，已成为全州上下的共识，我们要在“十三五”发展中继续贯彻下去。

第三，着眼实现“全面小康”的宏伟蓝图，制定科学合理的“十三五”发展目标体系。习近平总书记指出，全面建成小康社会是我们党对全国人民作出的庄严承诺，必须实现，而且必须全面实现。没有任何讨价还价的余地，不能到了时候我们说实现不了，也不能到时候我们一边宣布全面建成小康社会，另一边还有几千万人生活在扶贫标准线以下，如果是那样，必然会影响人民群众对全面小康社会的满意度和国际社会对全面小康的认可度，也必然会影响党在人民群众心目中的威望和我们国家在国际上的形象。全面小康不能落下一个地区、一个民族，甘孜虽然是达赖分裂集团渗透的重灾区、不稳定事件的频发区、经济社会发展的滞后区、基层基础的薄弱区、生态环境的脆弱区、扶贫攻坚的重点区，也必须如期与全省同步实现全面建成小康社会，这是我们的历史责任，是州委向全州人民作出的庄严承诺，也没有任何讨价还价的余地。

全面建成小康社会从根本上说还是发展问题。甘孜无论是从全州人均水平不高、区域发展不平衡等州情实际考虑，还是从实现与全国全省同步建成小康社会来考虑，都必须要确立一个积极进取的目标，就是在“十三五”期保持达到或高于全省平均水平的增长速度。之所以提出这个目标，是全面分析了经济社会发展面临的挑战和机遇，看到了我州同步全面建成小康社会面临的压力，只有按照这个目标全力推进，我们与全省的差距才会逐年缩小，才能同步全面建成小康社会。一是经济社会发展相对滞后的挑战。全省经济总量过千亿的市（州）达到14个，过百亿的县（市、区）达到105个。从人均GDP对比来看，2014年我州比“四大片区”低3400元，比阿坝、凉山分别低8900元和1.05万元，比相邻市州迪庆低1.81万元，我州与周边地区还存在一定的距离，需要我们在“十三五”时期加力加劲，确保不掉队、不拖后腿。二是全省各地竞相发展的挑战。从各兄弟市州的情况来看，“十三五”期间均提出了GDP不低于或超过全省平均水平的经济增长速度的目标，达州市年均增长7.5%，凉山州年均增速“保9争10”，阿坝州年均增长8%以上，如果我们不能与全省平均水平保持一致，差距就会进一步拉大，实现同步全面建成小康社会就将成为一句空话。三是自身发展面临诸多短板的挑战。长期以来，我州基础设施建设滞后，到目前为止还没有一条高速公路，二、三级公路仅占总里程的4%，这让甘孜的发展更加封闭孤立。人才极其匮乏，进不来、留不下、稳不住成为人才建设的最大“瓶颈”。一些农牧民群众法治意识淡薄，存在“信佛信访不信法”的现象，遇事热衷闹访、缠访。只有不断发展，才能更好地破除“短板”制约。四是脱贫攻坚任务极其繁重的挑战。对比全省2014年年底的数据，我州贫困村数占全省的12%，贫困发生率比全省高出10个百分点，仍有1679个贫困村、24.48万贫困人口，扶贫开发攻坚任务还异常艰巨。同时，作为指导全州未来五年经济社会发展的纲领性文件，又处于同步全面建成小康社会决胜期的重大历史阶段，我们要充分体现出一种“奋起直追、跳起摸高”的精神状态和坚强决心，真正为甘孜经济社会发展布好局、为百万各族群众谋福利。

看到我州发展面临挑战的同时，也要看到未来的发展优势，全面分析发展条件，我州完全能够保持达到或高于全省平均水平的经济增长速度。一是有政策支持。长期以来，中央和省上给予了藏区极大的关心帮助。特别是党的十八届五中全会，明确指出要加大对藏区特殊政策的扶持力度；中央第六次西藏工作座谈会，专门出台了加快四省藏区经济社会发展的24号文件。省委藏区工作会下发了“1+5”政策文件，明确了四川藏区未来发展的重点任务。中央、省委的高度重视，为我州经济社会发展提供了有力的体制保障和政策支持。二是有资源优势。我州拥有极其丰富的自然资源禀赋，各类自然保护区域面积和数量位列全省第一，已探明的水能资源、风能、光能以及地热资源等生态能源总和在全国地市州排名第二位，已探测的甲基卡锂辉石矿储量位居世界前列，未来我州资源开发的空间十分巨大。三是有内在潜力。近年来，我州产业发展保持良好势头，旅游产业不断壮大，旅游产品不断打响，旅游市场不断扩大，预计今年的旅游收入比2010年增长3.2倍，未来旅游产业发展前景大好；高原特色现代农牧业拥有得天独厚的自然条件，绿色、有机农牧产品符合市场需求，市场前景广阔。随着雅康高速公路、甘孜格萨尔机场、川藏铁路的逐步建成，交通条件将得到极大改善，区位劣势将得到根本转变。同时，经过“三严三实”教育活动，广大干部作风得到转变，能力得到提升，思想认识得到提高，为我州加快发展创造良好的条件。

今后五年只要我们保持专注发展定力，紧紧围绕中心工作，始终做到转变方式不偏离、补齐短板不松劲、防范风险不懈怠，始终保持达到或高于全省平均水平的经济增长速度，就一定能够实现到2020年地区生产总值比2010年翻一番以上，城乡居民人均收入达到全省平均水平。

三、用“五大发展理念”引领“十三五”发展，确保同步全面建成小康社会

实施发展行动，必须要有先进的发展理念作先导。党的十八届五中全会指出，实现“十三五”时期发展目标，必须牢固树立创新、协调、绿色、开放、共享的发展理念。省委十届七次全会指出，谋划和推动“十三五”发展，必须用新的发展理念指导新的发展实践。因此，我州“十三五”时期经济社会发展，必须坚持以新的发展理念为指导，着力破解发展难题、增强发展内生动力，加快形成适应经济发展新常态的体制机制和发展方式，努力走创新、协调、绿色、开放、共享发展的新路子。当前，我州正处于加快建设美丽生态和谐小康甘孜、与全国全省同步全面建成小康社会的决胜阶段，必须通过创新发展解决发展动力问题，目的是把发展的着力点放在创新上，形成促进创新的体制机制，不断激发发展的内生动力；必须通过协调发展解决发展不平衡问题，目的是处理好区域协同、城乡一体、物质文明和精神文明并重的重大关系，加快形成平衡发展新格局；必须通过绿色发展解决人与自然和谐问题，目的是满足人民群众对整洁、优美环境的强烈期盼，坚持走生产发展、生活富裕、生态良好的文明发展道路，加快建设美丽甘孜；必须通过开放发展解决发展内外联动问题，目的是以扩大开放带动创新、推动改革、促进发展，以全方位的开放合作战略实现甘孜加快发展；必须通过共享发展解决社会公平正义问题，让群众得到看得见、摸得着的实惠，既满足大多数群众民生需求，又着力解决少数贫困群众的脱贫问题，确保在实现全面小康的路上不落下一村一户一人；必须通过依法治州解决发展的大环境问题，目的是维护社会大局稳定，加快形成法治社会，为经济社会发展提供法治保障。

（一）坚持创新发展理念，切实增强加快发展内生动力。创新是引领发展的第一动力。必须牢固树立“转型才能更好发展、后发也要高点起步”的观念，把全面创新作为“十三五”时期发展的大事抓紧抓好，强化创新

载体建设，促进新技术、新业态和新商业模式蓬勃发展，加快形成促进经济增长新引擎。要围绕产业发展、民生改善和重大项目建设需要，积极鼓励和支持创新，培育壮大创新人才队伍，建立完善创新创业平台体系，推进大众创业万众创新。要坚持“制造绿色消费、创造绿色业态、实现绿色增长”理念，积极创新产业发展模式，坚持以旅游业及相关产业为主导，积极构建经济效益好、特色突出、竞争力强的产业联动发展格局。要围绕推进富民兴藏，大力实施产业富民战略，切实把资源优势转化为产业优势、经济优势和富民优势。优先发展旅游业，围绕把我州打造成世界旅游目的地和全域旅游试验区的目标，把旅游产业作为我州经济发展的支柱产业，力争到2020年，实现旅游人次、旅游收入在2015年的基础上翻一番；加快发展农牧业，围绕建设“高原现代特色生态农牧业”的目标，把农牧业作为全州产业的重点来抓，全力打造“一圈一带一走廊”产业布局；科学推进各类特色产业发展，围绕“开发一方资源、发展一方经济、富裕一方百姓、保护一方生态”的目标要求，加快能源业、矿业、文化业、中藏药业等特色产业发展。要加快完善发展新体制，坚持向改革要动力、向改革要活力，更加注重用改革的办法破除影响和制约发展的制度藩篱，大力推进行政管理体制、经济体制、财税体制、国有企业和市场监管体系改革，切实形成有利于创新发展的良好环境。

（二）坚持协调发展理念，切实构建平衡发展总体格局。协调是持续健康发展的内在要求。就我州来讲，推进协调发展关键是要坚定实施东南北部区域协调发展和城乡协调发展，促进物质文明和精神文明协调发展，实现在协调发展中拓宽发展空间，在加强薄弱领域中增强发展后劲。要深入推进东南北部区域协调发展，强化发展统筹，完善区域协调发展机制，着力实现东部率先发展、南部加快发展、北部追赶发展，发展壮大县域经济，进一步夯实加快发展的“底部基础”。要大力实施城乡提升战略，推进城乡统筹发展，进一步加快高原特色城镇化建设和幸福美丽新村建设，积极构建城乡一体化发展新格局。要坚持“两手抓两手都要硬”，坚持社会主义先进文化前进方向，坚持把社会效益放在首位，积极促进物质文明和精神文明协调发展。要大力实施交通先行战略，为协调发展提供基础设施保障，围绕“建设川西北区域性交通枢纽，铁路公路机场齐上，构建进出顺畅、互联互通、四通八达、安全便捷的立体交通运输体系”的主攻方向，大力实施新一轮“交通建设三年集中攻坚”，切实打通进出口、构建联网路、突破控制性、建设标美示范路，着力改善交通基础条件。

（三）坚持绿色发展理念，切实突显生态文明建设后发优势。推动形成绿色发展方式和绿色生活方式是人与自然和谐共生的必然要求。必须把生态文明建设摆在更加突出的位置，围绕建设绿色生态屏障，实施生态文明建设战略，坚持走生产发展、生活富裕、生态良好的文明发展道路。要坚持生态先行、绿色崛起，认真落实生态文明建设规划，大力推进生态产业发展，推动形成人与自然和谐共生发展的生态文明新格局。要大力推进主体功能区建设，加强森林、草原、湿地生态系统保护，加大对农产品区和重点生态功能区的财政转移支付力度，落实草原禁牧休牧、草畜平衡和基本草原保护制度，科学开展生态退化区恢复治理工程。要提高资源利用效率，实施能源和水资源消耗、建设用地等总量和强度双控行动，实行最严格的水资源管理制度和节约用地制度，全面促进资源节约、高效利用。要完善防灾减灾体系，立足我州地质灾害多发、频发、易发的实际，切实增强忧患意识、责任意识和敏锐意识，健全综合防治体系和指挥救援体系，全面提高防灾减灾救灾能力。

（四）坚持开放发展理念，切实推动全方位合作共赢。开放是实现甘孜繁荣发展的必由之路。必须紧紧抓住国家开放战略新机遇，加快构建开放型经济新体制，通过借市场、借资金、借人才、借技术，实现引进来和走出去更好地结合。要积极对接国家、省的内陆沿江开放战略布局和国家对口支援部署，深化区域合作发展，实施全方位、多层次、宽领域、互利共赢的开放合作，提升甘孜对外形象。要积极创建开放合作载体，大力推动“飞地园区”建设，科学布局州内外各类园区，打造具有较大影响力的开放合作平台，促进和扩大对外交流合作。要创新对外开放体制机制，进一步优化投资环境，加大招商引资力度、提高招商引资实效，大力优化投资促进机制，充分发挥投资对经济增长的关键作用。

（五）坚持共享发展理念，大力增进农牧民群众福祉。始终坚持发展为民、发展富民的理念，把保障和改善民生作为我们一切工作的出发点和落脚点，着力增进农牧民群众福祉，真正让群众实实在在享受到改革发展的成果。要围绕同步全面小康，实施扶贫攻坚战略，坚决打赢脱贫攻坚战，全面贯彻落实省委十届六次全会和州委十届七次全会各项决策部署，按照“六个精准”要求，大力实施“五个一批”扶贫攻坚行动，认真落实10个扶贫攻坚专项方案，进一步强化政策支撑和机制保障，全面落实扶贫开发攻坚目标、任务、资金、权责“四到县”制度，真正让贫困群众能住上好房子、过上好日子、养成好习惯、形成好风气。要大力发展民生社会事业，推进基本公共服务均等化，建立健全符合实际、比较完整、覆盖城乡的基本公共服务体系；积极推进教育、医疗卫生、文化事业、就业创业改革发展，进一步完善社会保障制度，提高社会保障水平，让群众共享改革发展成果。

（六）加强依法治州，全面维护社会大局持续平稳有序。法治是经济社会发展的坚实保障。要围绕长治久安，实施依法治州战略，认真落实省委“1+5”系列文件精神，将依法治州各项决策部署落到实处。要大力推进法治甘孜建设，始终运用法治思维和法治方式来化解矛盾、解决问题、推动工作，积极弘扬社会主义法治精神，着力营造知法、懂法、敬法、守法的良好氛围，加快建设法治经济和法治社会。要加强宗教事务依法管理，紧紧抓住寺庙管理这个“牛鼻子”，建立健全寺庙依法管理制度，全力抓好寺庙分类管理达标升级，强化宗教场所、佛事活动、人员、财务的规范管理，推进寺庙公共服务落地落实，积极引导宗教与社会主义社会相适应。要全力维护社会稳定，坚持以维护祖国统一、加强民族团结为着眼点和着力点，旗帜鲜明地开展反分裂斗争，进一步加强社会治安防控体系建设，深入开展“爱国·守法·感恩·团结”主题宣传教育，强力遏制分裂渗透，筑牢反分裂的思想防线，切实维护大局和谐稳定。

四、加强和改善党的领导，凝聚“十三五”发展强大合力

经济工作是党委的重要工作，必须放在重中之重。各级党委要善于抓方向、议大事、定政策、明导向，团结带领全州各族干部群众把宏伟目标变成美好现实。

（一）提升领导经济工作能力。要把“四个全面”战略布局、“五大发展理念”与我州经济社会发展结合起来，牢牢把握州委工作主题，排除各种干扰，始终保持加快发展、统筹发展的定力。要优化领导班子知识结构和专业结构，注重选拔“信念坚定、政治可靠，思想解放、敢闯新路，脚踏实地、埋头苦干，勤奋敬业、甘于奉献，品德高尚、清正廉洁”并且懂经济、懂市场、会管理的领导干部，进一步提高专业化知识化水平。要加强干部人才队伍建设，坚决贯彻“好干部”标准，善于在经济工作中识别选拔干部；结合“百千万康巴英才”工程，大力实施人才引进计划，加大人才培育力度，建设满足经济社会发展需要的人才队伍。

（二）健全工作体制机制。各级党委要充

分发挥总揽全局、协调各方的领导核心作用，创新领导经济社会发展的思想观念、方式方法。要健全研究经济工作制度，完善经济决策制度，严格经济责任制度，坚持科学决策、民主决策、依法依规依纪决策，重大问题决策、重要干部任免、重大项目投资，都要提交同级党委集体研究决定，加强对经济运行和相关责任的监督，确保经济健康运行、又好又快发展。

（三）充分发挥社会各界力量作用。要调动一切积极因素、团结一切社会力量，形成推动改革发展的强大合力。要充分发扬民主，积极践行党的群众路线，提高宣传和组织群众能力，依法保障群众各项权益，激发各族人民群众奋力建好美好家园的主人翁意识。要注重发挥群团组织和驻州部队的作用，正确处理人民内部矛盾，最大限度凝聚全社会推进改革发展、维护和谐稳定的共识和力量。要巩固和发展最广泛的爱国统一战线，充分发挥民主党派、工商联和无党派人士作用，切实将各方力量凝聚到同步实现全面小康上来。

（四）营造良好的发展环境。要优化政策环境，充分发挥政策叠加效应，用足针对性政策、用活差别性政策、用好普惠性政策，认真研究企业落户、产业发展、规模做大的鼓励性政策，加大宣传力度，吸引更多资金、技术、人才和项目落地。要优化服务环境，加快政府职能转变，着力优化审批程序，减少审批环节，提高行政效能，通过服务市场主体推动经济社会发展。要优化人文环境，积极向村民大力宣传利民惠民政策，引导各族群众思发展、谋发展，以实际行动支持国家建设，形成“人人都是发展环境”的良好氛围。

（五）深化党风廉政建设。要坚持全面从严治党，认真落实“三严三实”要求，严明党的纪律和规矩，持续推进惩贪治腐、正风肃纪、刷新吏治。要本着对发展、对干部高度负责的态度，加大经济领域党风廉政建设，对每一个环节全程监督，对不同领域的建设进行重点监管。要大力落实党风廉政建设党委主体责任和纪委监督责任，健全改进作风长效机制，强化权力运行制约和监督，加快构建不敢腐、不能腐、不想腐的有效机制，进一步推动形成风清气正、崇廉尚实、干事创业、遵纪守法的良好政治生态。

同志们，征途如虹，重任在肩；全面小康，重在实干。甘孜已经站在新的历史起点，加快建设美丽生态和谐小康甘孜已到了一鼓作气冲向终点的关键时刻，全州上下一定要鼓足干劲、狠抓落实，团结拼搏、奋发有为，千方百计把宏伟目标付诸行动，把美好蓝图变成现实，为同步全面建成小康社会做出新的更大贡献！

政府工作报告

——在甘孜藏族自治州第十一届人民代表大会第五次会议上

甘孜藏族自治州人民政府州长　益西达瓦

（2016年1月13日）

“十二五”时期工作回顾

“十二五”时期，是我州发展进程中极不平凡的五年。面对经济下行压力持续增大、自然灾害频发、多重矛盾交织的复杂形势，在州委的坚强领导下，在州人大及其常委会和州政协的监督支持下，州政府团结带领全州各族干部群众，抢抓机遇、砥砺奋进，统筹抓好发展民生稳定三件大事，基本完成了“十二五”规划各项目标任务，开创了自治州发展历程上投入力度最大、项目建设最多、基础设施改善最快、发展质量效益最好、群众获得感最强的时期。

五年来，我们坚持扭住发展不动摇，经济保持较快增长。

综合实力得到新提升。地区生产总值从2010年的122.8亿元增长到2015年的213.04亿元，年均增长9.6%。地方一般公共预算收入从2010年的16.3亿元增加到2015年的31.4亿元，年均增长14%。金融机构存贷款余额从2010年的243.9亿元、111.6亿元分别增长到2015年的588.3亿元、230.5亿元，年均增长19.3%、15.6%。

发展动力得到新增强。全社会固定资产投资累计完成1900亿元，超规划目标300亿元，是“十一五”期的2.8倍。服务业增加值占地区生产总值的38.9%，超过第二产业3.3个百分点；全社会消费品零售总额从2010年的37.4亿元增长到2015年的74.2亿元，增长近1倍。规模以上工业企业增加值从2010年的28.5亿元增长到2015年的36.6亿元，年均增长9.1%。

居民生活水平迈上新台阶。城镇居民人均可支配收入从2010年的14880元增长到2015年的24978元，年均增长11%、年均增加2020元；农村居民人均可支配收入从2010年的3189元增长到2015年的8408元，年均增长21.4%、年均增加1044元。2015年城乡人均储蓄达1.4万元，较2010年增长1倍多。农村低收入贫困人口比例从2010年的44.1%下降到2015年的18%。

五年来，我们坚持科学定位不偏离，产业培育更加有序。

旅游发展势头强劲。我们在全国率先提出全域旅游，并坚持以全域旅游统领经济社会发展，一年一主题、一年一重点，用创A活动苦练内功，用宣传营销扩大影响，推进旅游“十大工程”和“八进”活动，加快建设稻城亚丁、海螺沟等重点景区，培育重点精品旅游线路5条，旅游航线增至11条，创建全国民族地区全域旅游试验区、打造世界最佳旅游目的地迈出实质性步伐。2015年接待游客1076万人次，实现旅游综合收入104亿元，分别是2010年的3倍、4.5倍。与旅游相关的餐饮、住宿、交通等服务业加速发展。

能源开发走出新路。我们探索实施“全力支持大型、全面参与中型、全域规范小型”的水电开发新思路，开工建设电站8座、竣工投产电站52座，新增装机443万千瓦，总装机达723万千瓦，协议参股37.4万千瓦。2015年水电实现增加值30亿元，较2010年增长78.5%。太阳能开发实现零的突破，建成甘孜、炉霍光伏电站，总装机达10万千瓦。水电移民工作成效明显，移民后期扶持、惠民政策全面落实。

矿产开发有序推进。我们坚持“做大做强一批、加快建设一批、勘查储备一批、关闭暂停一批”，推进矿产合理开发、综合利用。里伍铜矿、呷村银多金属矿、甲基卡锂辉矿等重点项目加快推进。全面禁止砂金矿开采，关闭砂金矿点9个，依法灭失探矿权165宗。累计探明矿产资源金属量245万吨，原矿生产能力达560万吨。2015年矿产业实现增加值8.7亿元。

现代农牧业稳步发展。我们着力在基地、企业、产品、市场、品牌上下功夫，做优“十大”特色产品，开发1500余种商品，“圣洁甘孜”系列农特产品走进内地超市、走向沿海市场。强农惠农政策全面落实，粮食生产实现“八连增”。建成特色农业产业基地31万亩、特色林业产业基地34万亩。扶持龙头企业67家，新增新型经营主体4740个。登记认证“三品一标”农产品154个，获得地理标志商标4件。2015年牲畜出栏率、商品率分别达22.5%、16%。农业实现增加值53.6亿元，较2010年增长1倍多。

文化产业加快培育。我们按照“一园三区”布局，大力培育民族手工艺、演艺娱乐等6大文化产业，推动文旅深度融合发展。建成亚丁“非遗”产品一条街。德格雕版印刷等“非遗”产品开发全面启动，阿西土陶等文化产品成功打入市场。康巴作家群在文坛异军突起，《高原风》等精品剧目深受广大观众喜爱。2015年文化产业实现增加值3.5亿元，较2010年增长30.4%。

中藏医药业创新发展。首次召开中藏医药业发展大会，制定实施产业发展方案。8所藏医院达到二级民族医院标准，德格麦宿藏医药产业园、泸定中藏药产业园、海螺沟“中国南派藏医药传承创新基地”和7个藏药制剂室建设加快推进。“然降多吉胶囊”成为我州首个获国家准字号的藏药产品。建成常用藏药材标本库，出台常用藏药制剂质量控制标准，近400个藏药制剂品种纳入医保报销。培养引进人才81名，为藏医药传承创新提供了智力支撑。

五年来，我们坚持夯实基础不放松，发展条件实现历史性跨越。

交通条件空前改善。强力实施两轮交通集中攻坚行动，完成投资420亿元，是“十一五”期交通投资总和的6.2倍。稻城亚丁机场顺利通航，雅康高速、雀儿山隧道等重大项目开工建设，农村公路三年集中攻坚全面启动。五年新建改造国、省干道3094公里、农村公路2.6万公里，国道317线、318线成为中国最美景观大道，全州国省干线路面使用性能指数从全省倒数第二进入前八，城乡客运一体化发展水平不断提高，长期制约我州经济社会发展和群众生产生活的最大瓶颈得到极大缓解。

电网建设硕果累累。投入210亿元，实施“电力天路”“川藏联网”“新甘石”等重大工程，建成500千伏输变电工程8个、220千伏输变电工程4个、110千伏输变电工程18个。全州18个县（市）、325个乡（镇）全部与国家电网相连，告别孤网运行的历史，电力外送能力超800万千瓦，供电质量与安全保障显著提升。统筹推进表后入户工程，着力打通群众用电“最后一公里”，新解决30多万农牧民群众用电问题。2015年全州电网覆盖率达93.1%，比2010年提高24.6个百分点。

水利建设扎实有效。投入44.4亿元，大力发展民生水利，乡城玛依河、得荣白松茨巫水利工程建成投用，石渠洛须等6个水利工程加快推进。实施中小河流、大江大河等堤防工程66个。新建灌溉项目430个，新增有效灌面16.5万亩。新建安全饮水工程3776处，仅2015年投资7.3亿元、解决了规划外49.6万人饮水不安全问题，全州绝大多数群众彻底告别饮水难。

通信建设覆盖城乡。投入17.5亿元，实施“智慧甘孜”建设，加快推进智慧政务、智慧产业、智慧民生三大工程。建成光缆1.6万皮长公里、基站4871个，新增宽带接入端口10.5万线，出口带宽达90G。18个县城实现4G全覆盖。全州通信覆盖率从2010年的20%扩大到2015年的95%。大力实施“互联网”行动计划，电子商务营销突破5400万元。上网买东西、受教育等城里人的“时尚”正悄然与农牧区群众“亲密”接轨。

生态建设成效明显。我们牢固树立“绿水青山就是金山银山”的理念，大力实施生态立州战略，积极创建全国生态文明先行示范区。全面落实集体林森林生态效益补偿、草原生态奖补等政策，实施川西藏区生态保护与建设规划，在全国率先编制生态文明建设规划，环保“三同时”制度执行率和项目环评率达100%，鼠虫害防治、沙化治理全面加强，全州草原植被、森林覆盖率较2010年分别提高6个和2.5个百分点，牲畜超载率从2010年的54.1%下降到2015年的13.1%。

城乡发展协调性增强。我们坚持以人为本，完成州域城镇体系规划，努力建好县城、做大乡镇、做美村寨，走出了一条具有甘孜特色的新型城镇化路子。按照“三去三加”对18个县城和重点集镇实施风貌改造。康定成功撤县设市，撤乡建镇28个。7个省级“百镇试点”和20个州级示范镇建设初见成效。打造幸福美丽新村209个。城镇化率达27.9%，比2010年提高7.4个百分点，宜居宜业宜游的现代高原城乡体系已初步建立。

五年来，我们坚持发展惠民不打折，群众幸福感切实增强。

教育科技水平不断提高。我们突出寄宿制教育、双语教育、远程教育和文化育人办学特色，着力打造“藏区一流、人民满意”教育，人均受教育年限比2010年提高3年。全面落实教育惠民政策，在全省率先实施15年免费教育，17万学生受益。全面加强教育基础设施建设，新增校舍面积126万平方米。92%的中小学实现藏汉双语教学。2015年本专科录取率比2010年提高40%。中职教育快速发展，建成州职校，选送“9+3”学生1.6万名。强力打造智慧教育，83%的班级实现电子白板“班班通”。抓实百千万康巴英才工程，2015年全州各类人才总数达15.9万人，较2010年增长77.4%。实施订单定向人才培养计划，培养本土紧缺人才1292名。大力支持科技创新和成果转化，申请专利312项，实施科技项目254项，科技支撑作用更加明显。

卫生计生服务体系不断完善。全面实施民族地区卫生发展十年行动计划和“健康甘孜2020”发展意见，建成州医院第二医疗区，实现了“再建一个州医院”的目标；18个县医院竣工投用，新建标准化乡（镇）卫生院224所、村级卫生室1742个。全州每千人拥有床位数较2010年增加4.4张。在全省率先实现居民健康和社会保障“一卡通”，电子健康建档率达92.7%。深入开展卫生下乡和柔性流动服务，义诊患者230万人次。全面推进11类基本公共卫生服务，筛查包虫病100多万人次，免费治疗1.5万人次，启动了包虫病综合防治攻坚战。农村孕产妇住院分娩率达85.2%，人口自然增长率为7.16‰。

文化广电体育事业快速发展。我们坚持“抓文化就是抓发展、抓文化就是抓稳定、抓文化就是抓人心”的理念，加强文化基础设施建设，健全公共文化服务体系，着力提高文化软实力。州民族博物馆、体育馆和县级图书馆、文化馆加快建设，乡（镇）文化站和农家、社区、藏传佛教寺庙书屋实现全覆盖。成立康巴文化研究院，民族文化传承保护全面加强。大力实施“村村通”和州县广播电视节目农牧区无线全覆盖工程，广播电视综合覆盖率分别达96%和95.7%。举办各类文艺活动3900余场（次）。农村电影流动放映16万余场（次）。成功举办首届环贡嘎山国际百公里山地户外运动挑战赛，全民健身运动蓬勃开展。

就业创业工作成效显著。全面落实就业政策，积极搭建创业平台，累计兑现专项资金1.6亿元。组织841名在校大学生参加创业培训，帮助221名应届高校毕业生创业。开展就业创业培训4660人次，促进3063名劳动者实现创业、带动就业5783人。培训农村劳动力2.5万人次，实现转移就业8.3万人次。“十二五”期城镇新增就业3.7万人，2015年城镇登记失业率控制在4.2%以内。

社会保障网越织越密。在全省民族地区率先实现医疗保险制度城乡统筹、率先出台大病医疗保险规定，100多万人次受益。城乡居民养老保险覆盖率达73%。城乡低保实现应保尽保，农村低保标准从每年693元提高到2376元。康北儿童福利院竣工投用。“三无”“五保”对象和孤儿集中供养基本实现全覆盖。设立州爱心慈善基金，累计筹集善款达1.3亿元。建成保障性住房4250套、改造农村危房10.4万户。成功试点康定、石渠、色达城市供暖工程。投入13.5亿元，兑现近3万名干部职工“安心工程”补助。2015年，我们克服困难、多方争取，启动了4804套州、县干部职工周转房建设。

扶贫开发取得阶段性成效。全面打响脱贫攻坚战，深入开展建档立卡精准识别，初步完成“十三五”农村扶贫开发规划和10个专项方案，募集扶贫资金4095.5万元，“第一书记”驻村帮扶实现全覆盖。大力实施“三位一体”扶贫战略，强力推进“五大扶贫”工程，累计投入扶贫资金38.5亿元，较“十一五”期增长1倍多，19.5万贫困人口生产生活条件得到改善。

灾后恢复重建加快推进。过去五年，我州先后发生“1·18”白玉地震、“8·31”得荣地震、丹巴东谷泥石流、“11·22”康定地震等自然灾害。面对突如其来的灾情，我们组织动员全州干部群众，全力以赴抗灾自救，实现了灾区人心安定、社会稳定。累计争取国家、省灾后恢复重建资金34.7亿元，灾后重建工作科学、创新、务实推进。芦山地震受影响的泸定、康定和得荣地震重建任务基本完成。康定地震392个规划项目开工率达98.5%，461户受灾群众住进新房过“暖冬”。

五年来，我们坚持改革开放不停顿，发展活力焕发新生机。

重大改革取得实质进展。我们坚持从政府自身改起，完成新一轮政府机构改革，清理行政审批等权力事项6259项，政务服务和公共资源交易更加规范高效。深化财税体制改革，建立跨年度预算平衡机制、结转结余资金定期清理机制；取消、免征和降低行政事业性收费117项。深化国企改革，启动实施州属国有企业薪酬制度和劳动人事分配“三项制度”改革，企业法人治理结构进一步完善。稳步推进金融改革，农村“三权”抵押融资试点取得实质性突破，完成农村信用社以州为单位统一法人改革，重组中小企业融资担保、惠民担保公司。深化医药卫生体制改革，县级医院全面取消药品加成，国家基本药物制度实现全覆盖，所有药品实行零差率销售。深化农村综合改革，草原确权承包、土地确权登记和经营权流转稳步推进。

对外开放向多层次拓展。我们实施“走出去”“请进来”双向开放战略，全方位、多层次、宽领域的开放合作不断深化。全力打造“圣洁甘孜”区域公共品牌，成功举办圣洁甘孜“走进广东”“走进北京”、境外华文媒体四川藏区行等系列活动，组团参加西博会、深圳文博会等活动，对外开展文化交流20场次，甘孜对外形象得到有力提升。与8个兄弟市（州）、50多个省级部门（院校）签订战略合作协议，成功举办了首届川滇藏青交界藏区市（州）长联席会。“飞地”经济取得新成效，与眉山共建甘眉工业园区，实现总产值2.8亿元。省内“7·20”结对帮扶、浙江东西扶贫协作、广东对口支援工作成效明显。2015年招商引资到位155.9亿元，外贸出口实现1518万美元。

民营经济加快发展。两次召开民营经济发展大会，出台支持政策，激发大众创业万众创新，“合法经商光荣、拉动就业有功”的氛围更加浓厚。以“先照后证”“三证合一、一照一码”商事制度改革助推民营经济快速发展，个体工商户、私营企业总数达3.4万户，比2010年增加2.2万户。民营经济实现增加值和税收分别由2010年的48.4亿元、9.8亿元增加到2015年的96.8亿元、15亿元，撑起了全州经济的“半壁江山”

五年来，我们坚持依法治州不松劲，和谐甘孜呈现新景象。

民主政治建设进一步加强。认真执行人大及其常委会各项决议、决定，自觉接受人大的法律监督、工作监督和政协的民主监督，提请州人大常委会审议单行条例10项，办理人大代表建议685件、政协委员提案942件，满意率达99%以上。密切与工会、共青团、妇联、工商联、佛协等群团组织的联系，广泛听取社会各界意见。政务、厂务、村务公开工作取得新成果。

社会治理不断推进创新。旗帜鲜明开展反分裂斗争，妥善处置了炉霍“1·23”、色达“1·24”、石渠“8·12”、雅江阿安扎西病亡等事件。深入推进依法治州“十大专项行动”，“网格化”治安防控体系加快建设。集中开展交通运输秩序专项整治，规范治理4200余辆无牌无证大中型货车、7200余辆改拼装大中型货车。依法组织收枪治爆，收缴各类枪支3000余支。深入开展法治宣传教育，“六五”普法圆满收官。加强矛盾排查调处，落实信访工作责任制，信访总量持续减少。行政复议、人民调解、司法救助全面加强。

民族宗教工作规范有序。制定落实州藏族语言文字条例，深入开展全国民族团结进步示范州创建活动，命名了一批民族团结创建示范单位，表彰了一批模范集体和个人。严格执行州藏传佛教事务条例及其实施细则，有力有序整治重点寺庙，下大力气解决宗教领域热点难点问题。藏传佛教“五二三”学教活动扎实有效开展，一批爱国守法宗教活动场所和教职人员得到表彰，投入2.8亿元实施寺庙“五通”工程1865个，宗教事务依法管理、民主管理、社会化管理成效明显。

安全生产形势持续好转。“打非治违”和安全生产专项整治深入推进，重点行业安全生产监管全面加强，2015年较大事故起数、死亡人数均较2010年下降六成以上。防灾减灾救灾体系更加完善，综合应急指挥平台、地震监测中心加快建设，群众避险避灾能力进一步增强。食品药品、质量安全监管得到加强。

国防动员、双拥共建、人民防空取得新成效，地方志、档案、保密、气象、邮政、红十字、残疾人等工作取得新成绩。

五年来，我们坚持勤政为民不懈怠，政府建设得到新加强。

工作作风更加务实。全州政府系统深入开展党的群众路线教育实践活动和“三严三实”专题教育，认真落实中央“八项规定”，严格执行国务院“约法三章”，坚决纠正“四风”问题，州政府文、会数量和“三公”经费实现大幅减少。深入推进群众工作全覆盖常态化，解决了一大批群众生产生活实际困难，干部工作作风进一步转变，干群关系更加密切。

依法行政全面提升。我们坚持用法治思维和法治方式履行职责，严格执行政府常务会学法制度，政府系统领导干部法治意识明显增强。建立健全政府工作规则和重大行政决策相关制度，行政决策进一步规范。推进政府信息公开，开通政务微博、微信平台，完善开放式决策长效机制。深入开展行政执法规范活动，建设行政权力依法规范公开运行平台和电子监察平台，设立政府行政复议委员会，法治政府建设不断加强。

廉政建设深入推进。我们坚持反腐无禁

区，从严履行党风廉政建设“两个责任”“一岗双责”，深入推进正风肃纪。制定廉政建设“三早三卡”预警等机制，大力支持纪检监察、检察机关加大办案力度，一批腐败分子得到了应有惩处。预防腐败体系不断完善，监察审计扎实推进，治理商业贿赂、查处违纪违法案件、纠正损害群众利益不正之风成效明显。

各位代表！

五年的实践，让我们切身体会到，推动甘孜的发展，办好人民的事情，关键要做到“五个矢志不渝”：

第一，矢志不渝立足州情实际。熟悉的甘孜需要再认识。我们科学判断州情，立足发展阶段，踩准发展脚步，进一步厘清发展思路，推动上级决策部署在甘孜实践。始终坚持把优势做优、产业做强，坚决走生态型发展路子，创造性地开展工作，不断以新的理念开辟发展新境界。

第二，矢志不渝专注发展定力。贫穷的现状和群众的愿望要求我们必须加快发展。虽然省上从 2014 年起不再考核我州的地区生产总值，但不考核不等于不发展、慢发展，我们始终坚持发展是第一要务，坚定不移走市场经济路子，在任何时候、任何情况下都专注发展定力不放松，努力推动发展迈上新台阶。

第三，矢志不渝坚持问题导向。问题导向是推动发展的关键之举。针对交通、电网、通信、教育、卫生、扶贫等经济社会发展和民生领域的“短板”，按照轻重缓急、一一排序，量身订制实施方案，各个击破、逐一补齐，为全州经济社会保持较快发展提供了有力支撑。

第四，矢志不渝推动改革开放。圣洁的甘孜需要开放。我们跳出甘孜审视甘孜，走出甘孜宣传甘孜，着力解决“怕吃亏、怕上当、怕风险、怕担责”等观念束缚。通过“走出去”“请进来”，进一步形成了深化改革开放的新动力，开创了甘孜发展的新局面。

第五，矢志不渝促进和谐稳定。没有和谐稳定的环境什么事也干不成。我们统筹抓好发展民生稳定三件大事，坚持发展为了群众、发展依靠群众、发展成果由群众共享，着力改善民生，解决了一大批涉及群众切身利益的突出问题。我们坚持稳定服务发展、稳定促进发展，妥善解决各种新问题，确保了社会局势总体稳定并持续向好。

各位代表！

五年的成就，是省委、省政府和州委坚强领导的结果，是州人大和州政协监督支持的结果，是百万甘孜儿女团结拼搏的结果，凝聚着社会各方面的心血和智慧。在此，我代表州人民政府，向全州各族人民，向各位代表和委员，向驻州解放军、武警官兵、政法干警、向各人民团体、各界朋友和所有纳税人，表示由衷的感谢，并致以崇高的敬意！

各位代表！

回顾过去五年的工作，尽管我们付出了艰辛努力，取得了前所未有的成效，但我们也清醒地看到经济社会发展中还存在不少问题，主要是：经济总量小、发展底子薄、发展水平低、发展不平衡的基本州情仍未根本改变；内生动力不足、投资不可持续、依靠电矿支撑经济的发展现状仍未根本改变；基础设施建设滞后、社会事业欠账大、缺资金、缺技术、缺人才的发展瓶颈仍未根本改变；贫困量大、贫困面广、贫困程度深、致贫因素多、返贫率高、精准脱贫难的全面小康短板仍未根本改变；“两大矛盾”长期存在、反分维稳形势复杂、法治意识比较淡薄、干部作风不严不实的发展环境仍未根本改变。对此，我们要努力克服，并认真加以解决。

“十三五”时期的奋斗目标和工作任务

“十三五”期，是全面建成小康社会的决胜期，是全面深化改革开放的攻坚期，是全面推进脱贫攻坚的决战期。站在新的历史起点上，我们既面临重大机遇，又面临严峻挑战，但总体看机遇大于挑战：发展水平虽然处在低层次，但国家、省对藏区制定了更多特惠支持政策，全州发展举措更加多样化，经济向好发展的基本面没有改变；发展方式虽然比较粗放，但全州经济转型发展的方向十分明确；思想解放虽然任重道远，但开放甘孜格局正逐步形成；社会各项建设虽然比较滞后，但全州各族群众追求幸福美好生活的愿望强烈，城乡居民持续增收的空间较大；维稳形势虽然严峻复杂，但全州人人向往稳定、爱护稳定，不想出事、痛恨出事已成为共识；前进中的困难和问题虽然不少，但全州想干事、肯干事、干成事的氛围逐渐浓厚，这是我们攻坚克难、勇往直前最重要的动力和源泉。

我们坚信：只要全州上下善于从国家和省的大政方针中发现机遇，从瞬息万变的形势中抢抓机遇，“十三五”就一定能赢得更大发展空间、取得更大突破、实现更大发展。

各位代表！

“十三五”的最后一年是2020年，抓好“十三五”规划对于实现中华民族第一个“百年梦”、全面建成小康社会具有十分重要的战略意义。按照州委“十三五”规划建议，州政府编制了“十三五”规划纲要（草案），已印发大会审议。

“十三五”时期，政府工作的总体要求是：高举中国特色社会主义伟大旗帜，全面贯彻党的十八届三中、四中、五中全会、中央第六次西藏工作座谈会以及省委十届六次、七次全会和藏区工作会议精神，坚持以邓小平理论、“三个代表”重要思想、科学发展观为指导，深入学习贯彻习近平总书记系列重要讲话精神，坚持“四个全面”战略布局，坚持发展是第一要务，牢固树立并切实践行创新、协调、绿色、开放、共享的发展理念，以维护祖国统一、加强民族团结为着眼点和着力点，以改善民生、凝聚人心为出发点和落脚点，围绕同步全面建成小康社会这一目标，突出脱贫奔康和长治久安两个关键，统筹抓好发展民生稳定三件大事，精心组织实施“扶贫攻坚、依法治州、产业富民、交通先行、城乡提升、生态文明建设”六大战略，加快建设美丽生态和谐小康甘孜，确保实现与全国全省同步全面建成小康社会。

“十三五”时期，政府工作的奋斗目标是：经济增速保持达到或高于全省平均水平，地区生产总值比2010年翻一番以上，年均增长7%；全社会固定资产投资累计完成2400亿元；地方一般公共预算收入年均增长7.5%；社会消费品零售总额年均增长12%以上；民生指标增速超过全省平均水平，城乡居民人均可支配收入年均分别增长9%左右、13.4%左右。

实现“十三五”规划目标，需要把握以下八个重点：

第一，提高人民群众生活水平。实施扶贫攻坚战略，坚决打赢脱贫攻坚战，全州贫困村全部“摘帽”、贫困人口全部脱贫。千方百计促进就业创业，城镇新增就业3.5万人、失业率控制在4.5%以内。坚持“全覆盖、保基本、多层次、可持续”方针，实施全民参保计划，健全更加公平、更可持续、覆盖城乡居民的社会保障体系。完善公共卫生服务体系，居民健康、卫生资源、疾病防控等主要指标接近全省平均水平。积极构建现代公共文化服务体系，大力弘扬社会主义核心价值观，增强民族文化影响力，提高公民文明素质。

第二，提升基础设施保障能力。实施交通先行战略，围绕建设川西北区域性交通枢纽，统筹抓好“建、管、养、运”工作，构建进出顺畅、互联互通、四通八达、安全便捷的立体交通运输体系，基本形成“四纵四横多联和三大枢纽”综合交通网络。加强能源基础设施建设，加快打通电力外送通道，改造升级农网和城网，实现电力需求侧和供给侧有效衔接。加强骨干水利工程及渠系配套建设，实施农村饮水安全巩固提升工程，推进“两江一河”流域县城和重点乡（镇）堤防工程建设，着力提高水利对经济社会发展的保障能力。推进通信基础设施建设，促进“三网”融合，实施“宽带乡村”工程，着力提升全州信息化水平。

第三，筑牢生态安全屏障。实施生态文明建设战略，合理划分生态、农业、城镇三类空间，形成统领全州发展的国土空间开发总体格局。继续推进天然林保护、退耕还林、退牧还草等重大生态保护工程，大力实施沙化治理、鼠虫害草地治理和水土流失综合治理工程，全面落实退耕还林、集体林森林生态效益补偿和草原生态奖补政策，加大自然保护区建设和管理力度，推进“山植树、路种花、河变湖（湿地）”工程。实施最严格的环境保护制度，有效控制污染物排放，深入开展环境综合治理。加快转变资源利用方式，大力发展循环经济，建设资源节约型、环境友好型社会。建立健全综合防治、以防为主的防治体系，全面提升防灾减灾能力。

第四，壮大优势特色产业。实施产业富民战略，坚持“一优先二有序三加快”产业发展思路，切实将资源优势转化为产业优势、经济优势和富民优势。优先发展旅游业，加快创建全国民族地区全域旅游试验区，打造世界最佳旅游目的地，游客接待量、旅游总收入均较2015年翻一番。有序发展清洁能源产业，加快推进水电资源开发，积极发展太阳能等新能源。有序发展优势矿产业，加强矿产资源勘探、保护和优势资源开发，努力打造中国锂都。加快发展现代农牧业，按照“一圈一带一走廊”布局，建成特色农业和林业产业基地各100万亩，大力开发“十大”特色产品。加快发展特色中藏药业，构建种植规模化、研发系统化、服务特色化、市场国际化的中藏药产业化格局。加快发展特色文化产业，积极建设国家藏羌彝文化产业走廊，着力构建“一园三区”产业布局。实施加快发展现代服务业行动，以扩大服务消费带动消费升级，引导消费向智能、绿色、健康、节能、安全转变。

第五，构建协调发展新格局。深入实施东南北区域协调发展战略，以康定为区域核心，国道317线、318线和“两江一河”为纽带，康定、稻城亚丁、甘孜机场辐射半径为支撑，积极构建“一核五带三圈”的区域发展格局，努力实现东部率先发展、南部加快发展、北部追赶发展。实施城乡提升战略，按照“做强县城、做优乡镇、做美村寨”的总体要求，推动城乡统筹发展，不断提升城镇的规划水平、配套功能、承载能力、吸附能力、管理水平、风貌特色和文明素养，加快高原民族特色新型城镇化步伐，城镇化率达到30.9%。

第六，增强科教和人才支撑能力。深入推进民族教育振兴计划，全面实行15年免费教育，完善“123”智慧甘孜教育体系，努力创建“藏区一流、人民满意”教育，实现普及教育全面提升、公平教育全体享受、优质教育全域覆盖。坚持创新驱动发展，推广应用先进适用技术，推动科技成果转化，促进科技创新与经济社会发展紧密结合。创新人才培养、引进和使用机制，着力构建与经济社会发展相适应的人才支撑体系。

第七，全面深化改革开放。充分发挥市场配置资源的决定性作用，正确处理政府与市场关系，加快经济体制、国有企业、行政管理、财政税收、要素配置、市场监管等重点领域、关键环节改革和体制机制创新，不断增强发展动力和活力。强化开放合作意识，树立互利共赢理念，通过借智、借力、借资、借市，不断深化全方位开放合作。加强区域经济合作，拓展区域发展空间，着力提高外向型经济发展水平。

第八，加强法治甘孜建设。实施依法治州战略，坚持发展和完善社会主义民主政治，努力营造良好的法治环境。深入贯彻党的民族宗教政策，做好新形势下的民族宗教工作，建成全国民族团结进步示范州。加强和创新社会治理，构建全民共建共享的社会治理格局。旗帜鲜明开展反分裂斗争，坚决依法打击危害国家安全的违法犯罪活动，促进全州社会和谐稳定、长治久安。

各位代表！

“十三五”的宏伟蓝图振奋人心，全面小康的号角催人奋进。只要全州上下万众一心、团结拼搏，就一定能在创新、协调、绿色、开放、共享发展的道路上阔步前进，不断开创更加美好的明天！

2016 年工作安排

今年是全面建成小康社会决胜阶段的开局之年。按照州委部署，今年政府工作的总体要求是：全面贯彻党的十八届三中、四中、五中全会、中央经济工作会、省委十届七次全会和省委经济工作暨城市工作会议精神，按照“五位一体”总体布局和“四个全面”战略布局，认真落实州委十届八次全会精神，大力实施“扶贫攻坚、依法治州、产业富民、交通先行、城乡提升、生态文明建设”六大战略，坚持稳中求进的总基调，坚持稳增长、惠民生，抓改革、促开放，保稳定、防风险，更加重视推进经济加快发展，更加重视改善民生和促进和谐稳定，努力实现“十三五”良好开局。全州经济社会发展主要预期目标为：地区生产总值确保增长 6.5%、力争达到 7%，全社会固定资产投资完成 422 亿元以上，社会消费品零售总额增长 11% 以上，地方一般公共预算收入增长 7% 以上，城乡居民人均可支配收入分别增长 10% 以上、14% 以上。

实现上述目标，要重点抓好以下八项工作：

一、大力实施扶贫攻坚战略，加快补齐全面小康短板

按照“六个精准”“五个一批”“六有”的总体要求，围绕“每年都有新变化、三年上大台阶，五年全面完成”的目标，编制好“十三五”扶贫总体规划和专项规划，制定实施“五个一批”脱贫行动计划和 10 个专项扶贫方案年度计划，今年务必实现 32275 名贫困人口精准脱贫，281 个贫困村“摘帽”。要建立完善州县乡村四级贫困数据库，实现互联互通、信息共享、全程监控、规范管理。要瞄准建档立卡贫困人口，建立脱贫攻坚责任机制，认真落实扶贫目标、任务、资金、权责“四到县”，扶贫政策和措施到村、到人。要以基础扶贫为前提，重点抓好路、电、水、通信等基础设施建设；要以产业扶贫为关键，重点抓好产业发展和整村推进；要以智力扶贫为抓手，重点抓好教育、就业等工作；要以新村扶贫为契机，重点抓好无房户、危房户、住房困难户房屋建设；要以生态扶贫为平台，重点抓好各项补助资金兑现；要以健康扶贫为支撑，重点抓好重大疾病防治和计划生育管理；要以文化惠民扶贫为依托，重点抓好公共文化服务体系建设；要以社会保障扶贫为兜底，重点抓好低保对象、农村集中供养人员、残疾人三类特殊人群精准识别和帮扶工作；要以财政金融扶贫为杠杆，重点引导更多金融资本和社会资本参与扶贫开发。要积极引导农牧民群众自力更生，在脱贫攻坚的伟大征程中增强参与度和获得感。

二、大力实施产业富民战略，发展壮大优势特色产业

优先发展全域旅游业。全面建设旅游目的地、产品、品牌、应急救援“四大体系”。深入推进旅游“十大工程”“八进”活动。编制完成全域旅游发展规划、环甘孜机场旅游圈发展规划和格聂山旅游规划。完成海螺沟创 AAAAA 国检、甲居藏寨创 AAAA，全力推进亚丁创 AAAAA、泸定桥创 AAAA 工作。启动中路藏寨、亚拉—中谷、措普沟、玉隆拉措、牛背山等景区开发。实施国道 317、318 沿线乡村旅游精品酒店建设。完善重点景区和公路沿线公共服务设施，推进旅游服务“标准化”“智能化”“便捷化”。力争开通广州等 4 条直飞稻城亚丁或康定机场航线。办好首届中国甘孜国际山地旅游节。强化旅游市场监管，着力优化发展环境。力争接待游客1260万人次，实现旅游综合收入125亿元。通过旅游业的强劲带动，加快发展现代商贸、物流、餐饮、住宿等生产生活性服务业，制造“绿色消费”、创造“绿色业态”、实现“绿色增长”。

有序发展清洁能源产业。积极争取全国少数民族地区电力改革试点。竣工投产猴子岩、长河坝等电站，新增装机107.5万千瓦；加快推进两河口、苏洼龙等大型电站建设，核准开工硬梁包、叶巴滩等电站，做好孟底沟、拉哇等160座电站前期工作。积极稳妥推进参股开发，力争新增参股30万千瓦；启动力邱河水电自主开发前期工作。科学规范小水电开发，妥善解决遗留问题。力争新增太阳能开发装机15万千瓦，启动风能开发规划。做好电量消纳工作，扩面并用好用活留存电量。全力抓好水电移民安置和水电资源开发惠民补助资金兑现工作，下决心解决大渡河沿岸移民超期过渡安置问题。

有序发展优势矿产业。全力推进甲基卡、措拉锂辉矿项目建设，加快建设中国锂都。抓好里伍铜矿、呷村银多金属矿等生产扩规。完成中咀铜矿变更设计。力争实现里伍公司上市。积极开发温泉、地热资源。依法打击无证勘查、非法开采矿山等违法违规行为。力争探明矿产资源60万吨。矿业实现增加值10亿元。

加快发展现代农牧业。力争农作物播面达到130万亩，建成特色农业产业基地50万亩、特色林业产业基地6.3万亩。积极争取泸定、乡城现代农业重点县和康定、理塘现代畜牧业重点县建设。加强牲畜暖棚等基础设施建设，着力夯实畜牧业发展基础。加大牲畜出栏出售力度，出栏率、商品率分别达到22.5%、16%。大力推广农业科技应用。扶持发展种养大户、家庭农牧场、农民专业合作社等新型经营主体。按照“1+N”模式，培育壮大本地企业、引进州外企业，大力发展农产品加工业，加速推进“十大”特色产品开发。推行标准化生产和农产品质量认证，登记认证“三品一标”农产品10个。抓好第三次农业普查工作。

加快发展特色中藏药业。依托企业带产业、依托药材建基地、依托名医推藏药、依托院校搞研发、依托标准强品牌，着力改建一批医院、建设一批基地、研发一批新药、培养一批人才。促进“然降多吉胶囊”工业化生产，加快德格麦宿藏医药产业园、泸定中藏药产业园、海螺沟“中国南派藏医药传承创新基地”建设。提升州藏医院和7个藏药制剂室规模化、标准化生产水平。力争药材种植2.5万亩，制剂产量达到200万吨，中藏医药业实现增加值8亿元。

加快发展特色文化产业。积极创建藏区特色文化产业示范基地，加快实施《藏羌彝文化产业走廊总体规划》，推进格萨尔国家级文化生态保护试验区建设。搭建投融资平台，重点培育一批民间文化企业，大力开发唐卡等民族手工艺品，推进特色文化创意产品设计、研发、营销，加速文旅融合发展。积极发展民族演艺娱乐业，实现亚丁、海螺沟、康定驻场商演。启动建设高原影视基地。拍摄“文化甘孜”“圣洁甘孜”宣传片，加大对甘孜历史文化和自然风光推介力度。打造一批叫得响、有特色的国家级文艺或影视作品。

三、大力实施交通先行战略，不断加强基础设施建设

投资80亿元，启动“三年交通大会战”。加快推进雀儿山、老折山、海子山、卓达拉山隧道和雅康高速等项目建设；开工建设甘孜机场、康定至新都桥高速康定过境试验段、国道549线乡城至得荣斯闸段等9个项目；加快国道549线石棉至九龙段，国道248线、350线八美过境段等10个项目前期工作。继续推进农村公路三年集中攻坚，建成通乡油路500公里、村通达通畅公路4000公里、索改桥46座。进一步完善城乡客运体系。加强公路管理和养护，不断提高路面通畅能力。

投资10亿元，建设智能坚强电网。加快

特高压、超高压输变电工程前期工作，争取早日开工川渝环网1000千伏交流、金沙江上游至江西吉安正负800千伏直流输变电工程，努力建设电力出州通道。加快推进猴子岩电站500千伏送出和九龙、泸定田坝110千伏输变电工程，开工建设丹巴巴郎220千伏输变电工程，不断完善州内骨干电网。大力实施农网、城网改造升级工程，改善供电质量。

投资13.5亿元，建设民生水利工程。加快建设康定力曲河、泸定顺河堰等骨干水利工程，开工建设道孚尼措、丹巴嘉绒水利工程。开展高原高效农田和牧区节水灌溉试点。抓好色达等3个县小农水重点县建设。启动丹巴、炉霍等县“大江大河”堤防工程建设。实施农村饮水安全巩固提升工程。

投资9.5亿元，建设“智慧甘孜”。大力实施通信建设三年攻坚实施方案，新建光缆1.3万皮长公里、通信基站2256个，改造提升基站2356个，新增250个自然村通电话、1110个行政村通宽带，出口带宽达到120G，确保国道317、318沿线及主要交通干线、机场、AAA级以上景区的通信信号实现全覆盖。积极搭建云计算、大数据公共服务信息平台。

四、大力实施生态文明建设战略，夯实绿色发展基础

强化生态保护和建设。启动实施生态文明建设规划，积极创建全国生态文明建设示范区，开展生态县、生态乡和生态村创建工作。严格落实集体林森林生态效益补偿、草原生态奖补等政策。坚守环保底线，严格环保准入制度。加快环保基础设施建设，推进各县（市）污水处理厂建设。严肃查处环境违法行为。推进城乡环境综合治理，实施净土工程，开展农牧区面源污染防治和饮水源地保护调查，严控化肥、农药使用。依法管理国有林7127.3万亩，实施新一轮退耕还林1万亩。义务植树200万株，完成国省干线绿化150公里。加强自然保护区等生态系统保护建设，启动海子山国家级湿地保护工程。抓实森林草原防火、林业有害生物防治、水土流失和沙化治理工作。

推进节约集约用地。坚持疏堵结合，加快土地管理立法，开展土地整治专项行动，管好用好宅基地、承包地、未建设用地。加大耕地保护力度，确保全州耕地保有总量不低于88.5万亩，基本农田保护面积不低于80.6万亩。强化建设用地审批，从严控制新增建设用地。加强土地执法监管，严查土地违法违规行为。加强地质勘查，做好地质灾害防治和搬迁工作，实施12处重大地质灾害治理工程、10处地质灾害排危除险工程。

加强节能减排工作。落实节能减排工作责任制，强化执法监察。开展重点用能单位节能低碳行动，实施重点产业提升计划。严格执行建筑节能标准，加快推进既有建筑节能和供热改造。开展节约型公共机构示范创建活动。强化结构、工程、管理减排，控制好主要污染物排放总量。

五、大力实施城乡提升战略，促进城乡协调发展

努力做强县城。坚持把县城（中心镇）作为实施城乡提升战略的关键。突出规划引领，构建更加完善的城市规划体系。准确定位城市，设计城市标志。开展“城市基础设施建设年”活动，实施项目222个。抓好城市风貌改造，充分挖掘历史记忆。加强城市管理，构建权责分明、服务优先、执法规范的城市管理体制，坚决整治“九子一线”乱象。

努力做优乡镇。把乡镇作为服务农牧区的重要纽带，不断优化乡镇体系，完善基本功能，培育特色产业。有序推进撤乡建镇，加快构建中心镇、重点镇、一般乡镇功能互补、梯度发展格局。着力打造洛若、马尼干戈等7个省级“百镇试点”，新都桥、冷碛等4个州级示范镇，以及28个县级特色乡镇。

努力做美村寨。按照“弄干净、搞整齐、有文化、出品位”的要求，形成以高原特色农牧业和旅游业带动、与城镇互补的特色村落发展路径。持续推进乡村治理和环境美化工作，加强原始村落的保护和传承，着力打造一批美丽宜居村庄。重点抓好幸福美丽新村、藏区新居、彝家新寨建设，建成幸福美丽新村200个。

六、统筹抓好社会事业，切实保障和改善民生

投资11.7亿元，促进教育优先发展。深入实施教育振兴计划，落实15年免费教育。加快学前教育普及进程，全面建设乡村幼儿园，招（聘）乡村幼儿教师800名。推进义务教育均衡发展，加快10个区域性寄宿制集中办学区、55所片区寄宿制学校、200所精品学校建设；改扩建州特殊教育学校。加快职业教育发展，启动建设康北职业技术学校。扩容升级普通高中，建成州高级中学，加快7所普通高中建设。力争启动四川民族学院搬迁工程。推进教育信息化，建成康巴网校，实现乡中心及以上学校校校通、班班通、人人通全覆盖。加强教师队伍建设，科学推进双语教学，不断提升教育教学质量。继续实施好“百千万康巴英才”“订单定向人才培养”工程，引进和培养更多紧缺专业人才。加快科技成果转化和推广应用。

投资4.8亿元，加强医疗卫生服务体系建设。巩固提升州医院“三甲”成果，运行好第二医疗区；推进18个县级综合医院、甘孜卫校附属医院和州、县中藏医院规范化建设；完成94个乡（镇）卫生院标准化建设。扩面提质居民健康电子档案数据库。启动重点疾病集中远程诊疗和教学试点。继续实施分级诊疗制度。深入开展基层卫生“三大行动”，抓好送卫生计生下乡等活动。加快以“三化”为主要内容的智慧医疗卫生建设。强力推进以石渠县为重点的包虫病综合防治攻坚战，启动实施“关爱农村母亲行动计划”，开展妇女病普查普治，切实加大结核病、艾滋病等重大疾病防治力度。落实计生惠民政策，切实加强牧区计划生育管理。

投资3.5亿元，丰富群众文化体育生活。以藏族舞蹈、歌曲、语言类节目和影视节目四大赛事为重点，创新举办第九届康巴艺术节。继续推进州县广播电视节目农牧区无线全覆盖工程，启动建设州公共文化服务中心和广电全媒体中心。加快德格印经院申遗步伐。完成州民族体育馆建设和康定北门体育场改造，启动登山户外运动基地建设。举办第二届中国甘孜环贡嘎山国际山地户外运动挑战赛、全州户外自行车比赛等活动。积极筹办第十五届全省民族运动会。广泛开展群众性体育活动。

实施积极的就业政策，大力促进就业创业。围绕“对象人数、工作载体、政策措施、目标考核”四个精准，建立就业动态数据库，在18个县（市）组建劳务开发公司，制定出台支持就业创业政策，制定就业创业目标管理绩效考核体系。抓好贫困群众就业工作，重点帮助高校毕业生、城镇低收入家庭、返乡农民工等群体实现就业，动态消除“零就业”家庭。开发护林防火、草原灭鼠等公益性岗位1500个，实现城镇新增就业7000人，城镇失业人员再就业300人，城镇登记失业率控制在4.2%以内。全面治理拖欠农民工工资问题，构建和谐劳动关系。

坚持兜住底线，提高社会保障水平。加快建立更加公平、覆盖城乡的社会保障体系，城镇职工基本养老保险覆盖13.3万人，城乡居民养老保险覆盖38.4万人；城镇职工基本医疗保险实现州级统筹，城镇居民“五险”新增扩面4.5万人次，达到166.9万人次。做好流动人员养老保险和医疗保险转移接续工作。提升社会救助能力，依法规范落实城乡低保政策，做到应保尽保、应退尽退。加强社会福利体系建设，实施康南儿童福利院新建、州儿童福利院改扩建工程。建设保障性住房985套，改造棚户区3674户、农村危房4047户，全面建成干部职工周转房4804套。实施康定、甘孜、炉霍、道孚、理塘、稻城等县城地热集中供暖工程。

投资17.9亿元，务实推进康定地震灾后重建。加快规划项目实施，累计竣工项目352

个；优先实施城乡住房重建，落实抗震设防标准，全面完成维修加固和重建任务；加快康定夺拉嘎姆等学校、医院恢复重建，确保年底完成90%以上的公共服务设施项目；加快8个集中安置点等基础设施重建，确保年底完成工程总量的95%以上。全面完成芦山地震受影响的泸定、康定和得荣地震等灾后恢复重建任务。

七、持续深化改革开放，不断增强发展新动能

抓好重点领域改革。行政体制方面，积极探索招投标制度改革，积极实施政府与社会资本合作（PPP）模式。财政方面，继续推进“全口径”政府预算体系建设；创新公共服务供给方式，大力推行政府购买服务。国企方面，落实国企负责人劳动人事分配“三项制度”改革，组建州投资发展、旅发和能投等集团公司；稳妥发展混合所有制经济，提高国有资本配置和运行效率。金融方面，启动农村信用联社改制农商行，开展城乡住房地震保险试点。农业农村方面，加力推进农村产权制度、新型农业经营主体培育、农业社会化服务体系改革和土地确权登记工作，启动草原确权登记颁证试点，探索农村土地（草地、林地）经营权规范有序流转改革。市场方面，深化商事制度改革，落实“先照后证”事中、事后监管和服务，做好信用信息监管，实现“一处失信，处处受限”。全面开展户籍制度改革，落实居住证制度。

推动高水平开放合作。落实首届川滇藏青交界藏区市（州）长联席会战略合作协议，全面推动交通运输大通道、全域旅游大环线、高原生态大屏障等领域合作。抓好“飞地”经济发展，加快甘眉工业园区建设和招商工作，推进成甘、甘雅工业园区建设。主动加强沟通衔接，推进广东对口支援工作，与珠三角、长三角建立合作机制。继续深化省内“7·20”结对帮扶。促进华侨城与海螺沟深度合作。

全方位开展招商引资。完善招商政策，健全招商机构，培养招商人才，制定招商目标，创新招商方式，拓宽招商渠道，进一步提高招商引资实效和质量。以康巴艺术节、国际山地旅游节、康定国际情歌节、“知名企业进甘孜”等活动为抓手，以西博会、川商“回乡创业”、川货全国行等活动为平台，抓好项目策划包装，做好项目跟踪服务，力促一批大项目、好项目落地，实现招商引资110亿元。

八、大力实施依法治州战略，努力建设法治甘孜

深化民主法制建设。自觉接受人大及其常委会的监督，严格执行各项决议、决定，定期向人大及其常委会报告工作，支持人民政协开展政治协商、民主监督、参政议政，切实做好人大代表建议和政协委员提案办理工作。认真听取各民主党派、工商联、无党派人士和各人民团体的意见建议。坚持科学民主依法决策。启动“七五”普法，切实增强全民法治观念。开展第十届村（居）委会换届选举工作。

加强民族宗教工作。认真落实党的民族宗教政策。实施民族团结进步示范条例，深入推进民族团结进步示范州创建。强化民族团结宣传教育，引导干部群众增进“五个认同”，促进各民族交往交流交融。严格落实宗教事务条例，抓好寺庙分类管理达标升级工作，大力创建文明和谐寺庙，依法加强宗教人士的培养和管理，积极引导宗教与社会主义社会相适应。

加强和创新社会治理。健全社会治安和公共安全防控体系，旗帜鲜明开展反分裂斗争，深入推进网格化服务管理，强化社会治安综合治理，依法严厉打击各类违法犯罪活动。加强人民调解工作，完善法律援助体系，有效预防和化解社会矛盾。全面落实“党政同责、一岗双责、失职追责”的安全生产责任体系，让安全生产“红线”成为不可触碰的“高压线”，坚决遏制重特大安全事故发生。加快防灾减灾体系建设，建成州级应急指挥中心和地震监测中心，推进县级防灾减灾综合能力建设，提高突发事件防范处置和防灾救灾减灾能力。完善州、县、乡、村四级食品药品监管网络，全过程保障全州人民特别是边远农牧区群众食品药品安全。加强国防动员能力建设，做好双拥共建、人民防空等工作。

各位代表：全面完成今年和“十三五”时期的任务，对政府自身建设提出了新的更高要求。

我们要持续推进依法行政。全面贯彻落实中共中央国务院印发的《法治政府建设实施纲要（2015—2020年）》。坚持法定职责必须为、法无授权不可为，运用法治思维、法治方式谋划和推动政府工作。建立健全州、县、乡三级政府法律顾问制度，加强和改进行政执法，做到严格规范、公正文明执法，努力营造办事依法、遇事找法、解决问题用法、化解矛盾靠法的法治环境，着力建设法治政府、诚信政府。

我们要持续提高行政效能。加快建立覆盖州县政府的负面清单、权力清单和责任清单。继续精简、规范行政审批事项，简化审批程序，下放审批权限。强力推进“两集中、两到位”，加速并联审批，改进“一站式”服务。加快乡（镇）便民服务中心建设。规范公共资源交易各方行为，加强异地远程电子评标系统建设，制定评标专家自由裁量权清单。全面落实政府信息公开条例，深化政务公开。健全行政机关绩效管理体系，加强效能监察和行政问责。

我们要持续加强廉政建设。认真落实党风廉政建设“两个责任”和“一岗双责”，严格执行中央、省、州廉政建设各项规定，继续狠刹“四风”，重拳治理“庸懒散浮拖”“吃拿卡要”等不正之风，大力精简会议，压减文件数量和篇幅。强化对重点领域、关键环节的监察和审计，坚决纠正各种损害群众利益的不正之风，坚决查处发生在群众身边的腐败案件。

各位代表！

回顾“十二五”，勤劳智慧的甘孜儿女创造了令人瞩目的辉煌成就；展望“十三五”，全面建成小康社会的宏伟目标激励人心。让我们在省委、省政府和州委的坚强领导下，齐心协力，迎难而上，开拓进取，扎实工作，为建设美丽生态和谐小康甘孜而努力奋斗！

名词解释

1. 旅游“十大工程”：指“最后一公里”畅通工程、旅游目的地建设工程、“藏区旅游精品线路”工程、“最美景观大道”工程、旅游厕所建设工程、旅游信息化工程、“景区城市”工程、“旅游乡镇”工程、“美丽乡村”工程、“最康巴”系列工程。

2. 旅游“八进”活动：指全域旅游进机关、进乡镇、进村寨、进社区、进企业、进学校、进景区、进军营活动。

3. “十大”特色产品：指酒、肉、果、蔬、茶、菌、药、水、粮、油。

4. “三品一标”：指无公害农产品、绿色食品、有机食品和农产品地理标志。

5. “一园三区”：指康定情歌文化园和康东多元文化区、康南香巴拉文化区、康北格萨尔文化三大产业区。

6. “三去三加”：指去瓷砖、去水泥、去人工痕迹，加水、加绿、加文化。

7. “三位一体”扶贫战略：指专项扶贫、行业扶贫和社会扶贫“三位一体”。

8“五大扶贫”工程：指基础扶贫、产业扶贫、新村扶贫、生态扶贫和能力扶贫。

9. 农村“三权”抵押融资试点：指农户用农村土地承包经营权、农村居民房屋权和林权作抵押向银行申请贷款。

10. “四个全面”战略布局：指全面建成小康社会、全面深化改革、全面依法治国、全面从严治党。

11. “四纵四横多联和三大枢纽”：“四纵”指阿坝金川—丹巴—泸定—雅安石棉线、色达年龙—炉霍—道孚—九龙—凉山冕宁线、安卜拉山口（青海界）—石渠—甘孜—新龙—理塘—稻城—云南三江口线、安卜拉山口（青海界）—石渠洛须—德格岗托—白玉—巴塘—得荣—云南德钦奔子栏线；“四横”指国道317线、国道318线、白玉绒盖—白玉昌台—新龙—道孚—丹巴—阿坝小金线、得荣古学—云南东旺—乡城洞松—乡城青麦—稻城木拉—稻城县城—稻城省母—理塘拉波—雅江牙衣河—九龙斜卡—雅安石棉界；“多联”指石渠洛须—达日（青海界）、青海下红科—白玉昌台、稻城—凉山木里、雅江—新龙、雅江—道孚等多条连接线公路；“三大枢纽”指建设康定、甘孜、理塘三大交通枢纽。

12. “三网”融合：指电信网、互联网和广播电视网。

13. “一优先二有序三加快”产业发展思路：指优先发展旅游业，有序发展清洁能源产业和优势矿产业，加快发展现代农牧业、特色中藏药业和特色文化产业。

14. “一圈一带一走廊”布局：指东部环贡嘎山现代农业经济圈、北部特色农业产业带、南部特色农业走廊。

15. “六个精准”：指扶贫对象精准、扶贫项目精准、资金使用精准、措施到户精准、因村派人精准和脱贫成效精准。

16. “五个一批”：指扶持生产和就业发展一批、生态扶贫和移民搬迁安置一批、低保政策兜底一批、医疗救助扶持一批和灾后重建帮扶一批。

17. “六有”：指户有卡、村有册、乡有簿、县有档、州有卷、省有库。

18. 10个专项方案：指基础扶贫方案、新村扶贫方案、产业扶贫方案、文化惠民扶贫方案、社会保障扶贫方案、教育与就业能力扶贫方案、卫生计生扶贫方案、生态扶贫方案、财政金融扶贫方案和社会扶贫方案。

19. “1+N”模式：指扶持1个龙头加工企业，建立N个原料供应基地。

20. “九子一线”乱象：指房子、车子、渣子、摊子、桶子、牌子、杆子、旗子、树子及供电通信线路。

21. “123”甘孜智慧教育体系：“1”指甘孜智慧教育云服务中心；“2”指内地优质带动州内优质（A平台）、州内优质带动州内薄弱（B平台）；“3”指州、县、校三级教育信息化形态，州一级创建“康巴网校”云平台，县一级创建“智慧教育中心”，校一级创建“数字化校园”。

22. “三化”智慧医疗卫生：指全州医疗卫生远程会诊制度化、标准卫生院远程培训常态化和“医卫通”使用全民化为重要内容的卫生信息化建设。

ཆེད་རྩོམ་ཡིག

专　文

坚定以“六大战略”践行五大发展理念 确保甘孜藏区同步全面建成小康社会

中共甘孜州委书记　刘成鸣

发展理念是发展思路、发展方向、发展着力点的集中体现。党的十八届五中全会提出的创新、协调、绿色、开放、共享五大发展理念，是以习近平同志为总书记的党中央治国理政新思想在发展理念上的高度概括，是对中国特色社会主义建设实践的深刻总结，是马克思主义发展观的重大创新。它科学回答了新形势下需要什么样的发展、走什么样发展道路的重大问题，为我们推动“十三五”发展、决胜同步全面小康提供了方向指引和重要遵循。

省委书记王东明指出，五大发展理念的逻辑起点是经济发展新常态，内涵实质是科学发展全面发展，目标导向是破解矛盾问题、厚植发展优势，价值取向是坚持人民至上、使全体人民共享发展成果。中共甘孜州委十届八次全会坚持学习贯彻党的十八届五中全会和省委十届七次全会精神，深刻把握五大发展理念精髓，紧密结合发展实际，明确提出“一个目标、两个关键、三件大事、六大战略”的总体工作格局，着重强调实施扶贫攻坚、依法治州、产业富民、交通先行、城乡提升、生态文明建设“六大战略”。这为甘孜藏区务实践行五大发展理念明确了具体抓手，为康巴高原决胜同步全面小康找准了现实路径。我们要继续深入学习领会中央、省委关于五大发展理念的重要论述和精神实质，坚持用新的发展理念引领甘孜未来发展，坚定以“六大战略”践行五大发展理念，奋力书写同步全面建成小康社会的宏伟篇章。

实施扶贫攻坚战略，确保同步全面建成小康社会。全面小康是全民共享的小康。实现全面小康重点在农村，难点在贫困地区和贫困人口。实施扶贫攻坚战略就是围绕全面小康这一目标，集中力量攻克贫困地区和贫困人口脱贫这一“难题”，消除绝对贫困，真正实现全域小康、全面覆盖、全民共享。省委十届六次全会以来，我们坚持把扶贫攻坚作为今后五年工作的重中之重，按照“每年有新变化、三年上新台阶、五年全面脱贫”的目标，聚焦“六个精准”，全力推进扶贫攻坚各项工作。扎实抓好精准识别，始终严把贫困标准、坚持阳光操作、科学规范管理，认真落实“户有卡、村有册、乡有簿、县有档、州有卷”数据平台，做到底数清、问题清、任务清、对策清、责任清。扎实推进“五个一批”，针对不同地区、不同贫困类型、不同致贫原因，大力实施生产就业发展、移民搬迁安置、低保政策兜底、医疗救助扶持、灾后重建帮扶“五个一批”行动，确保不落下一村一户一人。扎实改善脱贫条件，着力补齐贫困村基础设施“短板”，千方百计解决群众行路难、住房难、就业难、增收难、就医难、上学难、用电难、饮水难等突出民生难题，切实改善脱贫的基础条件。扎实提升公共服务，围绕创建“藏区一流人民满意教育卫生事业”目标，抓好15年免费教育和“9+3”免费教育，加强医疗卫生基础设施建设和包虫病综合防治体系建设，彻底阻断贫困代际传递。

实施依法治州战略，促进社会和谐稳定与长治久安。法治是社会治理的重要基石。省委强调，“推动藏区和谐稳定、促进长治久安，根本还是要靠依法治藏，运用法治这个现代化治理手段，着力解决藏区社会治理中的突出问题”。实施依法治州战略就是充分运用法治这一现代化治理手段，探索藏区社会治理创新，着力构建办事依法、遇事找法，解决问题用法、化解矛盾靠法的法治良序，切实促进社会和谐稳定、长治久安。因此，必须坚持依法执政，强化党委领导核心作用，切实做好党领导立法、保证执法、支持司法、带头守法工作，确保科学执政、依法执政；必须提升立法水平，围绕反分裂斗争、依法治寺管僧和推进经济社会发展，突出问题导向、民生导向研究立法问题，开展立法工作，确保于法有据、有法可依；必须提升法治政府水平，统筹推进严格执法、政务公开、行政监督等重点工作，大力建设法治政府，增强法律意识、程序意识和文明意识，积极推进依法行政；必须提升公正司法能力，严厉打击各类危害国家安全和损害群众利益行为，加强执法权力运行监控，坚决防止发生冤假错案，确保司法权力在阳光下运行。同时，深入开展“法律七进”活动，加强突出问题依法治理，扎实推进寺庙依法管理，着力提升基层法治建设示范创建效果，努力实现藏区治理的制度化、规范化、法治化。

实施产业富民战略，切实提高农牧民群众生产生活水平。产业是实现富民强州的有力支撑，是实现共享发展的重要条件。实施产业富民战略需要我们用创新发展理念，着力培育经济增长新引擎；用开放发展理念，着力增强经济发展新动能。我们将始终坚持“一优先二有序三加快”的产业发展思路，切实将资源优势转化为产业优势、经济优势和富民优势。优先发展旅游业。围绕打造世界旅游目的地和全域旅游示范区目标，做好东部环贡嘎山环线、南部环亚丁环线和北部格萨尔文化旅游带“两环一带”旅游规划，完善旅游配套设施，打好旅游宣传“组合拳”，切实提升旅游知名度。有序发展能源业和矿产业。按照“全力支持大型、全面参与中型、全境规范小型”思路，加快“两江一河”干流水电开发，坚持风光水互补，推动发展新能源；加强矿产资源保护，推进重点矿山建设，着力打造“中国锂都”。加快发展现代农牧业、中藏药业和特色文化产业。围绕高原现代特色生态农牧业目标，打造“一圈一带一走廊”农业产业布局，建成特色农业和特色林果产业基地“两个100万亩”；建立中藏药材繁育基地，推进中藏药材产业化规范化发展；加快构建“一园三区”文化产业布局，不断提升藏文化影响力。同时，加快对外开放合作，主动融入和对接中央、省的发展战略，抢抓政策机遇，强化招商引资，优化投资环境，借力对口支援平台，不断拓宽经济社会发展的新空间新领域。

实施交通先行战略，破解经济社会发展瓶颈制约。交通是经济社会发展的“先行官”。受特殊的自然地理、历史因素等制约，以交通为重点的基础设施建设仍然是制约甘孜藏区发展的最大“瓶颈”。实施交通先行战略旨在“补短板、破瓶颈”，以交通建设为突破带动各类基础设施建设发展，为建设美丽生态和谐小康甘孜奠定坚实基础。牢固树立“安康必先通康”的意识，围绕“建设川西北区域性交通枢纽，公路机场铁路齐上，构建进出顺畅、互联互通、四通八达、安全便捷的立体交通运输体系”，全力推进交通建设再上新台阶。以打通进出口为关键，加快推进雅康高速公路、格萨尔机场和川藏铁路雅康段等重大项目建设，努力增设康定、亚丁、格萨尔三大机场航线，切实改造提升国省干线等重要进出通道。以构建联网路为支撑，县之间形成环，乡镇到村形成网，在“三纵四横多联”基础上，重点突出桥梁、隧道等控制性工程，加快建成纵横相交的综合交通运输网络。以延伸客运线为补充，加快县级客运中心、乡镇客运站点和村级招呼站等客运场站建设，拓展公共交通向乡村延伸，确保交通建设成果最大程度惠及基层群众。同时，协调推进其他基础设施建设，加大水利工程、农村安全饮水、农村电网改造升级、光电通信等建设力度，不断厚植发展基础，改善发展条件，增强发展后劲。

实施城乡提升战略，科学统筹推进城乡协调发展。城镇是承载产业的载体，是群众安居乐业的港湾。实施城乡提升战略就是按照“协调发展、共享发展”理念，着力解决城乡二元结构矛盾、区域发展不平衡、公共服务和社会保障均等化水平低等问题，在统筹推进城乡协调发展中提升农牧民群众的获得感幸福感。我们将突出藏文化特色和地域特色，积极打造城乡风貌，构筑业态支撑，提升城镇规划水平、配套能力、承载能力、吸附能力、风貌特色、管理水平和文明素养，切实做强县城、做优乡镇、做美村寨。做强县城，就是把县城作为统筹城乡发展的关键，按照全域旅游的要求，突出城市定位、提升城市功能、强化城市建设、打造城市景观、推进城市更新，着力建设辐射带动力强的旅游之城、商贸之城、文化之城、生态之城。做优乡镇，就是把乡镇作为服务广大农牧区的主枢纽，引导乡镇走经济产业化、服务标准化、建设精品化和生活现代化的发展道路；以打造藏区特色风情小镇为目标，建成一批文化旅游型、交通枢纽型、商贸物流型、移民搬迁型和农产品加工型乡镇，使之成为带动周边发展的支撑点。做美村寨，就是以建设幸福美丽新村为目标，注重形态布局、抓好环境整治、加强村庄管理，形成以高原特色农牧业和特色旅游业为带动，与城镇职能差异互补的特色村寨发展路径，着力建成一批旅游新村、扶贫新村、文化新村和移民搬迁新村。

实施生态文明建设战略，着力构筑国家绿色生态屏障。“发展的希望在绿色。”绿色是甘孜藏区的“天然底色”。实施生态文明建设战略，坚持走生态优先、绿色发展之路，既是基于州情实际作出的必然选择，也是实现甘孜永续发展的先决条件，更是顺应人民群众追求美好生活的应有之义。牢树“尊重自然、顺应自然、保护自然”理念，围绕建设“全国生态文明建设示范区、国家生态屏障区”方向，以建设美丽生态甘孜为目标，进一步繁荣生态经济、保护生态环境、彰显生态文化，推进人与自然和谐发展。坚持优化开发格局。以主体功能区规划为基础，统筹各类空间性规划，推进“多规合一”，划清功能区红线，完善“两江一河”和草原湿地保护体系，实施天然林保护和退耕还林等生态工程，促进功能区保护与建设。坚持发展生态产业。支持绿色清洁生产，发展节能环保产业，逐步建立结构优化、循环高效的绿色发展产业体系；加快特色林业产业基地建设，着力构建“山顶戴帽子、山腰挣票子、山下饱肚子”的立体生态格局。坚持改善人居环境。结合全域旅游发展和城乡提升战略，大力推进“山植树、路种花”，在有条件的县城实施“河变湖（湿地）”工程，并加强对地震、滑坡、泥石流等自然灾害的监测预警，积极建设美丽生态新家园。

五大发展理念是我国战略性、纲领性思

想理论的结晶，是引领发展实践、开创美好未来的旗帜。甘孜藏区将坚定不移高举这面旗帜，以维护祖国统一、加强民族团结为着眼点和着力点，以改善民生、凝聚人心为出发点和落脚点，以实施“六大战略”为重要载体和具体抓手，着力突出脱贫奔康和长治久安两个关键，统筹抓好发展民生稳定三件大事，进一步坚定信心、振奋精神、攻坚克难，努力实现同步全面建成小康社会的宏伟目标！

（州委办提供）

甘孜山地旅游　东方户外天堂

——甘孜州全域旅游的探索与思考

中共甘孜州委副书记、州政府州长　益西达瓦

一、甘孜州旅游资源概况

甘孜藏族自治州位于中国四川的西部，深居于青藏高原东南缘的横断山脉中，总面积15.3万平方公里，总人口114万人，其中藏族占81.5%。这里是康定情歌的故乡，这里是康巴文化的核心区，这里是最后的香格里拉，被世界旅游组织专家誉为“21世纪旅游发展最具潜力的地方”和“不可多得黄金旅游线路”。

（一）绝版的自然风光

甘孜州是目前世界上保存最完整、最原始、最独特的高山生态系统，集中了青藏高原向云贵高原和四川盆地过渡地带的所有自然之美。

——这里是山的世界。山地面积达到12万平方公里，占全州面积的80%。沙鲁里山脉、巴颜喀拉山脉、岷山山脉、大雪山脉在这里蜿蜒盘旋，群峰林立。海拔6000米以上的山峰5座，海拔5000米以上的山峰200余座。其中被称为“香格里拉”之巅的贡嘎山，在中国最美十大名山中排名第二；被称为“香格里拉之魂”的稻城亚丁三神山，是世界佛教二十四圣地之一，在中国最美十大名山排名第七。著名探险家洛克曾这样写道：“在整个世界里还有什么地方，有这样的景色等着摄影者和探险者的。”

——这里是江河的源头。金沙江、雅砻江、大渡河的流域面积占甘孜州总面积的95%。有鲜水河、力邱河等379条河流，木格措，新路海等2471个高山湖泊，海螺沟冰川等200多条冰川，康定榆林宫等249处温泉。

——这里是生物多样性的保护区和重要的物种基因库。甘孜州南北跨6个纬度、山地相对高差6556米，森林覆盖率达32.1%，高山草甸达到14164万亩，湿地达到88.8万公顷。已知高等植物4251种，其中在空气稀薄地区生长的绿绒蒿，被西欧国家奉为“皇室之花”。已知野生动物652种，其中大熊猫、小熊猫、白唇鹿、云豹、雪豹等10种是国家重点保护动物。

——这里是摄影家的天堂。由于可进入性差、人类活动痕迹影响少，甘孜州的一山一水、一草一木，都保持着自然本来的状态。广阔的面积、复杂的地貌、多样的生态系统，形成这里“一山有四季、十里不同天”的特殊景观，造就了其他地方罕见的山景、水景、云景、雾景、雪景、雨景、日景、月景、佛光等种种奇妙天象。

（二）厚重的康巴文化

甘孜州是历史上早期民族频繁迁徙的走

廊，各种文化在这里相互碰撞、融合，形成了既有藏族文化共性，又有多元文化烙印的康巴文化，并升华出尊重、包容、开放、纳异、创新的人文精神。

——这里是古康藏卫三区之一。甘孜州与西藏昌都、青海玉树、云南迪庆共同构成康巴地区，是中国藏区的重要组成部分。据考古发现，早在远古时代，就已经有原始人类在这里繁衍生息。现已发掘出中路新石器时期遗址等40余处大的古遗址，出土打制石器、磨制石器等文物1165件。在漫长的历史进程中，甘孜州德格成为南派藏医的发祥地，康定、泸定是历史上著名的"茶马互市"中心。

——这里是康巴文化的核心区。甘孜德格、西藏拉萨、甘肃夏河同为藏民族的三大文化中心，文化积淀古朴、厚重、辉煌。绘画有唐卡、壁画、坛城画等种类。其中唐卡又分黑唐卡、红唐卡、蓝唐卡、绿唐卡、金唐卡、银唐卡，色彩绚丽鲜艳、对比度强，且善用"金""银"描绘，使画面神圣庄严、富丽堂皇。雕塑有陶塑、泥塑、油塑、石刻、木雕、金属雕铸等类型，其中油塑用酥油捏造而成，是非常独特的艺术品。民歌有山歌、情歌、酒歌、劳动歌、婚礼歌、送别歌等多种类型。其中《康定情歌》源于康定城郊的"溜溜调"，情真意切、晓畅优美，是世界十大经典情歌之一，被誉为"宇宙歌曲"。舞蹈分民间舞、祭祀舞、寺庙舞3个大类，巴塘弦子、甘孜踢踏、新龙锅庄异彩纷呈。藏戏有《洛桑王子》《白玛文巴》等八大传统戏剧。其中《岭.格萨尔王传》是世界上最长的藏族英雄史诗，代表了藏族民间文化的最高成就，被联合国教科文组织列为世界文化遗产记忆工程。

——这里是藏区建筑的博览馆。流传至今的王宫、寺院、官寨、碉楼、桥梁和塔子，用固化的形式记录着甘孜人对人与自然和谐的理解。现存寺庙512座，红教、黄教、花教、白教、黑教五大教派齐全，其中德格印经院是藏区经板数量最多、文献学科最全、印刷质量最高的印经院。碉楼在丹巴、新龙、九龙等11个县都有分布，有四角、六角、八角、十二角、十三角等多种类型。民居有泥木结构、石木结构、木结构、泥结构，装饰豪华，类型多样，稻城石藏房、雅江白藏房、巴塘红藏房……县县风格各异。桥梁有藏式伸臂桥、索桥、石桥、木桥4种，其中藏式伸臂桥由圆木构架而成，不用一颗铁钉、一根铁丝，充分展现了甘孜人的聪明才智。

——这里是民族风俗的大观园。那些涵盖婚丧嫁娶、生老病死的民风民俗，凝聚着甘孜人热爱生活、崇尚自然、和谐共生的生活理念。丧葬有塔葬、天葬、火葬、水葬、土葬、树葬等多种葬法。其中天葬流行于甘孜许多地区，表达了人死后"不占用一星土地、一寸空间、一根树木""把身躯'施舍'给为饥饿所困的天鹰，以拯救将被天鹰吃掉的其他动物"等朴素的生态环保意识。节庆有赛马节、转山会、游海节、望果节、迎秋节多种节日。其中转山会在甘孜非常普遍，以康定"四月八"转山会最为著名，人们在山上转山礼佛、悬挂经幡、抛洒风马、踏春畅游、同时开展体育活动、文艺演出、商贸洽谈，其乐融融、盛况空前。传统美食有五香糌粑、吉祥麦子粥、荞饼沾蜂蜜、坨坨牦牛肉、牛血肠、酥油炖鸡、乳猪清烧、香菌包子、酥油包子、酥油人参果、藏式巧克力等，极具地方风味。

——这里是红色文化的沉积地。1935年，中国工农红军飞夺泸定桥进入甘孜，途径和停留这里的16个县城，时间长达15个月之久，留下了毛泽东在磨西居住旧址，岚安苏维埃政府旧址，飞夺泸定桥指挥部旧址，红军二、四方面军甘孜县会师旧址，甘孜县第一个博巴中央政府旧址等一大批革命历史遗迹。

二、近几年甘孜旅游发展情况

从2013年3月开始，州委、州政府正式启动全域旅游发展战略，组织带领全州干部群众“深化一个认识”“改善四大基础”“推进十大工程”“开发十类商品”“突出三大片区”“进行两个探索”，使甘孜旅游走上了发展的快车道。

——深化一个认识：即深化了对全域旅游的认识。把全域旅游定义为：全域资源、全面规划、全境打造、全民参与，把全州15.3万平方公里全境作为一个大景区来建设。在具体实践中，我们提出实施全域旅游的路径是：旅游产业全域覆盖、旅游景区全域联动、旅游产品全域优化、旅游线路全域统筹、旅游品牌全域整合、旅游市场全域营销。随着全域旅游的推进，我们认识到旅游是关联性最强、拉动范围最广的产业，并及时提出了“以旅游统筹经济社会发展”的新思路，着力实施文旅结合、农旅结合、城旅结合、体旅结合，推动全域旅游从支柱产业向主导产业转变。随着实践的不断深入和视野的不断开阔，我们进一步认识到甘孜旅游资源的特质和优势在山地，把甘孜全域旅游精准定位为“全域山地旅游”，并确定“甘孜山地旅游、东方户外天堂”的发展品牌和战略目标。

——改善四大基础：即改善了交通、电力、通信、旅游接待四大基础条件。交通方面：投资330亿元，全面改造了国省干道和旅游通道，建成康定和亚丁两个机场，雅（安）康（定）高速已全线开工。电力方面：投资186亿元实施“川藏联网”“电力天路”和“远村点亮”工程，全州18个县（市）均与国家电网相连，70%的乡（镇）、60%的村享受到了国家大网的稳定供电。通讯方面：投资4.53亿元推进“智慧甘孜”“光网甘孜”“无线城市”建设，国省干线和主要旅游景区通信网络实现连续覆盖。旅游接待方面：召开全州乡村酒店培训会，新增宾馆、文化主题酒店、乡村精品酒店947个，客房20519间，床位42533张，旅游接待能力得到明显提升。

——推进十大工程：即从去年开始在全州启动了“旅游畅通、旅游目的地建设、藏区旅游精品线路、最美景观大道、旅游厕所、旅游信息化、景区城市、旅游乡镇、美丽乡村、“最康巴”十大旅游工程，使全州旅游设施得到了较大改善。目前，这十大旅游工程还进一步加力推进。

——开发十大商品：即以“酒、肉、果、蔬、茶、菌、药、水、粮、油”十大产品为龙头，着力打造“圣洁甘孜”农产品和文化旅游区域公共品牌，组织开展“圣洁甘孜”走进广东、走进浙江、走进北京、走进香港等系列推介活动，有效提高知名度和美誉度。

——突出三大片区：即以点带面，推动康东、康南、康北三大片区旅游发展。在康南，以备战“稻城机场顺利通航、亚丁景区精彩亮相”为重点，着力打造、提升亚丁景区，辐射拉动了乡城、理塘、巴塘等南路5个县香格里拉生态旅游发展。在康东，以海螺沟、木格措创AAAAA，泸定桥、甲居藏寨创AAAA等系列创A活动为抓手，加快旅游标准化建设，带动了九龙、道孚等东路6个县（市）旅游提档升级。在康北，以德格为中心，着力打造康巴生态文化旅游区，成立了康巴文化研究院，召开了康巴文化研讨会，开展了德格生态文化旅游总体规划，启动了噶玛博绣民族民间手工艺创意园区、德格雕版印刷博物馆等项目，引领了康北7个县生态文化旅游发展。

——进行两个探索：即对“山地旅游”和“户外运动”的探索。在山地旅游方面，从去年开始，分期分批组团到法国、瑞士考察阿尔卑斯山地旅游，以《世界极致之景、甘孜未来所致》为题，召开了4场大的考察报告会。全州干群一致认为，甘孜的雪山、冰川、森林、河流、湖泊、温泉等资源和阿尔卑斯极其类似，阿尔卑斯山地旅游是甘孜学习的样板和发展的目标。在户外运动方面，对州内户外运动资源进行了调查统计和实地考察，邀请法国、瑞士户外运动专家进行了科学论证，推出“2015·中国甘孜环贡嘎山百公里山地户外运动国际挑战赛”。该赛事拟每两年定期举办一次、逐步形成“万年贡嘎、百年赛事”品牌，并以赛事引爆甘孜山地旅游发展。

经过两年多的经营，甘孜旅游得到迅猛发展。2014年，全州旅游接待人数从2012年的523万人次上升到801万人次，年均增长27.5%，旅游总收入从36亿元上升到80.3亿元，年均增长40.76%，旅游收入相当于地区生产总值的38.75%。预计今年接待游客将突破1000万人次，旅游收入将突破100亿元。其中特别是山地旅游异军突起，纵贯全州的国道317线、318线成为自驾游、骑行、徒步的热点地区，被誉为“中国最美景观大道”，甘孜山地旅游已初现端倪、呼之欲出。

三、下步甘孜旅游发展的主要方向

山地旅游需要甘孜，甘孜需要山地旅游。天时、地利、人和，决定了“甘孜全域山地旅游”的可持续发展道路。

（一）走生态保护前提下的可持续发展之路。顺应旅游回归自然的发展大势，把“环境保护”作为甘孜旅游的灵魂和旗帜，坚持突出天然优势、历史优势、创新优势的逆城市化理念，用明令“不准”的规划来规范人的行为，坚守规划、人口、土地、建设、生态“五条红线”，管住宅基地、承包地、未建设用地“三块土地”，突出“三去三加”（去水泥、去瓷砖、去人工痕迹，加水、加绿、加文化），在空间尺度上推进山地旅游全域化，在时间尺度上坚持50至100年的矢志不移，大力发展崇尚自然的旅游，民族文化的旅游，户外运动的旅游，开发商、游客、原住民三者和谐相处的旅游。

（二）高水准编制山地旅游规划。山地旅游规划不是去规划自然，不是使自然按照我们的主观意愿去改变，而是在师法自然、顺应自然的前提下，突出设计和整理两个关键来完善旅游基础设施和服务设施。一是顺势设计。顺自然之势设计，顺文化之势设计，顺人类、民族发展之势设计。二是突出整理。甘孜的美天生就在那里，关键在于“弄干净、搞整齐、有文化、出品位”，整理出美丽，整理出规矩，整理出秩序，整理出文明，整理出高尚、典雅、进步的生活情趣。

（三）着力建设旅游基础设施。以快旅慢游交通体系和旅游风情小镇为重点，加快建设通讯、供电、给排水、垃圾污水处理等旅游基础设施。

（四）加快提升旅游服务设施。以文化主题酒店、乡村精品酒店、供氧工程和安全保障体系建设为重点，着力完善购物点、停车场、加油站、游客接待中心、银行、邮局、医院等旅游服务设施。

（五）精心开发山地旅游产品。随着散客时代的到来，游客需求日益脱离大众化、一般化的轨道，模仿型排浪式旅游消费高峰已经过去，游客在个性化选择上更加理智和遵循自身意愿，开始有目的、主动化旅游。甘孜州山地旅游资源分布广、种类多、差别大，具备打造多样化、个性化、品牌化山地旅游产品的优越条件，应该抓紧适应旅游消费的新常态，实施多元产品开发策略，大力开发山地户外运动产品、山地观光产品、山地休闲度假产品、山地文化旅游产品、山地康体保健旅游产品、山地体验旅游产品、科普教育旅游产品、节会旅游产品。通过全域旅游资源的开发，尽快推出类型丰富、独特性明显、个性化突出的旅游产品来满足不同客群的需要。

（六）全面丰富山地旅游商品。把握旅游商品六要素（要有地方特色，要有文化内涵，要有实用功能，要制作精致，要价格适中，要体积小、重量轻、便于携带），着力解决旅游商品生产中出现的“重、大、贵”“买不起、搬不动、带不走”问题。

（七）突出依法治旅，确保山地旅游良性发展。旅游基本上属于零门槛进入的产业，随着甘孜旅游的快速发展，群众参与旅游的积极性空前高涨，但同时也带来了旅游产业的种种乱象。必须从一开始就进行规范，立规矩、讲规矩、守规矩，加快完善旅游法律法规、加大普法宣传力度、严格旅游执法，使制度植入心灵、形成“基因”传承，营造环保、安全、文明、和谐的山地旅游环境，确保各地游客慕名而来、满意而归。

山地旅游不是普通的行业，而是一种全新的综合性产业。在甘孜州发展山地旅游，有优势、有市场、有基础、有条件、能致富。只要我们锁定山地旅游目标，坚持科学合理开发，就一定能够打响“甘孜山地旅游、东方户外天堂”品牌，为山区人民找到一条全面、协调、可持续的发展道路。

（州政府办提供）

“十三五”期甘孜州融入“一带一路”战略的现实路径

中共甘孜州委常委、州政府常务副州长　陈忠义

党的十八届五中全会明确提出，推进“一带一路”建设，打造陆海内外联动、东西双向开放的全面开放新格局，是推动“十三五”期国家经济社会发展的一项重大战略部署。四川地处“一带一路”的交会点，国家“一带一路”战略规划的实施，必然给四川带来绝佳的发展机遇。同时，国家和“川滇青藏”四省“一带一路”战略部署也极大地改变了甘孜州的地理区位劣势，让甘孜州从对外开放的“神经末梢”变为了“四省藏区”结合部多极开放的前沿和出川入藏、直达南亚的要道，为甘孜交通、旅游、商贸、能源、物流等产业发展了带来了难得机遇；也为当地经济向外发展拓展了巨大空间、增添了强大动能。甘孜州主动融入“一带一路”建设，既是深入贯彻落实中央第六次“西藏工作座谈会”和省委藏区工作会议精神，主动对接落实国家和省“十三五”规划的具体举措，也是调结构、稳增长，转型升级、扩大开放，加快实现脱贫攻坚，建成美丽生态和谐小康新甘孜的现实需要。

甘孜州主动融入“一带一路”建设的契合定位

从国家“一带一路”战略全局和四川省定位分析，甘孜藏区在资源禀赋、地缘优势、生态环境等方面占有重要地位和优势。无论从政治战略、历史文明来看，还是从发展潜力和后发优势来看，甘孜州都是国家和四川“一带一路”建设不可缺失的一条“走廊要道”和“战略支点”。

从政治战略看。甘孜州是新中国成立的第一个专区级少数民族自治州，辖区面积15.3万平方公里，约占四川的1/3。全州辖18个县（市），常住人口114万人，藏族约占80%，是全国第二大藏区的重要组成部分，是达赖集团和西方敌对势力渗透破坏的重点地区，维护稳定、促进发展的战略地位尤为突出。稳藏必先安康，甘孜州主动融入“一带一路”建设，完全符合中央和省委“治国必治边、治边必先稳藏”的战略思想和“依法治藏、富民兴藏、长期建藏、凝聚人心、夯实基础”的基本定位，是新形势下加强藏区与不同区域、藏族与各民族之间相互“交往、交流、交融”的重要载体，是促进民族团结和社会稳定的长效举措，更是实现藏区经济持续健康发展和社会长治久安的重要路径。

从历史文化看。唐贞观十五年（641年）文成公主进藏，唐蕃联姻，两国商贸往来频繁，在历史上形成了一条横贯我国西南，全

长3000多公里的“黄金路”，暨被学术界誉为“丝绸南路”的唐蕃古道，穿越石渠县后“出川入藏”、抵达异域。此外，川藏北线经甘孜州进入青海玉树，是古“丝绸南路”的一条重要支线。盛唐“丝绸南路”的一大重要分支“茶马古道”分两条走廊穿越甘孜州南、北片区绝大部分县市，让康区成为史上丝绸之路最繁荣的商埠重地之一。甘孜主动融入“一带一路”建设，正是贯彻落实省委、省政府“1+5”文件关于“加快实施《藏羌彝文化产业走廊总体规划》，推进格萨尔国家级文化生态保护试验区建设，支持茶马古道、唐蕃古道、德格印经院申遗”的具体实践，有利于促进四川藏区多民族历史文化的传承发扬和保护交流。

从地缘区位看。甘孜州地处川滇藏青四省藏区结合部，行政区划与“一带一路”战略带上的西藏昌都、云南迪庆、青海省玉树和果洛等地毗邻接壤、山水相连，是内地通往西藏和四省藏区互联互通的桥梁纽带，也是我国沿海和内地自古以来连接西藏通往印度、尼泊尔、缅甸等南亚国家的重要路径之一，具有“坐中连四、西出北上、多边开放”的独特地缘优势。甘孜主动融入“一带一路”建设，将更加有利于加快“川藏、川滇、川青”等外连通道建设，为全面加强我省与滇藏青等周边藏区的多边交流合作，处理好交界地区事务提供便捷的交通条件。同时，也有利于构建我国沿海和西南地区“出川进藏、直达南亚”的大通道。

从政策支持看。无论是新一轮西部大开发的深入推进，还是中央民族工作会议精神的加快落实，以及中央第六次西藏工作会和省委藏区工作会，都在政策、资金、项目等方面给予了甘孜州特殊支持和倾斜。《中共四川省委关于进一步推进藏区经济社会发展和长治久安的意见》（川委发〔2015〕14号）《中共四川省委办公厅关于印发〈关于进一步推进藏区经济社会发展和长治久安若干政策和重大项目实施的意见〉等5个文件的通知》（川委办〔2015〕40号）（下简称：“1+5文件”），明确指出要“发挥藏区在我省融入‘一带一路’经济发展战略中西出北上的开放作用”，并在交通、金融、财税、投资等方面，从政策上加大了倾斜扶持力度。甘孜主动融入“一带一路”建设，将更加有利于发挥国家和省对藏区特殊优惠政策的支持作用，加强甘孜藏区与毗邻“一带一路”经济带沿线省区市在政治、经济、文化和旅游、商贸、物流、能源等重点领域的交流合作，有利于推动经济社会持续健康发展。

从资源禀赋看。甘孜州自然景观壮美，拥有“贡嘎山、海螺沟、稻城亚丁、德格印经院、情歌故里康定、美人谷丹巴”等诸多世界顶级的旅游资源；文化底蕴深厚，多民族长期交往交融，造就了异彩纷呈的康巴文化，孕育出了绘画、雕刻、藏戏、锅庄、弦子、踢踏等不朽的国家级和世界文化遗产；能源矿产富集，水能、太阳能、风能资源可开发量均位居全省前列，已探明矿产资源29种，金、银等十余种金属居全省第一，锂辉矿储量居亚洲第一。此外，甘孜州还是南派藏药的发祥地，中藏医药有着悠久的发展历史，产业发展优势明显。富集的自然资源和生态能源，以及文化旅游、现代农牧业、中藏医药等新兴产业加速发展，为甘孜主动融入国家“一带一路”建设奠定了坚实基础。

从发展现实看。虽然改革开放以来，在党和国家民族政策的光辉照耀下，甘孜州经济社会取得了长足发展，但与全省其他地区比仍然明显滞后。全州18个县市均为贫困县，是全国14个集中连片特困地区之一和全省扶贫攻坚“四大片区”之一，尚有1360个贫困村，精准扶贫对象5.7万户、17.45万人，贫困发生率比全省高10%，人均地区生产总值仅为全省平均水平的51.5%，农牧民人均纯收入仅为全省平均水平的71.6%，扶贫开发攻坚任务异常艰巨，距离2020年建成全面小康社会任重道远。甘孜主动融入“一带一路”建设，有利于借助国家这一难得的发展机遇，加速改善当地民生，提高各族人民物质文化生活水平，实现与全国全省同步全面建成小康社会。

甘孜州主动融入“一带一路”建设的现实路径

甘孜州主动融入国家和四川“一带一路”战略，是全面深化改革、扩大对外开放，实现后发赶超、跨越发展、同步小康社会的科学选择。结合地理区位、资源优势和发展潜力，笔者认为，甘孜州主动融入“一带一路”，应重点把握好以下几条发展路径。

坚持交通先行原则，加快构建综合立体交通运输网。交通运输是商贸物流的基础保障，融入“一带一路”，实现交通互联互通是前提。因此，坚持交通先行原则，加快构建进出通畅，铁路公路机场齐上，四通八达，安全便捷的综合立体交通运输体系，无疑是新常态下甘孜藏区主动对接“一带一路”战略，加快推进与周边地区互联互通的物质基础，也是推进科学发展、加快发展的必然抉择。

积极争取国家支持启动2014年中央民族工作会议提出的“川藏战略大通道”建设，打通沿海、内地通往西藏和南亚地区的商贸通道，提高互联互通水平，努力实现“物畅其流、人畅其行”。积极争取省上支持，加快构建川西北区域性交通枢纽。航空方面加快推进甘孜格萨尔机场建设，力争“十三五”建成通航，并争取开通北京、上海、广州等沿海发达城市航线，实现跨区域航线互通。铁路方面加快启动川藏铁路雅康段建设，力争“十三五”期全面建成。同时，争取川青铁路及川藏铁路剩余段纳入国家路网规划，加快开工建设。高速公路方面积极争取将滇川青高速公路、川藏南线高速、川藏北线高速纳入国家川滇藏青交界地藏区交通专项规划，加快开工建设。国、省干线方面优先打通德格到西藏江达、巴塘到西藏芒康、石渠到青海玉树、色达到青海果洛、得荣到云南迪庆等“出川入藏”通道，把甘孜打造为连接川、滇、藏、青的交通枢纽，深化同丝路沿线各地之间的交流合作。此外，还应加快完善州内县市交通路网，在“三纵四横”基础上，加快建成纵横相交、成环成网的州内交通网络。

优先发展旅游产业，全面打造藏区生态文化旅游圈。甘孜州具有丰富的旅游资源。优先发展旅游是甘孜州跨越发展的优选路径，是推进“一带一路”促进甘孜藏区对外开放的重要渠道。作为茶马古道和川藏北线连接唐蕃古道暨丝绸南路的重要支线，境内分布着大量的古代文明遗址和珍贵的文化遗迹。甘孜州在打造藏区自然景观和保护好历史文化遗产的基础上，要大力发展生态文化旅游产业，将绿色发展理念融入“一带一路”建设，通过旅游产业发展带动物流、信息流、人流，促进各民族“交往、交流、交融”。

坚持实施“全域旅游”发展战略，把15.3万平方公里全境作为一个大景区来规划和建设，积极争取国家支持将甘孜“全域旅游”纳入国家旅游总体发展战略，加快创建“全国民族地区全域旅游试验区”，努力打造世界级旅游目的地。抓住全面贯彻中央和省委第六次西藏工作座谈会精神重要契机，切实加强与“一带一路”战略带沿线地区旅游合作，突出优势互补、差异发展、做精做特原则，实现区域旅游经济一体化。同时，围绕打造川滇甘青藏国际旅游目的地，联合周边地区共同争取国家推动“大香格里拉”旅游规划实施，打通世界生态文化遗产黄金旅游线、康巴风情旅游线、香格里拉生态旅游圈“两线一圈”，共同推进唐蕃古道、茶马古道、藏羌彝文化和格萨尔文化走廊等“一带一路”沿线文化旅游产业带建设，让“古道丝路”焕发生机。

重视州内自身旅游产业带和旅游经济圈规划建设。康东片区着力打造以康定情歌城、海螺沟、木格措为重点的环贡嘎旅游圈；康南片区梯次开发理塘格聂山、巴塘措普沟、乡城白藏房，得荣太阳谷等景区，形成兼有高原生态观光、藏区乡村度假旅游的特色旅游目的地；康北片区围绕德格印经院、色达五明佛学院、白玉亚青寺等宗教圣地，打造藏传佛教文化旅游圈。以国道317线、318线为轴线，大力实施“山植树、路种花、河变湖”生态发展战略，着力打造中国最美景观大道。通过核心景区和旅游通道带动沿线乡村旅游产业发展，通过旅游产业发展拉动高原特色农牧业、中藏药业、文化产业，特别是现代服务业发展，努力形成“一业主导、多业联动”的产业格局。

有序发展绿色产能，努力建设全国重要生态能源基地。国家“一带一路”战略倡导的绿色发展理念，为甘孜州推进绿色产能发展、加大生态能源输出，建设“全国重要生态能源基地”创造了有利条件。甘孜州生态资源富集。从水能资源看，金沙江、雅砻江和大渡河流经全州96%的土地面积，年径流量达642亿立方米，州内水能资源理论蕴藏量超过5000万千瓦，技术可开发量达4130万千瓦，约占全省的1/3，是全国重要的水资源富集区。从太阳能资源来看，州内绝大部分地区常年日照时数超过2000小时，属全国太阳能高辐射区，理论可开发总量约5600万千瓦，技术可开发量约1120万千瓦。从地热资源来看，甘孜州地处三江成矿带和鲜水河断裂带，地热资源十分丰富，川西高原70%～80%的温泉出露于甘孜州境内，全州已知温泉222处，高于45℃的84处加上放热总量约占四川70%，在全国排第三位。从风能来看，州内大部分地区风能密度在50～150瓦/立方米，属风能可集约开发区。

省委、省政府“1＋5”文件明确提出“十三五”期将“大力支持水能、光伏、光热、风能、地热等高原优势资源开发利用，支持清洁能源并网发电，建设优质清洁能源基地”“支持甘孜州打造‘中国锂都’”。甘孜州应充分利用自身地理优势、区位优势和资源优势，依托“一带一路”战略和省上支持，统筹推进“两江一河”水电资源开发，打造川西水电集群，争取中央和省支持，加快建设国家“西电东送”战略能源基地及配套送出工程，充分利用“新甘石”电网川藏并网输电通道，多渠道、多网络加大“川西电力外送”，减少州内水电弃水，实现水电产业科学可持续发展。将太阳能资源作为生态能源开发的重点，充分利用国家现有新能源开发支持政策，创新机制，争取国家配额和上网电价优惠政策，推进南部高原生态光伏发电产业示范园区建设，加快构建生态能源输送通道和网络，培育新的经济增长点。坚持生态优先，开发与保护并重，有序推进锂辉矿开发，依托国内和“一带一路”沿线地区市场需求，打通锂辉矿及产品营销渠道，全力打造“中国锂都”。充分利用国家新兴产业扶持政策，积极开展地热资源综合利用规划，选择交通条件和电网条件较好的地区逐步实施风电实验性开发，为今后成熟型综合开发利用创造基础条件。

加快发展特色产业，着力构建现代物流和贸易体系。甘孜州独特的光热水土条件和独具魅力的特色资源，具备发展特色现代农牧业的天然优势。以青稞、玉米、土豆为代表的特色农产品和葡萄、樱桃、苹果、核桃等高原特色水果品质高端。域内盛产松茸、白菌、木耳等野生食用菌140余种，冬虫夏草、川贝母、红景天、雪莲花、独一味、天麻、雪山一支蒿等名贵中药材2235种，药用动物（原动物）143种，堪称药材“王国”。州内森林和草场资源广阔，是天然的牦牛、藏鸡、藏猪等特色畜牧业繁养区域。融入“一带一路”建设，给甘孜州高原特色产业链发展和市场营销带来新的历史机遇。

在特色农牧产业发展方面，充分发挥自身在地缘和资源方面的独特优势，打好特色牌、生态牌、效益牌，重点围绕“酒、肉、茶、菌、果、蔬、水、药、粮、油”等特色产品，打破传统观念，走规模化、集约化、标准化、深加工的路子，全力打造“圣洁甘孜”公共品牌。加快培育农牧产业化龙头企业，争取国家和省的政策支持，重点推进“高原现代农业示范区和生态畜牧业试验区”建设。种植业上，突出优质粮油、绿色蔬菜、地道中药材、酿酒葡萄等优势产业，促进农牧产业结构调整，推动传统产业加快绿色转型升级。养殖业上，有序发展牦牛、藏猪、藏鸡等价格高、销路好、前景广的高原特色产业，解决好“增草减牧、出栏上市”问题，坚持走“生产发展、生态保护、牧民增收”的可持续发展新路。林果业上，突出苹果、核桃、花椒、俄色茶等优势产品，着力打造川藏高原生态林果基地。中藏药业方面，加大中藏医药传统技艺的保护开发，重点打造“海螺沟南派藏医药传承创新基地”，在“国药准字号”上求突破、“国食健字号”上求发展，加快形成完整产业链。

在现代物流和贸易体系建设方面，充分发挥“川滇藏青”结合部和茶马古道、川藏北线连接丝绸南路的区位优势，依托日趋完善的陆上综合交通运输网络，支持和引导内地大型物流企业到甘孜投资兴业，促进本地物流企业扩大经营规模、升级改造，切实加强与“一带一路”沿线地区的物流联系和商贸合作，拓宽特色产品销路、激活特色资源增值潜力，逐步建立辐射全国西部、中部、沿海地区，以及通往南亚的产品市场。依托康定机场、稻城亚丁机场和即将建成投运的甘孜格萨尔机场，大力实施“飞机+”产业发展新模式，形成三大支线机场航空运输优势，打通“圣洁甘孜”特色产品的航空物流和营销渠道，拓展国内外消费市场。积极探索“互联网+”发展模式，引进国内优质电商企业和平台，大力培育本土电子商务企业，打造全州统一的电子商务平台，支持跨境电子商务交易、主动占领以互联网为载体、线上线下互动的新兴消费市场，实现人流、物流、资金流、技术流、信息流全面融合发展。

（省委《调查与决策》刊发）

དཀར་མཛེས་ཀྱི་གནས་ཚུལ་མདོར་བསྡུས། 甘孜概貌

·历史、地理和气候·

【建制沿革】 1950年3月24日，中国人民解放军六十二军一八六师解放康定。27日成立康定军事管制委员会，对西康省政府各部门进行接管。1950年7月12日，成立康区民族协商会议筹备委员会，11月2日，召开西康省藏族自治区第一届各族各界人民代表大会。11月24日，成立西康省藏族自治区人民政府，隶属西康省人民政府，自治区政府驻康定。1955年3月，根据《中华人民共和国宪法》关于民族自治地区区、州、县、乡四级政权建制的规定，改西康省藏族自治区为西康省藏族自治州。后又将州、县人民政府改称州、县人民委员会。同年10月1日，西康省并入四川省，西康省藏族自治州更名为四川省甘孜藏族自治州。1980年，州、县革命委员会更名为州、县人民政府。2015年，全州辖18个县（市）、2个景区管理局、325个乡镇、2679个行政村。

【地理位置】 甘孜藏族自治州位于四川省西部，青藏高原东南缘，是四川盆地西缘山地向青藏高原过渡的地带，地处北纬27°58′～34°20′、东经97°22′～102°29′之间，南北长约663公里，东西宽约490公里，总面积15.3万平方公里，平均海拔3500米。东临四川省阿坝藏族羌族自治州和雅安市，南与四川省凉山彝族自治州和云南省迪庆藏族自治州毗邻，西沿金沙江同西藏自治区昌都市相望，北接青海省玉树藏族自治州和果洛藏族自治州。甘孜藏族自治州是四川省面积最大、海拔最高、辖县最多、人口密度最低的民族自治地区，也是中国藏区的重要组成部分。州人民政府驻康定市炉城镇，海拔2560米，距省会成都366公里。

【自然资源】 甘孜州面积15.3万平方公里，约1526.29万公顷，可划分为16个土类、29个亚类。有贵金属、稀有金属、有色金属和特种非金属矿等矿产资源。金沙江、雅砻江、大渡河由北向南纵贯州境西、中、东部，州境内总流长1739.3公里，总流域面积达15万平方公里。全州有大小湖泊2471个，地下水约为207亿立方米左右，水资源总量达1397.83亿立方米，水能蕴藏总量达4119.2万千瓦；有亚热带常绿阔叶林、针阔叶混交林、山地针叶林、阴暗针叶林、高山草甸等；有森林植物96科、270属、875种、5亚种和73变种，药用植物有2235种；有野生动物30目88科652种，属国家一级保护动物20种，二级保护动物51种。东部地区有“蜀山之王”的贡嘎山形成雄、奇、险、峻和秀美旖旎为一体的自然景观；位于东南部的海螺沟是贡嘎山国家级风景名胜区的核心景区之一，是国家级自然保护区、中国唯一的冰川森林公园、国家AAAA级旅游区、国家地质公园。

南部地区有被称为“蓝天下最后一块净土”的稻城亚丁国家级自然保护区，并以此为核心形成“中国香格里拉生态旅游区”。北部地区以德格印经院和格萨尔故里为中心，自然景观与康巴文化相融合，独具魅力。截至2015年年底，甘孜州拥有贡嘎山国家级自然保护区、察青松多国家级自然保护区、海子山国家级自然保护区、亚丁国家级自然保护区、长沙贡玛国家级自然保护区5处国家级自然保护区，得天独厚、各具特色的旅游资源，共同构成了中国川西高原自然生态和康巴文化旅游的最终目的地。

【气候】 **气候特点** 2015年，全州平均气温为-0.2℃～16.9℃，总降水量为206.9～984.0毫米。各地平均气温普遍偏高，年总降水量、总日照时数基本正常。暖冬特征明显，春旱、夏旱、伏旱均有发生，夏末秋初出现了连阴雨天气过程。各类极端天气气候事件较2014年偏少。光、热、水时空分布不均，但总体配置情况较好，对大农业生产有利。

四季气候特征 冬季（2014年12月—2015年2月），平均气温为-11.0℃～9.0℃，降水量为0.1～23.4毫米。12月，理塘、稻城2个县月平均气温创近30年同期最高值；1月，泸定县月平均气温创近30年同期最高值。1月，雅江、稻城2个县月降水量创近30年同期最多值。

春季（3—5月）：平均气温为0.6℃～18.1℃，降水量为4.7～180.1毫米。3月，石渠、甘孜、炉霍、丹巴、泸定、九龙、雅江、理塘、巴塘9个县月平均气温创近30年同期最高值；5月，稻城、乡城、得荣、泸定4个县月平均气温创近30年同期最高值。3月，新龙、丹巴、稻城3个县月降水量创近30年同期最少值；4月，道孚县月降水量创近30年同期最多值；5月，得荣县月降水量创近30年同期最少值。

夏季（6—8月）：平均气温为8.0℃～22.3℃，降水量为178.7～570.4毫米。与近30年同期平均气温相比较，道孚县偏低0.6℃，得荣县偏高0.9℃。6月，九龙、理塘、得荣3个县月平均气温创近30年同期最高值；7月，色达、新龙、道孚3个县月平均气温创近30年同期最低值。与近30年同期降水相比较，石渠、得荣偏少2～3成，康定偏多4成。6月九龙、理塘、得荣3个县月平均气温创近30年同期最高值；7月，色达、新龙、道孚3个县月平均气温创近30年同期最低值。

秋季（9—11月）：平均气温为1.6℃～18.0℃，降水量为18.2～255.9毫米。9月石渠、色达、理塘、稻城3个县月平均气温创近30年同期最高值；10月，康定、泸定2个县月平均气温创近30年同期最高值；11月，石渠、德格、甘孜、白玉、炉霍、丹巴、康定、泸定、稻城9个县月平均气温创近30年同期最高值。与近30年同期降水相比较，得荣县偏少7成，色达县、德格县、甘孜县、炉霍县偏多2～7成。9月，色达县、德格县、甘孜县3个县月降水量创近30年同期最多值；10月，色达县月降水量创近30年同期最少值；11月，丹巴、康定、泸定3个县月降水量创近30年同期最少值。

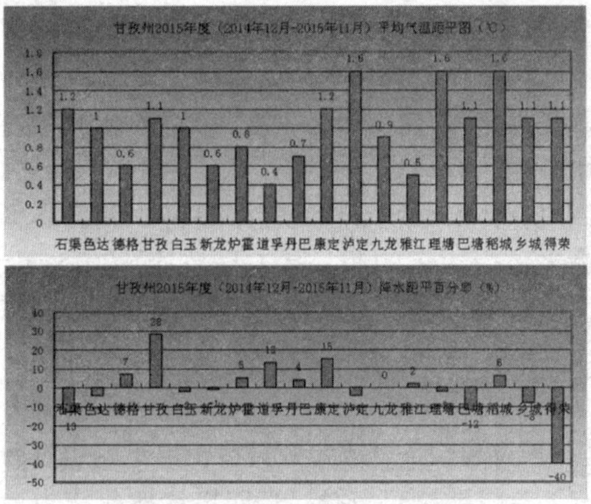

2015年度甘孜州气温、降水距平图

重要天气气候事件及影响 2015年，全州共出现大雪天气过程13站（次），连阴雪天气过程3站（次），寒潮天气过程48站（次）。共出现暴雨天气过程32站（次），洪涝天气过程17站（次）。因暴雨、洪涝、短时强降水诱发灾害，造成3.79万人受灾，农作物受灾面积2036.75公顷，成灾面积584.46公顷，绝收面积126.02公顷，损坏房屋358间，公路损失129.7公里，部分通村道路损毁，损坏电杆25根，损坏输电线1000米、通讯塔1座、变压器1台，死亡大牲畜8头，农业经济损失676.3万元，直接经济损失1.17亿元。全州共出现冰雹天气过程64站（次），因大风、冰雹灾害造成415人受灾，农作物受灾面积19公顷，农业经济损失17万元，直接经济损失20万元。共出现连阴雨天气83站（次）。因森林草原火灾造成过火面积115.8公顷。因泥石流及地质灾害造成1.41万人受灾，死亡2人，转移安置3236人，农作物受灾面积522.7公顷，损坏房屋101间，损坏电杆63根，公路损失174.3公里，损坏车辆11台、铺面9个，农业经济损失1501.2万元，直接经济损失1.03亿元。

（蒋明泉）

·行政区划、人口·

【行政区划】 2015年，甘孜州辖康定、泸定、丹巴、九龙、雅江、理塘、巴塘、色达、稻城、乡城、得荣、德格、石渠、白玉、新龙、甘孜、炉霍、道孚18个县（市）和海螺沟、亚丁2个景区管理区，325个乡镇，2679个行政村。州人民政府驻地：康定县炉城镇光明路9号。

2015年甘孜州行政区划一览表

单位：个

名　称	乡	镇	社区（居委会）	村民委员会
康定	15	6	10	234
泸定	8	4	7	145
丹巴	13	2	4	181
九龙	16（民族乡7个）	2	2	63
雅江	14	3	1	113
理塘	22	2	1	214
巴塘	16	3	1	122
色达	14	3	3	134
稻城	11	3	3	121
乡城	9	3	3	89
得荣	10	2	3	127
德格	21	5	3	171
石渠	16	6	4	166
白玉	15	2	2	156
新龙	17	2	1	95
甘孜	19	3	1	219
炉霍	14	2	4	171
道孚	20	2	2	158

（州民政局提供）

【人口概况】 2015年年末，全州户籍总人口109.23万人，比上年下降1.9%。全年人口出生率11.2‰，人口死亡率4.04‰，人口自然增长率7.16‰。户籍人口中，男性55.32万人，女性53.91万人；非农业人口16.36万人，农业人口92.87万人。年末常住人口116.49万人，比上年增长1.5%；城镇化率为28.06%，比上年提高1.19个百分点。

·社会发展实践·

【概况】 2015年，面对经济下行压力持续加大的严峻形势，州委、州政府团结带领全州各族人民，主动适应新常态，紧紧围绕“发展、民生、稳定”三件大事，全面贯彻落实中央和省委对藏区工作的指导思想和方针政策，抢抓机遇，锐意进取，经济运行保持平稳。全年实现地区生产总值213.04亿元，比上年增长5.1%。其中，第一产业增加值54.41亿元，比上年增长3.9%；第二产业增加值75.79亿元，比上年增长4.7%；第三产业增加值82.84亿元，比上年增长6.0%。全社会固定资产投资421.83亿元，比上年下降9.4%。社会消费品零售总额74.20亿元，比上年增长6.9%。城镇居民人均可支配收入24978元，比上年增长8.7%；农村居民人均可支配收入8408元，比上年增长14.5%。

【经济建设】 2015年，受经济下行压力持续加大，市场需求明显不足，PPI连续走低等因素影响，全州工业生产低位运行。全年实现工业增加值44.69亿元，比上年增长2.6%。其中，规模以上工业实现增加值36.61亿元，比上年增长1.8%；产销率达99.7%。规模以上轻工业实现增加值0.32亿元，比上年下降71.1%；规模以上重工业实现增加值36.29亿元，比上年增长3.1%。亏损企业19户，比上年增加4户；企业亏损面38%，比上年扩大5.4个百分点；规模以上工业主营业务收入52.60亿元，比上年下降4.6%；利税总额13.33亿元，比上年下降5.0%。以“农业增效、农民增收”为目标，开发1500余种商品，“圣洁甘孜”系列农特产品走进内地超市、走向沿海市场，农村经济保持稳定增长态势。全年农作物总播种面积达到85816公顷，比上年增长1.9%。其中，粮食作物播种面积72138公顷，比上年增长1.2%；油菜播种面积5679公顷，比上年增长3.4%；蔬菜播种面积6899公顷，比上年增长3.4%。各类牲畜出栏97.93万头（只），比上年增长2.9%。年末，各类牲畜期末存栏401.11万头（只、匹），比上年减少0.5%。其中，大牲畜存栏为269.98万头，比上年减少0.05%；羊存栏为102.3万只，比上年减少2.1%；生猪存栏为28.81万头，比上年增长0.4%。实现社会消费品零售总额74.20亿元，比上年增长6.9%。共实施国内招商项目165个，实际到位资金155.89亿元。其中，国内省外到位资金109亿元。全年外贸进出口总额1333万美元。其中，出口额1333万美元。全年接待游客1076.18万人次，比上年增长34.28%。实现旅游收入107.50亿元，比上年增长34.11%。其中，国内旅游接待收入106.99亿元，比上年增长35.38%；创汇781.53万美元，比上年减少56.25%。

【基础设施建设】 交通运输生产及建设继续保持较好的发展势头。稻城亚丁机场顺利通航，雅康高速、雀儿山隧道等重大项目开工建设，农村公路三年集中攻坚全面启动，长期制约甘孜州经济社会发展和群众生产生活的最大瓶颈得到极大缓解。年末，公路通车里程达到31879.56公里，同比增长7.8%。全年建成通乡油路783.98公里、通村通畅公路3675.52公里，通村通达公路3288.15公里，2015年，新增农村客运班线6条、客运站（点）80个（乡镇站20个、招呼站60个）。全年实现客运量833.22万人，旅客周转量达151558.63万人公里；货运量达857.59万吨，货物周转量207600万吨公里。

农村基础条件逐步改善。18个县（市）、325个乡（镇）全部与国家电网相连，告别孤网运行的历史，电力外送能力超800万千瓦，供电质量与安全保障显著提升。统筹推进表后入户工程，着力打通群众用电“最后一公里”，新解决30多万农牧民群众用电问题。电网覆盖率达到93.1%。有效灌面22613.33公顷。新建安全饮水工程3776处，绝大多数群众彻底告别饮水难。自来水受益村2042个，占全部行政村的74.7%；通有线电视村349个，占全部行政村的9.3%；通宽带村458个，占全部行政村的12.3%；通公共交通的村334个，占全部行政村的8.9%；垃圾集中处理的村243个，占全部行政村的6.5%。年末农业机械总动力96.70万千瓦，增长2.7%。农村用电量11213万千瓦时，增长3.9%。邮电通信业持续发展，综合通信能力进一步提高。投入17.5亿元，实施“智慧甘孜”建设，加快推进智慧政务、智慧产业、智慧民生三大工程。建成光缆1.6万皮长公里、基站4871个，新增宽带接入端口10.5万线，出口带宽达90G。18个县城实现4G全覆盖。通信覆盖率从2010年的20%扩大到2015年的95%。大力实施“互联网+”行动计划，电子商务营销突破5400万元。全年邮电业务收入8.48亿元；年末固定电话用户达到10.81万户；年末移动电话用户数达到71.77万户；互联网用户达到10.75万户。通过“村村通”工程、州县节目无线覆盖工程、“村村响”工程的实施，广播电视综合覆盖率分别达到95.99%和95.65%，分别比上年提高1.51、1.56个百分点。

【社会事业】 2015年，全州有各级各类学校894所。其中，幼儿园369所，小学465所，中学54所（其中普通中学51所、职业中学3所），特殊教育学校2所，中等专业学校3所，普通高等学校1所。在校生18.44万人。全州中小学寄宿制学校共有486所，寄宿制学生11.18万人，各类毕业生4.41万人。全州各类人才总数达15.9万人。实施订单定向人才培养计划，培养本土紧缺人才1292名。医疗卫生机构2725个。其中，医院41个、疾控中心19个、卫生监督机构19个、妇幼保健院19个、乡镇卫生院334个、急救中心1个、采供血机构3个、社区服务机构2个、医学在职培训机构2所、计划生育技术服务机构17个、诊所医务室139个、村卫生站（室）2129个。卫生人员达到9064人。其中，卫生技术人员5849人，其他技术人员202人，乡村医生2133人，卫生员107人，管理人员509人，工勤人员264人。病床达到4918张。申请专利312项，实施科技项目254项。广播电视综合覆盖率分别达到95.99%和95.65%，分别比上年提高1.51、1.56个百分点。成功申办2018年全省少数民族运动会。州民族体育馆主体工程累计完成项目投资6200万元。完成5个县级全民健身活动中心项目；完成450个村级农民体育健身工程。全州共有重点文物保护单位1165处。成功申报非物质文化遗产项目125个，国家级“非遗”保护项目23个，省级“非遗”保护项目39个，州级“非遗”保护项目63个。艺术表演团体28个，文化馆19个，公共图书馆19个，文化站325个。

【社会保障】 2015年，全州城镇新增就业7475人；城镇失业人员再就业338人；开发公益性岗位1516人。城乡居民养老保险参保人数达到38.58万人；企业养老保险参保人数达到5.76万人；工伤保险参保人数达到4.98万人；生育保险参保人数达到1.81万人；城乡居民医疗保险参保90.79万人；失业保险参保人数5.11万人。城乡低保实现应保尽保，农村低保标准从每年693元提高到2376元。康北儿童福利院竣工投用。全州“三无”“五保”对象和孤儿集中供养基本实现全覆盖。设立州爱心慈善基金，累计筹集善款达1.3亿元。各种社会福利收养性单位达到82个，各种社会福利收养性单位床位4945张。城镇居民最低生活保障人数达到2.80万人，城市低保资金支出8066.9万元；农村居民最低生活保障人数25.61万人，农村低保资金支出29977.27万元。

【康定“11·22”地震灾后重建】 投资17.9亿元，务实推进康定“11·22”地震灾后重建。加快规划项目实施，累计竣工项目352个；优先实施城乡住房重建，落实抗震设防标准，全面完成维修加固和重建任务；加快康定夺拉嘎姆等学校、医院恢复重建，年末完成90%以上的公共服务设施项目；加快8个集中安置点等基础设施重建，年末完成工程总量的95%以上。全面完成芦山地震受影响的泸定、康定和得荣地震等灾后恢复重建任务。其中，康定市152个规划重建项目，年内开工151个，开工率99.34%，完成投资11.74亿元。年末全市农房重建完成906户，农房维修加完成9215户，城镇住房维修加固完成6060户，全市232户受灾群众入住重建新居。实现“灾后重建有形象，温暖过冬有保障”。

རྡོན་ཆེན་ཟིན་ཐོ།
大事记

1 月

4 日　州委副书记、州长益西达瓦到北京拜会国家证监会发行部主任刘春旭，副主任李庆应、常军胜，争取里伍铜业早日上市。

6—9 日　省气象局党组书记、局长彭广到甘孜州开展新春慰问活动。慰问组先后到州气象局及雅江、九龙、泸定等县气象局看望慰问气象干部职工，就气象现代化建设、基础设施建设等开展工作调研。

7 日　中国电信股份有限公司甘孜分公司在康定县国税局办税服务厅，一次性完成全州 17 个县分支机构增值税的纳税申报，缴纳税款 97.22 万元，税款已按比例分别解缴至 17 个县的县级金库，这是甘孜州国税系统全面推行涉税业务“全州通办”服务模式的第一笔业务。

7—9 日　省委第五督导组组长王小平到甘孜州康定、泸定 2 个县，督导“走基层”活动。并于 9 日在康定参加汇报会，州委组织部、州委宣传部、州民政局以及康定县相关负责人参加汇报会。

8 日　财政部预算司副司长夏先德，省财政厅党组书记、厅长王一宏在州委常委、州政府常务副州长陈忠义，州委常委、康定县委书记唐强的陪同下，到康定“11·22”地震灾区调研并看望慰问当地受灾群众。

13 日　州直工委组织开展“机关大讲堂”第一次活动。州委党校副校长代文辉为学员们作关于学习宣传贯彻党的十八届四中全会和州委十届六次全会精神的报告。州级部门、省属单位党员共 300 余人参加此次“机关大讲堂”活动。

27 日　甘孜州海螺沟国家 5A 级旅游景区创建工作领导小组第一次会议在康定召开。

31 日　雅江县委常委、宣传部部长唐时胶，武警甘孜州森林支队雅江大队二中队排长徐骅在扑灭森林火灾后返回指挥部途中发生意外车祸，因公殉职。

是月　《四川省普通省道网布局规划（2014—2030 年）》经省人民政府同意并批准实施，康定县在此次规划布局中涉及两条道路，分别是：省道 432 线，宝兴—河口大桥（康定），康定县境内约 71 公里；省道 434 线，塔公（康定）—磨西（泸定），康定县境内约 176 公里。

2 月

2 日　受州委书记胡昌升，州委副书记、州长益西达瓦的委托，州委常委、宣传部部长相洛，州政府副州长张永德到雅江县看望和慰问在扑救雅江“1·29”火灾后因公殉职的雅江县委常委、宣传部部长唐时胶的家属邹萍及其亲属。随后工作组还到雅江县森警部队营地看望和慰问官兵，到雅江县人民医院看望和慰问伤员。州、县相关部门负责人参加慰问。

3—6日　国家发改委、财政部、环境保护部、水利部、农业部、卫生计生委、林业局、能源局等相关部委组成的联合调研组一行在国家发改委地区司司长刘苏社带队和省发改委党组成员、省以工代赈办主任邓长金的陪同下，到甘孜州稻城、理塘、雅江、康定等县的部分乡镇、学校、医院、产业基地、变电站、污水处理厂、建设工地和牧民定居点等地调研甘孜州藏区经济社会发展情况，同时检查指导工作。

4日　成都市与甘孜州签订为期三年的农业区域合作协议。根据协议，成都市将帮助甘孜州恢复灾后产业重建。

4—5日　省政府副省长曲木史哈率省发改委、省财政厅、省交通运输厅、省国土资源厅负责人，赴北京就康定“11·22”地震灾后恢复重建事宜向国家发改委、财政部、国土资源部、交通运输部作专题汇报。

12日　由省委宣传部指导，省文明办和省广播电视台联合主办的“四川好人——首届感动四川十大年度人物”颁奖活动在成都举行。甘孜州4名基层干部获提名奖。

17日　民政部以民函〔2015〕70号文件批准同意撤销康定县，设立县级康定市，以原康定县的行政区域为康定市的行政区域。康定市人民政府驻炉城镇茶马路1号。康定市由甘孜藏族自治州管辖。

21日　海螺沟设立首个景区垃圾银行，游客在景区内游览，工作人员向游客发放清洁袋，鼓励游客将垃圾“存入”清洁袋，到指定地点兑换礼品。

是月　省政府同意调整部分乡镇行政区划，批复甘孜州理塘县甲洼乡、炉霍县朱倭乡、乡城县青德乡和尼斯乡、新龙县拉日马乡撤乡建镇。

3月

4日　广东省发改委正式下发广东省2014—2015年对口支援甘孜州项目计划。对口支援甘孜州项目计划总投资6.16亿元，其中对口支援资金3.69亿元。同时，还明确广东省相关市对口支援甘孜州各县。

6日　中央党史研究室副主任吕世光到甘孜州调研指导党史和革命遗址保护工作，开展“重走长征路”活动，在泸定县参观泸定桥、红军长征纪念碑和磨西镇天主教堂。

8日　十二届全国人大三次会议四川代表团在人民大会堂西大厅举行第四次全体会议。中共中央政治局常委、国务院总理李克强到四川代表团，看望各位代表，听取审议意见并作重要讲话。会前，全国人大代表、州委副书记、州长益西达瓦代表甘孜州百万儿女向国务院总理李克强敬献哈达。

10—12日　省委常委、宣传部部长吴靖平到甘孜州道孚、甘孜、德格、石渠四县调研宣传思想文化工作，看望慰问省2015年文化科技卫生“三下乡”——“欢乐藏区行”暨“法律七进”活动工作人员。

12日　雅安市召开生态文化旅游融合发展区域合作圆桌会议，来自成都、攀枝花、乐山、雅安、眉山、阿坝、甘孜、凉山8个市、州的代表签署《国家生态文化旅游融合发展试验区旅游合作联盟框架协议》，并就构建区域旅游合作联盟，共同推进生态文化旅游融合发展达成基本共识。

17日　甘孜州首个藏医成教本科开班暨拜师仪式在甘孜卫校举行，标志着甘孜州培养100名藏医药成教本科人才工作全面启动。

20—22日　省委常委、省委农工委主任李昌平率省直有关部门负责人到甘孜州丹巴、康定、道孚3个县（市）及海螺沟景区调研农业灾后恢复重建工作。

23—25日　广东省委副书记、省长朱小丹率广东代表团到甘孜州，深入康定、道孚、丹巴、泸定4个县（市），就当地地震灾后重建、旅游产业发展、新农村建设、群众增收等对口支援工作进行考察。

30日　省政协副主席罗布江村率工作组，

到康定市、道孚县，实地考察康定“11·22”地震灾后重建、重点项目建设、旅游发展、电站移民安置等工作。

是月　《稻城亚丁风景名胜区总体规划》通过省政府审批，标志着稻城亚丁风景名胜区的保护、利用、管理和发展进入科学规范的可持续发展新阶段。

4月

3—5日　清华大学党委组织部副部长、研究生工作部部长张小平一行就干部挂职交流、研究生社会实践、毕业生就业等合作事宜到甘孜州考察。4日，在康定举行清华大学与甘孜州干部挂职交流暨研究生社会实践基地协议签字仪式。

9日　甘孜州道路运输行业协会在康定成立，标志着甘孜州道路运输行业有了自己的行业中介组织。甘孜州新川藏运业有限公司总经理尹麒当选为协会会长。

10日　胡耀邦之子胡德华、朱德之孙朱全华和刘亚楼之子刘煜滨等中国部分将领后代到甘孜州泸定县，参观红军飞夺泸定桥旧址，缅怀父辈光辉业绩。

15—16日　省委常委、政法委书记刘玉顺到甘孜州开展扶贫开发工作调研。

17日　四川甘孜藏区文化旅游产品推介会在浙江省杭州市举行。

21日　由法国驻成都总领事馆总领事魏雅树带队，法国空中客车直升机公司、ATM山地设计公司、AS建筑工作室、中航安盟财产保险有限公司、户托比亚营地公司、户玩仕户外旅游公司、波马嘉仕其（北京）索道有限责任公司、UCPA户外运动中心联盟等法国企业以及法国萨瓦勃朗峰大学组成近30人的考察团到甘孜州开展交流考察。州政府召开“法国企业中国甘孜行”见面会。

23日　四川甘孜藏区旅游宣传推介会在云南省昆明市成功举行。本次推介会得到昆明市旅游发展委员会、昆明市旅行社及当地涉旅企业的支持。推介会的成功举办和昆明至稻城亚丁/康定双飞航线的即将开通，将促进昆明与甘孜加强交流与合作，实现两地旅游的共同发展。

是月　第十八届“四川青年五四奖章”评选揭晓。甘孜州炉霍县斯木乡中心卫生院副院长谭晓琴获“四川青年五四奖章”殊荣。

5月

6日　州委书记胡昌升到清华大学，就甘孜州与清华大学合作进行对接会谈，并在清华大学公共管理学院报告厅向清华师生作题为“雪山下的奉献——四川省甘孜藏族自治州群众工作实践报告”专题讲座。参会人员观看以开展群众工作全覆盖为题材，宣传社会正能量的微电影《阿爸啦》。

7—8日　省政府副省长陈文华带工作组到甘孜州就扶贫开发和县域经济发展等情况进行调研。

14日　全国妇联在人民大会堂举行2015年全国“最美家庭”揭晓仪式。甘孜州妇联推荐的降巴克珠家庭和王蓉萍家庭被评为全国“最美家庭”。

14—15日　中纪委驻国家新闻出版广电总局纪检组组长李秋芳率国家新闻出版广电总局工作组一行到甘孜州开展调研和业务指导工作。

31日　康定撤县设市授牌授印仪式在康定新城举行。州委书记胡昌升，州人大常委会主任李康，州委副书记、州长益西达瓦，州纪委书记汪洋，州政协副主席范文华出席仪式，向康定市委、市人大常委会、市政府、市政协、市纪委授牌授印。州委常委、市委书记唐强主持仪式。

6月

1日　《甘孜藏族自治州藏族语言文字条例》正式施行。

3 日　为期 3 天的全州县处级主要领导干部读书班在康定开班。州委书记胡昌升出席开班式并作题为《扎实推进“四个全面”甘孜实践　共建美丽生态和谐幸福新家园》主题报告。州委副书记、州长益西达瓦主持开班式。

6—7 日　省委常委、政法委书记侍俊，省政府副省长、公安厅厅长邓勇率工作组到甘孜州色达县、道孚县等地调研。

14 日　州委召开领导干部大会，传达省委关于州委主要领导调整决定。省委常委、组织部部长范锐平作重要讲话。省委组织部部务委员、干部二处处长陈冠松宣布省委决定：刘成鸣任中共甘孜州委委员、常委、书记，胡昌升不再担任中共甘孜州委书记、常委、委员，另有重任。

14—15 日　省委常委、组织部部长范锐平到甘孜州康定市雅拉乡鱼斯村、炉城镇水井子社区和折多塘村，就软乡弱村集中整顿工作进行调研。

18 日　省委常委、统战部部长崔保华在康定市调研寺庙管理和新农村建设工作。省委统战部副部长、省民族宗教委员会主任姚斌参加调研。

20 日　8L9627 航班平稳降落在康定机场，开启甘孜州康定至西藏拉萨的首航。

24 日　“美丽川航·圣洁甘孜”四地同飞首航仪式在康定机场和稻城亚丁机场举行。康定机场、稻城亚丁机场迎来分别来自成都、杭州、重庆、昆明的川航航班，并实现康定、稻城 2 个机场的“高原互飞”，这标志着甘孜高原已与国内西部、西南、东部等片区重要城市连通空中走廊，甘孜旅游的空中交通网络体系已构建起以此次七条新增航线为主干道的基础框架。

30 日　经党中央同意，中央组织部决定，对全国在县（市、区、旗）委书记岗位上取得优异成绩的 102 人授予优秀县委书记称号，甘孜州甘孜县委书记何康林受到表彰。

7 月

5 日　省军区宣布甘孜军分区领导班子调整命令大会在康定召开。增补刘成鸣为中共甘孜军分区委员会委员、常务委员会委员、第一书记；任命李勇为甘孜军分区司令员，并增补为中共甘孜军分区委员会委员、常务委员会委员、副书记。

6 日　甘孜州与川藏兵站部签订“军民共建团结和谐稳定川藏线”协议。

7—9 日　2015 年四川藏区中青年作家培训班在康定市开班。

9 日　省政府副省长陈文华，州委副书记、州长益西达瓦率队赴国家体育总局，就甘孜州发展户外体育运动和首届中国甘孜环贡嘎山国际户外运动挑战赛筹备情况作专题汇报。

10 日　“甘孜州藏医药专家咨询委员会”在康定市成立并召开第一次会议，州政府副州长何飚出席会议并讲话。会议向首批聘任的 21 名省、州药学和藏医学专家咨询委员颁发聘书。

10—12 日　甘孜州首辆桥梁检测车完成国道 318 线泸定段境内 9 座桥梁的安全检测任务，标志着首辆桥梁检测车正式落户甘孜州。

15—16 日　省委常委、统战部部长崔保华到甘孜州康定市呷巴乡俄达门巴一村、二村，瓦泽乡营官村、鱼子溪村，塔公镇江巴村等地开展调研。

15—17 日　国家卫生计生委疾控局副局长雷正龙率调研组在省卫生计生委主任沈骥、州政府副州长何飚陪同下，到甘孜州石渠县、甘孜县、炉霍县、道孚县、康定市调研综合防治包虫病工作。

26—27 日　省委常委、省委农工委主任李昌平在康定市和道孚县就贯彻落实省委十届六次全会精神和灾后重建工作进行调研。同时还对康定市炉城镇金刚村城乡发展情况进行调研。

28—29日　省委常委、成都市委书记黄新初率队到联系点甘孜县，督导省委十届六次全会精神学习贯彻和扶贫开发工作推进情况。

28—30日　中央统战部副部长、中华海外联谊会副会长林智敏，中华海外联谊会副会长、全国人大代表、香港中华总商会前会长、霍英东集团行政总裁霍震寰率中华海外联谊会香港理事考察团一行到甘孜州考察。

30日　中国南丁格尔志愿护理服务总队甘孜州人民医院分队成立大会在康定举行。

31日　康定市跑马山藏文化传播有限公司携手多赢企业家俱乐部，到上海股权托管交易中心挂牌上市签约仪式在康定举行。这是甘孜州企业走向资本市场的第一步，这将给公司带来资金、人才、管理、市场等多方面的变化。跑马山藏文化传播有限公司是甘孜州专业从事藏文化传播的平台公司。

是月　甘孜州“巴塘核桃”被国家工商总局商标局正式注册为地理标志证明商标。这是继2014年成功注册“雅江松茸”后，甘孜州又一获得地理标志证明商标的产品。

8月

1—3日　水利部农水司灌溉排水发展中心专家一行到甘孜州理塘县、稻城县调研高原地区高效节水灌溉工作。

4—5日　省政府副省长、省公安厅厅长邓勇率队到甘孜州道孚县检查督导省委十届六次全会精神贯彻落实情况，调研精准扶贫有关工作。

6日　珠海对口帮扶甘孜州的第一家“圣洁甘孜”专柜在珠海市星园市场开业，珠海市副市长率珠海市扶贫办等相关部门领导参加开业典礼，并详细了解专柜的营运情况及产品等问题，对来自甘孜州的无污染、纯绿色的高原农副土特产品给予高度评价。

11日　色达县“格萨尔文化艺术中心”正式落成。全国《格萨尔》工作领导小组办公室主任、格萨尔学者诺布旺丹，省文化厅副厅长泽波，州委常委、宣传部部长相洛，州委常委、秘书长、色达县委书记张平森出席落成仪式。仪式由州政府副州长何飚主持。色达县格萨尔文化艺术中心总投资7000余万元，于2012年7月10日开工，2015年7月30日竣工，总建筑面积17818平方米，由文化馆、图书馆、非遗馆、格萨尔博物馆、演艺中心、全民健身广场项目等合建而成。

13—14日　省委常委、省委农工委主任李昌平到稻城县和亚丁景区调研旅游产业发展情况。

25—26日　省政府副省长曲木史哈率省重建办、省发改委工作组到甘孜州督导调研康定“11·22”地震灾后恢复重建推进工作。

26日　甘孜藏族自治州测绘地理信息局、甘孜藏族自治州不动产登记局挂牌成立仪式在康定举行。

27—28日　全省藏区软乡弱村集中整顿工作推进会议在甘孜州稻城、乡城2个县召开。会议学习贯彻中央第六次藏区工作座谈会精神，总结交流前一阶段软乡弱村集中教育整顿工作，并对进一步贯彻落实省委决策部署提出明确要求。

30日　甘孜州选派第一书记到贫困村任职动员暨专题培训会在康定举行。会议要求选派的机关优秀干部到村担任第一书记要深刻领会中央和省委的决策部署，明确工作职责和相关要求。

30日　甘孜州藏医药协会成立大会暨第一届会员大会在康定召开。

9月

1日　举全州之力开展群众工作全覆盖总结表彰暨常态推进会在康定召开。会议总结开展三年来的群众工作，并对下一步群众工作常态化进行安排部署。

3日　甘孜州宗教界代表甲登·洛绒向巴、香根·巴登多吉应邀到北京参加纪念中国人民抗日战争暨世界反法西斯战争胜利70周年大会及大阅兵观礼。

7日　四川省高级人民法院院长王海萍率省“六五”普法第六检查验收组对甘孜州“六五”普法工作进行检查验收。检查验收组通过实地检查、查阅资料、听取汇报等方式进行检查后，认为甘孜州对普法工作认识到位，按照省51项验收标准完成“六五”普法工作目标。

8日　甘孜州政府在香港举行全域旅游推介会。推介会上向香港市民展示甘孜州亚丁、海螺沟等多个知名景点和旅游线路，介绍燕子沟风景区开发的战略背景和运营计划。

8—11日　省委常委、政法委书记侍俊到甘孜州检查传达宣讲中央第六次西藏工作座谈会精神。在宣讲期间，侍俊强调要切实把思想和行动统一到中央部署上来，增强做好四川藏区工作的自觉性、坚定性，深入推进藏区依法治理，努力夯实藏区稳定根基。

16日　一辆从成都开往西藏林芝的长途客车在高尔寺山雅江段（国道318线2933千米+500米）发生翻车事故，造成6人当场死亡，1人在送往医院途中经抢救无效死亡，11人受伤。

16—17日　省委常委、省纪委书记王雁飞到甘孜州调研。王雁飞先后到稻城县桑堆镇、稻城县司法局、稻城县纪委、理塘县长青春科尔寺、雅江县八角楼乡日基村、康定市塔公镇江巴村、康定市炉城镇水井社区，就“四风”和腐败问题、落实“两个责任”、推进“三转”和县级纪委改革、群众工作以及康定“11·22”地震灾后恢复重建监督检查工作等情况进行调研，并看望慰问基层纪检监察干部。调研时要求，各级党委和纪检监察机关必须认真落实好“两个责任”，切实解决发生在群众身边的“四风”和腐败问题，坚决维护群众利益，不断夯实藏区基层基础。

21日　《雅安—甘孜“十三五”区域合作战略协议》在雅安市正式签署。

25日　甘孜州首张“三证合一、一照一码”营业执照在州政务服务中心发放。

25日　州人民医院第二医疗区建设工程项目通过竣工验收。

10月

6—9日　省委副书记尹力到甘孜州调研包虫病综合防治、寺庙依法治理等工作。调研时强调要深入贯彻落实中央第六次西藏工作座谈会精神和省委部署要求，统筹抓好发展民生稳定“三件大事”，推动经济社会健康发展、民生持续改善，确保圆满完成全年目标任务。

9日　甘孜州格萨尔机场项目获国家发改委通过。该机场位于甘孜县与德格县交界处，总投资22.6亿元，跑道长4000米，属于高原机场，建成后能停放波音737和空客319飞机。

11—14日　省委书记王东明到甘孜州调研。王东明一行先后到得荣县瓦卡镇，乡城县热打乡、青德镇仲德村，稻城县香格里拉镇亚丁村和仁村、热光村以及桑堆村奔波寺，看望慰问藏区基层干部群众，实地考察交通基础设施建设、特色产业发展、精准扶贫精准脱贫、基层党组织建设等工作。调研期间，王东明听取州委、州政府关于贯彻中央第六次西藏工作座谈会和省委十届六次全会精神，做好下一步工作的汇报，对甘孜各方面工作取得的成绩予以肯定。省委常委、秘书长吴靖平，省委常委、政法委书记侍俊，省委常委、统战部部长崔保华，州委书记刘成鸣陪同调研。

15日　四川、云南、西藏、青海四省区八市州“依法治藏·共创和谐”协作会在乡城县召开。

21日　甘孜州儿童福利事业发展进程中标志性工程之一的甘孜州康南儿童福利院建设项目在乡城县正式启动。

23日　以“团结奋进、携手奔康”为主题的川滇藏青交界地藏区市（州）长第一次联席会议在甘孜州康定市召开。

26日　省政府副省长甘霖到甘孜州调研指导工作。重点强调，要全面贯彻落实中央第六次西藏工作座谈会、省委十届六次全会和藏区工作座谈会精神，科学把握经济新常态，周密谋划“十三五”规划，共同推进甘孜州经济社会发展。

29日　省委常委、统战部部长崔保华率省委宣讲团甘孜州分团第二小组赴道孚县开展宣讲工作。宣讲团紧扣宣传贯彻省委藏区工作会议精神，要求各级党员干部以严的要求、实的作风，争做三个特别干部，助力甘孜跨越发展。

29—30日　省委常委、政法委书记侍俊率省委藏区工作会议精神宣讲团甘孜组第一组到甘孜州康定市开展省委藏区工作会议精神宣讲。

11月

5日　泸定、雅江、巴塘、稻城、炉霍、白玉、色达、德格、甘孜9个县的人民医院通过省医疗保险异地结算中心检测，正式接入异地就医省级平台，实现异地参保人员就医结算。

10日　四川省甘孜州石渠县包虫病综合防治试点工作启动会在成都召开。会议的主要任务是传达党中央、国务院领导对包虫病防治的重要批示和指示精神，研究部署石渠县包虫病综合防治工作的试点方案和启动试点工作。

是日　甘孜州第一个物流联盟—四川甘孜物流信息联盟挂牌成立，道孚县货车司机张尼玛拿到四川北斗星车联开出的第一笔货车司机信用贷款，额度为5万元。

25日　省委召开常委会议，听取康定“11·22”6.3级地震灾后重建进展情况汇报，研究部署下一步工作。

29日　雅砻江两河口水电站成功截流。

是月　副省长、公安厅厅长邓勇到甘孜州调研指导公安工作，看望慰问公安民警，对做好相关工作提出要求。

12月

10日　世界第一高海拔特长公路隧道——雀儿山隧道西出口主洞掘进至分界里程，标志着中铁一局承建的雀儿山隧道西出口掘进任务完成。

15日　国务院正式批准甘孜州甘孜格萨尔机场项目立项。这是继康定、稻城机场之后甘孜州第三个民用机场。

17日　水利部部长陈雷对甘孜州《鼓足干劲、实干巧干、迎来甘孜州藏区规划外农村饮水安全项目全面完成》作出批示：“甘孜州委、州政府高度重视，州水务局攻坚克难，全州上下共同努力，提前圆满完成饮水安全工作，交上了一份满意的答卷。望再接再厉，把各项后续工作抓实做好。”

18日　成都市与甘孜州签订对口帮扶、区域合作和共建成甘工业园区合作协议在成都举行。

20日　省委常委、统战部部长崔保华率工作组到康定市督查脱贫攻坚工作。随后召开座谈会，听取康定市精准扶贫相关情况工作汇报。

是月　全国政协委员、北京非物质文化遗产发展基金会形象大使、中国文学艺术基金会副理事长、中国文艺志愿者协会主席姜昆和北京非物质文化遗产发展基金会第一副理事长史秋秋，率团到甘孜州捐助学校音乐器材和图书。

ཀྲུང་གུང་དཀར་མཛེས་ཁུལ་ཨུ་ཡོན་ལྷན་ཁང་།
中共甘孜州委员会

·重要决策·

【概况】 2015年，申报藏区项目289个，总投资86.6亿元，申请中央预算内资金42.6亿元。争取国家、省预算内项目1026个，下达资金51.3亿元。实施“走出去、引进来”发展战略，推介各类招商引资项目165个，签约项目6个，总投资59.8亿元。清理盘活存量资金11.2亿元。对230个未开工项目和268个已开工但推进缓慢的中央预算内投资项目，分东南北片区开展“一站式审批”，加快项目推进。2015年全州170个重点项目完成投资290亿元。完成全社会固定资产投资421.83亿元，同比下降9.8%。交通投资108亿元，完成国道317线俄岗路等13个项目建设，加力推进16个重点项目建设，加快推进雅康高速公路（甘孜段）等3个项目建设，甘孜格萨尔机场已正式获国务院和中央军委立项批复，川藏铁路雅安至康定等项目前期工作有序推进。新建通信基站941个，新增通宽带行政村183个，新增通电话自然村40个。投入7.4亿元推进藏区规划外新增农村饮水安全工程，解决50余万人的安全饮水问题。新增有效、节水灌溉面积2466.67公顷，完成得荣白松茨巫水利工程。投资5.3亿元推进城镇道路、给排水等基础设施建设。建成14个幸福美丽新村，建成24个新村聚居点。印发《甘孜州生态文明建设规划》，创建1个省级生态乡和36个州级生态村。有序推进实施《川西藏区生态保护与建设规划（2013—2020年）》，强化天然林保护、退耕还林、退牧还草和集体公益林生态补偿等政策落实。召开4次深改领导小组会议，研究制定印发《中共甘孜州委重要改革举措实施规划（2014—2020年）》。举办“甘孜州与粤港澳企业座谈会”“广州民营企业甘孜行”等系列投资促进活动，组织参加2015年中外知名企业四川行、中国西部（四川）进口展暨国际投资大会。实施国内招商项目165个，到位资金155.89亿元。

【培育优势产业】 编制《甘孜州全域旅游发展规划》，投资9.4亿元推进旅游重点项目和基础设施配套建设，启动实施最美景观大道等“十大工程”，积极创建海螺沟AAAAA级景区和丹巴甲居藏寨、泸定桥两个AAAA级景区，促进重点景区提档升级。创建乡村旅游主题文化酒店，推进乡村旅游持续有序发展。树推“圣洁甘孜”品牌，举办“圣洁甘孜走进深圳”推介活动和“纪念红军长征80周年”系列活动，全年接待游客1076.18万人次，实现旅游收入107.5亿元，同比增长31%和30%。打造“一圈一带一走廊”产业布局，发展“四大优势产业”，培育“八大产业基地”，开发“十大特色产品”，推进“互联网+”“飞机+”营销模式，促进农牧业发展。争取投资14.2亿元推进生态能源开发，4座“两江一河”干流大型水电站加快建设，5

座中型电站获得核准，水电实现增加值30亿元。太阳能开发实现“零突破”，建成甘孜、炉霍光伏电站，总装机达10万千瓦。有序开展矿产资源开发，全力推进14个重点项目建设，全年完成投资3亿元，实现增加值8.7亿元。完成778个藏药制剂再注册工作，出台常用藏药制剂质量控制标准；色达金马中药饮片厂通过GMP论证；色达纽玛颗粒和白玉芫根含片通过QS认证，其中色达纽玛颗粒委托温江区润馨堂药业有限公司投入生产，并上市创利；编制《甘孜州民族民间手工艺业发展规划（2015—2020年）》；申报省级文化产业发展专项资金3.7亿元。

【推进扶贫攻坚】 制定“3+10”精准扶贫工作体系和“十三五”农村扶贫开发规划，召开精准识别专题会议7次，开展精准扶贫、精准脱贫集中培训，对扶贫对象复核清理。全州每个贫困村落实1名联系领导、1个帮扶单位、1个驻村帮扶工作组、1名第一书记和帮扶责任人，组建“1+3”的驻村帮扶工作组。全州累计争取各类专项扶贫资金8.25亿元。启动实施整村推进工程42个、藏区连片项目12个、溜索改桥10座、彝家新寨21个、民族新村10个、易地搬迁1822户、通村桥梁55座、产业增收项目50个，完成全年34375人的减贫任务。17个督查组对全州18个县（市）的111个贫困村、620户贫困户进行暗访。投入资金4.7亿元，推进义务教育“三免一补”和学前教育“一免一补”政策，实施普通高中“两免”教育计划，全面构建十五年免费教育体系。康定市、乡城县通过义务教育均衡发展国家督导评估认定，泸定、丹巴、九龙、炉霍4个县通过省级督导评估验收。推进“双语”教学、寄宿制教育办学和教育信息化建设，加强师资队伍教育培训，参训教师达9万多人次。完成94个乡镇卫生院、200个村卫生室标准化建设，开展居民健康社会保障“一卡通”等工作。加强以石渠县为重点的包虫病综合防治，筛查18.75万人，累计药物治疗1.3万人，手术治疗138人。全面完成40个幸福美丽新村文化活动室设备配送，启动“户户通”和广播电视进寺庙工程，推进16个省级示范乡镇综合文化站建设。甘孜等9县新“两馆”建设、14个县级全民健身活动中心项目和761个乡（镇）、村级农民体育健身工程顺利完工并投入使用。成功举办首届环贡嘎山国际户外挑战赛、“2015格萨尔故里行”等文体活动。出台大病医疗保险规定，惠及群众达100多万人次。城镇新增就业7475人，城镇登记失业率控制在4.2%以内，动态消除“零就业”家庭。实行低保对象“一人一档”，清退低保对象1.7万人，新增低保对象1.9万人。推进康定“11·22”地震灾后恢复重建，实施392个恢复重建项目，开工项目386个，完工项目141个，完成投资20.09亿元。实施芦山“4·20”地震灾后恢复重建项目23个，竣工项目20个，在建项目3个，完成投资10.55亿元。得荣地震灾后重建各类项目完成总投资2.9亿元。转移安置受灾群众1万余人，发放救灾帐篷1000余顶，救灾棉被3000余床。

【支持人大、政协工作】 高度重视人大工作，进一步加强和改善对人大工作的领导，尊重和支持人大及其常委会依法行使职权。修改完善《甘孜藏族自治州民族团结进步条例》等4部条例，听取和审议“一府两院”专项工作报告18个，组织开展视察调研活动27次，对4部法律法规贯彻实施情况进行执法检查。倡议政协委员在助推扶贫攻坚中履行职责，先后20余次深入贫困村、贫困户了解实情，充分发挥政协委员主体作用。

【加强党的建设】 集中举办2期群众宣讲团宣讲培训，开展“四下乡”服务2900余场，成功申创1个全国文明村、2个全国文明单位。组织策划“中央级媒体四川藏区行”“海外知名华文媒体甘孜行”等大型媒体团采访活动，中、省级媒体原发甘孜稿件2960余条，其中人民日报18篇、中央电视台《新闻联播》8条、《四川日报》107条、四川卫视168条、康巴卫视468条，890余条稿件实现境外落地。累计选任县级干部133名。累计培训干部6100余名。引进各类急需紧缺人才1934名，北大、清华高等院校人才引进实现“零突破”。召开群众工作全覆盖总结表彰会，推进群众工作常态化。强力整治软乡弱村，开展“六查六审”工作，评定软乡36个、弱村329个，开展基层干部“双千”（千名基层骨干、千名基层后备干部）培训，举办培训班7期，培训基层干部900人。开展“三严三实”专题教育，深入查找“17种现象问题”，从严查处“四风”案件332件，给予党纪政纪处分334人，通报曝光88件121人。全州纪检监察机关处置问题线索680件，立案490件，结案465件，给予党纪政纪处分463人，州级自办案件立案26件26人，移送司法机关16人，给予党纪政纪处分12人。

【全方位扩大开放合作】 举办“甘孜州与粤港澳企业座谈会”“广州民营企业甘孜行”等系列投资促进活动，组织参加2015年中外知名企业四川行、中国西部（四川）进口展暨国际投资大会，宣传推介各类招商引资项目176个，投资总额达678亿元。加强区域合作交流，深化与成都、雅安等周边地区的交流合作，大力发展“飞地经济”，推进“甘眉工业园区”建设，积极培育“成甘工业园区”“甘雅工业园区”，扎实推进省内“7+20”对口支援工作，全面扩大与广东的合作领域，推进广东省对口支援甘孜州2014—2015年项目。成功举办川滇藏青交界地藏区市（州）长第一次联席会，分别签订战略合作框架协议和旅游发展、文化交流与发展、生态文明建设专项合作协议。

【新闻宣传更重规范】 制定《2015年新闻策划方案》和《2015年重点工作宣传报道方案》，围绕中央、省州委重点工作、重要会议制定下发32个宣传报道方案，州县新闻媒体开设《“三严三实”看执行》《决战全面小康·全力精准扶贫》等专题专栏27个，刊发（播）稿件7357条（幅）。制定出台《甘孜州全媒体阅评办法》，打造自办栏目品牌，策划开展“2015我的美丽乡村”“2+1+7”“讲述甘孜故事·传递甘孜声音”主题宣传，以“记者走基层”和“讲述故事”为报道形式，紧扣时政与民生兴奋点，坚持正面宣传和舆论监督两手并重，刊发（播）稿件200余条。采用“一对一交流+集中授课+训后整改”形式，举办首届州县公益广告、特色节目创作培训班和“新青年·新媒体”新闻工作者交流沙龙，邀请专业老师教授脚本创作、策划创意、摄像取景、后期编辑等知识，提升新闻从业者策划能力和创作水平。出台《甘孜州拍客队伍管理暂行办法》，建立拍客管理、培训和激励机制。

·重要会议·

【州委全面深化改革领导小组第一次会议】 1月21日，州委全面深化改革领导小组第一次会议在康定召开。会议主要任务是：2015年为深化改革关键年，全州上下要以更大的政治勇气和政治智慧，推动改革迈上新台阶，开创甘孜州加快发展的新局面。会议强调，一是进一步增强全面深化改革的紧迫感、责任感和使命感。充分“热好身”，增强深化改革的紧迫感；务必“跟上趟”，增强深化改革的责任感；敢于“迈开步”，增强深化改革的使命感。二是进一步找准全面深化改革的切入点。广泛深入领会改革精神，细化完善改革部署，建章立制规范运行，推进重点改革部署落地。三是进一步落实全面深化改革的各项举措。推进改革工作，必须上下结合。理顺运行机制，必须提质增效。完善相关制度，必须从实从严。执行改革举措，必须落地有声。

【落实巡视反馈意见整改工作推进会】 1月25日，落实省委巡视反馈意见整改工作推进会在康定召开。会议主要任务是认真贯彻落实中央、省委关于加强和改进新形势下巡视工作的要求，查找分析在推进落实省委巡视组反馈意见整改工作中的问题，研究部署下一步工作，确保整改工作有序推进、取得实效。会议强调，一是正视问题，深化认识，坚定不移推动整改工作开展。二是突出重点，主动担责，从严从实抓好整改工作落实。坚持领导带头，坚持统筹兼顾，坚持上下联动，坚持教育惩戒，坚持面向群众，坚持常态长效。三是严肃纪律，强化执行，确保整改工作切实取得实效。必须执行有力，必须严格纪律，必须强化问责，必须宣传到位。

【全州农村工作暨牧民定居行动计划总结表彰大会】 3月2日，全州农村工作暨牧民定居行动计划总结表彰大会在康定召开。会议的主要任务是传达贯彻中央、省委农村工作会议精神，总结2014年农业农村工作取得的成效，找准甘孜州“三农”工作存在的瓶颈和问题，科学安排部署2015年农业农村工作。会议强调，一是深化农村改革，在“三化联动”上做文章。正视瓶颈制约，认清潜力优势，敢于攻坚破难。二是加力生产发展，在优势特色上做文章。敢于搏击市场，发挥比较优势，推进优化组合。三是注重主体发力，在规模增效上做文章。注重上下联动，发展市场主体，培育新型农牧民。四是加快新村建设，在基础设施上做文章。统筹谋划新村建设，优先发展新村产业，全力做好扶贫解困。五是规范乡村运行，在乡村治理上做文章。严格规范乡村运行，依法推进乡村治理，倡树乡村文明新风。

【全州领导班子思想政治建设暨执行落实年动员会】 4月7日，全州领导班子思想政治建设暨执行落实年动员会在康定召开。会议的主要任务是贯彻好全省领导班子思想政治建设工作会精神，安排部署全州领导班子思想政治建设工作，并对“执行落实年”工作再动员再部署，凝心聚力建设美丽生态和谐幸福新甘孜。会议强调，一是知为行始，拧紧思想政治建设“总开关”至关重要。必须清醒认识到，加强思想政治建设是应对各种特殊复杂形势和考验的根本所在。必须清醒认识到加强思想政治建设是全面推进从严治党、净化甘孜政治生态的有力武器。必须清醒认识到加强思想政治建设是强化执行落实的重要保障。二是以知促行，领导班子思想政治建设务必从严从实。要抓实理想信念，解决好“总开关”问题。要抓实组织原则，解决好“懂规矩”问题。要抓实作风建设，解决好“四风”问题。要抓实班子建设，解决好“关键少数”问题。要抓实反腐败斗争，解决好“苍蝇扑面”问题。三是知行合一，凝神聚力形成执行落实新自觉。强化素质提升，科学执行落实，营造务实氛围，自觉执行落实，健全长效机制，常态执行落实，严格监督检查，有效执行落实。

【全州“三严三实”专题教育工作会议】 5月20日，全州“三严三实”专题教育工作会议在康定召开。会议的主要任务是深入学习贯彻习近平总书记系列重要讲话精神和中央、省委的部署，对全州开展“三严三实”专题教育工作进行全面安排，着力营造全州“三严三实”的新风正气。会议强调，一是着力凝神聚魂，形成高度的思想自觉。“三严三实”是马克思主义政党建设经验的“接力棒”，是中国共产党永葆纯洁性先进性的“传家宝”，是深化作风建设根治陋习顽症的“手术刀”，是新常态下甘孜经济社会发展的“新引擎”。二是聚焦问题关键，推动专题教育落地见效。聚焦忠诚、干净、担当，锤炼领导干部队伍优良作风。聚焦问题整改，准确把握专题教育的关键环节。聚焦工作合力，统筹推进专题教育落地见效。三是注重工作结合，开创甘孜各项事业新局面。以严实作风推进改革发展，实现经济发展新增长。以严实作风推进灾后重建，建设和谐幸福新家园。以严实作风推进依法治州，提升主动创稳新成效。以严实作风推进群众工作，做实常态长效新实践。以严实作风推进思想政治建设，强化执行落实新自觉。

【全州软乡弱村集中整顿、乡村治理暨群众工作推进会】 6月3日，全州软乡弱村集中整顿、乡村治理暨群众工作推进会在康定召开。会议的主要任务是认真总结全州软乡弱村集中整顿、乡村治理和群众工作推进情况，深刻反思存在的问题，加力推动省委、州委重大决策部署落地见效。会议强调，一是清醒自省，推进州委重大部署有亮点更有差距。二是持之以恒，以“啃硬骨头”的精神全面夯实基层基础。第一软乡弱村集中整顿务必坚决果断，第二乡村治理务必做实做细，第三群众工作全覆盖务必常态长效。三是铁肩担责，倾智倾力谱写甘孜事业新篇章。

【州委十届七次全委（扩大）会议】 8月31日，州委十届七次全委（扩大）会议在康定召开。会议的主要任务是深入贯彻落实省委十届六次全体会议精神，认真分析甘孜州同步全面建成小康社会面临的形势任务，研究部署新阶段全州扶贫开发攻坚工作，审议通过《关于集中力量打赢扶贫开发攻坚战，确保同步全面建成小康社会的决定》，动员全州上下以超常之为、务实之举，集中力量打赢扶贫开发攻坚这场硬仗，确保到2020年与全国，全省同步全面建成小康社会。会议强调，要认清形势，统一思想，切实增强扶贫开发攻坚的使命感、责任感和紧迫感。要明确目标，精准施策，集中力量解决全州贫困突出问题。要注重结合，统筹发力，推进扶贫开发攻坚工作落实落地。要强化支撑，整体联动，以务实有力举措推进精准扶贫取得实实在在成效。要加强领导，落实责任，凝聚扶贫开发攻坚的强大合力。会议审议通过《中共甘孜州委关于集中力量打赢扶贫开发攻坚战，确保同步全面建成小康社会的决定》。

【举全州之力开展群众工作全覆盖总结表彰暨常态推进会】 9月1日，举全州之力开展群众工作全覆盖总结表彰暨常态推进会在康定召开。会议的主要任务是回顾总结三年多来的群众工作，弘扬三年多来发动群众、宣传群众、组织群众的好经验好做法，推动维护民族团结、维护社会稳定，携手打赢扶贫攻坚这场硬仗，到2020年与全省同步建成小康社会。会议强调，一是肯定成绩，深化认识，坚定群众工作常态化的信心、决心。二是紧扣重点，统筹联动，凝聚群众工作常态化的强劲合力。要与扶贫攻坚紧密结合，全面实现脱贫奔康。要与主动创稳紧密结合，凝聚维稳坚实力量。要与依法治州紧密结合，营造良好法治环境。要与乡村治理紧密结合，大力夯实基层基础。要与从严治党紧密结合，锤炼干事创业作风。三是强化领导，明确要求，构建群众工作常态化的保障机制。加强统筹指挥，完善常态机制，严格纪律要求，从严监督检查，逗硬绩效考评。

【甘孜州实施城乡提升战略东路片区现场（九龙）会议】 12月7日，甘孜州实施城乡提升战略东路片区现场（九龙）会议在九龙召开。会议的主要任务是学习九龙县推进城乡战略的主要做法、工作经验；观看九龙县实施城乡提升战略专题片；通报全州“三化联动”现场会以来东路片区各县（市、局）推进新型城镇化工作情况；安排部署实施城乡提升战略相关工作。会议强调，一是深刻认识实施城乡提升战略的重大意义，切实增强责任感和紧迫感。实施城乡提升战略，是落实中央“五大发展理念”和省委“三大发展战略”的必然要求。实施城乡提升战略，是发展全域旅游的重大举措。实施城乡提升战略，是改善民生的有力抓手。实施城乡提升战略，是同步全面建成小康社会的有效途径。

二是准确把握实施城乡提升战略的目标任务和路径选择，全面提升新型城镇化水平。深刻理解“做强县城、做优乡镇、做美村寨”的目标内涵。深刻把握“七个提升”的路径选择。三是立足实际，科学谋划实施城乡提升战略的思路举措。要结合县情尽快研究制定工作目标和实施计划。要围绕重点高水平编制城乡建设项目规划。要千方百计抓好实施城乡提升战略的项目支撑。要引入市场机制大力推进城乡提升战略。四是强化工作保障，全力确保城乡提升战略各项任务落实落地。要加强组织领导。要注重方式方法。要强化督查问责。

【州委十届八次全委（扩大）会议】 12月21日，中共甘孜州委十届八次全委（扩大）会议在康定召开。会议的主要任务是全面学习贯彻党的十八届五中全会、省委十届七次全会精神，总结报告州委常委会一年来的工作。第一次会上，刘成鸣受州委常委会委托向全委会报告州委常委会一年来的主要工作。对州委“十三五”规划建议的起草过程、《建议》稿的总体框架和主要内容逐一说明。第二次会上，刘成鸣强调，一是统一思想抓落实。全面审视州情，把握谋划发展的总体取向。突破思想观念障碍，进一步解放思想、更新观念。处理好“五种关系”，确保工作推进协调有力。二是明确路径抓落实。围绕同步全面小康，大力实施扶贫攻坚战略。围绕实现长治久安，大力实施依法治州战略。围绕推进富民兴藏，大力实施产业富民战略。围绕补短板破瓶颈，大力实施交通先行战略。围绕协调共享理念，大力实施城乡提升战略。围绕构筑绿色屏障，大力实施生态文明建设战略。三是强化支撑抓落实。强化政策支撑，从国家和省上的战略部署中挖掘新的增长点。强化资源支撑，从优越的自然资源禀赋中挖掘新的增长点。强化产业支撑，从良好的产业发展态势中挖掘新的增长点。强化项目支撑，从项目储备争取中挖掘新的增长点。强化环境支撑，从向好的发展环境中挖掘新的增长点。四是健全机制抓落实。着眼于增强战斗力，健全组织保障机制。着眼于增强推动力，健全人才支撑机制。着眼于增强驱动力，健全改革创新机制。着眼于增强互补力，健全开放合作机制。着眼于增强竞争力，健全发展壮大县域经济机制。着眼于增强执行力，健全激励约束机制。五是围绕良好开局抓落实。坚定不移抓好扶贫攻坚，在加快脱贫奔康上见实效。坚定不移抓好基础设施建设，在破解瓶颈制约上见实效。坚定不移抓好产业发展，在加快经济发展上见实效。坚定不移抓好维护稳定，在构建法治良序上见实效。坚定不移抓好改革开放，在增强经济发展动力活力上见实效。坚定不移抓好党的建设，在夯实基层基础上见实效。会议审议通过《中共甘孜州委关于制定国民经济和社会发展第十三个五年规划的建议（草案）》。

·重要活动·

【“三严三实”专题教育活动】 2015年，州委启动“三严三实”专题教育活动，共出台指导性文件41个，编发简报信息80期，被省委组织部刊用9期。创新开展“三学三看三比”“三学透三看清三议明”和纠正领导干部特权行为、读一本好书“五个一”等活动。领导干部带头上党课、亲自作部署、全力抓落实，累计上党课1645场次，97567人到场听课；6516名班子成员深入4184个联系点和分管部门上党课，12.08万人次党员干部受到教育。开展“送党课上门”活动5300余场次，10.8万名干部群众受到党性教育。以正反教育作为专题学习研讨的重点内容，累计举办中心组学习1744场次，48862人次党员领导干部参加；开展典型学习和警示教育1561场次，58435人次党员领导干部受到教育，撰写心得体会20766篇；举办读书班755期，32143人次党员领导干部参加；举行业务技能培训讲座2442场次，惠及49918人次。

州委常委班子带头采取召开恳谈会等“五个一”方式，广泛征求建议意见，梳理汇总意见建议159条。以学习研讨、剖析反思、警示教育等为重点，认真开展“回头看”活动，查找“不严不实”问题5868个，整改落实5246个。在州委班子“三严三实”专题民主生活会上，深刻剖析班子六个方面26个“不严不实”问题，针对性提出20条整改措施；班子成员查摆问题206个，增添整改落实131项；班子成员之间提出276条相互批评意见。全州各级党委（党组）按期召开专题民主生活会，累计征求意见建议8532条，自我批评查找问题6753个，相互批评查找问题4048个，制定整改措施5887条。妥善处理信访积案408件，建立问题台账422个，落实包案领导203名。针对为官不为、执行不强、作风不实、乱作为、贪腐谋私、执法不公“六类”问题，查找问题739个，解决问题693个，处理相关人员126名，建立配套制度122个。围绕中央、省委出台的系列制度规定，全州相关制度已废止114个，修改187个，新建2103个。

【“纪念红军长征进甘孜”80周年系列活动】 2015年5月至9月期间，举办“纪念红军长征进甘孜”80周年系列活动。5月29日，纪念红军长征在甘孜80周年暨红色文化旅游宣传促销系列活动，与泸定县纪念红军飞夺泸定桥胜利80周年暨川藏公路开工建设65周年纪念开幕式，在泸定县红军飞夺泸定桥纪念碑公园内举行，开幕式结束后进行与仪式主题相关的书、画、摄影展及邮品首发，红色文化论坛暨“红色泸定回忆”系列新书及新歌碟发放仪式，以及“红色泸定”大型歌舞晚会。5月20日，纪念红军长征胜利80周年庆祝活动仪式暨“甲居五军团政治部遗址”“红军藏民独立师遗址”恢复建设竣工免费开放典礼在丹巴县举行，活动包括与典礼主题相关的摄影和美术展，以及“红色丹巴”大型歌舞演出。5月30日，海管局举办“磨西红军长征纪念馆开馆仪式”。7月1日至10日，“唱响红色旋律·建设最美乡城”—纪念红军进甘孜80周年红歌大赛和“乡城儿女心向党·重走红军长征路”活动在乡城县举行。7月10日至8月15日，色达县举办纪念红军长征胜利80周年“长征杯”长跑比赛、主题演讲比赛和文艺演出。7月25日，炉霍县举办纪念红军长征到甘孜80周年“炉霍红”文艺演出和虾拉沱村红军文化广场落成典礼，8月6日，举办“红色炉霍·全面健身”纪念红军长征到甘孜80周年全民健身运动会，8月20日至31日，举行红军后代重走长征路活动。根据红军长征在甘孜的线路，分为两条线路进行，第一条线路：稻城—乡城—理塘—新龙—甘孜，第二条线路：海螺沟—泸定—丹巴—道孚—炉霍—甘孜。每条线路邀请红军后代15人，共30人参加。9月8日，甘孜县举办朱德总司令和五世格达活佛纪念馆开馆仪式暨甘孜县民俗非遗博物馆开馆仪式，9月8日，在甘孜县举行纪念红军长征在甘孜80周年闭幕式暨“红色记忆·感恩甘孜”大型文艺会演。

【2015中国·甘孜环贡嘎山国际百公里户外运动挑战赛】 2015年，甘孜州举办以“人类极限·世界贡嘎”为主题的2015中国·甘孜环贡嘎山国际百公里户外运动挑战赛。这项比赛是目前世界上平均海拔最高、总奖金额最高、运动员资格审核最严格的超长距离越野跑赛事，是中国登山协会2015年度的重点赛事，也是甘孜州重点打造的体育品牌赛事之一。挑战赛分设男、女50公里组，男、女100公里组单人不间断山地户外运动越野。50公里线路设计：从康定老榆林村（特警队出发）经水电站、两岔河、盘盘山牧场、盘盘山垭口、雅哈垭口、雅哈泉华滩到雅龙村玩家客栈结束。100公里线路设计：从康定老榆林村（特警队出发）经水电站、两岔河、盘盘山牧场、盘盘山垭口、玉龙西、子梅垭口、上木居到贡嘎山乡小学结束。这场赛事有来

自中国、俄罗斯、英国、西班牙、比利时、摩尔多瓦、墨西哥、捷克等国家和地区的190名选手参加此次百公里户外运动挑战赛。比赛于23日凌晨5点结束，共138名运动员完赛。最终50公里组第一名用时5小时34分到达终点，100公里组第一名11小时48分到达终点，最后一名运动员整个比赛用时23小时24分到达终点。本次比赛完赛率62.2%，男子完赛率65.7%，女子完赛率53.6%。

【广东企业进甘孜活动】 10月26日至31日，广东民营企业代表赴甘孜州康定、道孚、丹巴、泸定、海螺沟管理局等5个县（市、局）开展经贸考察。在丹巴县考察期间，广东省工商联为表示支持民族地区教育，同意为该县6所小学捐助电子信息教学设备，每所小学5万元，总额30万元。在海螺沟实地考察甘孜州南派藏医药健康服务（传承创新）基地时，考察团对基地医、疗、养、娱一体的理念表示赞同，考察团主动整理形成简要直观的电子版介绍资料，并在广东省旅游、医药等行业的民营企业中推介。在康定、丹巴考察期间，广州市悦盛金发食品有限公司颜思颖董事长对松茸、青稞很感兴趣，表示如果条件允许愿意开发松茸馅饼、青稞饼产品。10月27日，广东民营企业经贸考察暨企业座谈会在康定召开。会上向考察团隆重推荐了甘孜州精心筛选的176个投资合作项目，并向与会企业家发放投资促进项目U盘，供考察团投资参考；在座谈会上，甘孜州工商联和中恒集团股份有限公司还签订了《捐赠协议书》，中恒集团捐赠50万元人民币用于扶贫帮困和慈善公益事业。会上，广州智立策略顾问有限公司CEO符文洋主任提出以举办国际性体育竞技赛事带动旅游及相关产业发展的思路，并表示愿意做好介绍、联系等工作。

（中共甘孜州委办公室）

·组织工作·

【概况】 2015年，甘孜州委组织部出台《甘孜州界定和处置政治上“两面人”办法（试行）》等文件，提拔重用受到省州表彰的优秀乡镇党委书记，拟定干部“下”的情形，调整不在状态干部，初步形成能者上、平者让、庸者下的机制。建立干部任免调动“八查八核八审”制度，全面开展基层党组织书记抓党建工作联述联评联考工作，出台2014—2018党员干部教育培训意见，完成党员干部现代远程教育终端站点改版升级，开展“双报到”“结对认亲”“党员义工日”等活动，参与党员4.4万人次，为群众解决困难问题4200余件。全面实施235个新建村活动室、1000个标准化活动阵地建设，深入推进社区“三有一化”建设，每村年均运转经费达13万元，村“两委”负责人基本报酬分别达1220元、1100元。统筹实施“百千万康巴英才工程”，引进清华大学、北京大学硕士以上毕业生4名。选派干部人才赴清华大学进修学习。出台促进人才创新创业实施意见，出台人才招引政策，强化人才激励表彰，评选2014年度“康巴英才”高、中端人才和优秀基层基础人才，兑现高层次人才安家补助和“康巴英才”工作奖，出台《关于实施“四大工程”促进人才服务扶贫攻坚的实施方案》，开展“聚力扶贫攻坚”专题学习讨论，选派优秀党员到贫困村担任“第一书记”，实现全州325个乡镇党政“一把手”、2720名专职扶贫干部、1360个贫困村第一书记、村支书、村主任“培训全覆盖”。

【思想政治建设】 分专题召开州委中心组学习（扩大）会6次，举办县处级主要领导干部读书班，州委主要领导带头讲党课作辅导，邀请8名专家学者作报告。在基层党员干部中联动开展专题教育，深入开展“六对照六深查”“三学透三看清三议明”“讲政治守纪律守规矩”等活动，带动全州党委中心组学习562场次、举办领导干部读书班713期，开展正反教育1900场次，专题学习讨论715场次。州县领导班子累计查找问题554个，落实整改措施474条。6万余名党员干部查找问题10.9万余个，落实整改措施36.6万余条。开展“庸懒散浮拖”、纠正领导干部特权行为、损害群众利益等专项整治，清理整改146项行政审批事项，查处“四风”案件129件，给予党纪政纪处分100人。召开专题剖析反思会，汲取南充拉票贿选案教训，在全州上下掀起检视反思、立规明纪热潮。

【干部队伍建设】 制定干部选拔任用“八查八核八审”制度，坚决防止带病提拔；制定《甘孜州领导班子和领导干部综合分析研判试行办法》《甘孜州干部任免调动相关工作暂行规定》《关于省委贯彻落实〈干部任用条例〉“一个意见五个办法”几个具体问题的把握意见》等制度，制定完善《甘孜州推进领导干部能上能下实施细则（试行）》，调整工作不在状态干部1名、因身体原因免职5名、因违规违纪免职3名。创新出台《甘孜州机关事业单位中层干部轮岗试行办法》。全年共组织开展干部推荐考察工作8次，提拔、交流县级领导干部133人，交流正科级领导干部到州、县级机关任职4名。配合省委组织部做好省管干部推荐考察工作，共调整5名省管干部，其中提拔3名，兼任1名，交流1名。制发《领导班子功能结构模型管理意见》，将18个县（市）党政班子职能职责、职数设置、任职条件等科学集成为36个数据模型，按照一岗一说明的原则，制作职位说明书324份。共遴选县处级优秀干部人才递进培养对象100名。遴选甘孜州8名符合条件的优秀干部人才参加全省递进培养培训。截至年末，已储备党政综合、城建规划等8个类别492名副县级后备干部，成功推荐时任甘孜县委书记何康林获评“全国优秀县委书记”。选派5名优秀年轻乡镇党委书记、乡镇长到省直机关挂职学习；选派1名正县级干部到广东省挂职锻炼；从各县（市）统筹选派229名干部人才到省级机关和省内经济发达县挂职学习。审批完成89个县（部门）1959名县级干部的年度考核和个人材料归档工作；组织州党政领导班子和州级领导干部年度考核测评及上报等工作。首批共审核符合享受县处级待遇的干部1762名。全年招录选调生68名，从优秀村干部和服务基层项目人员中考试录用乡镇机关公务员83名，公开考试遴选州级机关工作人员83名；指导完成全州法院、检察院司法警察套改工作，套改三级警长36人、四级警长6人、一级警员24人、二级警员60人。协调完成2012年“9+3”退役士兵安排使用考录工作，考录乡镇工作人员144名；妥善处理12名非统一选征“9+3”学生退役士兵考试安置工作；从2012级“9+3”应届毕业生中考录公务员10名、考聘乡镇事业单位人员100名。

【基层组织建设】 对落实党建不力的2名县委书记责成向州委作深刻检查，对4名组织部长进行诫勉谈话。开展“三升级三分类”活动，评定先进机关党组织666个、一般机关党组织992个、后进党组织103个。细化出台评判标准，通过“六查六审”确定软乡36个、弱村（社区）329个，下派36名县委常委、329名优秀科级干部兼任软乡弱村第一书记，分别采取“3+1”“5+1”模式组建工作组驻村整顿。强化问责促落实，对不在状态、不敢担当的21个软乡、149个弱村班子进行调整充实，对履职不到位的108名乡村“一把手”进行调整、免职、停职。全年新发展党员3895名，其中农牧民党员2564名。6名农牧民党员被开除党籍、1人被除名、65人被诫勉谈话。整合资金1.3亿元，全面实施235个新建村活动室、1000个标准化活动阵地建设。省州财政为村配套经费2.3亿元，每村年均运转经费达13万元。州、县乡村干部、农牧民党员专项培训经费累计达2000余万元。截至年末，全州共有党员77876名（含预备党员3972名)，新发展党员3895名。全州州管党费2015年结存89.02万元，2015年度总收入为265.8834万元。党员教育培训8.06万元；订阅购买报刊资料、音像制品、设备8.57万元；表彰先进1.5万元；补助生活困难党员2.3万元；补助受灾党员和基础党组织14.74万元。

【人才队伍建设】 选拔582名优秀学生到中央民族大学等10所省内外本专科及中职院校培养，涉及动物医学等21个紧缺专业。依托省内外人才培养平台，培养企业经营管理、科技创新、能源、交通等各类人才8111名。评选出2014年度“康巴英才”高端人才40名，优秀中端人才379名，优秀基层基础人才3553名，足额兑现“康巴英才”工作奖。完成7批次111名党政干部专题培训、181名教育卫生人才专题培训；落实科技开发帮扶项目6个；建立优质教育资源信息州级接收站1个、县级23个；建成3套微电网发电系统，获赠古汉语学习软件300套，引进160万元助学捐款，完成6所小学3600多名0~14儿童先天性心脏病初步筛选，筛出患儿64名。建立大学生创新创业俱乐部1个；省级大学生创业孵化基地1个，入驻创业者6户；发放创业补贴200万元，提供担保贷款4972.6万元，促进851名大学生成功创业，带动就业1462名。引进北京大学、清华大学等5所“985工程”重点高校急需紧缺人才12名，引进教育、卫生专家教授3名，“博士服务团”成员2名，引进10名清华大学博士研究生社会实践提供智力服务。引进企业经营管理、农业畜牧等产业发展急需紧缺人才759名。

【干部监督工作】 完成1830名州管干部个人有关事项报告的审核、录入、汇总和183名随机抽查对象个人有关事项报告的核实比对工作，对45名转任重要岗位人选、拟提拔考察对象进行个人有关事项抽查核实，对2名不如实报告的拟提拔人选立即停止选拔任用程序，给予诫勉谈话。对2名州级部门主要领导干部、2名地方党政正职进行经济责任审计。全州共开展提醒谈话94次，受理干部选拔任用报告事项34件、涉及324人。全州共消化超配干部1989人，占95.81%。处理信访举报8件次，对1名查实的干部提出“放下”建议。启动“12380”综合管理信息系统平台建设，加大“12380”网络举报平台监测。

【干部培训工作】 全州共优化遴选县处级优秀干部人才递进培养对象100名、科级培养对象1886名，州、县两级统筹选派135名递进培养对象到村任“第一书记”，选派38人到重大项目建设一线、灾后恢复重建一线、反分维稳一线开展工作、接受锻炼。州、县两级举办学习贯彻中央和省、州全会精神，学习习总书记系列讲话精神专题研修班4期，培训干部400余人。分级分类举办州、县、乡三级党员领导干部读书班313期，参学11605余人。组织选派250余名干部人才到清华大学、中山大学等院校学习提升，选派2000余名干部人才到乐山、泸州等地交流“取经”。州、县共举办藏汉双语文字翻译培训班、学习培训班46期，培训乡镇干部4350余人。编印“藏汉双语学习小册子”，制作《藏汉基础口语普及教材》及配套光碟，藏汉双语初中高3级证书19000余本，免费发往各县（市）。实行“一日一句、一天一课、一月一讲、一季一考”学习培训制度，试点推行乡镇领导班子成员、村“三职”干部“双语”准入制度。

【援藏援石干部人才工作】 出台《甘孜州援藏干部人才重大事项报告试行办法》，对成都市选派的未挂任县党政副职的7名援藏工作队领队、副领队按程序提拔任职。完成第二批80名援石干部人才的总结表彰工作，召开第三批援石干部人才培训动员会，从州级机关选派18名专业技术人才援助石渠。

【扶贫攻坚保障工作】 采取集中宣讲、“马背党课”等方式，举办各层级宣传宣讲4000余场次；开展“聚力扶贫攻坚”专题学习讨论2700余场次，选派1360名优秀党员到贫困村担任“第一书记”，强化扶贫攻坚专项培训，举办州级专题培训班10期、县级培训班29期、州外培训班3期，实现全州325个乡镇党政“一把手”、2720名专职扶贫干部、1360个贫困村第一书记、村支书、村主任“培训全覆盖”。

【党员干部信息管理工作】 举办干部人事档案专项审核业务培训会，完成全州公职人员档案专项审核工作，制定印发《甘孜州干部调动和任前档案审核办法（试行）》。截至2015年12月31日，全州共有18449名公务员、319名群团机关参公人员、2336名事业单位参公人员，党的基层组织5352个，中共党员77876名。

【远程电教和组织工作宣传】 播出《甘孜党建》电视栏目6期，拍摄制作《雪域党旗红》电视栏目3期，与州电视台联合开办《雪域党旗飘扬》党建新闻专题栏目编辑播放50期，制作报送的党建电视专题片《虫草山上党旗红》《因为有爱》分别在四川电视台《共产党人》电视栏目861期和863期中播出，36条视频新闻被省委组织部党教中心采用。出台《中共甘孜州委组织部组织工作对外宣传奖励办法》，在《中国组织人事报》、人民网、共产党员网等中央级媒体报刊发组工信息45篇；在四川组工网、四川党建网等省级媒体报刊发组工信息21篇；在《甘孜日报》、雪域先锋网等州级媒体报刊发组工信息45篇。编发全州组织系统《组工信息》93期、《组工通讯》8期，编辑《雪域先锋杂志》4期。

（陈鹏飞）

·宣传工作·

【概况】 2015年，甘孜州宣传思想文化工作借力中宣部“基层工作加强年”和州委“执行落实年”重大契机，紧扣党委中心工作、把准宣传导向、服务群众需求，携力推动宣传思想工作争创藏区一流取得实质突破，为全面建成小康社会、全面深化改革、全面深入推进依法治州、全面从严治党和建设美丽生态和谐幸福新甘孜提供了强有力的思想保证、舆论支持、精神动力和文化条件。开办播出7期“圣洁甘孜·道德讲堂”，举办960余场“六进”活动，覆盖农牧民群众60万人次，建成甘孜文明网，搭建起核心价值观宣传主阵地。14名甘孜好人入选“四川好人榜”，袁雅逊等3人入选“中国好人榜”，毕世祥等3人当选“第四届四川省道德模范”。出台《甘孜州文明单位管理办法》《州级文明单位、文明村镇测评细则》，申创1个全国文明村、2个全国文明单位，打造5个省级幸福美丽生态文明示范村，乡风文明逐步提升。招募志愿者9100余名，开展志愿服务活动400余场，张建明、蒋映洪等4人获“全省百名优秀志愿者”称号，刘继成获“全省十大最美志愿者”称号。

【精准宣教零距离服务】 以学习贯彻党的十八届五中、省州系列全会和中省藏区工作会议精神为主线，将群众宣讲作为“凝聚人心”的重要抓手，凝聚起甘孜人民“感党恩、跟党走”的思想共识。全域推广双“1+1”群众宣讲“脱口秀”，总结推行“234”宣讲工作法，坚持试讲考评、讲稿审查“两过关”，政策要求、受众需求、县乡实情“三结合”和讲前调研准备、现场组织协调、宣讲技巧把控、后续沟通反馈“四到位”。整合中心学习组、群众宣讲团、法规宣传队等资源，开展集中学习、专题授课、定向宣讲1500场次，覆盖干部职工5万余人、寺庙僧尼5万余人、农牧民群众160万人次，实现重点寺庙宣讲全覆盖和道孚县铜佛山觉姆寺首次入寺宣讲。探索推行县县交叉宣讲和区域文艺互动，保持宣讲新鲜感、增强区域交融度，倡导探讨式交流、注重敲打式教育，讲述发展变化、传递核心价值，“脱口秀”逐渐成为群众定期必享“精神大餐”，乡城县“农牧民星期天”特色宣讲成功入选全省思想政治工作创新案例。

【集约宣传】 建立宣传工作全时策划和量化考评机制，主动打捆资源，实行抱团宣传，紧扣事前预热、事中聚焦、事后发酵，做到“年度有计划、季度有重点、每月有系列、每周有主题”，逐步实现宣传焦点从机关到农家、干部到群众、广场到院坝“三个转变”。制定《全媒体阅评办法》，搭建“媒体时时评、行业日日评、专家月月评、社会年年评”四级阅评体系，对线上所有媒体产品进行全程监护、时时体检，逐步实现新闻报道从媒体自评向行业监评、领导点评向社会阅评转变，平面、视频、网络媒体宣传质量显著提升。创作广播、电视公益广告 91 件，对外综合门户网站、综合购物网站正式上线，举办“大型媒体团甘孜行”“环贡户外挑战赛”等系列活动，有效应对“1·26”罪犯监狱病亡“白玛奥色假活佛”等应急舆情 20 余起，中省媒体原发稿件 2900 余条，890 条稿件落地境外，甘孜宣传影响力不断增强。

【品牌创作】 坚持“1+1+N”文艺工作思路，将文化繁荣作为传承民族文化、鼓舞民众意志的重要载体，重点实施“特色剧目打造、精品音乐创作、影视作品拍摄”三大工程，展示甘孜人民“扬正气、促和谐”的良好形象。州县联动开展“五下乡”、民俗节庆展演、征文摄影大赛、体育竞技赛等文化活动 7500 余场，服务群众 150 万人次；成功举办 2015 年藏历新年群众文艺会演。8 件文艺作品荣获“第八届巴蜀文艺奖”，康巴作家群《隐蔽的脸》等 3 部长篇小说首次译成英文走向世界；剧目《高原风》《走进贡嘎》首次尝试驻场商演，《康定情歌》进入剧本创作，拟打造舞台剧、实景剧 2 部作品；纪录片《视觉甘孜》《文化甘孜》完成取景拍摄，电影《命定》即将开拍。开展文化交流活动 20 场次；“藏区新貌”图片展亮相北美，德国、韩国文化交流引发强烈反响，“圣洁甘孜”品牌影响不断扩大。

（旷　伟）

·统战工作·

【概况】 2015 年，全州共有 276 座藏传佛教寺庙实现达标升级。在达标升级工作中，全州完成 4152 名僧尼、23 名活佛的信息采集和制证工作；依法拆除、停建违规宗教设施 35 处，完成 190 座寺庙土地证办理，66 座寺庙房产证办理，374 座寺庙机构代码证办理，207 座寺庙用地审批手续完善，512 寺庙换发座场所登记证；完成 46 座寺庙财务审计，配备专职财务人员 408 名，开展财会人员专职培训 48 期；清理违规佛事活动 4 起，依法处理违法僧尼 12 人，打击处理干政扰民行为 11 起，治理宗教领域非法民间组织 3 个。采取组建宣讲团、片区宣讲、逐寺宣讲的方式，大规模、大范围开展中央第六次西藏工作座谈会、省委藏区工作会议主要精神及相关法律法规的学习宣传，覆盖僧尼 69532 人次。深化“五二三”学教活动，制发活动宣传栏（藏汉双语）530 幅，州级层面开展宣讲 94 场次，召开座谈会 22 场次 1 万余人次；各县开展主题宣讲 652 场次 49270 人次。州级集中举办宗教代表人士培训班 11 期 440 人次；选送 268 名僧尼参加省级培训。各县集中举办培训班 95 期，培训宗教人士 4798 名。43 名州级领导、147 个州级部门、5720 名县乡各级领导干部、1040 名各级人大代表、973 名各级政协委员入寺 13418 人次，宣讲政策法规 5856 场次，走访慰问宗教人士 58732 人次，摸排矛盾隐患 142 件，调解纠纷 22 个，收集意见建议 692 条，解决困难问题 4696 件，发放慰问金及物品折资 302 余万元。落实省级寺庙危房改造资金 855 万元、州级“五通”建设专项资金 500 万元、州县两级寺庙联系单位（人）筹措资金近290万元，着力解决部分寺庙基础设施困难问题。全州保障城乡低保寺庙困难僧尼15488人，其中城市低保274人、农村低保15214人，累计发放资金1581.11万元；“五保”供养619人，累计发放资金245.27万元；救助住院患者519人，累计救助资金99.71万元；纳入敬老院集中供养困难僧尼55人。全州僧尼纳入基本医保55179人、养老保险13000余人。

【党外干部工作】 组织召开各界人士迎新茶话会、座谈会、民主协商会、情况通报会、意见征求会等9次，与州委组织部联合下发《关于建立党外代表人士队伍建设工作联席会议制度的通知》，制发《关于进一步做好党外代表人士及其后备人才发现储备和推荐工作的通知》。推荐67名党外副县级后备干部，储备各领域党外代表人士380余名，向省委统战部推荐3名党外正县级干部作为党外副厅级后备干部人选；推荐4名新媒体从业人员纳入全省新的社会阶层代表人士库；推荐1名副县级党外干部参加全省党外干部挂职锻炼；推荐56名藏传佛教代表人士进入全省党外后备人才库。按程序增补政协第十二届甘孜州委员会副主席1名，推荐了7名党内干部和3名党外代表人士作为州政协委员候选人。举办统战干部、创新寺管会（局）干部、党外中青年干部、藏传佛教中青年后备人才培训班4期。积极与成都、德阳等相关部门和律师协会沟通，确定九龙、雅江、炉霍、巴塘、乡城为第二批法律帮扶受援县，续签第一批法律对口帮扶协议县帮扶协议。从康定、泸定、丹巴、九龙、白玉5个县（市）选派160名35岁以下藏族农牧民青年，先后在州职业技术学校、四川旅游学院举办2场为期一个月的语言和技能培训，组织学员到藏（牧、农）家乐、旅游接待站（点）、酒店等学习实践。积极争取并促成同心共筑中国心基金会在甘孜州开展“同心共筑中国心稻城行活动”，来自全国近百名知名的风湿骨病专家赴稻城开展为期一周的义诊、巡诊、免费医疗救助及基层医务人员业务培训，并捐助价值16余万元的药品和物资。

【非公有制经济工作】 共征集非公有制经济人士“守法诚信好故事”15篇，推荐其中5篇参加全省评选活动；全州非公有制经济人士参与“守法诚信”宣誓承诺签名达4000余人；州、县工商联会员参与活动率达85%，非会员参与活动率达45%以上。组织50名民营企业家参加州举办的“大数据、电子商务”专题讲座，70余名民营企业家、个体工商户及从业人员参加关于中央、省藏区工作会议精神和国家对非公有制经济在税收方面的优惠政策以及相关知识专题培训；制作发放《四川省支持民营经济发展十五条措施（摘要）》《甘孜州招商引资优惠政策（摘要）》《企业登记指南》《加入工商业联合会的条件及权利和义务》等13种宣传资料4000余份。召开海螺沟景区商会、行业协会相关负责人座谈会，指导海螺沟完成商会、行业协会的组建；加强同成都市委统战部、市工商联的联系和衔接，帮助民营企业积极筹备甘孜州成都商会，促进民营企业抱团发展。完成甘孜州光彩事业促进会登记注册，办理社会团体法人证书、组织机构代码和银行开户。争取四川海外联谊会捐款75万元，为巴塘县、乡城县、色达县、石渠县15个村各定点援建一所新农村卫生室；争取澳门霍英东基金会捐款400万人民币，用于石渠县温波敬老院建设项目；争取黄廷方慈善基金有限公司捐款100万元人民币，用于康北儿童福利院设施配备；争取香港中华厂商联合会捐款100万港币，用于康定市金汤片区寄宿制学校信息化建设项目；争取澳门霍英东基金会捐款200万元和敏华集团有限公司捐款50万元，用于为甘孜州建设海联农村卫生室50个，每所卫生室5万元；推荐5名贫困学生参加“2015年李锦记希望厨师”光彩事业项目面试选拔，3名贫困学生被录取。

【境外藏胞工作】 全年共收到省办转来甘孜州驻印度、尼泊尔、美国等使（领）馆发回的境外藏胞探访征求意见116批2125人，共接待回国探亲访友、朝拜的境外藏胞588人。各级藏胞部门先后走访慰问定居藏胞、滞留藏胞、藏胞亲属共130余户294人次，发放慰问品及慰问金折合人民币17.25万余元。顺利完成全国政协原委员、归国定居藏胞林仓晋美去世后的善后工作。2015年，境外藏胞在甘孜州的投资捐赠总额约为230余万元，均为过去未结束项目。全面完成境外藏胞普查工作，较准确掌握境外藏胞相关情况。

【统战宣传工作】 完成“同心同向”活动画册照片的收集、整理等前期准备工作；形成调研报告6篇，督促指导各县完成调研报告36篇；在州主要媒体播出新闻20余条，编发《甘孜统一战线》季刊4期。

（游　燕）

·机关党建·

【概况】 2015年，修改完善《州直机关党建工作责任制考评办法》，着力抓好机关党建工作三级联述联评联考。对未配备纪检委员的65个支部限期整改，对作风建设提出指导意见130余条，开除党籍3人，给予党内严重警告处分1人，取消预备党员资格2人。对支部工作法典型案例进行评选，挖掘选塑一批机关党支部工作得力、班子健全、制度落实、阵地规范、保障有力的先进机关党支部，召开机关支部工作法经验交流会，总结推广机关支部典型工作法，选塑机关党建示范点10个。建立党员教育、管理、服务和上下联动机制，健全党员干部联系群众、为群众解难送暖机制。加强对各县直机关党（工）委工作的业务指导，着力提升全州机关党建工作水平。

【党员理想信念教育】 2015年1月13日，邀请州委党校副校长代文辉进行“十八届四中全会和州委十届六次全会精神解读”；5月11日，邀请省直机关党校霍钦宏教授作“坚持全面从严治党，进一步深化党风廉政建设”，邀请州民干校教授格桑曲批同志作“康巴藏族民风民俗”；8月4日，邀请什邡市委党校罗世展教师“罗世文等英烈事迹报告”；9月17日，邀请州委党校薛红武老师进行“学习全会精神坚决打赢精准扶贫战略”；10月13日，邀请州委党校杨柳老师作“党性作风廉政教育”；12月24日，开展“罗州仁青同志先进事迹报告会”。3000余名党员接受党性教育。

【创新开展基层党组织建设】 开展党委书记感言征集，“机关党建调研”评选、基层组织互动交流、“阳光女性·幸福甘孜”征文、“书香机关·践行梦想”；6月25日，组建“雪域党旗红”老党员合唱队参加全省歌咏比赛，获三等奖；10月13日，举行全州“档案技能大赛”；4月28日，开展“奋斗的青春最美丽”青年联谊；6月30日，举办“信仰的力量”文艺晚会；6月12日，举行“走在前列·党旗飘扬”演讲比赛；“七一”期间，表彰优秀共产党员、走访慰问困难党员等系列活动，1000余名党员干部参加活动，走访慰问入党60周年以上的老党员27人，慰问困难党员111人，发放慰问金7.56万元。建立党员服务基层、服务群众机制，相继开展“情暖孤儿·真情走基层”“巧手飘香·品味人生”“欢度国庆”等志愿服务活动，组织州级机关开展爱心爸妈志愿者活动3次，600余人次爱心爸妈志愿者代表深入州儿童福利院、州特殊学校为230余名儿童送去文艺节目、互动益智游戏。先后2次深入州级各部门开展“三严三实”专题教育督查工作，召开州级机关严以修身专题研讨会。

【提升基层党建工作】 以基层组织集中建设月活动为抓手，集中1个月时间重点对隶属关系不顺、不按期换届、发展党员不规范、制度不落实、落实不力、无党员活动室等问题进行排查清理、整改落实。组织2个督查组到22个机关党委、14个总支、36个直属支部进行现场督查、指导，督查走访支部181个。4月27—30日组织127人参加入党积极分子培训。5月22日举办州级部门首期基层党组织纪检委员培训会，172名纪检委员参加培训。3月16—25日、11月9—18日组织33名贫困村支部书记到成都参加村支部书记能力素质提升班。10月16—20日在省直机关党校举办党建业务培训班，州县90名党务干部参加培训。实施为民服务质量提升行动，深化“亲民、惠民、助民、富民、安民”“1＋N”“N＋1”党员帮扶、“双报到”等活动。共组织243个党组织，3460余名党员参加活动，新建党员志愿服务队28支、党员突击队21支，编制服务项目6个、服务岗位26个，组织党员义工小分队69个深入康定5个社区和180余个共建共创村开展党员义工服务4次。

【助推精准扶贫落地工作】 与州委组织部共同建立力量投向基层、政策倾向基层、资源聚集基层的驻村帮扶工作机制，推动全州精准扶贫工作落地见效。成立驻村帮扶工作协调领导小组及办公室等工作机构，全面推进全州驻村帮扶工作组工作有力有序开展。出台《甘孜州建档立卡贫困村第一书记管理办法（试行）》，明确第一书记职责及管理考核措施。推行“干部任职、单位结对”制度，明确选派单位与任职单位挂钩结对，并将挂钩帮扶工作与部门单位年终考核“捆绑”。开展第一书记感言征集；采取“驻村干部纪实”典型事迹宣传、致全州村支部“第一书记”的公开信等方式，加强驻村帮扶工作经验交流、日常管理和工作督查，注重干部驻村帮扶工作材料收集和上报，省上采用和推广甘孜州典型经验做法简报5期，以点带面引领和带动全州驻村帮扶工作整体推进。

（杨建美）

·信访工作·

【概况】 2015年，共受理群众来信来访1757件（含未录入系统的州长信箱300件）、2350人次，分别较2014年同期减少15.53%和33.32%。其中：来信968件（网上信访598件），较2014年同期减少5.3%；来访789批、2350人次，较2014年同期减25.43和33.32%；集体访101批，955人次，较2014年同期减少17.22和18.87%；重信重访125件、380人次，较2014年同期减少17.77%和49.74%。办理国家信访局、省信访局、省联席会议交办的信访事项207件，领导包案化解41件信访积案难案，协调处理到省集体访13批87人次，劝返接回甘孜州进京上访12批22人次。共排查化解信访矛盾纠纷1745件，化解1001件，化解率为57.36%。办理州委、州政府领导、交办、转办的群众信访案件968件，办结677件，办结率达70%。

【信访接访】 印发《关于州委、州政府领导定期接待群众来访的通知》，州委、州政府领导接待信访群众24批560人次。16名州委常委下访接待选民179人、人大代表327人、政协委员233人，解决诉求问题1546件。全州13000余名干部开展“走基层”活动，共收集群众困难问题3145个，解决群众困难2957个，化解信访矛盾纠纷1613起。开展法制宣传291场次17445人次，引导信访人依法表达诉求。对57批623人次集访在第一时间劝返接回，梳理交办合理诉求8件，化解7件，作政策解释答复25件；对36批204人次重信重访进行跟踪了解，着重对办理落实不到位的4件进行发函重新办理。化解省政府挂牌督办68个社会矛盾和群众信访突出问题，集中梳理交办第一批、第二批41件信访积案难案，实行集中攻坚，州级领导包案，全部化解；督办进京访10件，到省访8件全部办结。办理“人民网地方领导留言板”“省长信箱”

“州委书记信箱”“州长信箱”等网上信访598件。开设“甘孜信访”门户网站，建立由省到州的视频接访系统，各县（市）信访部门建立投诉受理平台。

【创新方式抓宣教】 印发《深入开展〈信访条例〉颁布实施10周年学习宣传教育活动实施方案》，成立“深入开展《信访条例》颁布10周年学习宣传教育活动领导小组”。向国家信访局门户网站“《条例》这十年”栏目投稿，共收集稿件21篇、《信访宣传标语》39条，草拟《心香一瓣织真情》《法理阳光照心路 情义化雨润民心》等稿件。发放宣传资料15000余份，出动车辆214辆次，媒体滚动播放578次，悬挂宣传横幅78条，张贴宣传标语594条。深入石渠县宜牛乡宜牛一村、本日寺和理塘县禾尼乡安久村、甲洼镇江达村向农牧民宣传《信访条例》《中华人民共和国行政复议法》《中华人民共和国治安管理处罚法》等法律法规，引导群众依法逐级信访。组织全州信访系统干部参加省信访局主办的“党旗飘扬·歌声嘹亮——四川省信访系统庆祝建党94周年歌咏比赛”，自创歌曲《雪域为你作证》获得合唱一等奖。刊载刊用和发布信访工作新闻、消息、通讯、诗歌等文稿15篇。

（宁 力）

·政策研究·

【概况】 2015年，与州委办公室共同完成重大调研课题《甘孜州采取特殊举措精准解决贫困问题的七大领域》。全年共完成7个专题调研《甘孜州群众工作常态化研究》《藏区乡村治理重要载体研究》《甘孜高原藏区农村公路养护状况调查报告》《对民族地区适应经济新常态的探索》《预防乡（镇）一级损害群众切身利益的机制研究》《探索推进甘孜州立体化社会治安防控体系建设》《生态立州与甘孜气象》，并以《调查与决策（内参）》（共6期）报分管领导参阅。

【期刊编发】 做好《调查与决策》（季刊）和《领导干部调研文集（2014年卷）》的编辑发行工作。《调查与决策》（季刊）共出刊4期，收集编辑全州各类调研文章90余篇，共发行1600余册；《领导干部调研文集（2014年卷）》收集整理全州各级领导调研文章和理论文章82篇，发行800余册。

【全面深化改革工作】 编制《甘孜改革专报》20期，被省委改革办采用4期。研究制定印发《中共甘孜州委重要改革举措实施规划（2014—2020年）》《2015年改革工作台账》。研究制定出台《关于创新扶贫项目建设管理机制的实施意见》《关于深入实施“圣洁甘孜”区域公共品牌战略的意见》《农牧民参与工程项目建设和管护暂行办法》和《关于深入推进牧业改革加快发展现代草原畜牧业的意见》4项改革方案。国资国企改革方面，基本完成州国资公司改革重组、州中小企业融资担保公司与州惠民担保公司改革重组。社会事业改革方面，出台《甘孜州2015年卫生改革工作方案》，修订印发《甘孜州分级诊疗制度建设实施方案（试行）》，制定《甘孜州县域内义务教育学校教师校长交流轮岗实施办法》和《甘孜州有线广播电视网络经营机构中机关事业人员安置和身份转换实施方案》。社会体制改革方面，研究制定印发《甘孜州深化司法体制和社会治理体制改革实施方案》。生态文明体制改革方面，研究制定出台《甘孜州大气污染防治行动计划实施细则》和《甘孜州环境污染防治改革总体实施方案》。纪检体制改革方面，制定出台《甘孜州纪律检查体制改革推进方案》《甘孜州统筹联动省驻州单位纪检工作实施办法》《甘孜州县（市）党委、政府和州级部门主要负责人向州纪委全委会述责述廉实施细则（试行）》《甘孜州州直部门内设机构和直属单位主要负责人向州纪委派驻机构述责述廉办法（试行）》

《甘孜州县（市）纪委书记、副书记提名考察办法（试行）》《甘孜州纪委派驻纪检组组长、副组长提名考察办法（试行）》《甘孜州州管企业纪委书记、副书记提名考察办法（试行）》。党的建设制度改革方面，制定出台《州委深化党的建设制度改革工作方案》和《改革完善体制机制大力促进大学生创新创业的实施方案》。落实4个改革试点示范工作：启动理塘县居住证制度改革试点工作，完成登记录入流动人口信息6156人，办理临时居住证274人。启动全州分级诊疗改革试点工作，完成相关宣传，双向转诊协议签订，畅通分级诊疗绿色通道。启动全州教育信息化改革试点工作（教育部确立的教育装备综合改革试点区、教育厅确立的全省教育信息化改革试点州）。启动泸定、炉霍、乡城3个县关于开展县（市）纪委书记向州纪委报告同级党委常委班子成员履行党风廉政建设职责试点工作。制定印发《甘孜州全面深化改革工作考核实施办法》，落实通报制度。9—11月，深入19个县（市、局），对已出台专项改革方案和重点改革任务落实情况进行督促检查。采取交叉巡回检查的方式，完成2015年改革工作台账督察督办任务。

（杨　佳）

·党史研究·

【编撰出版《中共甘孜州执政实录》（2014年卷）】　按照州委和省委党史研究室的安排部署，2015年启动《中共甘孜州执政实录》（2014年卷）的编撰工作，一是成立编撰领导小组，制定工作方案，落实经费和人员；二是加强县级党史部门编撰执政实录的督促和指导。为保证全州各地执政实录的顺利推进，9月初，在康定举办一期全州党史负责人业务培训；三是加强资料的收集整理。召开会议研究执政实录的推进情况，研究编撰工作中出现的问题，提出修改意见。11月，完成《中共甘孜州执政实录》（2014年卷）的编撰出版工作。该书共4章，约300万字。

【启动编撰《情满康巴——甘孜州群众工作全覆盖三年工作纪实》工作】　2012年6月，中共甘孜州委十届三次全会作出举全州之力推进群众工作全覆盖的决定，2015年7月，群众工作全覆盖基本结束转为常态工作。为详细准确记录3年来甘孜州群众工作全覆盖取得的成绩，于2015年启动《情满康巴——甘孜州群众工作全覆盖三年工作纪实》一书的编撰工作。2015年，联合州地志办共收集整理约600万字左右的文字资料、1000余幅图片资料和相关的影视资料。完成约21万字的初稿。

【完成《图说长征（红四方面军）》（甘孜卷）征编任务】　根据中央、省委党史研究室的要求，及时召开动员会进行安排部署，由各县党史研究室主任参加培训，安排布署任务，并就征编工作提出要求，共收集图片资料600余张，2015年年底已完成征编任务上报省委党史研究室。

（杨剑锋）

·老干部工作·

【概况】　2015年，以受中组部表彰的炉霍县离退休干部党支部、受省上表彰的石渠县西区老干部党支部、新龙县离退休干部第一党支部、州委老干部局、邛崃干休所、巴塘、乡城、泸定县委老干部局8个先进集体和11名先进个人为标杆，激励全州老干部和老干部工作队伍“学先进、比先进、赶先进”，争创一流工作业绩。印发各类学习资料800余册。组织学习中央、省委藏区工作会及省委书记王东明甘孜调研重要指示精神。组织开展“三严三实”专题学习研讨活动。相继在厅级退休老领导、驻干休所离休干部以及州级部门成都、温江、康定、泸定联络站县级退休干部中开展学习宣讲活动7场次，邀请州民族干部学校高级讲师黄虎彪为厅级离退休老干部作专题讲座一场。全年继续推行和加强甘孜州“支部+协会”的基层组织建设模式，通过建立健全组织体系，强化服务功能，推进制度创新，有力推动各级离退休干部党组织建设。在康定、泸定、成都、双流、温江5个老干部联络站，均建立离退休党支部，各选配一名党建指导员，分别选好配齐3～5名党支部班子成员。召开2015年甘孜州关心下一代工作会议。组织康定、泸定等县关工委到西昌考察学习街道社区关工委组织建设。共有50多位“五老”志愿者与近100名寺庙清退青少年开展“一对一，一对二”的结对关爱活动。清退入学巩固率达90%。举办甘孜州特殊群体青少年（寺庙清退、孤儿、留守儿童等）夏令营活动。共落实帮扶对象36人，解决发放帮扶金10.9万余元。全年对州级部门800多名县级退休干部的体检工作进行资金安排，集中组织15名离休干部、厅级干部的体检工作。对州级80多个部门离退休干部的体检工作进行检查。组织开展3场次老年病防治治疗、老年人饮食健康讲座。为关心老干部的心理健康和养生保健，全年编辑养生保健知识为重点的《保健知识手册》4期，印制4000册。编辑《静美的晚霞（二）》，印制1500册。

【全面落实老干部的政治生活待遇】 年内投入20万元对州级机关老干部活动中心进行维修改造，增设阅览室、更新电脑、电视等设备，接入互联网，充分利用网络有效组织老干部在各种媒体上宣传老干部工作，传递正能量。利用老干部夏季回州休养组织召开理论宣讲、政策宣讲会议，通报老干部工作情况。召开联络站总结会议，通报工作，交流工作经验。3月，组织州级机关老干部150余人赴雅安踏青赏花；4月、12月，分别组织开展省内外分散休养离休干部走访慰问工作，共走访慰问离休干部131人；6月，组织住干休所老干部赴都江堰开展为期一周的健康疗养活动；7月，组织召开地厅级干部全州经济社会发展情况半年通报会；8月，办理王志恭等3名离休干部提高副省级医疗报销待遇的政策落实；9月，组织开展抗战时期离休干部颁发纪念章、发放慰问金活动。参与省老干部局《抗战记忆》编辑工作，投稿9篇；10月，组织地厅级老干部赴青岛、大连外出参观考察；要求州级部门在体检经费划拨时汇总老干部健康体检工作情况并组织厅级老干部在成都开展了集中体检；11月，组织召开“甘孜州‘十三五’规划编制征求老干部意见座谈会”“中央、省委藏区工作会暨省委书记王东明在甘孜调研重要指示精神离退休干部宣讲会”两个重要会议等。春节期间州委、州政府领导带队走访慰问康定、泸定、成都及周边地区和4个干休所的老干部，把党的关心和温暖送到老干部心坎上。5—9月，深入18个县和州级15个重点单位检查全州老干部待遇落实的督查指导工作，督促各县、州级部门纠正工资待遇、医疗待遇落实问题10余件次。12月，下发甘老发〔2015〕14号《关于调整我州建国初期参加革命工作的部分退休干部门诊医疗照顾管理办法的通知》。3次派工作组赴成都、雅安等市人力资源局了解掌握企业离休干部生活待遇的落实，发现问题3件及时给予解决。全年办结老干部来信来访20件（人）次，办结率100%。

【个性化服务工作】 5月、10月、12月分三批次走访离休干部160余人次，给予特殊困难帮扶4人，离休干部遗属帮扶13人。10月19日，举办雅安干休所建所30周年庆祝活动，回顾离休老干部的革命历程和州委、州政府多年来对离休老干部的关心照顾，共同畅想祖国美好的明天。组织州内书法家、画家3人，到雅安干休所为老干部写字、作画20余幅。

【组织引导老干部发挥作用】 2015年，在州级机关离退休干部驻成都、温江、双流、泸定、康定联络站中开展“牵手贫困学子、圆其求学之梦”捐资助学活动。近300名老干部慷慨捐资，为德格县马尼干戈镇2015年考上大中专院校的18名贫困生筹集3万余元助学金。组织老干部参与《雪域回声——甘孜州老干部回忆录续集》《漫步夕阳——老干部随笔》的撰写活动，共收集老干部征文120余件，经过编辑委员会审定，《雪域回声——甘孜州老干部回忆录续集》采用66篇，共25万余字，《漫步夕阳——老干部随笔》采用34篇，共3万余字。两本读本均已成功出版，《雪域回声——甘孜州老干部回忆录续集》首印3000本、《漫步夕阳——老干部随笔》首印1300本，社会反响良好。2015年，全面启动《南下干部在甘孜州岁月》（暂定名）的编撰工作。面积360平方米、设备齐全的泸定老干部活动中心，9月底正式挂牌运行，州委常委、州人民政府常务副州长陈忠义，泸定县委书记陈廷全等州县领导参加挂牌仪式。组织州老年书画协会开展纪念抗战胜利70周年和红军长征过甘孜80周年书画展，在康定市，甘孜、炉霍等县布展。

（邓　知）

·党校工作·

【概况】　全年举办各类培训班次24个、培训各级干部2215人次，先后邀请州长益西达瓦等州委领导5人次作专题辅导报告；应邀深入泸定县、州纪委等20余个州县机关、企事业单位开展专题辅导20场次，听众达1500余人；积极选派教师参加州委宣讲团深入炉霍、石渠、稻城等9县开展专题宣讲活动9场次，听众人数达1800余人。完成科研文章53篇，申报省委党校一般调研课题立项4个，设立校级课题立项8个，完成《康巴论坛》3期、《调研与咨询》4期。累计选派送培20人次，其中参加中央党校1人、省委党校10人次、“双百”人才在省藏研所挂职1人、驻村干部2人次、学术交流6人次，实现在职教师轮训率达30%以上；申报“康巴英才”人才7名，评为全州高端人才1名、中端人才3名、基层人才3名，兑现“康巴英才”专项奖励金共计7.2万元；调整充实行政科、教学科室正副科长11个职位，其中科室正职2人、副职9人。继续加大全州党校系统19个藏区项目建设收尾工作，累计争取实现由省级财政纳入预算内解决10个县级党校和州委党校项目基本建设投资计划，拨款到位2092万元；全面完成新建学员楼内部装修，投入130万元完成学校输变电改造工程和打造廉政文化建设。坚持群众工作常态化，强力推进精准扶贫；坚持高标准严要求，扎实推进领导班子思想政治建设暨“三严三实”专题教育工作。

【60周年校庆活动】　10月28—29日，成功举办西南地区市州党校教学协作研讨暨建校60周年庆祝大会。受州委书记刘成鸣委托，州委副书记、纪委书记汪洋出席会议并发表重要讲话，州委常委、组织部长、党校校长赵波致辞，受省委党校常务副校长李新委托，省政协地联委副主任、省委党校原常务副校长刘毅宣读贺词，离退休老领导代表和校友代表分别发言。渝、甘、青、滇、黔和川内27所市州党校，州级有关部门，省社科院领导，离退休老领导老同志代表，校友代表，全州县委党校，教职工180余人参加庆祝大会。举办西南地区市州党校教学联盟青年教师教学竞赛会，来自渝、甘、青、滇、黔、川六省市27个市州党校及24名参赛青年教师和四川省委党校参会，评选出一等奖3名、二等奖6名、三等奖15名。一并举行“四川藏区发展与治理研究中心”揭牌仪式、县级党校座谈会，编印《中共甘孜州委党校志（1955—2015）》《继往开来，铸造辉煌—图文集（中共甘孜州委党校1955—2015）》。

（张雪梅）

དཀར་མཛེས་ཁུལ་དམངས་ཆེན་རྒྱུན་ལས་ཁང་།
甘孜州人大常委会

·概述·

2015年，州人大常委会按照总结、继承、完善、提高的原则，对县乡人大工作和建设开展专题调研，主任会议组成人员带队深入基层，实地了解县乡人大工作和建设情况，形成调研成果。常委会党组成员常年深入甘孜州边远农牧区和重点寺庙，研究新情况、发现新矛盾、解决新问题，为维护全州社会稳定做出贡献。常委会主任会议成员到各县开展治藏方略宣讲活动，加大对外交往与工作交流力度。组织各县人大常委会、州级有关部门负责同志，赴省外兄弟民族地区学习考察民族立法、民族文化产业、宗教管理事务和民族团结进步事业等方面的新鲜经验和成功做法。常委会机关开展“精准扶贫·人大代表在行动”主题实践活动，及时选派3名党员到高海拔地方担任村支部第一书记。常委会坚持党管干部原则与人大依法行使选举任免权有机统一，全年共召开6次常委会会议、10次主任会议；共组织4个批次15人次拟提请任命人员的任前法律知识考试，任命“一府两院”工作人员44人次，及时有效地落实州委的各项决定和工作部署。机关深入开展学法用法机关创建活动，被省依法治省领导小组办公室、省司法厅命名为“四川省学法用法示范机关”。

·重要会议·

【甘孜藏族自治州第十一届人民代表大会第四次会议】 甘孜藏族自治州第十一届人民代表大会第四次会议于2015年1月23日至25日在康定召开，会期3天。会议审查和批准州人民政府工作报告、计划报告、财政报告、州人大常委会工作报告、州中级人民法院工作报告、州人民检察院工作报告、《甘孜藏族自治州藏族语言文字条例（草案）》。

【常委会会议】 2月9日，州十一届人大常委会举行第二十三次会议。会议表决通过甘孜州第十一届人大常委会第二十三次会议议程（草案），书面印发传达四川省第十二届人大常委会第三次会议精神，开展新《预算法》专题讲座，表决通过《甘孜藏族自治州第十一届人民代表大会常务委员会代表资格审查委员会关于甘孜州第十一届人民代表大会个别代表的代表资格的审查报告》和州人民政府提请审议的任职议案。

4月24日，州十一届人大常委会举行第二十四次会议。会议表决通过甘孜州第十一届人大常委会第二十四次会议议程（草案），书面印发传达四川省第十二届人大常委会第十五次会议精神。听取州人民政府关于人民调解工作情况的报告、关于《未成年人保护法》贯彻实施情况的报告、关于甘孜州2013

年度州级预算执行情况和其他财政收支审计处理结果情况的报告，审议《甘孜藏族自治州集体人工商品林采伐运输管理条例（草案)》，表决通过州中级人民法院提请审议的任免职议案。

6月26日，州十一届人大常委会举行第二十五次会议。会议表决通过甘孜州第十一届人大常委会第二十五次会议议程（草案），书面印发传达四川省第十二届人大常委会第十六次会议精神。听取和审议州人民政府关于《甘孜藏族自治州城镇市容和环境卫生条例（草案)》情况说明、关于《甘孜藏族自治州民族团结进步条例（草案)》情况说明、关于《甘孜藏族自治州气象条例（草案)》情况说明。听取州人大常委会农工委关于《甘孜藏族自治州集体人工商品林管理条例（草案)》的审查意见、州人大常委会教科文卫工委关于《甘孜藏族自治州实施〈四川省人口与计划生育条例〉变通规定（草案)》暂缓修正的报告和州人民政府关于体育工作情况的报告。表决通过州人民政府提请审议的任职议案和州中级人民法院提请审议的任免职议案。

8月21日，州十一届人大常委会举行第二十六次会议。会议表决通过甘孜州第十一届人大常委会第二十六次会议议程（草案），书面印发传达四川省第十二届人大常委会第十七次会议精神。听取州人民政府关于2015年1—6月国民经济和社会发展计划执行情况的报告、关于甘孜州2014年财政决算草案和2015年1—6月财政预算执行情况的报告、关于2015年地方政府债券转贷资金及置换债券安排情况预算调整方案的报告、关于2014年度州级财政预算执行和其他财政收支的审计工作情况的报告、关于深化公安执法规范化建设工作情况的报告、关于推进旅游全域化情况的报告、关于推进农牧业现代化情况的报告、关于全州文化工作情况的报告。听取州中级人民法院关于司法公开工作情况的报告、州人民检察院关于检务公开工作情况的报告。审议州人大常委会城环工委关于《甘孜藏族自治州实施〈四川省城乡环境综合治理条例〉的补充规定》（草案）的审查意见的报告。审议、表决通过州人大常委会预算工作委员会关于甘孜州2014年度财政决算的审查结果报告和关于《甘孜藏族自治州人民政府2015年地方政府债券转贷资金及置换债券安排情况及预算调整方案》的审查报告。听取州人大常委会民宗外事工作委员会《甘孜藏族自治州民族团结进步条例》（草案）审查意见的报告和《甘孜藏族自治州实施〈四川省城乡环境综合治理条例〉的补充规定（草案)》的说明。表决通过州人民检察院提请审议的任职议案。

10月29日，州十一届人大常委会举行第二十七次会议。会议表决通过甘孜州第十一届人大常委会第二十七次会议议程（草案），书面传达四川省第十二届人大常委会第十八次会议精神。听取州人民政府关于政府性债务情况报告，关于天主教、基督教、伊斯兰教依法管理工作情况的报告，对《州人大常委会关于全州科技和知识产权工作情况报告的审议意见》落实情况的报告，关于甘眉工业园区投资建设和经营管理情况报告和关于州十一届人大四次会议代表建议、批评和意见办理情况的报告。听取州人大常委会人事代表工作委员会关于州十一届人大四次会议代表建议、批评和意见处理情况的报告，州人大常委会城环委关于《甘孜藏族自治州实施〈四川省城乡环境综合治理条例〉的补充规定（草案)》（二审）的审查报告，州人大常委会农工委关于《甘孜藏族自治州气象条例（草案)》（二审）的审查报告和州人大法制委关于《甘孜藏族自治州人大常委会立法程序规定（草案)》的说明。表决通过州人民政府提请审议的任免职议案和州中级人民法院提请审议的任职议案。

12月24日，州十一届人大常委会举行第二十八次会议。会议表决通过甘孜州第十一届人大常委会第二十八次会议议程（草案)，书面印发传达四川省第十二届人大常委会第十九次会议精神。决定州十一届人大五次会议时间，州十一届人大五次会议审议通过筹备工作的情况报告，《甘孜藏族自治州第十一届人民代表大会第五次会议议程(草案)》的议案，《甘孜藏族自治州第十一届人民代表大会第五次会议日程（草案)》的议案。会议听取州人民政府关于“十三五”规划编制情况的报告、州人民政府关于提请审议2015年地方政府债务限额的说明、州人民政关于2015年第二批地方政府债券转贷资金及第三批置换债券安排情况和预算调整方案的报告、州人民政府关于州本级2015年预算调整方案的报告；州人民政府关于2015年预算调整方案的报告；州人民政府关于2015年国民经济和社会发展部分指标调整方案的报告；听取《甘孜藏族自治州人民代表大会常务委员会工作报告（草案)》《甘孜藏族自治州人民代表大会常务委员会2016年工作要点（草案)》《甘孜藏族自治州第十一届人民代表大会第五次会议主席团和秘书长名单（草案)》《甘孜藏族自治州第十一届人民代表大会第五次会议主席团常务主席名单（草案)》《甘孜藏族自治州第十一届人民代表大会第五次会议主席团执行主席分组名单（草案)》《甘孜藏族自治州第十一届人民代表大会第五次会议副秘书长名单(草案)》《甘孜藏族自治州第十一届人民代表大会第五次会议列席人员名单（草案)》的说明。听取关于《甘孜藏族自治州实施〈四川省城乡环境综合治理条例〉的补充规定（草案)》、关于《甘孜藏族自治州民族团结进步条例（草案)》、关于《甘孜藏族自治州立法程序规定（草案)》、关于《甘孜藏族自治州集体人工商品林管理条例（草案)》、《甘孜藏族自治州气象条例（草案)》的审查结果报告和《甘孜藏族自治州草原管理条例(修改案)》的说明。

·立法监督·

【立法工作】 2015年，州人大常委会制订《甘孜藏族自治州立法程序规定》，采取实地调研、外出考察学习、组织开展立法研讨会、建立州内立法专家咨询库、邀请专家讲座等办法，努力提升民族自治立法水平，立改废释并举，立法成为常委会工作的“重头戏”。开展《甘孜藏族自治州民族团结进步条例》制定工作，这是四川省民族地区第一个促进民族团结进步方面的立法项目，常委会先后10多次组织力量对《条例》（草案）进行研究讨论，反复修改，在《甘孜日报》、州人民政府门户网站上登载，广泛征求社会各界意见，学习借鉴兄弟民族地区的成功做法和经验，严肃认真地进行三次会议审议。启动《甘孜藏族自治州实施〈四川省城乡环境综合治理条例〉的补充规定》的立法工作。制定《甘孜藏族自治州气象条例》。制定《甘孜藏族自治州集体人工商品林管理条例》，修订《甘孜藏族自治州草原管理条例》。配合省人大常委会来甘孜州开展《四川省〈中华人民共和国村民委员会组织法〉实施办法（修订草案)》、《关于修改〈四川省村民委员会选举条例〉的决定（草案)》和《四川省教育督导条例》的立法调研工作，同时完成《四川省〈中华人民共和国农业技术推广法〉实施办法(修订草案)》《中华人民共和国国家安全法(草案)》《中华人民共和国境外非政府组织管理法（草案)》和《中华人民共和国大气污染防治法（修订草案)》等征求意见工作，结合甘孜州实际对上述草案提出修改意见。开展《甘孜藏族自治州土地管理条例》前期立法调研工作。颁布《甘孜藏族自治州藏族语言文字条例》。

【监督工作】 全年，共听取审议“一府两院”18项工作报告，检查4部法律法规实施情况，开展27次专题调研活动。7月至9

月，常委会深入部分县（市）开展政府性债务专题调研工作，对长期以来政府累积各类债务进行调查摸底，分投向、分类别、分资金来源对债务情况进行全面翔实的了解，针对举债不规范、债务问题突出、隐性债务规模偏大等问题，提出“完善政府债务管理制度，推进科学化管理；认真贯彻相关法律法规，坚持依法举债；努力化解存量债务，积极防范债务风险”等要求。常委会高度重视“十三五”规划编制工作，及时将征集的130余条建议反馈州“十三五”规划领导小组。配合省人大财经委完成“十三五”规划纲要编制相关工作调研。组织康定等6个县（市）和州级部门有关负责同志进行安全知识集中培训和考试。协助省人大常委会来甘孜州开展《安全生产法》和《四川省安全生产条例》执法检查工作。开展审议意见和专题询问问题落实情况“回头看”活动。常委会对有关藏传佛教事务条例、全州科技和知识产权工作方面的两个审议意见办理情况进行“回访”，督促相关部门抓好落实。加强预算决算审查监督。促进增收节支37232万元，挽回和避免损失18305万元。2015年已将州级除涉密外的所有部门的预算提交人代会审查。常委会及时审查和批准州人民政府预算变动和债券资金安排使用方案。

常委会对州内8个县人民调解工作情况进行实地调研，听取和审议州人民政府相关工作报告。对州内天主教、基督教、伊斯兰教情况进行调研，促进依法管理工作。深入到州内8个县，实地调查了解体育工作的开展情况。7月，常委会对全州开展文化工作情况实地调研，听取和审议州人民政府关于文化工作的情况报告。对全州农牧业现代化发展情况进行专题调研，听取和审议工作报告，对全域旅游推进情况开展调研，听取和审议相关工作报告。针对存在的问题，提出“改善基础设施，提升接待能力；拓展旅游产业，实现融合联动；围绕扶贫攻坚，发展乡村旅游；坚持依法治旅，提升管理水平”等建议意见。

常委会在2012年对全州水电移民安置工作进行专题调研的基础上，再次组织有关部门赴大渡河、雅砻江流域实地调查移民安置工作进展情况，走访移民群众广泛听取意见建议，提出“进一步加强组织领导、落实先移民后建设原则、探索完善符合甘孜州实际的移民政策、积极培育后续产业、继续做好过渡移民工作、狠抓工程建设外部环境治理、妥善解决小水电遗留问题、高度重视环境保护”等对策建议。

·代表工作·

【人大代表培训和调研】 2015年先后邀请30多名代表列席常委会会议；邀请部分代表参与预算草案、计划草案初步审查。健全向代表通报常委会、专门委员会和工作委员会重要工作情况制度，就有关工作征询代表意见建议。“一府两院”密切与州人大代表的联系，积极回应代表和群众的关切。常委会先后组织州人大代表分3个视察组开展集中视察活动，7名常委会领导分别带队，2名全国人大代表、8名省人大代表、115名州县（市）人大代表参加视察，18个县（市）人大常委会主任、副主任参加交叉视察，形成《关于康定市饮用水水源地保护情况的视察报告》《关于石渠、德格、白玉三县农村饮水安全工程集中视察的情况报告》《关于推进义务教育均衡发展和广电工作的视察报告》等3份内容翔实的视察报告。10月，组织部分全国、省人大代表到泸定、丹巴、道孚、雅江、稻城五县和海螺沟、亚丁景区管理局就我州全域旅游推进情况进行专题调研，就相关工作提出对策和建议。在北京全国人大会议中心举办为期5天的州十一届人大代表专题培训班，州人大代表、州县人大机关干部共122人参加培训。

【人大代表联系群众工作】 州十一届人大四次会议上，州人大代表共提出建议意见134件。其中，119件交由州政府办理，15件交由州委相关部门办理。8月底，所有建议已全部办理并答复代表，一批代表和群众关心、关注的问题得到解决，由“答复满意”向“落实满意”转变。全州各级人大代表积极开展寺庙僧尼联系活动，14000余名代表联系寺庙488座，结对僧尼万余名。常委会向州人大代表发放履职登记表、群众工作广覆盖笔记、联系选区选民工作笔记，人大代表联系群众工作更加广泛深入。全州2名全国人大代表、26名省人大代表、280余名州人大代表联系结对贫困户1000余户，凝聚起了扶贫攻坚工作的强大合力。

（杨　旭）

S216、217线理亚路兔儿山段

དཀར་མཛེས་ཁུལ་མི་དམངས་སྲིད་གཞུང་།
甘孜州人民政府

·重要政务·

【概况】 2015年，甘孜州人民政府坚持“统筹联动、稳中求进、加快发展”总基调，以推进“1+8”政府重点工作为总抓手，主动适应新要求、积极引领新常态，着力在调结构、促改革、惠民生中稳增长，在稳增长、调结构、促改革中惠民生，积极应对经济下行压力、防范化解各种风险，实施一系列打基础、利长远工作措施，推动全州经济社会持续健康发展。全州地区生产总值（GDP）达到213.04亿元，比上年增长5.1%。其中，第一产业增加值54.41亿元，增长3.9%；第二产业增加值75.79亿元，增长4.7%；第三产业增加值82.84亿元，增长6.0%。全社会固定资产投资预计完成420亿元。

【持续推进基础设施建设】 交通在建重点项目16个、完成投资108亿元；电力围绕建设全州一张网和“送得出、用得上、点得亮”目标，完成投资22.27亿元，全州18个县（市）、325个乡（镇）接入国家电网，全州彻底告别“无电乡”历史；争取水利项目投资14.22亿元，投入7亿多元建成“十二五”规划外农村安全饮水工程1595处，解决49.60万人饮水不完全问题。以“互联网+”为核心，加快推进“数字甘孜”“智慧甘孜”工程，制定实施通信建设三年攻坚方案，完成投资2.49亿元，全州通信覆盖率达95%。细化落实《2015年全省十项民生工程及20件民生大事实施方案》《2015藏区六大民生工程计划“1+6”工作方案》，安排十项民生工程项目资金43.96亿元、20件民生大事项目资金21.39亿元、藏区六大民生工程计划项目资金31.57亿元，实施民生工程项目181项。出台跨时间、跨行业、跨区域“三跨”整合办法，全面清理“十二五”期存量资金和政府性投资项目，清理未开工项目230个、竣工未决算项目2718个、存量资金11.2亿元。

【推进灾后恢复重建项目和援建项目建设】 全力实施《康定“11·22”地震灾后恢复重建规划实施方案》，推广项目代建制，392个重建项目开工386个、完工118个，完成投资16.8亿元，累计开工率98.21%、完工率30.1%。8个集中安置点建设有序推进。得荣“8·28”“8·31”地震灾后恢复重建投资2.8亿元，全面完成农房维修加固，新建农村居民住房521户、完工445户；芦山“4·20”地震灾后重建项目基本竣工。协助制定并组织实施2014—2015年广东对口支援甘孜州计划，安排对口支援资金3.69亿元，规划的7大类77个项目已开工46个、竣工13个。省内“7+20”对口支援累计达成协议援建项目438个，累计到位资金13.48亿元。

【抓产业调结构】 实施全域旅游统领经济社

会发展战略，全年预计进州游客达到1050万人次，旅游综合收入达到104亿元，分别同比增长31%、30%。两河口、长河坝等大型水电站加快建设，黄金坪电站已投产2台机组；与4家企业签订37.39万千瓦参股协议。开工建设矿产资源开发加工重点项目7个，新增探明矿藏66万吨，原矿生产能力达827万吨。打造“一圈一带一走廊”产业布局，扶持和发展农产品龙头企业58家、各类农民合作组织904个，初步形成十大特色农产品全面发展格局，全年农牧业产业增加值预计达53.59亿元。《亚丁之魂》等10余个文化项目列入国家藏羌彝文化产业走廊项目，加快阿西土陶、郎卡杰唐卡等手工艺产品提档升级，启动白玉河坡金属手工艺产品、德格雕版印刷等文化旅游产品开发营销工作，多次组织参加全国性文化产品推荐会、博览会，成功举办首届环贡嘎山百公里挑战赛。羌根含片、纽玛颗粒已通过QS认证，俄色茶获得四川省著名商标，色达金马饮片厂通过GMP生产线认证。组建甘孜州“互联网+”行动中心，建立“互联网+”协调推进机制，统筹推进“互联网+”行动计划。出台《“飞机+”产业发展行动方案（2015—2016年）》，康定与稻城亚丁“高高原”机场实现互飞、国内航线增至12条，甘孜格萨尔机场获国家发改委批复。

【“圣洁甘孜”品牌战略】 出台“圣洁甘孜”区域公用品牌“一意见四方案一办法”，安排专项经费1000万元，实施“圣洁甘孜”品牌战略，建立起统一风格、统一宣传、统一监管的运行机制。“圣洁甘孜”区域公用商标申请已获国家工商总局受理，全州已确立首批“圣洁甘孜”区域商标企业名单，在省内外建成“圣洁甘孜”品牌店11个、营销专柜5个，20余家州内企业与销售专柜签订长期供货协议，200余种名优特产品入驻专柜。

【惠民生工程】 改造城镇危旧房棚户区2784户、建成藏区新居7448户，启动4556套干部职工周转房建设。开工建设义务教育学校教学用房20997平方米、农村义务教育学校食堂7556平方米，建成村通达、村通畅公路5700余公里、安装路侧护栏270余公里，建设标准化卫生院60所。解决3.29万人饮水不安全、2.54万人用电难、5万余人出行难、15万人就医难等问题。全面实行“三免一补”、解决高海拔地区11.74名学生取暖问题。全面打响包虫病综合防治攻坚战，对187462名群众进行包虫病病情调查，免费药物治疗13668人次，完成包虫病区打井150口及配套设施建设任务。为24770名困难家庭老人和80周岁以上老龄老人提供居家养老服务，5720名城乡残疾人实现居家灵活就业，扶持1359名农村贫困残疾人发展生产，为12870名重度残疾人发放护理补贴，为7200名智力、精神残疾人发放居家托养补助，为160名残疾人家庭实施无障碍改造，慈善关爱救助1823人次、发放资金及物资200余万元。建成10个县（市）残疾人服务中心，实施“智慧量服”工程，28249名残疾人进网入库，为24421名残疾人制定212381项次的需求计划。医疗、养老、工作、生育、失业保险“五险”参保达到160万人次，城乡低保参保28.42万人。

建立“甘孜州启航创业孵化基地”，设立就业创业扶持资金、创业担保基金、农村劳动力转移输出风险保障金，制定一次性创业补贴措施，鼓励支持创业带动就业，推动政府引导与社会共建的创业就业促进体系建设。2015年，全州实现城镇新增就业6929人，城镇登记失业率控制在4.15%以内。出台《促进大学生创新创业的实施方案》，建立支持农民工返乡创业工作联席会议制度，开展“大众创业、万众创新”活动周活动，设立高校毕业生见习基地70个，创业培训1200余人次，帮助542名在校大学生和高校毕业生创业就业。

【扶贫攻坚精准化】 围绕1679个贫困村、244865名贫困人口如期全面脱贫的总目标，启动“十三五”扶贫规划编制，出台“3＋10”扶贫攻坚工作方案，建立精准扶贫长效工作机制。扎实开展贫困人口建档立卡数据复核工作，以“六个精准”确保“五个一批”攻坚计划精准实施，以“五大扶贫工程”为核心，全力推动扶贫开发。全年，投入资金7.96亿元，启动实施42个整村推进工程、12个藏区连片开发项目、10个“两资”民族新村和50个产业扶贫项目，实施“两资”“四小”工程61个、以工代赈千桥工程38座、溜索改桥项目10座、彝家新寨21个，1.1万人实施异地扶贫搬迁，完成扶贫对象减贫任务3.4万人。2015年，城镇居民人均可支配收入25047元，同比增长9%；农村居民人均可支配收入8443元，增长15%。

【防风险、促发展、保稳定】 出台《关于加强全州依法行政工作的意见》，修订《重大行政决策规则》，开展行政许可项目目录清理、编制、公布工作，州、县两级分别保留行政许可事项238项、192项，做到清单以内“必须为”、清单以外“不可为”，将权力关进“笼子”。建成政务服务和公共资源服务中心，印发《甘孜州公共资源进场交易目录（第一批）》，出台《甘孜州公共资源进场交易操作规程（试行）》，电子监控系统和异地远程电子评标两大系统上线运行，全面实行“一窗受理、一站审批”投资审批，截至年底，政务服务平台共受理行政审批等事项3483件，办结3481件，现场办结率98.54%；交易服务平台共受理项目526个，实际交易项目476个，节约资金10.04亿元，节资率19%。全面启动“三证合一、一照一码”登记制度改革，发布《市场主体信用信息公示管理办法》，推进市场主体诚信体系建设、打造信用监管新模式。全年，全州新增市场主体6504户，同比增长257.17%。出台《大力加强生态文明建设意见》，完成《甘孜州主体功能区建设试点示范方案》《甘孜州生态文明建设规划》《甘孜州生态保护条例（草案）》编制工作，成功创建省级生态乡镇2个、州级生态村285个、生态家园870个。启动并完成重点生态功能区、生态环境敏感区和脆弱区等区域红线划定工作。实施农村环境连片整治项目28个。甘（孜）眉（山）工业园区自2012年成立以来，招商引资到位资金16.92亿元。加强与成都、雅安、攀枝花等地的对接，不断探索区域合作新领域，成功与成都市签订成（都）甘（孜）工业园区合作协议。召开以“团结奋进·携手奔康”为主题的川滇藏青交界地藏区市（州）长第一次联席会议，参加“川货全国行”“惠民购物全川行动”和中外知名企业四川行、广博会、广交会、厦洽会等活动，签约项目5个、总投资56.8亿元，贸易成交额3.2亿元，签订订单近2亿元。推进违法改拼装大中型货运车专项整治，拆卸整改7296辆违法改拼装货车。修订《藏传佛教僧尼管理办法》等6个管理办法，出台《藏传佛教学术交流活动管理办法》等制度规定，化解省交办社会矛盾和信访突出问题68个，41件信访积案难案全部化解，来信、来访同比分别下降41%、30%。

·重要会议·

【十一届州人民政府全体会议】 7月31日，十一届州人民政府召开第七次全体会议，深入贯彻落实省委十届六次全委会和省政府第六次全体会会议精神，总结上半年政府工作，安排部署下半年重点工作。州委副书记、州政府州长益西达瓦主持会议并讲话，州委常委、州政府常务副州长陈忠义通报上半年全州经济运行和民生工程进展情况。

12月14日，十一届州人民政府召开第八次全体会议，学习贯彻中央十八届五中全会和省委十届七次全会精神，总结2015年工作，科学谋划2016年和“十三五”政府工作。

【州政府常务会议】 2015年，十一届州政府常务会议共召开八次。

1月26日，召开十一届州人民政府第22次常务会议。会议审议《甘孜藏族自治州人民政府2015年度规范性文件制定计划（草案）》《关于实施普通高中免费教育计划财政补助的请示》《关于农村土地确权补助资金的请示》《关于州级预算单位存量资金清理处理的请示》，研究了二郎山隧道管理处移交甘孜州管理相关事宜。

3月18日，召开十一届州人民政府第23次常务会，传达全国“两会”精神，审议“11·22”康定地震灾后恢复重建有关材料，研究部署州政府近期工作。

4月29日，召开十一届州人民政府第24次常务会，听取甘孜州2015年第一季度经济运行情况和省政府办公厅“四个通知”贯彻意见起草情况、甘孜州“互联网+”实施意见起草情况，研究部署州政府近期工作。

5月30日，召开十一届州人民政府第25次常务会，听取康定“11·22”地震灾后恢复重建工作推进情况、赴广东考察对接对口支援工作情况、十一届州人民政府后半届重点工作和重点项目专项督查情况汇报，研究近期防汛和地质灾害防治等工作。

6月18日，召开十一届州人民政府第26次常务会议，研究提高城乡低保补助水平、全州乡（镇）司法助理员招考和州医院招聘计划，以及2015年度现代农牧业产业发展项目等工作。

7月30日，召开十一届州人民政府第27次常务会议，审议《关于跨时间跨行业跨区域盘活存量资金完成年度投资任务的通知》《甘孜州干部职工周转房建设方案》《甘孜州市场主体信用信息公示管理办法（草案）》《甘孜州施行〈四川省城乡环境综合治理条例〉补充规定》《关于妥善解决2.5万千瓦以下小水电遗留问题的意见》《川西北生态文明先行示范区建设方案（2016—2020）（甘孜部分）》《甘孜州企业投资政府核准目录（2015年本）》《甘孜州2015—2016年“互联网+”智慧甘孜工作重点方案》《康定“11·22”地震灾后恢复重建资金分配方案》等工作。

9月1日，召开十一届州人民政府第28次常务会议。会议审议《关于推进企业通过多层次资本市场直接融资工作的意见》《甘孜藏族自治州城乡居民基本医疗保险暂行办法（草案）》等事宜。

10月18日，召开十一届州政府第29次常务会议。会议传达学习10月11日至14日省委书记王东明在甘孜州调研时的重要指示精神，审议《甘孜州“十三五”时期经济社会发展基本思路》《甘孜州扶贫攻坚十个专项方案》《甘孜州包虫病综合防治攻坚战总体方案（2016—2020）》等。

（州政府办）

·法制工作·

【概况】 2015年，修订《州政府常务会学法制度》，从学法时间、次数、内容及辅导人员、材料编印等方面对原有制度进行修订。组织开展《甘孜藏族自治州集体人工商品林采伐运输管理条例》《甘孜藏族自治州施行〈四川省城乡环境综合治理条例〉的补充规定》《甘孜藏族自治州民族团结进步条例》《甘孜藏族自治州气象条例》4部单行条例的起草、调研、征求意见、合法性审查、议案报送等立法前期工作。组织相关部门完成《四川省草种管理办法》《四川教育督导条例》《四川省〈中华人民共和国农业技术推广法〉实施办法》《四川省〈中华人民共和国农业技术推广法〉实施办法》等10余件法规规章草案的征求意见工作，提出意见建议10余条。通过政府门户网站“依法行政”专栏宣传依法行政方面知识和各县（市）、州级各部门好的经验和做法，全年共上载83条信息。形成依法行政工作方面信息、简报42期（条），其中国务院法制办网站采用2条，省政府法制信息网采用2条，《四川依法行政》专刊采用4条，《甘孜日报》刊载9条。编制《2014年度规范性文件汇编》，收集州政府及其办公室

2014年度制定的规范性文件、各县（市）和州政府各部门备案审查通过的规范性文件及规范性文件后评估报告。

【依法行政】 3月，州政府召开州、县、乡三级依法行政工作电视电话会议，对年度依法行政工作进行全面部署。州政府出台《关于加强全州依法行政工作的意见》，从切实提升依法行政意识和能力等八个方面对全州各级政府及其部门依法行政工作提出具体要求。起草《2015年甘孜州依法行政责任书》，明确年度推进依法行政工作的目标任务、工作重点、责任主体和完成时限。州政府与18个县（市）政府和州政府32个部门，18个县（市）政府与325个乡镇、443个县（市）政府部门签订《2015年依法行政责任书》，落实依法行政责任制。甘孜州4个州级部门、13个县级部门、9个（乡）镇政府、国税地税系统15个部门等共计41个单位被确定为依法治理示范创建单位。印发《甘孜州依法行政示范创建活动方案》和《进一步推进依法行政示范创建活动的通知》。

【行政审批制度改革】 开展行政许可项目目录清理，完成行政许可项目目录编制。州、县（市）政府通过清理对接，公布本级行政许可项目目录清单。州级目录中保留的行政许可事项238项，除省上公布的市（州）行政许可项目230项外，新增甘孜州单行条例规定的州级行政许可事项8项，涉及28个部门。各县（市）行政许可项目均为192项，包括省上公布的县（市）行政许可项目182项，新增的甘孜州单行条例规定的县级行政许可事项10项。对2015年度州政府（办公室）制定的12件规范性文件进行合法性审查，均未新设行政许可事项。全面清理州级部门非行政许可审批事项，取消非行政许可审批事项1项，其余4项依据相关规定调整为政府内部审批事项。中心政务服务平台共受理行政审批事项、公共服务事项及其他事项3483件，办结3481件，现场办结率为98.54%，办理提速达96.9%。全州325个乡镇挂牌成立乡镇便民服务中心。

【行政权力清单制定】 代州委办公室、州政府办公室起草《关于进一步建立健全行政权力清单制度的实施方案的通知》，州政府依法行政领导小组办公室下发《关于进一步清理优化行政权力事项的通知》，组织开展州本级行权部门的行政权力事项清理工作，编制州级行政权力项目目录，并向社会进行公布，34个州级行权部门共有十类行政权力6259项，其中：行政许可（审批）238项、行政处罚5191项、行政征收53项、行政强制207项、行政确认72项、行政裁决4项、行政给付10项、行政检查130项、行政奖励56项、其他行政权力298项。

【立法工作】 组织学习《四川省重大行政决策程序规定》《四川省行政决策合法性审查规定》。修订《甘孜藏族自治州重大行政决策规则》《甘孜藏族自治州重大行政决策合法性审查规定》。对《雅康高速建设税费征管方案》《甘孜州政府系统集群网站建设设备项目采购合同》等50余项州政府重大行政决策事项进行合法性审查，对《甘孜藏族自治州药品零售监督管理办法》《甘孜藏族自治州城乡居民基本医疗保险暂行办法》《甘孜藏族自治州治理政府性投资项目挂靠转包及违法分包行为实施办法（试行）》3件州政府规范性文件开展后评估，14个县（市）政府对14件重大行政决策事项进行后评估。制定《州政府2015年度规范性文件制定计划》《〈甘孜藏族自治州矿产资源管理条例〉等8个单行条例行政执法裁量权标准规定》《甘孜州水电开发劳务就业管理办法（试行）》《甘孜州未成年入寺人员清退入学安置办法》《甘孜州州级行政许可项目目录》等12个规范性文件。每季度对各县（市）、州级部门规范性文件制定、报备、备审情况进行通报，全年共对县（市）、州级部门前三季度制发的6000余份文件进行筛查，对其中19件规范性文件进行备案审查，备案审查通过11件，其余8件因合法性（形式要件不齐备）存在问题未通过，责令自行修改。组织全州开展两年一次规范性文件清理工作，全州共对267件规范性文件进行清理，经清理：州政府及其办公室继续有效规范性文件81件、拟修改10件、废止16件、失效3件；州级部门继续有效规范性文件14件、废止2件；县级政府继续有效规范性文件91件、拟修改11件、废止11件、失效8件；县级部门继续有效规范性文件18件、废止1件、失效1件。

【行政执法监督】 制定《甘孜州2015年行政执法和行政执法监督工作实施方案》，对全州12个单行条例中行政执法裁量权进行清理，对《甘孜藏族自治州矿产资源管理条例》等8个单行条例中涉及的48项行政执法裁量权作细化并公布标准。全年共对3件部门重大行政执法案件进行备案审查，对执法案卷作了评查，出具3份备案审查意见书，评出3卷良好案卷。组织全州1042名执法机关工作人员进行行政执法资格通用法律知识培训考试，将3495名行政执法人员基本信息在中国甘孜网上进行公示。建立《甘孜藏族自治州行政执法与刑事司法衔接工作联席会议制度》《甘孜藏族自治州行政执法案件备案审查通报制度》《甘孜藏族自治州行政执法与刑事司法衔接案件咨询制度》《甘孜藏族自治州行政执法机关移送涉嫌犯罪案件制度》4项管理制度。与州审计局联合印发《关于开展〈四川省内部审计条例〉执行情况监督检查的通知》，汇总分析上报全州的执行情况。利用《甘孜日报》、州政府门户网公开向社会征集州政府及其部门在推进依法行政和行政执法中存在的问题。对涉及28个部门、人民群众和社会各方面普遍关心、反映强烈的58件突出问题，在《甘孜日报》和中国甘孜网等媒体上进行公示，接受群众监督，责令相关部门制定整改方案，限期整改。各县（市）对涉及的300个部门、543件突出问题集中进行整改。组成检查组对州级重点部门整改情况进行检查督促。

【行政复议应诉调解】 设立州政府行政复议委员会，制定《甘孜州人民政府行政复议委员会工作规则》等六项工作制度。收到行政复议申请9件，受理7件，审结6件（其中州政府收到行政复议申请2件，受理1件，办结1件，办结率100%）。州县（市）两级政府出庭应诉行政案件3件，均为县级，行政负责人出庭应诉3件，出庭应诉率为100%。州法院审结县级政府行政应诉案件3件，县级政府败诉案件1件，败诉率为33.33%。牵头参与甘孜格萨尔机场建设、甘孜打金滩村土地争议纠纷等重大事项的协调处理。全州受理行政调解98件，依法调解89件，调解成功率90.82%，挽回经济损失1270万元。

【法律服务】 组织对全州18个县（市）政府、州政府32个工作部门及海螺沟、亚丁景区管理局建立法律顾问制度情况进行摸底调查。对未建立法律顾问制度的州、县（市）、乡（镇）三级政府及其部门提出明确要求。年末，16个县（市）政府、16个州政府部门、103个乡镇建立并落实政府法律顾问制度。修订《甘孜州政府法律顾问工作规则》，将政府法律顾问工作贯穿行政决策全过程，使政府法律顾问在更大范围、更深层次发挥作用。州政府法律顾问参与《甘孜州水电开发劳务就业管理办法（试行）》《甘孜州农民工工资保证金和欠薪应急周转金制度》《高海拔宇宙线观测站暨亚丁高海拔宇宙线科学中心合作共建协议》《四川省甘孜藏族自治州国信证券股份有限公司资本市场全面战略合作框架协议（征求意见稿）》等40余件涉法文件和涉法事务的法律论证工作，提出法律意见建议300余条。

（州政府法制办）

·外事和侨台事务·

【概况】 2015年，州外事侨台办牢牢把握州委、州政府“统筹联动、稳中求进、加快发展”的工作基调，更加自觉地强化涉外管理，更加深入地扩大对外交往，切实加强自身建设，解放思想，为推进甘孜藏区经济发展和社会稳定做出积极贡献。坚持从国际人道主义出发，积极协调州、县相关部门救助在甘孜县发生高原反应的日本游客；指导泸定县妥善处置印尼籍游客与当地村民车辆擦剐事件，妥善处置美籍华人与当地村民争吵斗殴事件；协调处理台湾游客在稻城县高原反应意外死亡事件。

【对外交往】 4月21日至25日，成功承办“法国企业中国甘孜行”活动。应甘孜州邀请，法国ATM山地设计公司、户托比亚营地公司、户玩仕旅游公司、波马嘉仕其索道公司和UCPA户外运动中心联盟等知名法国企业和萨瓦勃朗峰大学代表共20余人到州参加“甘孜州与法国企业合作项目交流会”，并赴康定、海螺沟等地考察，法国驻成都总领事馆魏雅树总领事等领馆人员随团来州参观访问。活动期间，康定市与波马嘉仕其（北京）索道有限责任公司就老城环城三山观光载客索道和折多山载客索道项目建设进行商讨。海螺沟景区管理局与ATM山地设计公司和其中国合作伙伴中华户外网就冰川红石滑雪场建设、三号营地森林木屋以及雅家埂帐篷酒店等项目进行商讨，签订《海螺沟户外运动总体规划方案合同》。萨瓦勃朗峰大学与四川民族学院初步议定建立师生常态化交流项目，互派学生了解彼此文化，互派教师访问、管理人员交流实习等事项。

4月27日至28日，成功接待美国驻成都总领事馆副领事姚家文、傅大伟和中方雇员于兰一行三人赴稻城县参访。姚家文一行对美国公民到亚丁旅游时如遇地震及突发事件的应急措施、救援服务等情况作了详细了解，对甘孜州为保护美国公民领事安全所做的努力表示感谢，希望甘孜州与美国驻成都总领事馆就领事保护加强联系，搞好协调配合，建立良好合作关系。

7月28日至30日，首次组织邀请美国、新加坡、德国、澳大利亚、法国、泰国等国驻成都领事馆总领事及官员代表到康定、丹巴、道孚等市（县）参观访问，进一步展示甘孜藏区经济社会发展变化，扩大对外交流合作。州委副书记、州政府州长益西达瓦在丹巴会见考察团一行，双方就下一步加强交流合作进行友好会谈。此次活动受到社会各界和各类媒体广泛关注，省委藏区办对活动给予高度评价并上报中央统战部，《四川日报》、省政府网站等对活动进行了刊载宣传。

2月8日至10日，成功接待香港驻成都经济贸易办事处马志明副主任一行到甘孜州参访，并与州外事、旅游、商务等部门洽谈交流合作事项。

组织党政干部3批17人次前往山地旅游发达的法国和瑞士，交流学习山地旅游资源开发、基础设施建设和生态环境保护等方面的经验和做法，并商讨交流合作事项。

【涉藏外宣】 组织州歌舞团代表国家前往韩国参加“透过舞蹈看亚洲”活动，代表四川省前往瑞士、德国和列支敦士登举办“新春慰问华人华侨”演出，前往美国、加拿大参加“文化中国·锦绣四川·藏区新貌”活动，通过藏区发展成就展览、藏族歌舞巡演和藏文化讲座等，积极向海外侨胞和国际友人宣传甘孜藏区的发展变化和党的民族、侨务政策，增进海外主流社会对甘孜藏区历史和现状的了解，把一个真实的、和谐的、发展的、各族人民安居乐业的社会主义新甘孜介绍给世界。组织开展“法国企业甘孜行”“海外侨界杰出青年藏区行”“国务院侨办海外专家咨询委员藏区行”“中国侨联海外律师团藏区行”“世界越柬寮华人联合会代表团藏区行”

等活动，邀请国侨办海外专家咨询委员、中国侨联海外律师代表和世界越柬寮华人社团联合会代表共200余人次到甘孜州参访，考察经济社会发展、民生改善和民族宗教文化保护等情况，见证甘孜藏区60多年来取得的巨大成就和翻天覆地的变化，改变一些国家的传媒和民众对藏区片面甚至歪曲的理解和认识，为藏区经济社会发展营造良好的国际氛围。

【为侨服务工作】 2015年，春节和藏历新年期间，联合州藏胞办走访慰问贫困归侨侨眷、回国定居侨胞和滞留侨胞共130户，发放慰问金10.4万元。在理塘县和雅江县组织开展医疗义诊暨侨法宣传活动，对侨眷侨属、回国定居藏胞和农牧民群众进行免费健康体检和医疗义诊，发放总价值7.5万元的高血压、糖尿病、包虫病等药品和疾病防治宣传资料。加强与全州归侨侨眷的沟通联络，切实为他们搞好服务，依法解决利益诉求，维护合法权益。

【助力社会事业】 争取省侨联关心支持，通过四川省华侨公益基金会面向广大海外侨胞和归侨侨眷募集资金，在甘孜州实施“爱心包”公益项目，将总价值20余万元的600套保暖御寒衣物发放到州儿童福利院、色达县和甘孜县的贫困学生手中。组织丹巴县于7月5日至6日参加四川省华侨公益基金会在成都举办的“侨爱绣工艺　亲情中华　川针引线　旗袍上的藏羌彝”公益活动，以旗袍为载体，对甘孜州藏族刺绣工艺进行展示和宣传，支持农牧民妇女实现居家灵活就业创收。省侨联帮助争取到5万元资金，支持藏绣产业发展。实施《落实“4·20”地震台胞捐款援建项目工作责任书》，抓好泸定县德威乡海子村渠系建设、危房改造、产业扶持等项目和得妥乡发旺小学重建工程项目管理工作，确保台湾同胞的捐助用到群众最需要的地方。年末，2个项目已基本完工，即将投入使用。争取台湾同胞爱心捐赠项目，将康定市木雅祖庆学校、泸定县沈村小学、贡嘎山片区寄宿制小学、发旺村幼儿园和道孚县色卡乡中心校建设等5所学校列入“11·22”地震灾后恢复重建项目，争取1700余万元的资金支持。争取台湾爱心人士彭荫刚先生向泸定县贫困学生和石渠县洛须镇幼儿园分别捐赠助学金1.5万元和3万元，争取英籍台胞董淑贞女士向泸定县贫困学生捐赠助学金3.5万元，捐资10万元为泸定县德威乡海子村安装太阳能路灯。

（张莉娟）

·人事工作·

【概况】 2015年，甘孜州人事工作认真落实州委、州政府的决策部署，坚持围绕中心、服务大局，服务基层、服务群众，沉着应对复杂形势，勇于担当推进改革，全面完成各项工作目标任务，为甘孜州经济和社会事业发展提供有力支撑。

【人才队伍建设】 考察、审核、办理政府机关科级以下干部职务任免338人，依法提请政府任免66人，办理州级单位辞职2人、辞退3人、开除公职1人、调动96人。共清理出超职数配置165人，考录乡镇公务员133名（其中：83名来自基层服务组织人员、10名来自2012届“9+3”应届毕业生、40名来自“9+3”退役士兵）、考录人民警察48名；完成138名特警、35名普警的考录工作。全年公开招聘教师787名，其中考核招聘教师293名、考试招聘494名；公开招聘卫生专业技术人员388名，其中考核招聘233名、考试招聘155名；公开招聘其他事业单位工作人员707名，其中考核招聘200名、考试招聘507名。完成公开考试招聘定向培养人员338名，其中定向培养专科类紧缺专业人才243名，定向培养成人教育本科类紧缺专业人才95名。新招募“三支一扶”12人、特岗教师152人，招聘公路养护工185人。全年受理申办各类资格证书849本，审批聘用人员980余人。引进培养专业技术人员4808人，完成年初任务数的155.1%；完成第四批藏区“双百人才”培养工程24人选派任务。大力实施“百千万康巴英才工程”，抓好专业技术人才和技能型人才评选工作，共评选出高端专业技术人才32名、中端专业技术人才300名、中端技能型人才20人、基层基础专业技术人才1000名、优秀基层基础技能型人才160人。成功申报博士后创新实践基地1个。选拔推荐各类专家23名参加国家和省级专家评选，其中获得第十二批四川省有突出贡献的优秀专家称号4名，获得第十一批四川省学术和技术带头人后备人选3名。完成机关事业单位工人技术等级考核工作，涉及2687人、46个工种。

【干部人事制度改革】 继续推进公务员竞争上岗和公开遴选工作，提高竞争性选拔的规范化水平，全年共组织33个州级部门开展公开遴选工作，考调职位53个。积极推进事业单位依法依规管理，完善公开招聘和岗位管理制度，强化聘用管理。以提高干部能力素质为重点，有针对性地开展培训工作，全年累计培训各类干部20206人次。完成军转干部安置任务。全年共组织各类考试21次，参考人数达3.8万人次。

【工资收入分配制度改革】 完成1323名高层次人才2014年工作经费和502名提前退休人员“四项”待遇审批工作；完成机关事业单位74224人的基本工资标准调整和增加离退休人员离退休费审批工作；完成2015年高海拔地区折算工龄补贴工作，涉及54224人；严格执行奖惩政策，完成州本级2884人年终一次性奖金的审批工作，对被提请逮捕的3人、取保候审的1人、降级的1人分别执行提请逮捕、取保候审和降级期间的工资待遇；做好乡镇补贴政策兑现的前期准备工作；严把退休政策关，审批到龄退休及病退524人；配合教育部门兑现农村教师补助，涉及7128人；对全州月最低工资标准和非全日制用工小时最低工资标准进行适当调整。落实企业工资分配宏观调控政策，明确甘孜州2015年企业工资指导线。

（金　珠）

·地方志工作·

【概况】 2015年，中共甘孜州委、州政府进一步加强对地方志工作的重视和支持力度，以州委、州政府办公室下发《关于进一步加强全州地方志工作的意见》。州地方志办指导州级部门和各县完成《甘孜州年鉴（2015卷）》条目的编写，完成《四川年鉴》甘孜州资料的收集、编纂、上报。召开《石渠县年鉴（2014卷）》评鉴研讨会。启动甘孜州藏文志书出版试点工作。甘孜州德格县被首批列入全省民族语言出版志书试点县之一，该县地方志办计划用两年时间完成《德格县志》首志、《德格县志（1989—2005）》合订本的翻译出版。省地方志志办和甘孜州地方志办分别为德格县下拨补助经费5万元、2万元。完成部分《甘孜州志》和《甘孜州年鉴（2013）》资料上传甘孜州地情网工作，完成《甘孜州图鉴》图片上传100余张。赠阅志书年鉴1200余本，交换志书年鉴100余本。利用志书年鉴资料服务社会公众，接待州内外资料查阅70余人次，资料利用100余册。完成《甘孜州地方志事业发展规划（2016—2020年）》编制工作草案。完成《甘孜州实录》2015年第1～3期出版发行。完成《情满甘孜——群众工作系列丛书》州地志办负责部分的资料收集、篇目设置和总纂。

【地方志成果丰硕】 7月，《甘孜州年鉴（2014卷）》《甘孜州图鉴（2014卷）》《甘孜州情知识问答》相继出版，印数各1000册，向州委、州人大、州政府、州政协领导和年鉴各承编单位赠书1800余册。《甘孜州年鉴》

(2014卷）全面、系统地记载了2013年甘孜州政治、经济、文化、社会发展情况，全书共40万字左右，收录图片36张，设29个类目。《甘孜州图鉴》（2014卷）辑录了2013年全州在社会、政治、经济、文化诸多方面的人物活动情况以及自然风光。《甘孜州情知识问答》将全州地情信息按自然、地理、政治、经济、文化、社会、民族、宗教、旅游等9个类别进行分类编写，并以千道问答题的形式言简意赅地呈献给读者，将蕴藏在厚重志书中的地情知识"简化""小化""活化"，方便广大读者尤其是广大青少年朋友阅读记忆，从而激发大家热爱家乡、宣传家乡、建设家乡的热情。

【启动新一轮地情书籍开发】 4月20日，甘孜州地方志办启动新一轮地情书籍开发工作，由资料宣传科和综合科牵头，其他科室配合，采取本土与外聘相结合的方式，着手开始《康巴旧志》《西征骁将尹昌衡》《刘文辉在西康》三部书籍的编撰工作，计划用两年时间完成编写、审查、出版任务。

【省地方志工作组到甘孜州调研】 10月18—23日，四川省地方志办党组成员、机关党委书记王孝平一行工作组到甘孜州调研指导地方志工作。其间，工作组一行采取召开座谈会、听取工作汇报、查阅工作资料等方式，听取州地方志办、康定市地方志办、巴塘县地方志办工作汇报，深入康定市、巴塘县实地考察。州地方志办党组书记、主任刘启蓉陪同调研。

（泽朗初）

·档案工作·

【概况】 2015年，甘孜州档案行政管理部门机构共19个，档案馆共19个，档案室1026个。全州馆藏档案1873个全宗816748卷、1222783件，录音、录像、磁盘、光盘631盘，照片23520张，实物档案4143件；资料116846册。其中州档案馆馆藏档案206个全宗187661卷、390328件；中华人民共和国成立前5895卷、1031件档案；中华人民共和国成立后档案181766卷、389298件；中文资料23379册，藏文印板资料1005轧。全州各级档案馆室基础业务得到加强。理塘县档案馆获国家二级档案馆殊荣。全州基本完成机关档案室档案工作规范化管理升级或复查工作。规范整理馆藏档案3万余卷，资料1万余册；启动档案鉴定工作，州档案馆解密馆藏档案主要是中华人民共和国成立前档案1.46万余卷，中华人民共和国成立后解密、降密工作仅在州馆重点全宗开展。全年重点指导省、州重大建设项目28个，督查10个。全州共1100多人参加省、州、县各类培训，州档案局党务干部参加全省、全州培训班6次；组织开展全州第三届档案技能大比武竞赛活动，198人参加；州档案局举办档案工作培训班7期，各县市举办5期。甘孜州档案局获四川省档案局档案工作目标考评先进单位、全省档案信息工作先进单位和全省档案文化建设先进单位称号，被四川省档案局评为"建立藏区县级档案馆建设综合协调机制创新奖"。

【规划研究】 2015年，围绕全州发展战略和中心工作，全面开展"十二五"期全州档案事业发展情况调研总结和"十三五"规划编制工作，形成《甘孜州"十三五"档案事业发展规划》。开展《发展民居接待推进大众创业万众创新》《甘孜州国家综合档案馆"五位一体"功能建设研究》《甘孜州专项民生档案规范管理研究》《德格印经院古印版档案申报"世界记忆"名录可行性研究》等研究工作。全州档案部门加强灾后重建项目档案工作规范化管理专项研究工作，州档案局研究制发精准扶贫工作档案管理办法，及时跟进服务全面小康社会建设。与州住建局共同调研草拟甘孜州贯彻落实《四川省城乡建设档案管理实施办法》的实施细则，提交州政府研究。

【档案法治建设】 2015年，州档案局首次建立法律顾问制度，聘请四川支点律师事务所韩小丽律师为常年法律顾问，参与单位重要决策、法律事务等活动，强化行政行为的合法性审查，确保依法决策；州委编办批复设立档案监督指导科，加强依法行政和规范行政权力运行；集中开展档案法制宣传教育活动5场，发放档案法制宣传手册、“爱国守法感恩团结”等宣传资料5000册，州、县（市）档案部门发放《中国世界记忆遗产》和《中国档案文献名录》（其中甘孜州4件）近千册，宣传挂图数幅，州、县（市）档案部门设置档案利用流动咨询服务站，提供档案利用咨询服务和档案知识宣传；贯彻落实国家档案局10号令和监察部、人社部、国家档案局30号令，加强对贯彻落实《规定》工作的组织领导；开展档案行政执法检查，印发开展档案执法检查的通知，全年对300多个基层单位开展执法检查，责成57个机关、企事业单位进行整改；完成行政执法人员证件报送年审工作；做好规范性文件备案工作，代州政府先后草拟贯彻落实《四川省城乡建设档案管理办法》实施细则和德格印经院印版档案申报“世界记忆名录”的通知等；主动争取人大、政协、政府法制办开展档案法规执法情况检查，向人大提交2015年档案执法工作建议；利用局域网和LED显示屏以及制作宣传标语等方式，营造法治甘孜建设舆论氛围；多次组织小分队深入到德格县错阿乡、中扎科乡和得荣县拉姆村、建英村和固顶寺开展群众工作及法治宣传活动。

【档案馆建设强力推进】 2015年，州委、州人民政府继续把县级档案馆建设列入全州重点工作。2009—2015年，州、县累计完成投资1亿元以上，甘孜州档案馆、泸定、理塘、丹巴、甘孜、石渠、雅江、康定、色达、道孚、稻城等县（市）档案馆先后建成投入使用；巴塘、乡城完成主体工程建设任务，炉霍完成地基工程，白玉、九龙、德格开工建设，完成“三通一平”等工作；得荣、新龙完成前期工作任务。

【档案业务指导】 2015年，与州发改委、州扶贫移民局、州文化体育和广播影视局等单位联合印发《关于加强灾后重建档案工作的通知》《关于加强精准扶贫档案工作的通知》等文件，及时规范专项档案管理。全年完成260个单位档案业务的指导工作，指导100个村开展村级建档工作。6次组成工作小组，分赴全州各县（市）、重大建设项目单位，开展涉及社保、群众工作等民生档案和重大建设项目档案以及新农村建议档案工作的督促检查和业务指导。

【档案接收征集】 2015年，全州档案部门重点拓展档案资源门类和开展特色档案征收集工作，在接收文书档案的同时，全面接收经济科技、文化遗产档案，会计档案，干部档案、人口普查档案、审计档案、城市建设档案等各部门业务档案，移民档案、拆迁档案、户籍档案、健康档案、婚姻登记档案、学籍档案、社会保障档案、房屋产权档案等民生档案，企业档案尤其是民营企业、外来投资企业档案；积极开展珍贵档案征集工作和档案寄存工作，康定市接收1件赵朴初书法作品。全州共接收11122卷、208962件档案，照片5451张，录音、光盘等42盘，征集历史档案123件，寄存2651件。

【档案数字化建设】 2015年，州档案馆完成馆藏民国康定县政府、党委政府等重要档案数字加工，实现案卷级和文件级著录242848条，州档案馆和康定、泸定、新龙、得荣、雅江、巴塘、稻城、甘孜等县市全年完成馆藏档案210万页数字加工任务。积极推动各县市已公开现行文件网上上载工作，为社会各界提供网上查阅利用红头文件平台，全州上挂6200多份各单位电子文件，近3000人上网查询。优化甘孜州档案局档案门户网站，强化业务咨询、网上查档、档案文化展示等功能。

【档案开放利用】 2015年，全州公布开放档案累计近25万卷，其中州档案馆近15万卷。州、县市档案部门依托档案资源开展网上查阅、来信来电查阅、来馆查阅等利用工作，向社会提供服务，全州共接待查阅利用档案15320人次，调档21255卷，其中州馆接待1196人次，调档8472卷。全年为近500人落实政策、享受待遇提供证明材料；在各行业发展规划以及工作查考等方面提供大量档案利用服务。

【企业档案工作】 印发《甘孜州〈企业文件材料归档范围和档案保管期限规定〉实施方案》的通知，州、县市档案部门完成州、县属国有企业《企业文件材料归档范围和档案保管期限规定》的编制指导和审定工作。

【档案文化建设和宣传工作】 编辑完成《康定龙门阵》《甘孜州档案馆藏文精选》等。州、县（市）档案馆与《甘孜日报》、地方党校、图书馆、文化馆等单位搭建资源共享平台州，共同宣传行业文化。州档案局与州委党校、四川民院等单位多次合作，宣传档案文化、党风廉政建设文化。州档案馆正式挂牌四川民族学院实习实训基地；在《甘孜日报》“甘孜州档案名录”，发布21期；编辑出版《甘孜州档案馆馆藏藏文档案书法鉴赏》《甘孜档案》第十四期、十五期；全年向一报两刊和《甘孜日报》采用稿件6篇；组织参加省局“中国梦·兰台情”演讲比赛和档案文化征文活动，征集发表稿件8件。“6·9”国际档案日宣传活动和抗战胜利70周年纪念活动，州档案局制作“档案在你身边”“历史回眸”“康藏曙光”“康巴档案荟萃”等6幅大型展板在广场展出；全州开展街头宣传活动19场次，发放宣传资料8000多份。举办档案展览共7场9550人参观。州档案馆全面建成开放爱国主义教育基地，1521人到基地接受教育；泸定县、理塘县档案馆建成开放，雅江县等档案馆研究形成爱教基地建设规划。制作《德格印经院印版档案》专题片（时长10分钟），宣传印版档案。完成《错阿乡发现高原群湖》宣传片外景拍摄，规划2016年推出《错阿乡温泉》《格萨尔圣地——错阿》宣传片；组织发动5户牧民群众开展民居接待。

（李友勇　苏开秀）

·政务服务和公共资源交易服务中心·

【概况】 甘孜藏族自治州政务服务和公共资源交易服务中心（以下简称中心）2014年9月设立，2015年3月正式运行。2015年，中心（含分中心）政务服务平台共办结行政审批事项、公共服务事项及其他事项95974件，现场办结率达98.5%，按时办结率99.96%，群众评议满意率100%，办理提速96.75%。中心受理交易项目616个，预算金额61.24亿元；实际交易成功项目602个，成交总额50.31亿元，节约资金10.93亿元，节资率18%；其中比选、勘察、设计、监理类项目98个，涉及预算金额19.78亿元，组织拍卖4场、成交金额355.03万元。

【服务基础】 2015年3月正式对外运行的综合服务平台拥有1个政务服务大厅、2个开标（拍卖）厅、8个评标（洽谈）室，中心场地功能和科技设施基本达到市（州）级平台标准化建设的要求。核定事业人员编制22个、领导职数1正2副。参照四川省政府政务服务和公共资源交易服务中心运行管理模式，内设办公室、政务平台和并联审批服务、交易受理、交易组织、交易评审、现场监督、信息技术、政府采购8个部（室）。3月完成报批“三定方案”。中心制定完善各项运行管理制度。严格落实政务服务首问责任制、限时办结制、责任追究制，修订《政务服务大厅日常管理制度》等规章，全力提升行政审批效能；按照公共资源交易“公开、公平、公正”的要求，从操作流程、交易规则、现场管理等环节入手，制定出台6项操作规程、6个管理办法、8个现场守则，编制6张交易流程图，力求项目进场交易“只有规定动作，没有自选动作”。

【政务服务水平】 协助制定《州级行政许可目录》并经州政府审定下发，将省上统一到市（州）的238项行政许可事项逐一分解到27个州级行政许可部门，全面实现行政审批事项的目录化管理。起草《甘孜州加快推进行政审批两集中两到位工作方案》并经州政府审定下发。督促19个州级行政许可部门新成立行政审批科，在中心政务服务大厅增设窗口、充实人员；探索建立事项集中、人员到位、授权充分的跟踪督查考核机制。起草《投资项目并联审批实施方案（2015年）》并经州政府审定下发。设立州商事制度改革“一窗受理，三证统发”窗口。2015年9月，协助州政府“一站式”审批工作组分赴东、南、北路3个片区，为500余个中央预算内投资项目开展并联审批服务。

【创新规范公共资源交易服务】 起草《甘孜州公共资源进场交易目录（第一批）》并经州政府审定下发。督促纳入《目录》的工程建设招投标、土地矿权招拍挂、国有产权出（转）让及政府采购等项目应进必进、集中交易、阳光操作。对进场交易项目实行“车间式流水作业”，部（室）之间在交易活动中既段段相连、环环相扣，又上段不清、下段不接，既互相监督、又互相协作，实现内部分权制衡，力求达到规范、高效、防腐的目的。将原有的封闭运行模式改为开放运行，出台《甘孜州公共资源进场交易操作规程（试行）》，分别制定《工作规范》；对参与交易各环节的中心工作人员、项目业主、中介代理机构、投标人实行“责任清单”管理，严格交易纪律，力求破解中介不中难题；规范运行电子监控和电子评标2个系统，最大程度规范评标专家自由裁量权；拟定出台《评标专家劳务费指导意见》，规范给付标准和方式。搭建“互联网+资源交易”平台，运行电子监控和异地远程电子评标两个系统，确保招投标从过程到结果实现公开、公平、公正、竞争、择优。与省中心对接，升级更新中心异地远程电子评标系统。督促采购人全面开展采购项目需求论证，配合采购人在签约、验收环节对质量和服务的把关，配合省、州财政部门推荐州内150余名评审专家进入省政府采购评标专家库，实现通用设备、医疗设备等类别的政府采购项目在本地开标评审，结束甘孜州政府采购项目只能在异地开标评审的历史。

（政务服务和公共资源交易服务中心）

资料链接：

“三证合一、一照一码”就是通过“一窗受理、互联互通、信息共享”，将原来由工商行政管理、质量技术监督、税务、公安五个部门分别核发不同证照，改为由工商行政管理部门核发加载法人和其他组织统一社会信用代码的营业执照，取得公章准刻。

·民族干部培训·

【概况】 2015年，甘孜藏族自治州行政学院挂有甘孜州民族干部学校、甘孜州社会主义学院、四川广播电视大学甘孜分校、甘孜州老年大学五块牌子。全年选送教师50人次参加省委党校、省行政学院、省国家公务员培训中心、省电大、州政府等部门组织的培训，教师能力素质得到提升。在“百千万康巴英才”评选活动中，1名教师被评为高端人才，5名教师被评为优秀中端人才，6名教师被评为优秀基层基础人才。1名教师在省网络舆情中心顶岗锻炼，5名优秀年轻干部脱颖而出，进入州委组织部后备人才库。1名教师考上西南民大2015级民族学博士研究生。获“甘孜州民族团结进步创建活动示范单位”荣誉称号。

【培训工作】 全年干部教育培训总量10660人次（其中：主体班次培训1620人次；成人函授教育培训4948人次；网络学院培训353人次；电大教育培训2154人次；老年大学培训200人次；开展大中专学历培训、创业培训、安全生产培训和机关事业单位公开招录考试的考前培训等社会培训1385人次）。同时学校充分发挥资源作用，协助州县部门做好业务培训、考试和会务工作，全年共接待各类培训42次、考试15次，人数达到9400余人次。

【科研工作】 编写、修订、出版学校第六版《申论》《行测》；编辑出版《民族干部》汉文版3期，藏文版1期，刊载相关领导、学校教师理论、调研文章。学校结合藏区实际，建设开通“藏语学习网”（http：//www.zangyuxuexi.com）。编辑出版甘孜州民族干部学校《校志》和《十年阳光》一书；修订完善并刊印学校《规章制度汇编》。

（赵　媛）

སྲིད་གྲོས་དཀར་མཛེས་ཁུལ་ཨུ་ཡོན་ལྷན་ཁང་།

政协甘孜州委员会

·全体委员会议·

【十二届四次会议】 2015年1月22日至24日，政协甘孜州十二届委员会第四次全体会议在康定召开。大会应到委员288人，实到委员231人，符合法定人数。会议对2014年全州工作给予高度评价。委员们认为，过去的一年，面对维稳形势复杂多变、经济下行压力巨大、自然灾害频发的严峻形势，中共甘孜州委、州人民政府冷静沉着应对，科学决策施政，团结带领全州各族人民深入贯彻落实中共十八大和十八届三中、四中全会精神，紧紧抓住发展、稳定、民生三件大事，确立科学发展、加快发展、底部突围主基调，举全州之力推进群众工作全覆盖，狠抓主动创稳，攻坚克难，拼搏实干，全面加强经济、政治、文化、社会和生态文明建设，美丽生态和谐幸福新甘孜建设取得重大进展，全州发展态势向好、民生持续改善、社会大局平稳、干部奋发有为、群众安居乐业。会议期间，委员们以饱满的政治热情和高度负责的态度，围绕事关全州统筹联动、稳中求进、加快发展的重大问题和各项任务，集思广益，提出了许多务实的意见和建议；围绕新时期政协工作如何开创新局面，发表许多很好的见解。州委书记胡昌升、州政协主席易凡在闭幕大会上作讲话。州人大常委会、州人民政府、州中级人民法院、州人民检察院领导和在康宝的省政协委员应邀出席大会。州委、州政府领导和州级部门负责同志参加分组讨论。

·常务委员会议·

【常务委员会议】 年内，州政协十二届委员会召开5次常务会议。

1月21日，十二届州政协委员会常务委员会召开第十四次会议第一次会议。州政协主席易凡主持会议。会议审议了十二届州政协四次会议议程（草案）、日程（草案）；十二届州政协第四次会议秘书长、副秘书长建议名单；审议通过十二届州政协四次会议分组及召集人建议方案；审议人事事项。州政协十二届委员会常务委员出席会议，不是十二届州政协常务委员会委员的各县政协主席及州政协各专委会负责人列席会议。

4月28—29日，州政协十二届常务委员会第十五次会议在康定召开，围绕“推进依法行政，建设法治政府”开展专题协商议政。州委副书记、州长益西达瓦莅临会议，州政协主席易凡，州委副书记、政法委书记向秋，州人大常委会副主任廖才坤，州政协副主席刘昌泽、范文华、甲登·洛绒向巴、周冬秀、蒋秀英、孙飞、杨学康，阿基布珠，秘书长刘勇出席会议。会上，益西达瓦州长从“用信仰的力量崇尚法治、用有力的举措建设法治政府、以清醒的头脑正视问题、以问题为导向推动落实”四个方面就州政府贯彻落实依法治州战略、推进法治政府建设情况作通报，同时通报考察德国瑞士山地旅游对甘孜旅游发展的启示。常委们和参会代表通过大会交流发言和分组讨论等方式，围绕“推进依法行政，建设法治政府”建诤言、献良策，提出科学理性意见49条。

7月30—31日，甘孜州政协召开十二届第十六次常委会议，集中围绕推进“三化”联动，促进产业发展进行协商讨论、议政建言。会上，张永德代表州人民政府通报了推进“三化”联动工作的有关情况。20位州政协常委、委员和相关部门围绕“三化”联动，促进产业发展作大会发言，会议还邀请基层农牧民群众代表列席，与会人员进行分组讨论。州政协主席易凡出席会议并作重要讲话。州委常委、宣传部部长相洛，州人大常委会常务副主任李致民，州政府副州长张永德受邀出席开幕大会。会议分别由州政协常务副主席刘昌泽、副主席范文华主持

10月12—13日，政协第十二届甘孜州委员会常务委员会第十七次会议在康定召开。州政协主席易凡出席会议并讲话。会议分别由州政协常务副主席刘昌泽，副主席甲登·洛绒向巴主持。会上，州委常委、州农工委主任杨凯，州政府副州长舒大春到会指导，并分别通报中共甘孜州委十届七次全委（扩大）会议精神和全州民生工程建设情况。会议还围绕“扶贫攻坚，抓好民生工程”进行交流发言和分组讨论。审议通过《关于全面贯彻认真落实州委十届七次全委（扩大）会议精神的决议》和《在政协委员中开展“发挥委员作用，助推扶贫攻坚”履职实践活动的倡议书》。

12月28—29日，州政协召开第十二届委员会常务委员会第十八次常委会。会议审议通过《关于召开政协甘孜藏族自治州第十二届委员会第五次会议的决定》，决定政协甘孜藏族自治州第十二届委员会第五次会议将于2016年1月12日召开，会期3天。州政协主席易凡出席会议并讲话。州政协副主席刘昌泽、范文华、周冬秀、蒋秀英、孙飞、杨学康，秘书长刘勇出席会议。州委常委、州总工会主席许春秀，州委常委、州政府副州长李兴文，州人大常委会副主任李致民出席会议。会上，叶茂康、甲错、杨思微等5位常委，康定、甘孜、理塘、道孚、得荣等县政协和州政协人资环委、提案委，以及州食品药品监督管理局等州级部门和单位，围绕“食品药品监管工作”分别作书面发言，并就此进行热烈的交流和讨论，提出富有建设性的意见和建议160余条。

·重要活动和提案信访·

【历次重要活动】 1月9日，应甘孜州法检两院的邀请，州政协主席易凡率近30名省、州、县三级政协委员视察“两院”工作并召开座谈会。州政协副主席范文华，秘书长刘勇；各界别委员代表；部分在康省政协委员、康定县政协委员参加视察活动。

3月30日，省政协副主席罗布江村率工作组，在州委书记胡昌升、州政协主席易凡陪同下，深入甘孜州康定、道孚、理塘、稻城县，考察调研康定“11·22”地震灾后重建、重点项目建设、旅游发展、电站移民安置等情况，开展省领导联系指导市（州）和基层工作。

4月9日，政协甘孜州委员会组织部分省、州、县三级政协委员，在州政协常委会议室召开政协委员民主评议州教育局工作动员会。

4月22日，全国政协民族和宗教委员会副主任白玛、全国政协委员民族和宗教委员会驻会副主任晓敏等工作组一行13人，深入石渠县对包虫病患病率最高的格蒙、呷依等乡（镇）进行调研。

5月5—8日，州政协经科委组织驻康定、泸定的经济、工商、科技、科协界委员和各县政协经科委主任在泸定进行联合培训。

5月6—8日，省政协副主席罗布江村率队赴甘孜州稻城县督查调研扶贫开发工作，州政协副主席杨学康陪同调研。调研组采取看、访、查、听等方式，实地查看稻城县傍河乡普牙村、色拉乡八美村、赤土乡只定二村和香格里拉镇拉木格村四个贫困村精准扶贫工作情况，走访贫困户15户、非贫困农户5户，了解贫困户生产生活情况、致贫原因、脱贫愿望等情况。查阅县移民局扶贫建档立卡、项目实施、资金安排、年度减贫任务落实等情况，重点检查贫困户是否按照民主评议、“两公示一公告”等程序识别，贫困村申报资料是否属实、干部驻村工作落实情况。

5月25—28日，全国政协常委、副秘书长、民盟中央副主席徐辉率民盟中央调研组，赴甘孜州稻城县就“破解资源与体制双重约束，促进旅游改革和创新发展”问题开展调研，州政协副主席洛绒曲批陪同调研。调研组与患者进行交流，详细了解包虫病对当地广大牧民群众生产、生活、健康造成的巨大危害。副州长何飚向调研组汇报甘孜州经济社会发展情况，包虫病防控工作情况及存在问题和困难。州政协副主席范文华提出希望将包虫病治理经费纳入国家财政预算，把包虫病防治纳入国家规划，作为重要的民生工程以及将石渠列入三江源保护区、石渠等县纳入和其他同类藏区县的经济待遇等建议。

6月4日，州政协经科委邀请发改、财政、经信、交通等21个部门负责人及部分经济界委员，围绕“十三五”规划编制召开对口协商会议。

6月8日，州政协副主席蒋秀英带领部分省、州政协委员、专委会特邀副主任、文史研究员一行12人组成调研组，采取实地查看、召开座谈会、走访群众代表等方式，深入到康定市、泸定县、州委党史办了解全州党史工作开展情况。

6月11—12日，省政协副主席罗布江村率省政协调研组莅临甘孜州开展专题调研，了解政协工作情况，总结好的经验做法，掌握存在的困难和问题，听取加强和改进新形势下政协工作的意见建议。

7月27日，由交通运输质量与安全监督、铁路经济规划、地质灾害防治及地质环境保护专家组成的全国政协考察团抵达甘孜州，就川藏大通道相关工作进行考察。考察团副团长、全国政协委员、第二炮兵原副司令员于际训，考察团副团长全国政协常委、副秘书长、民革中央副主席刘家强，考察团副团长、全国政协委员、中国铁路总公司原副总经理胡亚东参加考察。省政协副主席高烽，州委书记刘成鸣，州政协主席易凡，州委常委、州政府常务副州长陈忠义，州委常委、康定市委书记唐强陪同考察。抵达甘孜州后，考察团成员不辞辛劳，当即奔赴雅康高速二郎山隧道泸定段西洞口施工现场，听取奋战在一线的中铁十二局工作人员汇报工程进度，并针对在地应力极高地理环境中施工容易出现的岩爆、大变形等问题以及征地拆迁等工作，与施工人员进行沟通。

9月11日，州政协召开提案办理协商座谈会。州政协副主席杨学康，州政协副秘书长谢民、州政府办公室副主任陈应轩，州政协委员代表；州政协提案委、经科委相关领导，州人社局、州发改委负责人参加会议。

9月15—18日，全国政协教科文卫体委员会副主任陈小娅，全国政协常委、教科文卫体委员会副主任程津培率领全国政协委员及有关专家到甘孜州开展送科技下基层活动。省政协副主席陈放，省政协常委、科技委主任母世杰、省政协委员、科技委副主任、省科协副主席黄竞跃，州政协副主席周冬秀陪同。活动期间，活动组先后视察康定市新都桥藏文中学、第三中学和泸定县第一中学科技馆，举行送科技下基层启动仪式，并为其援建的科技馆、气象馆、青少年网络书屋授牌和捐赠科普书籍；在康定市第三中学、泸定县中学为学校师生举办“现代战争与尖端武器”专题讲座，开展科普宣传和科技咨询活动。在康定，活动组为州医院和康定市医院部分医护人员举办医疗培训讲座，并详细了解医院的软硬件建设、设备配置及医疗服务等相关情况。此外，活动组还考察甘孜州科普农业示范基地、康定市科普基地、康定市雅拉乡藏香猪生态养殖基地、泸定县黄草坪种植基地，实地进行农牧业和经济林木业技术咨询。

10月16—17日，省政协副主席罗布江村率民革四川省委、省旅游局、省人防办、省农行、省政协文史学习委和民宗委部分委员、特邀成员深入到稻城县傍河乡、桑堆镇开展精准扶贫工作考察。

10月22日，全省政协民族宗教工作交流会在康定召开。省政协副主席罗布江村出席会议并作重要讲话。省政协民宗委主任宋光齐出席会议，副主任李光玉主持。

11月3—11月6日，《四川政协报》总编周卓儒一行工作组深入甘孜州部分县（市）倾听政协委员心声，开展新闻采访和报刊征订发行工作调研。

11月18日，受州委第十三宣讲团团长委托，州政协副主席蒋秀英深入新龙县开展省委藏区工作会议、省委书记王东明在甘孜州调研时的重要讲话和指示精神学习宣传活动。

12月1—2日，州政协召开“政协委员怎样做实精准扶贫攻坚工作和委员履职尽责”专题培训会，南北片区14个县70余名政协委员参加培训会。州政协主席易凡及各位副主席出席会议，秘书长刘勇主持会议。

12月3日，全国政协委员、中国曲艺家协会主席、中国文艺志愿者协会主席、中华曲艺学会会长、中国艺术研究院硕士研究生导师、北京非物质文化遗产发展基金会形象大使、中国文学艺术基金会副理事长姜昆，率团到甘孜州开展援助学校音乐器材和图书活动。州政协副主席周冬秀，州政协副秘书长熊维权、州政协文教医卫专委会徐海波，以及泸定县政府、县政协分管领导，泸定县教育局负责人等，全程陪同姜昆一行在甘孜州的捐赠活动。

【提案信访工作】 全年，共提出提案190件，其中：全体会议期间提案183件，闭会期间提案7件。经审查，立案183件，并案处理7件。提案内容丰富，涉及经济建设、社会发展、民生改善、精准扶贫、社会管理等委员关注的热点难点问题。

·调研视察和对外交流·

【年内历次调研视察】 4月20—5月8日，由州政协副主席周冬秀带队，州政协文教医卫群团委组织部分政协委员分成三个工作小组，先后深入巴塘、甘孜、康定和泸定县，分别对州教育局下属单位康南高中、康北高中、州职校、康定中学和所在县部分小学、幼儿园开展调研。

5月9—23日，范文华副主席率州政协民族宗教委员会、州委统战部、州民宗委、州佛协负责人，部分县政协分管民族宗教工作的副主席和民族宗教界委员22人组成考察组赴雅江、理塘、新龙、德格、甘孜、炉霍六县就佛教界“五二三”学教活动进行考察。

6月中旬，由3名副主席分别组成调研组，共深入全州18个县54个乡（镇）村，采取州县联动、听看访议、实地了解方式，就乡村治理工作了解情况、倾听意见、收集建议。

7—10月，州政协副主席蒋秀英带领部分省、州、县政协委员21名组成评议工作组，先后到康定、泸定、炉霍、新龙等县（市），深入农牧区乡（镇）村，相关企事业单位，走访城乡居民，听取州县社保服务窗口意见，召开干部群众座谈大会，发放问卷调查表等形式，广泛收集机关、企业、事业、农牧民群众、城镇居民对全州社会保险工作的意见建议。

8月24日—9月7日，州政协副主席范文华率领州政协联系副秘书长、州政协民宗委、州发改、州民政、州国土、州财政、州住建、州水务、州交通运输局等部门负责人，康定市和得荣、白玉、石渠3个县政协分管领导组成的灾后恢复重建专题视察组，深入康定市和得荣县灾区恢复重建现场（白玉县、石渠县灾后恢复重建工作，委托两县政协开展，并上报视察报告），通过查、看、问和召开座谈会等方式，全面了解和掌握灾后恢复重建项目建设总体情况及建设中存在的困难，并赴雅安雨城区、汉源县学习考察灾后恢复重建的特色做法和宝贵经验。

9月21—23日，州政协组织部分州、县（市）政协委员和相关部门的负责同志，对全州干部执行力落实情况进行视察。视察组通过州、县（市）联动、实地视察、听取汇报、召开座谈会等形式，通过以点带面方式，集中对康定、泸定、丹巴3个县（市）进行进行了实地察看，形成《政协甘孜州委员会关于干部执行力落实情况的视察报告》。

【对外交流】 4月23—29日，州政协副主席甲登·洛绒向巴带领由州政协人资环委、康定、甘孜、理塘县政协分管负责同志、州及部分县食品药品监管局负责人组成的考察组赴华南地区对食品药品监管工作等进行考察学习。考察期间，听取广东、深圳、海口市食品药品监管部门现况分析、经验介绍和建议意见，实地考察参观乐百氏（广东）饮用水有限公司广州分公司、深圳市君尚百货有限公司、齐鲁制药（海南）有限公司、海口琳琅食品有限公司等并与企业负责人进行座谈、交流。通过听、看、问等多种学习考察方式，开阔了眼界，学到了经验，也感受到甘孜州与发达地区之间的差距和在实际工作中的困难和问题。

10月15—30日，州政协副主席孙飞组织带领由州政协经科委、州商务合作局、州工商联、州公积金管理中心负责人及康定、德格、石渠3个县（市）政协主席组成的考察组，赴新疆维吾尔自治区围绕民族地区民营经济发展及市场主体建设，开展为期15天的学习考察活动。考察组通过召开座谈会，参观企业，收集资料等方式，认真看，仔细听，用心记，并结合甘孜州实际进行认真讨论，基本达到了预期的目的。与此同时，全体考察组成员，通过赠送资料和宣传品，全方位介绍甘孜州经济社会发展的现状和发展愿景，积极主动与各地政协进行交流沟通，建立友好联系，为今后的合作打下了良好的基础。

10月17—26日，州政协副主席蒋秀英率领州政协文史委、办公室及州县政协领导、委员一行10人，先后赴广西桂林市、湖南张家界市、湘潭市学习考察。在两省三地政协的支持协助下，考察组重点对两省三地政协文史工作、民族文化在地区发展中的作用、非物质及自然文化遗产、民族地区经济发展等方面进行学习考察，交流文史工作开展情况。学习考察活动采取召开座谈会、听取讲解介绍、实地参观考察、查看资料等方式进行。通过为期10天的学习考察，考察组一致认为，广西、湖南民族地区历史文化底蕴深厚，经济社会发展迅速，民族经济发展特色突出，历史文化的保护与传承及开发利用成效明显，很多方面都值得认真学习借鉴。

（黄礼霞）

དཀར་མཛེས་ཁུལ་སྒྲིག་ཁྲིམས་ཞིབ་བཤེར་ལྷུ་ཡོན་ལྷན་ཁང་།

中共甘孜州纪律检查委员会

·概述·

2015年，厘清纪委监督责任，细化分解落实任务清单41项。清理退出州、县（市）纪委参与的议事协调机构915个，州、县（市）纪委平均保留13个。进一步清理规范纪委书记（纪检组长）分工兼职，把更多精力集中到监督执纪问责主业上。召开全州纪委书记、纪检组长落实纪委监督责任研讨座谈会，收集意见建议49条，逐一制定解决办法。开展落实纪委监督责任专项治理，对各县（市）纪委书记、州级部门纪检组长开展全覆盖约谈，指出问题393个，逐一整改。抽派和聘请纪委委员及特邀监察员开展轮流坐班接访、走访调研、监督检查等工作，切实发挥纪委委员、特邀监察员的积极作用。制定《甘孜州纪检监察干部“六个严守二十五个严禁”的规定》，调整充实37名纪检监察干部。6名纪检监察干部参加省、州优秀人才递进培养。选派73人次到中央纪委、省纪委参加业务培训；组织110人开展法治思维和能力提升集中培训；采用以会代训等方式，对全州纪检监察干部进行轮训。从严查处州水务局原纪检组长谢朝章、九龙县纪委原常委周国珊等违纪违法案件，处理14名纪检监察干部，切实防止“灯下黑”。全州纪检监察机关受理信访举报同比下降19%，全州党风廉政建设社会评价指数达84.39，较上年提升0.77，排名全省12位，较上年上升1位。9个县（市）在全省排名稳中有升，白玉县上升5位，取得全省第三的好成绩，稻城、道孚2个县上升60位以上，泸定、巴塘2个县上升30位以上，康定、雅江、新龙、得荣4个县（市）也不同程度上升。全州风清气正、崇廉尚实、干事创业、遵纪守法的良好政治生态总体形成。

·廉洁从政·

【从严治党】 制发《甘孜州党员干部讲政治守纪律守规矩十项规定》，逗硬执行省委“六个决不允许”和《甘孜州共产党员和财政供养（补贴）人员违反政治纪律行为的处理办法（试行）》等规定，查处违反政治纪律案件29件29人。严肃查纠违反干部选拔任用规定、保密纪律和其他组织人事纪律等行为，查处违反组织纪律案件17件17人。严肃查处损公肥私、化公为私，虚报冒领、骗取套取国家财政资金和补贴，截留挪用专项资金、私设“小金库”、乱发津补贴等问题，查处违反廉洁纪律案件87件92人。对拟提拔任用干部、评比表彰等单位和个人出具党风廉政意见68份，涉及单位459个（次）、个人762人次，对13个单位、6名个人提出否决意见。查处违反群众纪律案件70件70人。问责63人，查处违反工作纪律案件188件189人。查处打牌赌博、酗酒滋事、妨害社会秩序、严重违反社会道德等行为，查处违反生活纪律案件99件99人。

【党风廉政建设工作】 州委常委会专题研究党风廉政建设和反腐败工作11次，州政府常务会议研究廉政建设8次。州委书记刘成鸣、州政府州长益西达瓦切实履行“四个亲自”要求，听取党风廉政建设专题汇报21次，处理各类来信来访175件，对15件反腐倡廉重大问题作出重要批示。州委建立“1323”工作机制，促进各级党委（党组、党工委）切实履行好主体责任。对2014年党风廉政建设社会评价全省排名80位以后的11个县（市）委书记和2015年上半年全省排名100位以后的8个县（市）委书记、纪委书记进行约谈。州、县（市）纪委负责人同下级党政负责人谈话1258人次。117名县（市）委书记、县长、州级部门“一把手”在州纪委十届五次全会上述责述廉。在泸定、炉霍、乡城3个县开展县纪委书记向州纪委报告县委常委班子成员履行党风廉政建设主体责任试点工作，探索促进主体责任落实的有效做法。先后6次对各县（市）落实党风廉政建设“两个责任”情况进行专项调研和监督检查。追究党风廉政建设“主体责任”落实不力16件19人，通报批评2个党委，年度考核“一票否决”1个县1个州级部门。

·惩防体系和作风建设·

【纪检监察制度】 健全充实纪检监察干部队伍信息数据库，严格执行纪检监察干部准入办法，严把准入关，着力建强纪检监察干部队伍。出台甘孜州县（市）纪委书记、副书记，州纪委派驻纪检组组长、副组长，州管企业纪委书记、副书记3个提名考察办法，规范提名考察的职责权限和工作程序，着力加强纪检监察领导班子建设。出台《关于加强州纪委派驻机构建设的意见》，规范派驻机构设置，明确职责权限，强化履职保障，推进监督工作全覆盖。制定派驻机构工作规定及年度考核办法等制度，加强对派驻机构履职情况的监督检查和考核评比。督促派驻机构加强对驻在部门的监督，经常与驻在部门主要负责人交换意见，促进驻在部门权力依法规范公开运行。

【权力运行】 确定风险岗位4921个，制定防控措施12522条。实施5个预防腐败创新项目，健全防止利益冲突机制及廉政风险防控机制，确定康定市和6个州级单位开展试点。开展“积极预防、系统治理”工作，确定州水务局、州公安局作为州级系统治理单位，各县（市）共确定系统治理单位34个。完成22371条行政权力事项监察点和风险点设置、录入、审核等工作，开展督查83次，抽查行权部门364个，督促整改问题454个。统筹联动省驻州单位纪检工作，协商工作74次，协调解决案件查办等问题177个。利用电视、报纸、杂志、网络、纪检监察手机报“五位一体”宣教平台，通过创作廉政文化作品、制作《典型违纪违法案件警示录》专题片等方式，着力提升“雪域卫士”廉政文化品牌影响力。会同州检察院深入巴塘、稻城等7县开展“察民情、解民忧、促和谐”反腐倡廉宣传教育暨开门大接访活动，发放宣传资料1万余份，开展党风廉政建设专题教育8场（次），1.9万余人次接受教育。组织2015年新任县处级干部23人、领导干部家属140人到甘孜监狱接受警示教育。组织州、县相关部门和国有企业领导干部259人，旁听公开审理职务犯罪案件，“零距离”接受警示教育。深入开展南充拉票贿选案专题警示反思教育，着力增强党员干部廉洁自律意识。

·监督检查和案件查处·

【监督检查】 运用专项督查、集中督查、捆绑督查三种方式，加强对中央和省州委重大决策部署、中央“八项规定”精神、党风廉政建设“两个责任”等落实情况，维稳工作、群众工作、灾后恢复重建、精准扶贫等工作推进中干部作风的监督检查。派出42个督查组，深入州、县、乡、村开展明察暗访6轮（次），督查单位、部门1347个（次），寺庙38座（次），走访干部群众4000余人次，发现并解决问题721个，问责72个单位97人。制定《关于推进正风肃纪工作常态化的意见》，征集建议意见4883条，落实整改措施2728条，整改问题1523个。开展领导干部特权行为专项整治，落实《农村基层干部廉洁履行职责若干规定（试行）》，切实解决发生在群众身边的“四风”和腐败等7类问题。对行政审批程序不规范，“为官不为”做“懒人”当“懒官”，党务、政务、村务“三公开”流于形式3类全州共性问题开展专项整治。梳理问题线索821件，查处“四风”案件332件，给予党纪政纪处分334人，通报曝光88件121人。开展收受红包礼金专项整治，94名干部上交红包礼金64.6万元。

【纪律审查】 实行反映问题线索集中处置和线索处置情况月报制度，各县（市）纪委向州纪委报告线索582件，州纪委向省纪委报告线索98件。加强对各县纪委上报案件查办情况的分析研究，指导督促下级纪委办案41件，提级办案67件。受理省委巡视组交办的问题线索398件，办结370件。全州纪检监察机关受理信访举报817件，同比下降19%；初核546件，同比增长24%；提醒谈话、函询、诫勉谈话、约谈523人次，同比增长176%；立案490件，同比增长40%；结案465件，同比增长37%；给予党纪政纪处分463人，同比增长38%；其中轻处分和建议组织处理370人，占79.9%；给予重处分和建议作出职务调整78人，占16.9%；移送司法机关15人，占3.2%。处分县处级干部9人，处分“一把手”83人。查办州公安、州水务、州住建系统等串案、窝案和康定市教育局原局长严重违纪违法案、泸定县9名干部违反工作纪律案件。对重大、典型案件实施“一案双查”，追究领导班子主要负责人和班子成员责任40人。在遏制腐败增量的同时，减少线索存量103件。坚持惩处与保护并重，对反映失实的问题予以澄清，为16个单位79人澄清是非。临时办案点2015年4月底投入使用，新建的办案业务用房已建成将投入使用。

（金　桥）

ཀྱི་ཚོགས་ཚོགས་པ།
社会团体

·州总工会·

【概况】 2015年，全州各级工会组织结合各自实际，积极开展法制宣传和维权工作，依法维护职工合法权益，构建和谐劳动关系。全年共接待职工群众来信来访65件120人次，为职工群众答疑解惑9件9人，维权7件，为50名农民工追讨拖欠工资、工伤赔偿共134万元，组织开展“关爱农民工、送法进车站”“学雷锋、庆五一”广场宣传、“6·26”安全生产日宣传、“送法进企业”等系列法制宣传活动40余场次。开展“赛技能、比业绩、争先进”劳动竞赛、“真情促发展、技能促创业”技能比武、“服务群众促扶贫、提高技能奔小康”农民工创业+技能培训等系列职工群众技能提升活动26场（次）、培训3200余人次，组织开展“学雷锋、庆五一”服务职工系列活动，举办歌咏比赛、职工运动会等形式多样的职工文体活动。全年组织16人参加省总调训、25人参加“全省民族地区工会干部培训班”；43名基层工会主席参加广东省总工会支持举办的浙江大学“甘孜州工会主席培训班”。全州17个职工活动中心建设项目顺利推进，县级职工活动中心石渠、理塘、白玉3个县已建成使用，雅江、九龙、色达3个县全面竣工；巴塘、稻城、道孚3个县主体完工，得荣、甘孜、丹巴3个县已开工建设，德格、新龙、康定、炉霍4个县（市）计划动工。州总工会2015年度目标考核获州级先进表彰。

【精准帮扶解困】 全年累计投入帮扶资金1029.23万元，开展“四季送”“金秋助学”等工会品牌帮扶活动，走访慰问困难职工2145人；实施生活和医疗救助6391人；举办“爱心扶贫成就梦想、助学铸就小康之路”“点燃希望、放飞梦想”“我要上大学”等“爱心助学”和“金秋助学”主题活动，资助1526名贫困家庭子女入学；提供职业介绍、政策咨询服务2000余人次，帮助223人实现下岗再就业；全年职工大病保险、意外保险和住院保险覆盖14130人，赔付944人共100.6万元。

【弘扬劳模正能量精神】 推荐16名国家级、省级劳动模范和先进工作者，其中3人为全国劳模。向全总、省总上报全州各行各业、各条战线的先进典型，5名先进工作者获得省级劳模待遇。落实关心关爱劳模的各项政策，广泛开展困难劳模帮扶慰问、健康体检、劳模座谈等形式多样的劳模关爱活动，全年发放省部级农村劳模“两金”、城镇困难劳模生活补助金等共计38.46万元，组织各级劳模疗休养39人次（其中争取广东省总对口援藏支持，组织26人赴广东疗养）。充分利用各类媒体广泛深入宣传劳模精神，以劳模事迹、劳模精神引导广大职工立足本职、爱岗敬业、争创一流。

（冯　颖）

·共青团甘孜州委员会·

【概况】　3月，召开共青团甘孜州第十届委员会第三次全体（扩大）会议，安排部署2015年全州共青团重点工作。促成团县委班子成员转岗4人，新配备7人，15县配齐团县委班子，团县委班子配备率达83.3%。派出43名干部赴基层调研走访，选派12名团干部参加省州专题培训；选派6名优秀团干部赴沿海发达地区和团州委机关挂职锻炼；以会代训、举办理论读书班、甘孜青年大讲堂形式，对2400余名专兼职团干部开展培训。组织开展“三严三实”中心组学习4场次，28人次参加；干部职工集中学习29场次，130余人次参加；业务技能培训5场次，75人次参训；班子成员在委机关、共建共创支部上党课3场次；开展典型学习、警示教育9场次，80余人次参加；专题讨论4场次，参会50余人次；撰写心得体会15篇，发言材料22篇。党组及成员认真查摆突出问题，梳理出涉及领导班子突出问题19条，涉及领导班子成员问题23条。推荐1名团员青年、1个基层团支部被团中央分别评为2014年度全国优秀共青团员和全国五四红旗团支部，1名少先队员获评“全国优秀少先队员”；推荐炉霍县谭小琴获评“四川青年五四奖章”。推荐72个集体和个人获得中央少工委办公室、省委宣传部、团省委、省少工委等表彰。团州委机关被评为全州牧民定居行动计划暨帐篷新生活活动先进集体、2014年度社会治安综合治理工作先进集体、甘孜州第二批民族团结进步创建示范单位和“四川省三八红旗集体”。组织召开甘孜州少先队工作会议，完善少先队组织自身建设。

【开展青少年思政教育】　全州各级团组织开展“青春建功新甘孜”“红领巾相约中国梦”主题活动8900余场次。2万余名青年网络文明志愿者参与“青年好声音”“我为核心价值观代言”“我的网络文明宣言”“清朗网络空间　有我更有你”等主题活动。8月，官方微信公众号排行全国共青团微信公众号第一。

【服务经济社会发展】　以“青春建功新甘孜”为主题，开办旅游技能、民居接待等各类实用技能培训班18期，覆盖青年达5400余人，投入专项培训经费20万元。通过各类培训，430名青年获得从业资格证书，45名农牧区青年实现转移就业，25名青年开始创业。成功申报9个SYE项目，争取创业贷款90万元，推动青年就业创业工作。招募西部计划志愿者74名。万名群众工作志愿者以“心愿快车”“助学圆梦”等为载体开展各类主题活动2万余场次；通过“志愿四川”平台注册25576名志愿者。组织志愿者开展美化环境、关爱慰问、会务服务等志愿服务8700余人次，累计服务时长20余万小时。开展暑期公益培训、主题夏令营、爱心助学、僧尼关爱等各类服务活动974场次，覆盖60370人次群众。整合资金700余万元，实施助学、希望小学、快乐中心、“雅逊学习包”“暖心包”关爱留守及社会服务等青少年民生项目，1万余名青少年受益。继续推进30个试点群团服务站，同时试点培育2个青年社会组织。

【促进青少年全面发展】　组织团员青年、少年儿童通过观看民族团结主题影片、手抄报比赛、歌唱比赛等形式，开展民族团结进步主题讲座、团（队）课、“国旗下五分钟演讲”分别达159场次、1175场次、11816场次，在全州范围内评选出12名“民族团结进步青（少）年”。开展“小手拉大手·共护圣洁甘孜”微公益、微倡议、微调研、微志愿、微创意系列主题活动1000余场次，发放环保倡议书、相关手册8500余份，覆盖学生11万余人次，家长16万余人次。全州各级团组织整合物质资金共990余万元，帮助实现特殊困难青少年23885个心愿。募集专项学习包6455个、雅逊暖心包3867个，建设雅逊图书室6个、雅逊希望小学1所。举办“快乐暑假 关爱成长”暑期公益培训班、夏令营等活动，使3000余名特殊困难青少年感受社会大家庭温暖。完成汉藏双语歌曲17首、编印1000套甘孜州青少年藏汉双语法治宣传系列挂图，开展“马背宣讲”、普法讲座、法治主题团（队）日分别达116场（次）、238场（次）、9709场（次）。组织志愿者深入农牧区、学校开展普法宣传活动，利用新媒体定期发布法制宣传内容。承办2015首届中国·甘孜环贡嘎山国际百公里户外运动挑战赛；推荐康定、泸定、丹巴、稻城4所小学少先队员参加“姚明基金希望小学篮球赛”，与姚明近距离交流。组织26名青年僧人参加藏传佛教寺庙青年僧侣兴趣班专题培训。与共青团深圳市委、深圳市青年摄影家协会启动康巴文化与“非遗”传承发展交流座谈会暨“非物质观点”创展季活动，强化互动交流。继续深化“共青团与人大代表、政协委员面对面”“青少年维权岗”创建活动。累计走访调研19场次，座谈交流13场次。

【党建带团建】 细化任务、规范台账，巩固州、县、乡、村四级层级化组织体系，规范学校、“两新组织”、机关企事业单位团建。加强团员队伍建设，强化“推优入党”，全年发展团员4121名，推优429名。各级少工委主任、学少部长和少先队总辅导员到中小学开展蹲点工作；与100余名少先队员交朋友结对子，保持经常性联系。

（团州委）

·甘孜州妇女联合会·

【概况】 2015年，争取到全国、省妇联项目资金356万元。其中：妇女居家灵活就业资金85万元；石渠、丹巴等妇女儿童专项资金30万元；“母亲艺术”项目资金10万元；“让母亲温暖过冬”项目价值9万余元的羽绒服、保暖衣等；州农业畜牧局价值13万元的化肥、地膜等物资；泸定、稻城、炉霍21名“两癌”患病妇女救助资金21万元等。上报项目20个，在康定举办“甘孜州母亲艺术作品展”，展出民族手工艺作品250余件，省妇联、州四大家领导参观展览；深入四川民族学院、州职业技术学校、成都盛世文锦公司、中国藏羌织绣基地调研考察；对全州农村合作社、妇女为法人的企业、妇女为主要成员的企业开展调查摸底，为成立妇女发展协会做准备。开展《中华人民共和国妇女权益保障法》《中华人民共和国未成年人保护法》《中华人民共和国婚姻法》等法律法规宣传19场，发放宣传资料6000余份，组织开展“巾帼维权大讲堂”法制宣传等活动。州县妇联接待来信来访8件17人次，办结率100%。9月10日，甘孜州妇女第十二次全州代表大会在康定召开，选举第十二届执委、常委、主席、副主席，首次选举5名兼职副主席。新建“两新”妇女组织35个，觉姆寺庙及修行点妇女组织14个；雅江县将村妇代会主任补助纳入财政预算，补助标准不低于村支部书记工资的30%。在《甘孜日报》刊出专刊3期，编辑《雪域巾帼》杂志1期，开通“雪域巾帼”微信、微博，石渠、泸定、稻城、炉霍、雅江开通微信。对全州35名妇女干部、妇联干部进行培训。

【“巾帼建功”工作】 与州人社局、工会组织开展“春风行动”，召开专场招聘会7场，免费服务2305人，成功介绍女性就业224人，其中农村妇女151人，跨地区有组织劳务输出女性368人。与州委宣传部、国税局、工会、团委等部门在州国税系统组织开展第二届“赛技能、比业绩、争先进”竞赛活动。道孚县地税局、雅江县妇幼保健院护理部荣获“全国巾帼文明岗”荣誉称号，甘孜州妇联荣获“全国巾帼建功先进集体”荣誉称号，丹巴县梅龙生态农业有限公司总经理杨凤荣获“全国巾帼建功标兵”荣誉称号。

【服务妇女儿童工作】 组织开展寻找“最美家庭”活动，降巴克珠等25户家庭分别荣获全国、省、州“最美家庭”荣誉称号，开展“最美家庭”故事会58场；在康定市公主桥社区成立全省首个巾帼助老驿站，为23名困难高龄母亲送去价值8000多元的健康包。开展预防艾滋病、包虫病防治工作；邀请省、州、县医疗专家为3000余名农牧区妇女开展预防“两癌”等免费健康检查，发放免费药品和免检查费37万元；甘孜州贫困母亲救助基金救助2名患病贫困妇女；在石渠实施“希望·藏区妈妈”项目，为该县患包虫病的37名贫困女性发放救助金11.1万元。州妇联组成调研组深入色达、理塘、巴塘等县觉姆寺及修行点对觉姆生存现状进行专题调研。省、州、县妇联向觉姆寺庙及修行点赠送价值60万元的慰问物品。开展法律进校园、家庭教育讲座23场次，3600人聆听讲座，发放宣传资料9000余份；争取到公益早教示范指导站项目资金5万元，推荐康定精英教育为四川省早期教育协会会员。康定精英教育组织开展13期“为了孩子大声读书”亲子共读公益活动，每周为社区0～5岁儿童免费上早教课1次；组织女摄影家协会会员在州特殊教育学校持续开展为期五年的“关爱成长、记录美好”暖心摄影活动；在雅江、乡城等县实施“婴幼儿营养改善计划”，发放儿童营养包3245个、宣传资料2800册；开展“格桑花关爱行动”发放价值12万元的物资。

（廖移海）

·甘孜州残疾人联合会·

【概况】 2015年，全州完成调查录入持证残疾人及0～15周岁未持证残疾儿童共22366人，完成调查率95.5%，全州共完成村（社区）调查总数2737个，其中有综合服务中心的有120个，有医疗卫生室所的1025个，有学校幼儿园的566个，有银行网点信用社的252个，有商店小卖铺的252个，有文体中心的1478个，有社区康复站的3个，有日间照料机构的17个，定期提供居家服务的有262个，组织残疾人参与文化体育活动的有254个，有体育健身指导人员3个。进网入库的残疾人有28963人，为27808名残疾人制定243028项次的需求计划，为27224名残疾人提供134924项次的服务。全年，全州共办理第二代残疾人证3630本。年末，全州18个县（市）325个乡（镇）组建残联并配齐兼职理事长和兼职工作人员，2730个村完成残协的组建工作并配备兼职残协主席，共完成州本级残疾人就业保障金征收510万元。

【残疾人民生工程】 为残疾人量身定做个性化的就业方案，实现“一人一案”。城乡残疾人居家灵活就业6161人，完成任务数5720人的107.71%；完成居家灵活就业直接补贴471人，完成任务数414人的113.77%；帮助农村贫困残疾人发展生产，增加收入1369人，完成任务数1100人的124.45%；全年，为59名肢体残疾人安装大小腿假肢64例，共投入救助资金63万元，为贫困残疾人免费验配辅助器具，配发辅具960件；组织输送71名符合条件的脑瘫儿童到八一康复中心接受手术、康复训练和辅具适配。其中手术+康复训练15名，康复训练+辅具适配的56名，救助资金达105万元。完成任务数55人的129.09%；为513名居家托养智力、精神和重度残疾人发放托养资金，完成任务数449人的114.25%；全年下拨残疾人无障碍资金11万元，完成改造51户；共救助42名智力儿童，救助资金50.4万元，完成任务数42人的100%；为3名0～6岁重度听力儿童完成人工耳蜗植入手术，救助资金达60万元；为24名重度听力残疾儿童验配助听器48台，救助资金达72万元；为13121名残疾人发放补贴，完成任务数13032人的100.68%；截至年末，建成10个县的残疾人综合服务中心。

（荆林庆）

·甘孜州工商联合会·

【概况】 2015年，全州个体工商户达30176户、私营企业2855户、农民专业合作社1165户。全州民营经济增加值实现96.67亿元；缴纳税收（含国税）15亿元；出口创汇1467万美金，民营经济占比达100%。全州非公有制经济人士在“10·17”扶贫日和“11·19”慈善日累计捐款达658万元。全州工商联合会共有党支部52个，党员592人，兼职党务工作者100人。

【教育培训】 通过推荐参加上级组织的培训与州委统战部一道加大州级层面培训力度，探索非公有制经济人士培养教育新方法，采取“请进来”与“走出去”相结合，推荐培训与自身集中培训相结合，集中培训与参观考察、专家讲座与现场观摩相结合，指导各县举办培训学习等方式，组织、引导全州非公有制经济人士牢固树立社会主义核心价值观，加强思想政治工作。共推荐15人次参加省委统战部、省工商联等部门组织的培训，州内自己培训代表人士70人次。

【招商引资和对口援建】 充分发挥工商联经济性和民间性的优势，通过产业招商、项目招商、园区招商、以商招商等模式，组织、配合相关部门开展“西博会”、成都市民营企业甘孜行等系列活动的筹备、开展，为推介项目搭建平台，为成功签约奠定基础。积极与广东省工商联对接，由广东省工商联组织6家企业对甘孜州旅游、医药、房地产等行业进行经贸考察，定向捐赠扶贫资金50万元。

（敬向峰）

·甘孜州科学技术协会·

【概况】 2015年，州科协向省科协争取项目，建成乡城县热打乡等10个特色群众服务工作站。落实试点站建设资金200万元（20万元1个）。《科普大篷车》电视栏目覆盖全州18个县（市）。全省第二届科普资源双年展期间甘孜州展出集农、林、牧、教育、旅游、卫生等学会（协会、研究会）优质科普资源展品63种（类）286件，设计制作特色资源展板12个，现场交流科普读物54类，发放甘孜州特色科普资料2600余份。成立州老年科协组织，规范运行，发挥离退休科技工作者的作用，开展交流和服务活动。开展创建美丽健康卫生乡村、科技咨询与服务、农牧区实用技术培训与服务等主题宣讲活动48场次，专题科普报告3场次；先后协调争取投入资金35.18万元为理塘县曲登乡、拿呷寺修缮危旧房和修筑转经路。全年，甘孜州获得国家级“基层科普行动计划”先进单位5个、省级科普工作先进单位6个；获得国家级农村科普带头人称号2名、省级农村科普带头人称号7名；获得省级科普工作先进个人称号9名；获得国家“基层科普行动计划”奖补农村专业技术协会2个；农村科普示范基地2个；农村科普带头人2名；社区科普益民计划1个。获得奖补资金110万元。获得省级“基层科普行动计划”项目15个，其中科普带头人7名，农村科普示范基地2个，农村专业技术协会4个，社区科普益民计划2个，获得奖补资金94万元。四川里伍铜矿机械通风系统改造项目实现年创效益180万元，年创税收80万元，被评为2015年度省级“金桥工程”优秀项目。

【群众性科普宣传活动】 全年出动宣传车21辆（次），参加科技人员687人次，各学会（协会、研究会）举办培训新型农民和实用技术培训班、讲座21期，累计培训农牧民8000

余人次，发放科普挂图、科普小册子、实用技术资料等19600余份，受益群众达53600人次。组织开展科技活动周活动，康定、泸定、得荣、炉霍、道孚、九龙、丹巴、乡城等县（市）科协在活动期间，分别与县（市）防震减灾、科技、农牧等部门共同开展国际减灾日科普宣传活动。配合做好全国政协教科文卫体委员会、中国科协到甘孜州开展“送科技下基层——藏区行”主题活动。成都军区总医院心血管内科主治医师、医学博士王强为甘孜州170余名医务工作者作《高原心血管疾病的预防与健康》讲座，空军指挥学院著名国际热点问题及军事教学艺术研究专家李国强在康定三中、泸定一中为2000余名师生作《现代战争与尖端武器》科普报告，活动组实地调研甘孜州农业科普示范基地、康定市雅拉乡藏香猪生态养殖基地、泸定县黄草坪苹果种植基地基本情况和成效。分别向康定市藏文中学、泸定县第一中学捐赠价值20万元的中学科技馆；向康定市第三中学捐赠价值10万元的中学气象馆；向康定市呷巴小学捐赠价值10万元的透水砖200平方米；向康定中学、炉霍县中学、康定市雅拉乡二道桥村、泸定县德威乡新磨坊村等捐赠科普挂图、图书、DVD科普光盘、青少年网络书屋、农牧民网络科普书屋等价值24万元，总价值达100万元。承办由四川省反邪教协会组织宜宾、广元、雅安、甘孜三市一州有关专家赴州开展的防邪教、反邪教调研活动。开展“科普大篷车进校园”巡回展活动。同省科协民科队、州科协、州科技局到康定、炉霍、白玉、雅江、理塘、乡城、稻城、得荣等县（市）开展科普进校园活动，受益师生17600人次。

【青少年科技教育活动成效明显】 组织甘孜州第三十届青少科技创新大赛。共收集作品698项。推荐优秀作品31项参加第三十届四川省青少年科技创新大赛，15件作品获奖，其中获得一等奖1项、二等奖3项、三等奖11项，获得全国第三十届青少年科技创新大赛一等奖1项、三等奖1项，获得全国第六届青少年科学影像大奖三等奖1项。州科协、九龙县科协、泸定县科协获优秀组织奖。康定中学创意作品《太阳系模拟九大行星天体仪》代表四川省参加2015年全国第三十一届青少年科技创新大赛。命名达到创建标准的色达县城关小学等22所中小学校为“科普教育示范学校”。开展“中国科协藏区青少年科普接力行动”。中国科协《知识就是力量》杂志社，西藏自治区、青海省、四川省、甘肃省和云南省科协共同承办的“中国科协2015年藏族青少年科普阅读行动”中，甘孜州有1名教师和3名学生参加活动，荣获“科学新力量”称号。联合州教育局，成都市锦江区科协、教育局在炉霍县举办青少年科技工作者和科技辅导员教师培训班，甘孜州9个县50所学校共82名科技工作者、青少年辅导教师参加培训。参加全国青少年高校科学营活动。甘孜州师生代表11人在成都电子科技大学参加全国高校科学营四川分营活动，泸定县中学高娜、严丽同学获得“优秀营员”称号，王铤同学参加的四旋翼无人机制作飞行比赛获得“三等奖”，高娜同学代表四川营发言。在康定市新都桥藏文中学、康定中学、泸定县一中、康定市东大街小学建立科技馆（室），在康定市三中建立校园气象站。

（王　聪）

·甘孜州社会科学界联合会·

【概况】 2015年，组织州级社科协会（学会、研究会）、社科研究机构和各县社科组织分别结合州域、县域实际和行业特点针对州域内社会扶贫提出建议意见，将21篇建议材料汇总整理，形成《甘孜州社会科学界州域内开展社会扶贫决策建议汇编》。以《关于征求〈甘孜藏族自治州国民经济和社会发展第十三个五年规划纲要〉建议和意见通知》《致甘孜州社科联第三届理事会理事的一封信》

等形式，征求18个县（市）社科联（宣传部）、州级有关单位（社会团体）、相关学会（协会、研究会）、社科联理事建议意见，共征集5条意见，上报《规划》办。11月3日，在康定召开甘孜州社会科学界联合第三次代表大会，93名代表参加会议。

【社科研究】 制定下发《甘孜州2015年度理论研究课题指南》，内容涉及马列·社科、党史·党建、哲学、理论经济、应用经济、民族问题研究、宗教学等12个大类近100项。与州委宣传部联合下发《关于开展2015年度甘孜州社科理论研究的通知》。收到全州申报课题20余项，经过专家评审，确定2015年甘孜州社科重点课题7项。组织州内社科组织、州级学会（协会、研究会）开展课题研究和申报，共收到7个申请项目，经评审，推荐申报省社科联、社科院项目7项。其中：《康定在茶马古道中的历史地位及新时期复兴探讨》《甘孜藏区基层服务型党组织建设研究》《甘孜州扶贫攻坚对策与措施研究》3个课题分别获得省社科联、省社科院立项。完成省级社科课题《泸定民族传统文化资源调查报告》《加强甘孜州民族地区党的基层组织和干部队伍建设对策研究》《甘孜州城镇化进程及发展发展趋势研究》《爱国守法感恩—社科知识普及200问》4项课题研究，顺利通过省级验收。获四川省社科院市（县）院所优秀社科成果奖3项。其中《丹巴传统文化资源调查》获一等奖，《泸定民族传统文化资源调查报告》获二等奖、《社科知识普及200问》获三等奖。《甘孜藏族自治州地方立法研究》《甘孜州全域旅游健康发展研究》《采用藏汉双语对比教学促进我州双语型人才队伍建设》等15个州级社科课题圆满完成，顺利结项。完成15万字的《长征路线（甘孜段）文化资源研究》的编撰工作。

年内先后3次深入石渠、白玉、稻城、得荣、乡城、巴塘、理塘等县20余个乡镇和部分机关、寺庙，开展宣传文化、社科需求、群众工作等方面的调研，形成《文化惠民"从群众中来到群众中去"的实践范例——乡城县"农民星期天"调研报告》《新龙县引导群众崇尚健康文明的生产生活方式的调研》《甘孜州社会科学界联合会机构编制管理创新调研报告》等报告。

【科普宣传】 抓住3月科技之春科普宣传月、5月科普活动周、9月科普宣传日等有利时间节点，组织全州社科界开展宣传普及活动。州级相关单位结合各自领域特点，编印科普宣传手册、制作宣传横幅、展板，开展丰富多彩的科普宣传活动；州委党校组成科普工作小分队，深入基层向农牧民宣讲党的十八届四中全会、省委十届五次、六次全会、州委十届六次、七次全会精神和乡村治理及惠民富民政策；各县依托送文化科技卫生"三下乡"活动，将法律知识、生活科普知识、农业种植、畜牧疫病防治保护、食品安全、生态文明及电脑知识等送到农牧民门口。在活动中，州社科联、州级各学会和各县社科联深入基层，采取学术讲座、面对面交流、座谈会、发放宣传资料、举办培训班等形式，进行广泛的宣传、普及和咨询活动。科普活动月、活动周期间，全州社科界共组织开展社科知识普及宣讲活动30余次，直接受众5000余人，发放科普宣传资料3万余份，科普读物1万余册，发放各类科普知识光盘300余张。赴南路乡城、稻城、得荣、理塘、巴塘等县，围绕依法治州和扶贫攻坚，以社会主义核心价值观、民族宗教政策和遵纪守法、感恩团结为主要内容，进行广泛的宣讲。共开展宣讲活动16场，听众近8000人。配套开展科普咨询1000余人次，发放社科科普读物《十八大精神学习简明读本》《康藏社科》《同心谱写伟大中国梦甘孜新篇章社科知识普及200问》等2000余份。

【"康定新颜好书为伴"活动】 "康定新颜好书为伴"2015年全民阅读活动暨优秀图书捐

赠活动是2015年社科联创新性工作。活动由四川人民出版社发起，由州社科联、康定市社科联承办。2015年11月18日在甲根坝九年一贯制学校成功举行，四川人民出版社作为捐赠方，向甲根坝小学捐赠价值6万元图书。其中包括：价值4万元的藏汉双语读物、教辅读物、社科读物、历史文献、文学作品等320种3000余册，捐赠学校图书室购书经费2万元。围绕“发挥青年先锋模范作用，拥抱数字阅读蓝海，服务藏区文化建设”主题进行主题演讲，现场演示“党政图书馆（藏语语音版）APP”功能，赠送相关阅读设备。

【学术交流】 印发《康藏社科》征稿启事，年内共收到全州各界来稿70余篇，编辑出版2期《康藏社科》。与泸定县委宣传部联合，5月在泸定成功举办“天险大渡河　英雄铸丰碑——2015·泸定红色文化论坛之大渡河战役”学术活动和“川藏公路开工建设65周年红色文化论坛”。原第十八军官兵代表，飞夺泸定桥二十二勇士亲属代表，中央党史研究室、中国军事科学院、中国国防大学、省委党史研究室等从事红军长征历史研究的20余位专家学者以及州县相关部门、单位100余人参加论坛交流。州社科联与州文明办等单位共同策划开展“圣洁甘孜·道德讲堂”。“讲堂”分别围绕爱国感恩、敬业奉献、诚实守信等8个主题，录制藏汉双语“圣洁甘孜·道德讲堂”电视节目8期。通过甘孜州电视台、甘孜网视等媒体平台播出5期12集，覆盖60万余人次。在全州范围内广泛开展“加强领导班子思想政治建设”社科理论文章征集活动。共收到全州各界理论文章56篇，在《甘孜日报》理论版刊发优秀理论文章2篇。编辑《康藏社科——“加强领导班子思想政治建设”社科理论文集》特刊，将相关研讨理论文集以一把手论坛、聚焦“三严三实”（相关论述、精神内涵、领导讲党课、认识与理解）、理论与研讨、反腐败与作风建设、助推甘孜发展、行业实践与探索等专栏，进行学术交流与研讨。

（州社科联）

·甘孜州文学艺术界联合会·

【概况】 2015年，开展首届文艺奖颁奖活动。州政府对“甘孜州首届文学艺术奖”获奖作品（49个“优秀作品奖”、8个“特别荣誉奖”和2个“特别贡献奖”）和个人（“终身成就奖”3人）进行表彰。甘孜州选送作品话剧《雪域忠魂》（戏剧类奖）、绘画《川藏公路》（美术类奖）等荣获第八届巴蜀文艺奖8项殊荣；《在雪山和城市的边缘行走》等荣获第六届四川少数民族文学创作优秀作品奖4个奖项。阿西土陶《酥油茶壶》等4件作品入选“看四川——民间文艺创作工程优秀作品展”。联合开展“甘孜州精品音乐创作活动”，向全国征集作品，共征集歌词596首、曲263首、重点约稿10首，完成词曲评选；举办首届“圣洁甘孜”微电影和纪录片大赛，共征集微电影19部、纪录片25部，《新龙的温度》纪录片等11部作品获奖、《雪域之子——毕世祥》获特别奖；微电影《幸福360》等10部获奖。贡嘎山杂志社开展2015年度优秀作品评选活动，最终评出年度获奖汉文版作品共计10篇、藏文版作品4篇。配合省作协“四川藏区中青年作家”培训班，州内20名青年作家参训，近百名文学爱好者参加旁听。举办“甘孜州摄影名家讲座”，邀请摄影名家授课，来自州内近200名摄影家及爱好者参加培训，开展“中国摄影名家看甘孜”采风创作活动。推荐青年作家签约巴金文学院，推荐优秀文艺人才参加全国美术展创作班、“全国少数民族摄影人才培训班”“全国青年文艺评论家高级研修班”“鲁迅文学院高研班”和巴金文学院举办的学习班等学习培训。举办《贡嘎山》杂志藏文作家笔会，100多位州内外母语作家、作者参会。

【推作品树品牌】 出版摄影画册《甘孜州首届国际摄影大展获奖作品集》。组织优秀作家撰写并出版旅游文化精品散文集《圣洁甘孜》和历史文化名人传记《格桑泽仁传奇》。参与策划电影《格萨尔王》；完成民族抗战题材电影《命定》；尹向东的电影剧本《康巴寻缘》完成审查；参与大型电视连续剧《寻梦香巴拉》《格萨尔王》研讨、剧本打磨和提升等工作。联合玉树和迪庆两州，推出“康巴作家群”书系第三辑12部作品，其中甘孜州作品7部；出版三部藏语文学作品。11月，在成都召开藏语作家作品研讨暨康巴作家群新作发布会，对3位藏语作家的作品展开评论，集中发布17部新作。8月，《康巴》《布隆德誓言》《隐蔽的脸》三部作品，亮相“藏族青年作家丛书”国际化研讨会，由中译出版有限公司翻译成英文，并正式向国外出版发品。

【宣传活动】 10月，在成都举行“海螺沟杯”第二届圣洁甘孜国际摄影大展新闻发布会暨启动仪式。全州“两会”期间，展出首届摄影大展获奖作品152幅，参观展览的观众达2万余人次。5月初，州摄影家协会、木格措景区管理局举办“康定情歌（木格措）杜鹃花摄影作品展”。5月下旬至6月初，联合举办“康定的足迹”大型历史文献图片展。6月中旬，联合举办四川省八市州县区摄影联展，到木格措、新都桥等地进行采风创作活动。举办纪念抗战画展。9月初，举办“纪念中国人民抗日战争胜利70周年暨红军入川80周年书画展”，展出书画作品120幅。

（谢达飞）

·甘孜州佛教协会·

【概况】 2015年，州佛教协会围绕中心工作，做好经师评聘工作。督促各县在规定时间内上报参加“中国藏语系高级佛学院在京举办的2015年中高级学衔授予和经师评聘活动”人员名单。收集参加中国藏语系高级佛学院第三届学衔授予活动、第十一届高级学衔授予活动、第三届经师资格评聘活动人员的基本信息。遴选上报甘孜州参加中国藏语系高级佛学院在京举办2015年中高级学衔授予和经师评聘活动35人的基本信息，最终确定4名参加考试。10月11—18日，驻会常务副会长戈教·云登嘉措活佛参加国家宗教局在兰州举办的四省藏区学经班研讨会，交流了甘孜州的经验做法。参加省民宗委举办的藏传佛教寺庙经师评聘工作培训会。培训期间学习讨论《藏传佛教寺庙经师评聘和认定办法》《关于推进藏传佛教寺庙经师资格评定和聘任办法的实施意见》及《藏传佛教寺庙经师资格评聘工作相关问题讨论大纲》等。第一辑《甘孜州佛教协会近代高僧传》已进入收尾阶段。4月1日—5月20日，以州佛协副会长为组长，常务理事和机关工作人员为成员共计53人，组成3个工作组分赴东、南、北三路对全州16个县（1个市）政府核批的新转世活佛经师配备、培养教育及宗教领域热难点问题等方面进行调研，形成《关于对全州政府核批的新转世活佛经师配备、培养教育及宗教领域热难点问题情况的调研报告》。分东、南、北路三个工作组，分赴全州18个县（市）开展“五二三”主题学教活动宣讲督导调研工作，形成《“五二三”督导调研报告》。

【佛事指导工作】 9月18—28日，州佛教协会会长甲登·洛绒向巴活佛、驻会常务副会长戈教·云登嘉措活佛、咨议委员会主席古学达吉活佛、咨议委员会副主席香根·土登格勒活佛和秘书长仁孜携业务部相关负责人全程指导南无寺“降更曲”学术交流活动。7月21日，仁孜秘书长和工作人员到理塘全程指导彭措岭寺洛绒降措活佛坐床仪式。11月3日，驻会常务副会长戈教·云登嘉措活佛到九龙县全程指导华丘寺确伍泽仁活佛坐床仪式。11月1—9日，驻会常务副会长戈教·云登嘉措活佛到炉霍县寿灵寺主持中观论坛法会。

【主要工作会议】 6月26—28日，在康定召开州佛教协会第七届理事会第十三次会长扩大会议。会议审议通过州佛教协会成立“佛教领域考试机制小组”“藏传佛教教义教规纪律监察小组”“藏传佛教僧尼资格认定小组”“藏传佛教佛事活动指导委员会”“藏传佛教学衔评审委员会”5个工作机构。

7月8日，州佛教协会会长甲登在甘孜县召集22名格西座谈。会上甲登简要回顾州佛协成立52周年来的发展，全州推进群众工作全覆盖情况；阐释州佛协六七届理事会工作理念；通报在全州佛教界开展“五二三”学教活动的推进情况；传达学习习近平总书记的“四个全面”战略布局。

11月30日—12月4日，在康定分别召开第十四次会长扩大会、“五二三”活动长效机制第七期研讨会和第五次常务理事会。会议分别传达学习党的十八届三、四、五中全会精神、习近平总书记在巴黎联合国教科文组织总部上的主旨演讲和总书记接受十一世班禅拜见时的讲话精神、中央统战工作会议、第六次西藏工作会议精神、省委统战工作会议精神、州委十届七次全委扩大会议精神、中国佛教协会第九届一次常务理事会精神及全国四省藏区经师评聘工作座谈会精神；在会长扩大会上通报各县“五二三”建章立制和州县会长赴阿坝州学习考察情况，商讨第七期研讨会内容及议程，审议修改州佛教协会佛事指导委员会和佛教学衔评审委员会工作方案、州佛教协会僧尼资格认定领导小组、僧尼纪律监察小组、佛协领域考试领导小组方案、《甘孜州佛教协会僧尼学法用法制度》《甘孜州佛教协会僧尼戒律学习制度》和《甘孜州佛教协会僧尼爱国爱教持戒守法考评制度》。围绕佛教界如何为精准扶贫服好务和转世活佛的培养教育管理、经师评聘工作及成立佛教文化研究中心等事项进行讨论；在研讨会上省、州领导分别作重要讲话，中共甘孜州委书记刘成鸣对“五二三”学教活动在全州佛教界取得的成果和在社会各界产生的积极影响给予充分肯定。五大教派代表、居士代表和专家学者代表分别作交流发言；在常务理事会上通报州佛协2014年财务收支情况，审议通过在会长扩大会上审议修改的所涉相关内容。

【“五二三”主题学教活动】 年初，州佛教协会将“五二三”学教活动的目标、主题、步骤以藏汉两文制作成宣传栏发放各县，共计660幅，覆盖全州18个县（市）的所有佛教寺庙和各县佛教协会。结合十七项重点工作制定《甘孜州佛教协会“五二三”主题教育活动全覆盖责任分工方案》。3月底在康定组建宣讲督导工作组，召开培训会。4月至5月由48名高僧和20多名工作人员组成三个工作组分赴东、南、北三路开展宣讲督导调研工作。工作组行程14391余公里，深入93座寺庙，宣讲94场次，召开座谈会22场次，覆盖僧尼、信教群众、统战、佛协、宗教工作人员及乡村干部10000余人次。起草《“五二三”学教活动视察调研报告》。收集高僧大德对“五二三”学教活动、“学法用法年·道风建设年”活动和法治甘孜建设的感言案例集共152个。把“五二三”学教活动推进情况制作成光碟3000张，时长45分钟，记录活动推进的方方面面。组织部分州佛协副会长、县佛协会长、寺管会主任和本会机关人员赴阿坝州马尔康、若尔盖、阿坝、壤塘4个县相关寺庙进行考察，在返州途中对色达县格萨尔文化中心场所进行考察参观，形成《甘孜州佛教协会关于对阿坝州四县及色达县考察的情况报告》上报州委州政府。协助州委宣传部邀请具有代表性的宗教界人士参加题为“佛教与社会主义社会相适应”的道德讲堂。

（魏　琼）

·甘孜州红十字会·

【概况】 2015年，甘孜州红十字会切实做好应急救援工作，继续推进“4·20”芦山地震灾后重建项目，投入1700余万元，重建项目4个。组织开展应急救护培训7期，培训合格学员362人。全面完成加拿大援助甘孜州项目扫尾工作。全面推进美国援助甘孜州“博爱家园”项目、香港红十字会援助甘孜州红十字会能力建设项目、广东省援助甘孜州慈善助医、助学、助残项目。“10·17”扶贫济困日与“11·19”爱心慈善日结合开展募捐工作，全州募集善款4095.53万元，其中：州本级2749.33万元，县级1346.2万元。

【人道救助】 援助稻城县“博爱家庭包”683个价值21万元，州红十字会自筹200余万元，采购棉被万余件送各县。向3000户困难家庭，送去45万元的大米、清油等博爱物资。开展“天使阳光计划”，免费治疗53名患者。

（州红十字会）

ཁྲིམས་ལུགས།
法　治

·政法委及综治·

【概况】 2015年，全州共开展重大决策、重大项目、重大改革、重大活动社会稳定风险评估434个，提出整改意见2350多条，落实化解措施510多个，防范稳定风险2400多个，暂缓实施和不予实施的5个，从源头上预防化解各类矛盾隐患和各种不稳定因素。依法化解矛盾纠纷20000多起，防止矛盾积累集聚和激化。开展“虫草采挖季节矛盾纠纷排查调处”等4个专项行动。积极推动建立州内外、多层次平安边界建设体系，10月承办四省区八市州“依法治藏　共创和谐”协作会议，指导各县（市）加强协作，推动毗邻地区健全完善联动协作机制。及时牵头调处化解巴塘与白玉、新龙与理塘、雅江与新龙等边界矛盾纠纷263起，及时防范甘孜州乡城县与云南香格里拉县、石渠县与青海称多县等边界地区群体性事件20多起。全年，培训干警3.3万多人次。10月下旬，在中国政法大学举办“甘孜州政法维稳应急处置能力提升培训班”，全州13个维稳重点县维稳副书记、18个县（市）政法委书记，海螺沟景区管理局政法处等相关政法干部共45人参加封闭式培训。成立14批次的工作组采取明察暗访，在14个县的106个县级部门、92个乡（镇）、25个村组、35个卡点，询问干部490多人，走访群众130多人次，发现突出问题9个，并对涉及问题的单位和部门进行通报批评，以“罚点球”形式将问题反馈给涉及的单位部门，责令其限时整改。

【健全完善立体化防控体系建设】 研究出台《关于进一步加强全州立体化社会治安防控体系建设的实施意见》，将社会治安防控体系建设重点项目纳入“十三五”规划。年末，全州共建立固定治安检查站37个、卡口管理系统43个，建成350兆对讲集群基站75个，升级改造“天网”高清监控点位1398个；卡口管理系统累计查询流动人员75000人次，查中涉毒及在逃等重点人员296人；利用立体化防控体系，盯死看牢重点人员，适时掌控重点地区和重点寺庙动态，防止脱管失控，防止形成现实危害。

【网格化服务管理】 全年，全州共划分城区网格277个、农村网格2668个，设置县级监管中心19个，设立乡镇（街道）监管站和村（牧民定居点）监管点757个，配备网格管理员2831人。各县（市）各相关部门新建“三项重点工作”信息平台374个，协助公安、司法、卫计等部门采集录入信息15268条，依托网格化服务管理体系，参与和流转处理各类事件10555件。

【“平安创建”活动】 推进“平安和谐三级联创”活动，深推行“红袖套”工程，组建

“红袖套”治安联防队2954支30213人。依靠群防群治收集舆情、上报信息、管理治安、排查隐患、化解矛盾等，实现每一网格均有一支治安联防队，每支治安联防队有10余人开展群防群治工作的良好局面。投入3000多万元资金加大社会治安人防、物防、技防建设，重点目标、重点部位、重点区域天网视频监控系统的逐步完善，进一步提升甘孜州社会治安防控智能化水平，基层平安创建活动取得明显成效，人民群众安全感明显提升。

【开展常态化集中整治】 全年，全州开展治安乱点整治1508场次、整治重点工程建设领域治安环境613次，受理治安案件1381起，查处1102起，破获各类刑事案件799起，抓获犯罪嫌疑人1019人，追回各类逃犯289人；破获涉枪案件47起，抓获犯罪嫌疑人81人，收缴各类枪支2252支、各类子弹66177发，炸药1753.7公斤、雷管1598发、管制刀具2061把；追缴盗抢机动车623辆、收缴赃款赃物价值1445万余元；7296辆非法改拼装大中型货车全部完成整改，整改率达100%；清理整治文化市场681次，检查经营场所2658家，收缴并销毁政治性反宣书刊、光碟13616件（册），查缴非法地面卫星接收设备1451套，打击反宣渗透违法犯罪人员12人。

【深化涉法涉诉信访改革】 建立健全甄别机制和诉访分离制度，重点抓好案件导入、处理程序、终结渠道、教育疏导“四大关键环节”，把群众信访作为送上门来的群众工作，主动接访、约访、下访和回访，畅通群众诉求表达渠道。加大对41起重大信访积案的攻坚力度，做到诉求合理的，问题解决到位；诉求无理的，思想教育到位；生活困难的，帮扶救助到位；行为违法的，依法处理到位，坚决维护正常信访秩序。落实“挂牌督办、领导包案、归口处理、限期化解”责任，全年妥善处理群众来信来访1457件2350人次。

（州政法委）

·公安·

【概况】 2015年，全州公安机关共采集“一标三实”基础信息197万余条。其中标准地址51万多个、实有房屋36万多套、实有单位2.8万家、从业人员20万人、实有人口87万人。共采集藏传佛教寺庙信息467座、僧侣信息2.8万条；采集治安重点人员信息917条。石渠县公安局荣获全省“一标三实”集体二等功，理塘县公安局荣获集体三等功，有5名民警荣获先进个人表彰。全州各县（市）共完成1500余个监控点位的升级改造，较2014年新增加200余个。共建成40多个高清治安交通卡口，建立公安检查站37个。甘孜公安在各级媒体发表新闻通讯937篇，在四川电视台播出专题15期。推选出“全国特别优秀人民警察”朱晓军（荣获公安二级英模，其爱人钟秀珍，荣膺“中国好警嫂”光荣称号）和中宣部首批命名的“全国学雷锋岗位标兵”王洛让等两名全国先进典型。完成新录用民警初任及强化培训1800余人次，完成全州公安机关560名民警警务实战培训，完成423名民警应急处突实战演练和警务实战培训。共处罚、教育违法改拼装违法行为3007起，强行拆卸违法改拼装大中型货运车523辆，整改违法改拼装货车7296辆（整改率100%），查缴非法悬挂达赖画像765幅、查处发放违禁画像场所33个，清缴非法宣传设备设施1407个。全州公安机关共收缴各类枪支1877支、子弹12583发、炸药4966.3公斤、雷管3212枚、导火索109米，枪支收缴数居全省第一。在康定情歌广场开展以“铲除枪爆祸患，创建平安甘孜”为主题的非法枪爆物品集中展示活动。

【社会治安集中清查行动】 2015年，全州公安机关组织开展“锋刃－A”“锋刃－B”“锋刃－C”等系列社会治安集中清查行动。在6次专项清查行动中，全州共出动警力12889人次、车辆1569台次；共清查宾馆旅店、公共娱乐服务场所、网吧、出租房屋、重点单位等11623家；共立破刑事案件33起，抓获涉案犯罪嫌疑人36人，依法收缴各类枪支57支、子弹2448发，收缴炸药23.8公斤、雷管83枚，非法销售汽油1192.8升，查处治安案件55起，治安处罚87人；收缴被盗抢机动车33台，收缴反动光盘381张，监控相关网站和微信群128个，封堵、删除有害信息54条。

【严打各类违法犯罪活动】 2015年，全州共立各类刑事案件1568起，破708起，破案率45.2%，抓获刑事作案成员952人。共破获命案29起（其中现案19起、积案10起）。共破涉枪案件63起。成功破获甘孜“2014·07·10”“2014·12·29”持枪杀人案、德格“2009·07·02”持枪杀人案、白玉“2014·02·22”持枪杀人案、色达“2014·11·17”“2015·01·18”非法制造、买卖枪支弹药案、甘孜“2015·04·06”聚众斗殴案、康定“2015·07·22”聚众斗殴案等一批涉枪案件，专项行动战果列全省第一。共追回各类逃犯174名，追逃战果在全省名列前茅。共破获各类侵财案件388起，挡获被盗汽车540辆，追回被盗抢牲畜283头。共破获各类涉毒案件80起，抓获各类涉毒违法犯罪人员140人，缴获各类毒品5.043公斤，收缴枪支3支，发现铲除罂粟原植物518株。相继破获“2014-150”省级毒品目标案件、“3·16”伊佳持枪贩毒案、“3·28”卢正道贩毒案等一系列重特大毒品案件。共受理经济犯罪案件9起，破案6起，抓获犯罪嫌疑人19名，涉案金额1.9亿余元，发现涉嫌虚开增值税专用发票企业5家，追缴税款400余万元。

（吴 波）

·检察·

【概况】 2015年，全州检察机关紧紧围绕全州经济社会发展大局，忠实履行法律监督职责，全面提高检察工作法治化水平，为甘孜州社会稳定、经济发展、民生改善、法治建设提供坚强有力的司法保障。依法严厉打击刑事犯罪。提前介入危害国家安全案件和重特大刑事案件52件，同比上升36%。依法批捕涉嫌各类刑事犯罪547人，提起公诉718人，有罪判决率达100%。其中，批捕涉嫌煽动分裂国家等危害国家安全类犯罪4人；批捕盗窃、抢劫等侵财类犯罪272人，起诉262人；批捕故意伤害、故意杀人等侵犯公民人身、民主权利类犯罪81人，起诉93人；批捕毒品犯罪、聚众扰乱社会秩序等妨害社会管理类犯罪134人，起诉103人。强化社会面防控。全年共调动警力5200余人次，出动车辆1100余台（次），参与处置各类突发事件30余起。严肃查处职务犯罪。共立案查办工程建设领域、涉农惠农领域职务犯罪案件30件30人，为国家挽回经济损失1000余万元。加力深化职务犯罪预防。深入重点工程和重点单位举办预防讲座49次，受教育人员6300余人次。提出防控风险、堵塞漏洞建议8件。深入乡村开展专题讲座23次。深入25座寺庙与宗教界人士开展座谈60余场（次），调处矛盾纠纷22起。积极开展司法救助，为36名受害人及其近亲属落实司法、民政救助金16万元，协调落实低保3人。共办理环境资源类案件33件39人。提前介入生态资源领域发生的重大、疑难案件16件22人。督促相关部门依法履职4件，移送犯罪线索2起。依法监督侦查机关应当立案而不立案的刑事案件10件10人，不应当立案而立案2件2人，同比上升50%。纠正漏捕4人，追诉漏罪漏犯11人。退回侦查机关补充侦查257件（次）。向人民法院提出刑事抗诉3件5人，提出量刑建议95人，采纳63人。监督民事行政审判、执行违法27件，发出纠正违法通知书13份。提出再审和工作检察建议8件，采纳8件。做好群众工作，分期分批派出“检察小分队”163个700余人次深入联系乡村、寺庙和学校，走访高僧大德及农牧民群众14600余人次，积极帮助农牧民群众排忧解难。投入帮扶款物折资74.15万元，为农牧民群众解决困难问题111个。整合社会各界帮扶资源，为7户贫困户募集到价值3万余元的生活用品。选派25名检察干警驻村担任“第一书记”，开展精准扶贫工作，引导农牧民群众早日脱贫奔康。

【举报宣传周活动】 两级院结合“法制甘孜”和“三严三实”教育实践活动，上下联动、各部门相互配合，从6月23—26日，在全州范围内开展以“落实举报规定推进反腐倡廉和规范司法”为主题的多种形式的“举报宣传周”活动，积极邀请人大代表、政协委员、人民监督员、特约检察员参与宣传活动，深入乡、镇、村、寺庙、学校、机关开展法制宣传，将典型案例制作成视频短片循环播放，通过《甘孜日报》、甘孜电视台、“两微一端”等平台公布举报电话、举报网址，对举报宣传周开展情况进行全程报道。针对甘孜州虫草矛盾纠纷长期存在的情况，编制藏汉双语版《人民检察院检务宣传手册》《检察资讯》、检民联系卡等宣传材料，引导干部群众学法守法，依法有序表达合理诉求，依法维护合法权益。全州两级检察机关在举报宣传周活动中，共出动宣传车辆35台（次），派出检察干警243人，设置宣传点65个，制作展板280张，发放藏汉文宣传资料12000份，接受群众咨询388人次，受理控申举报21件，利用各类新闻媒体发布相关信息60条（次）。

（桑郎翁确）

·法院·

【概况】 2015年，全州法院受理各类案件3648件，同比上升15.66%，审执结3452件，结案率为93.87%；其中，州法院受理各类案件745件，同比上升7.81%，审执结719件，结案率为96.51%。严厉打击刑事犯罪。依法受理各类刑事案件454件，审结421件；其中，州法院受理75件，审结67件。严厉打击分裂势力犯罪活动，大力开展反自焚专项斗争，先后审结彭某、珍某自焚案件，分别以危险方法危害公共安全罪判处刑罚，彭某一案系全国首例；对阻碍救援自焚者的冲某以故意杀人罪定罪处罚，系全州首例；审结故意杀人、“涉枪涉爆”“两抢一盗”等案件215件326人；审结职务犯罪案件41件，判处罪犯41人，其中县处级4人、科级23人；正确贯彻宽严相济刑事政策，依法从严判处五年以上有期徒刑、无期徒刑、死刑91人，判处缓刑56人、免予刑罚5人；依法办理减刑、假释案件437件437人，依法对12名符合法定条件的罪犯予以特赦。妥善审理民商事案件。受理各类民商事案件2006件，审结1870件；其中，州法院受理170件，审结158件。监督支持依法行政。受理行政案件55件，同比上升89.66%，审结51件，依法判决撤销、变更或履行法定职责7件；其中，州法院受理16件，审结14件。健全行政案件司法审查通报制度，发布《2014年度行政审判白皮书》，对土地征收、房屋拆迁等案件在妥善处理的同时提出司法建议23件，与州政府法制办共同编印《甘孜州依法行政案例读本》。受理执行案件673件，执结650件；其中，州法院受理32件，执结28件。开展涉民生案件专项集中执行活动，集中执结182件，其中为175名农民工追讨拖欠工资352.46万元；深入开展“反规避、惩失信”专项执行活动，召开“打击拒执罪专项活动”新闻发布会，完善信用惩戒“黑名单”制度，对57名拒不履行、规避执行债务的失信被执行人予以曝光，司法拘留1人，24人慑于法律主动履行债务230.18万元。强力推进司法公开“三大平台”优化升级，网上公布生效裁判文书1594份，占应上网公布裁判文书数的82.78%，超出省法院下达任务的12.78个百分点。组织选任的331名人民陪审员参与案件审理，案件陪审率达95%。聘请代表、委员、企业负责人、社区群众等63人为特邀监督员，通过召开新闻发布会通报重要工作、随案发放监督卡、公开院长信箱、廉政举报电话和邀请新闻媒体走进法院等形式，广泛接受社会舆论监督。组织干警5100余人次在维稳任务区域进行24小时安保值守。开展调查研究，形成《关于推进依法治州的几点建议》专题调研报告。着力保障经济社会发展。妥善审理涉及产业转型升级、重大工程项目等案件583件。2015年，全州法院23个集体和20名个人受到州级以上表彰。其中，泸定县人民法院冷碛人民法庭荣获四川省第二届“我最信任的基层政法单位”荣誉称号，稻城县人民法院刘强被最高人民法院授予“全国法院司法警察先进个人”荣誉称号。

【人民法庭“五进”活动】 开展矛盾排查（司法调解）进乡村，全州法院共排查、调处虫草松茸采挖、征地拆迁等矛盾纠纷2300余件，通报或协调相关部门跟踪解决428件。开展立案服务进乡村。全州法院新增巡回法庭35个，开展上门立案、电话立案、网上立案、节假日预约立案207件；开展司法救助，为符合法律规定的当事人缓、减、免交诉讼费122.4万元；推进巡回立案服务点建设，在乡镇、社区、村等建立司法服务联系点、便民收案点663个，零距离为群众提供司法服务，由法院聘请的乡镇及有关部门或村（社区）司法服务联络员代为转达当事人诉求、帮助联系法官318件（次），着力解决人民群众有纠纷不知找法院、不知如何找法院的问题。

开展巡回审判进乡村。全州法院依托乡镇“大调解中心”、村委会（社区）等设立巡回办案点194个，形成以派出人民法庭为依托，以乡镇、村（社区）等为辐射点的巡回审判网络；依托“帐篷法庭、车载法庭、马背法庭”，简化办案程序，缩短办案期限，就地审判各类案件228件，着力解决人民群众因诉讼时效周期长或不方便诉讼而不愿寻求法院解决纠纷的问题。

开展法制宣传进乡村。开展“送法下乡”“以案说法”和法律咨询活动，开展法制宣讲1156场（次），发放藏汉双语等宣传资料6万余份（册）。

开展同心同向进寺庙。全州法院开展“藏汉双语法律宣讲进寺庙”活动，教育引导僧尼分清合法与非法、可为与不可为的界限，促进联系寺庙及僧尼持戒守法。其中，石渠县法院协同有关部门依法规范联系寺庙的管理，协助联系寺庙清退未成年入寺人员；甘孜县法院协同有关部门帮助联系寺庙健全资产管理等12项制度；稻城县法院邀请联系寺庙僧人参观亚丁机场、审判庭建设工地，在全州首创聘请寺庙司法服务联络员。

【自觉接受人大、政协监督】 全州两级法院始终将接受党委领导、人大依法监督和政协民主监督作为推动各项工作的强大动力和重要保障。严格执行人大及其常委会各项决议，向州人大常委会专题报告司法公开推进情况，及时落实审议意见。自觉接受检察机关法律监督，认真办理检察建议，办结检察机关刑事抗诉案件3件，其中依法改判1件。为州人大代表和政协委员订阅《人民法院报》，方便代表及时全面了解和监督法院工作。规范人大代表、政协委员联络工作，对全州“两会”和闭会期间收集的13条意见建议，逐项制定改进措施；安排中层以上干部“一对一”联络省人大代表27人、政协委员25人。举办“法院开放日”活动，邀请人大代表和政协委员走进法院，观庭审、评案件、提建议，实地感受司法便民、司法公开、司法改革新举措。

（周孝辉）

·司法行政·

【概况】 组织召开2015年全州司法行政工作会、全州司法行政系统党风廉政建设及反腐败工作会议等全系统会议。先后组织开展系统领导干部读书班、重点工作推进会、人民调解骨干轮训、司法所规范化建设现场会等教育培训，培训州局机关和县局领导班子、业务骨干、司法助理员等12257人次；全系统8个先进集体、15名先进个人荣获省州表彰，1人荣立个人二等功。与甘孜州委宣传部联合在康定举办为期7天的2015年甘孜州“法治乡村行”群众宣讲培训班。各县（市）委宣传部部长，州委群众宣讲团成员，州司法系统法律宣讲团成员，各县群众宣讲骨干，州级各部门宣讲辅导员、志愿者等200余人参加培训。承办全省藏区“法律进寺庙”工作会。省司法厅副厅长史红平率省司法厅工作组一行在甘孜县召开全省藏区“法律进寺庙”工作会。承办四川省藏区法律知识竞赛甘孜赛区预赛。联合州依法治州办、州委宣传部、州委统战部、州民宗委、州教育局举办四川省“法治藏区你我同行”法律知识竞赛甘孜赛区预赛，圆满完成组委会交办的出题、选题、制作题卡、竞赛试题同步PPT、竞赛现场会务等相关工作。甘孜州基层干部和农牧民群众代表队在省决赛中均喜获佳绩，其中，基层干部组决赛中，白玉县代表队荣获二等奖，康定市、甘孜县代表队获得三等奖；农牧民群众组决赛中，丹巴、雅江、炉霍3支队伍分获三等奖。

【统筹协调“六五”普法检查验收】 组织州、县分门别类对照《实施“六五”普法规划自查内容》要求，县级部门自查7个大项42小项，州级部门自查6个大项23个小项，对2011年以来普法宣传工作逐项开展自查。完成全州“六五”普法检查验收工作。拟定《关于组织开展〈甘孜藏族自治州全民法制宣传教育第六个五年规划（2011—2015年）〉实施情况检查验收工作方案》，区分县（市）、部门制定检查验收标准，通过州委办、州政府办印发各县（市）、州级各部门。统筹组织10名州级领导32名成员组成6个赴县检查验收组、4个州级部门检查验收组，分赴18个县（市）192个基层单位、20个州级部门，全面检查验收各县（市）、州级各部门“六五”普法工作开展情况，查找问题不足，总结典型经验，发掘特色亮点。指导迎检县对照《全省“六五”普法总结检查验收地方内容及指导标准》做好迎基层单位选点备检、工作汇报、组卷归档等迎检筹备工作，组织州本级档案、工作图册、州县部门编印法治读本等各类资料备查。

【推进“律师基层行”】 在全州范围内遴选政治立场坚定、业务素质过硬、善于做群众工作的律师、公证员、基层法律服务工作者52名担任103个乡镇的法律顾问。乡镇法律顾问免费为乡镇涉及的法律问题提供咨询意见或进行指导，草拟、审查法律文书，参与乡镇重大事项的决策或谈判，协助开展法律政策宣讲以及乡镇委托的其他法律服务等。乡（镇）法律顾问全年累计为服务乡（镇）提供法律服务2350（件）次，参与化解矛盾纠纷1080（件）次，参与综合性法治宣传360（场）次。

【开展法治示范创建活动】 甘孜州稻城县各卡乡尼龙村、丹巴县章古镇步行街社区已被司法部、民政部授牌命名为“全国民主法治示范村（社区）”；稻城县被全国普法办表彰为“全国法治示范县创建先进单位”；康定市被省依法治省领导小组授牌命名为省级法治示范市、州人大办被授牌命名为省级学法用法示范机关、甘孜县昔色乡被授牌命名为省级法治示范乡。

【人民调解规范化建设】 拓展行业性、专业性人民调解组织和专攻化解复杂疑难性纠纷调解组织建设，牵头协调州卫计委指导全州18个县（市）建立县（市）级医疗纠纷人民调解委员会，新建白玉、炉霍两县专攻化解复杂疑难跨区域性矛盾纠纷县级人民调委会；开展人民调解员“瘦身提质”工作，清理精简不作为、发挥作用不好的人民调解员2035

名，逐级开展人民调解员等级评定及“人民调解能手”评选工作，审核评定“一级人民调解员”28名，评选“甘孜州人民调解能手”30名，其中向省司法厅申报“首席人民调解员”2名，“四川省人民调解能手”5名；指导各县按照“一乡一村”2个人民调解委员会进行规范化建设示范点创建，审核评定“四星级人民调委会”24个，向省司法厅推荐“五星级人民调委会”3个；探索创新“四步走”等符合州情的人民调解排查调处机制，全年开展各类排查活动4996件，调解5159件，调解成功4987件，调解成功率达97%。

【法律服务】 联合州中级人民法院出台《关于加强律师执业权利保障工作的通知》印发各县（市）法院。组织实施“重经济效益，轻公证质量”问题专项治理活动，不断拓展公证法律服务“绿色通道”，全州共办理公证2860件，出证2791件，其中经济类公证702件、民事类公证2089件，解答法律咨询3000余人次，减免困难群众费用1.58万元。启动实施“百名法律援助志愿者行动计划”，层层遴选，严格把关，建立州县法律援助志愿者库；新建成县级规范化法律援助接待受理大厅2个、乡镇街道法律援助工作站24个，办理法律援助案件9389人次，完成率达156.48%；办理“岁末年初为农民工讨薪”法律援助案件36件次，为农民工讨回欠薪754万余元。修订完善17项制度，规范鉴定人员执业行为；深入开展司法鉴定质量建设年活动，鉴定业务持续发展，全年共办理司法鉴定案件253件，群众满意度达100%。完成2015年度国家司法考试工作，得到省督考组“五个到位”高度肯定和省司法厅的通报表扬，连续13年实现零差错。

（李 映）

དམག་དཔུང་།
武 装

·甘孜军分区·

【概况】　2015年，甘孜军分区部队深入学习贯彻党的十八届三中、四中、五中全会，全军政治工作会议和习主席系列重要讲话精神，分3个波次组织开展深化国防和军队改革专题教育。77363部队52分队指导员翁成旺参加成都军区“四会”政治教员评比竞赛荣获三等奖。协调地方向驻训部队赠送慰问品，协调文艺分队赴军区理塘训练场慰问演出。宣传分区部队建设成绩，在各级媒体上稿227篇（条），4篇文字研究成果被上级刊用。修订完善各类应急预案，先后9次组织实案化演练。完成82支应急队伍集结点验、18支县级民兵应急连训练。组织部队到4200米高海拔地区进行300余公里的冬季野营拉练，完成手榴弹投掷、新兵实弹射击；组织小兵种集训和比武竞赛；组织机关参谋基本技能强化训练，增强“五通”“六会”能力。参加总参、公安部“高原1号”反恐演练，动员州县力量，完成上级赋予的各项演习任务。协助地方积极做好维护社会稳定工作，受到省军区首长肯定。参加省军区年终军事训练考核，4名官兵在成都军区特种侦察骨干集训比武竞赛中夺得2项第一、3项第二，甘孜分区被省军区表彰为年度“军事训练先进单位”。组织新兵集训、两次退伍、专武部部长培训工作。持续推进8个专项清理整治，补充完善干部档案资料331份；调整规范分区机关党支部，取消不合规定的4个科党支部；逐项整改空余房地产租赁问题68起，完成分区机关和各基层单位经费预算和大项工程建设项目核算；清理2个非编机构。完成1名老干部、31名转业干部移交安置，1名优秀士兵保送入学。4个单位、4名个人受到成都军区和省军区表彰。

【综合保障能力】　坚持向管理要效益，向保障力要战斗力，不断提升后装综合保障水平。抓培训，利用集中报账时机组织后勤科长业务培训，完成30名驾驶学兵复训，组织手中武器装备及操作使用展（演）示，不断提升后装保障业务水平；抓清查，强力推进财务工作和国有资产清理清查；抓保障，及时维修营房、道路、水电线路，搞好营区绿化美化，稳步推进营区灾后重建，协调组织团以下干部健康体检，注重搞好遂行任务中的卫勤保障，及时请领补充通用装备及器材；抓建设，开展装备系统“质量月”活动，定期检修保养军械装备，升级改造人武部老旧装备仓库安防系统，推动装备建设不断形成战斗力保障力。

【军政军民关系】　主动融入地方经济建设，在落实制度、群众工作、扶贫攻坚、社会治理中实现同步发展、提质增效。召开全州2015年度党管武装工作暨议军会议，组织人武部党委第一书记书面述职，研究解决“国防教育基地工程尾款、激励入伍大学生措施、随军家属就业安置”等实际问题。认真贯彻省军区藏区工作暨扶贫开发座谈会精神，设立280万元扶贫开发专项基金，对口帮扶贫困村组、学校、寺庙、群众，累计走访结对认亲3000余次；启动康定市头道桥村饮水工程和乡村道路建设，为巴塘县、得荣县贫困村饮水工程和道路建设解决水泥130吨；协调处理甘孜德格边界和塔公草场纠纷、理塘驻训部队临时占地补偿事宜，完成参加扑灭森林火灾、抗击泥石流灾害、搜救坠河车辆等急难险重任务，分区部队开展群众工作做法在省军区作了交流。双拥共建取得新的成效，泸定、丹巴、道孚、石渠、理塘等10县被评为省双拥模范（先进）县。

（*解必彦*）

·武警甘孜州支队·

【概况】　2015年，武警甘孜州支队协助公安机关完成抓捕任务数期。协助公安机关完成甘孜“4·10”抓捕任务，成功抓获犯罪嫌疑人42名，缴获枪支24支、藏刀23把。协助公安机关成功处置甘孜县大德乡一涉枪涉恶犯罪团伙抓捕任务，击毙犯罪嫌疑人1名，抓获3名，缴获仿81式自动步枪1支，子弹1000余发。协助公安机关对甘孜州康定市塔公镇因草场纠纷，引发塔克村与相弄村、贡布村械斗事件中犯罪嫌疑人实施搜捕，抓获犯罪嫌疑人8人，投案自首1人，收缴枪支5支（其中军用步枪3支、仿制枪支2支）、管制刀具11把。配合公安机关成功处置“10·6”甘孜县查龙镇群体性涉稳事件，共抓获犯罪嫌疑人43名，缴获藏刀20余把。甘孜州支队反恐骨干集训队参加总队反恐骨干集训比武，取得团体第二名的优异成绩。组织开展第五次“武警春蕾计划”捐款活动，机关基层捐款近19万元。甘孜州支队担负道孚县入寺政宣期间震慑性维稳，各项任务圆满完成。组织为期3天、长达150多公里的新兵野营拉练，所有新兵全部坚持走完全程。年底，支队被总队表彰为“正规化执勤优秀单位”“安全工作先进单位”“2015年度新闻宣传工作先进单位”，支队司令部被总队表彰为“2015年度先进司令部”。

【维稳与整治】　完成单位执勤平台信息化升级改造和AB门上勤，固定执勤目标实现绝对安全；狠抓“三场维稳战役”，完成石渠、色达、甘孜、雅江、道孚等重点方向震慑维稳，完成甘孜“4·06”“4·10”“5·17”武装抓捕和“10·6”群体性涉稳事件处置，康定塔公“7·22”械斗案处置等任务200余起。开展“条令法规学习日”、群众性创安、“百日安全竞赛”和干部队伍“履职责、守纪律、保安全”教育整顿活动；狠抓干部查铺查哨、请假销假、跟班跟训、谈心交心等制度跟踪督促；编发“六个坚决不能发生”、治酒“六条禁令”警示卡，组织开展安全大检查、反恐大排查、“三库”大整治和“八个重点问题”治理等活动，实现“四无”目标。年底，支队被总队表彰为“安全工作先进单位”，司令部被总队表彰为“先进司令部”，四中队荣立集体二等功，副参谋长王朝平被总部表彰为“2015年度维稳工作先进个人”。

【政治工作】　坚持思想建党、政治建军，深入开展“三严三实”专题教育整顿和“四整八治”“六个肃清”活动，彻底肃清郭徐案件流毒影响，培塑政治工作威信，以上率下纠治问题积弊；严查涉及基层敏感事项、维护官兵合法权益和内部关系等问题，纯正部队风气；组织官兵健康体检，安排12名官兵及家属参加总部、总队组织的疗养，落实官兵休假及家属来队接待中转，干部士官探亲休假率达100%，先后救助特困官兵120人次、22.3万元。开展《纲要》“学用练”活动，各级按纲建队意识增强；以“三会一条线”为载体，纠治“五多”顽症，开展“三训一练”大练基本功活动，基层自建能力提升。

17个单位被总队表彰为“基层建设先进大（中）队”，3人受到总队以上表彰，1人荣立二等功，124人荣立三等功。持续开展“四同警民共建”“结对认亲”“精准扶贫”等活动，开展植树造林、助民劳动、政策宣讲、捐资助学等活动，全年植树600余棵，捐款捐物20余万元，分别为九龙县烟袋镇桤木林村和石渠县八若村小各捐款10万元修建人畜饮水工程和校舍。第三大队被四川省表彰为“第七次民族团结进步模范集体”，一中队副政治指导员方远东被共青团四川省委表彰为2015年度“四川省优秀共青团干部”。

（武警甘孜州支队）

·武警甘孜州森林支队·

【概况】 2015年，支队坚持以强军目标为引领，深入学习贯彻习近平主席系列重要讲话和全军、武警部队政治工作会议精神，按照上级党委工作部署，聚焦打胜仗，突出强能力，扎实打基础，深入抓整改，稳步谋发展，各项工作有序推进。累计在中央、省、市重点媒体刊稿212篇，全方位展现支队建设和官兵风貌。徐骅典型事迹宣传赢得军内外高度关注，产生强烈社会反响。配合林业部门开展为期一个月的防火专项整治行动，组织乡城县城区武装巡逻和稻城亚丁靠前驻防，遂行雅江县八角楼林政检查和康定跑马山景区浇灌等各类勤务40余次，制止野外用火126起。累计动用兵力1400余人次、车辆137台次，成功扑救雅江米龙、智村，康定孔玉等11起森林火灾和康定市东关“9·19”泥石流抢险救灾任务。

【拥政爱民工作开展扎实】 组织官兵开展以学藏族风俗、学藏族语言、学藏族舞蹈、唱藏族歌曲为主要内容的“三学一唱”，培养官兵对“第二故乡”的感情，增强官兵热爱“第二故乡”、建设“第二故乡”的自豪感。驻康部队开展“共建安全文明旅游区”活动，主动承担旅游“黄金周”景区防火执勤巡护任务。在全部队叫响“灭火当尖兵，植树做模范”的口号，主动承担绿化荒山任务，义务植树5000余株，大力宣传生态保护知识、科学种养知识、安全用火常识和有关森林、草原法律法规，不断提高全民防范森林火灾、保护野生动植物的意识；与驻地200余户村民结对认亲，选择与政府机构、驻地学校、团委、血库、老年协会、敬老院等单位开展共建活动，全支队建17个共建对子，投入65000元为康定市力邱河呷巴小学购买电脑26台。坚持利用“双休日”“三五”学雷锋活动日，组织小分队深入村镇街道为群众义务理发、修电器、看病、打扫卫生、收割粮食等，为驻地群众做好事、办实事。在创建“文明卫生城市”活动中，康定中队官兵坚持每月义务打扫卫生、清除环境污染，被驻地群众誉为“绿色环保使者”。

（庞红卫）

·甘孜州公安消防支队·

【概况】 2015年，成功处置泸定“1·7”油罐车自燃、石渠“4·21”雪崩、康定“5·31”天然气泄漏、康定“9·19”泥石流等一系列急难险重救援任务，圆满完成敏感期、抗战胜利70周年等消防保卫工作，在上级组织的各项活动中取得优异成绩，涌现出“四川省十大最美警察”杨武东等先进典型。甘孜、道孚、稻城、丹巴、雅江、色达等6个县消防站已获批并入驻，九龙、德格11个县消防站已完工。

【提升火灾防控能力】 提请各级党委、政府投入近2000万元落实寺庙消防安全隐患整改，结束“五明佛学院”无专职消防队的历史，将寺庙火灾隐患整改资金上报省发改委，纳入“十三五”国家支持藏区经济社会发展规划建设项目。全年，消除了一大批社会面火灾隐患。

（州公安消防支队）

དཔལ་འབྱོར་དོ་དམ།
经济管理

·发展和改革·

【概况】 2015年，全州实现地区生产总值213.04亿元，同比增长5.1%，较上年提高0.9个百分点。其中，第一产业增加值54.41亿元，增长3.9%；第二产业增加值75.79亿元，增长4.7%；第三产业增加值82.84亿元，增长6%。完成全社会固定资产投资421.83亿元。完成地方财政一般公共预算收入31.44亿元，增长14.1%。实现社会消费品零售总额74.2亿元，增长6.9%。城镇居民人均可支配收入达到24978元，增长8.7%；农村居民人均可支配收入达到8408元，增长14.5%。修订颁布《政府核准的投资项目目录（甘孜州2015年本）》，下放3000万元以下的政府投资项目、20公里以下的政府投资通乡公路审批权限到县。在州政务大厅设立行政审批窗口，将委职能范围内的31项行政事项全部纳入窗口，率先在全州实施行政事项“接办分离”。加强收费管理，取消收费许可证年审制度，建立收费单位和收支状况报告制度，强化收费公示。开展PPP模式试点，吸引社会资本进入公共服务领域。加大专项建设基金争取力度，获11.9亿元国家专项建设基金支持。全力实施广东省对口支援2014—2015年项目，累计完成投资3.69亿元。配合广东做好“十三五”对口支援甘孜州经济社会发展规划编制，计划总投资12.84亿元。配合做好与凉山州、雅安市战略合作框架协议签订，推动成立成甘、甘雅工业园区。积极参与川滇藏青交界地藏区市（州）长第一次联席会相关工作，促进交界地区区域合作。

【提升宏观调控能力】 超前谋划和指导“十三五”规划28项前期重大课题研究工作，配合州委起草《关于制定国民经济和社会发展第十三个五年规划纲要的建议》，编制完成《甘孜藏族自治州国民经济和社会发展第十三个五年规划纲要》文本。加快开展《甘孜州“十三五”太阳能发电利用规划》《甘孜州南部高原生态光伏发电园区规划》编制工作。开展《对民族地区适应经济新常态的探索》《对经济新常态下加快甘孜州产业转型升级的思考》等课题调研工作。

【项目投资管理】 争取中央、省上建设资金53.27亿元。雅康高速（甘孜境内）全线开工，甘孜机场正式获批，川藏铁路雅康段工可上报国家铁总审查，东海路等一批国省干线主体完工。两河口电站成功截流，黄金坪电站投产发电，苏洼龙、古瓦等5座159万千瓦大中型电站取得核准。丹巴嘉绒水利工程可研报告、道孚县尼措水利工程变更方案获批。牵头对全州230个未开工项目、268个已开工但推进缓慢的项目实行“一站式”审批，督查历年未办理竣工决算项目。专项稽查项目6个、专家督查项目15个，联合财政、审计、住建、水务稽查检查项目16个。加大项目前期工作力度，编制完成《甘孜州“十三五”藏区规划项目方案》，涉及5个方面104类（个）项目，总投资1395.8亿元。

【助推产业转型升级】 推动做好海螺沟创AAAAA级景区相关协调工作，协助做好项目资金的争取工作，落实2015年藏区专项资金545万元。上报项目9个，争取藏区专项资金9.5亿元。配合做好高海拔宇宙线观测站建设相关协调衔接工作。全力加快“两江一河”两河口、长河坝、猴子岩、黄金坪4座干流大型电站和洞松、溪古、乡城等支流中型电站建设，全年新增装机103万千瓦，累计装机达到723万千瓦。顺利推进中型水电项目入股，参股装机37.39万千瓦。规范全州小水电资源开发秩序，制定《小水电历史遗留问题解决方案》。甘孜火古龙、炉霍贡塘岗2座5万千瓦光伏电站投产发电。完成2015年农口类藏区资金项目和常规中央预算内投资项目申报工作。丹巴嘉绒水利工程可研报告、道孚县尼措水利工程请求变更方案获省发改委批复，“十二五”期续建中型水利工程剩余工程建设资金投资计划全部下达。

【基础工程发展建设】 投入108亿元，加快交通建设。雅安至康定高速公路全线开工，川藏铁路雅康段前期工作加快推进。国道318线东海路、国道317线俄岗路、国道227线甘君路、省道456线马石路等一批国省干线主体完工。农村公路三年集中攻坚、通乡油路、通村公路建设加快推进。投入30亿元，实施“电力天路”工程。建成乡城、九龙溪古、康定黄金坪3条500千伏送出工程。泸定大岗山、康定长河坝500千伏送出工程土建部分基本完成。康定猴子岩500千伏送出工程、泸定田坝110千伏输变电工程加快建设。做好漏统无电项目申报，争取补充投资3.9亿元，解决6.6万人的漏统无电问题，无电地区建设全面完工。争取2015年农网改造升级项目资金5.7亿元。投入1.8亿元，加大水利工程建设力度。乡城玛依河、得荣白松茨巫水利工程完成建设任务；康定力曲河、泸定顺河堰、巴塘巴楚、炉霍易日河水利工程建设加快。建设安全饮水工程1595处，完成投资7.3亿元，解决规划外49.6万人安全饮水问题，超额完成年度目标。投入18.5亿元，有序推进灾后重建。康定“11·22”地震392个灾后恢复重建项目稳步推进，开工率和完工率分别达98.47%和31.89%，完成省政府确定的年度目标任务。芦山、得荣地震灾后恢复重建任务基本完成。

【粮食物价工作】 全年粮食收购6033吨、粮食销售31926吨、粮食轮换8700吨。完成优质、专用粮油订单面积133.33公顷，全州粮食购销企业实现盈利95万元。抓好粮油仓储基础设施建设，发放小粮仓12.96万套。加强价格监测预警，安排州级价格调节基金4925万元，加快推进“菜篮子工程”基地建设。推进价格改革，启动康定市建立居民阶梯水价制度工作，放开除麻醉药品和第一类精神药品之外的药品价格，放开民爆器材流通费率、部分水利工程供水价格。对全州隧道用电价格实行优惠，确保隧道用电需求。规范机动车驾驶员培训收费行为，核定航空、停车场等部分服务收费标准。取消政务服务和资源交易服务中心招投标服务收费。加强市场监管，及时处置海螺沟“天价天麻”事件，全年共查处价格违法案件12件，实施经济制裁137.2万元。

（蒋丽华）

·国有资产管理·

【概况】 2015年，全州国有企业资产总额达到119.43亿元，所有者权益77.19亿元，同比增长26.70%、31.55%。营业总收入8.46亿元，同比降幅5.36%。其中：州本级企业资产总额达到85亿元，所有者权益58.78亿元，营业总收入6亿元。县属国有企业资产总额达到34.52亿元、所有者权益18.4亿元、营业总收入2.45亿元，同比分别增长11.90%、12.64%、-4.71%，为全州发展大局做出了贡献。

【国资国企改革】 组建甘孜州投资发展集团公司、甘孜州能源发展集团公司、甘孜州旅游集团公司三大集团公司，年末已完成方案制定和报批工作。甘孜州人民政府办公室印发《全面深化州属企业内部劳动人事分配三项制度改革实施方案》。制定《州中小企业融资担保公司和州惠民担保公司整合方案》，州惠民农业担保公司并入州中小企业融资担保公司，两个公司的改革整合顺利完成。四川康定机场集团有限责任公司和四川航空集团公司重组工作有序推进，签订重组备忘录，完成尽职调查，两大集团的重组方式、治理结构、资产范围、航线补贴等问题已达成初步意见，《四川康定机场集团有限责任公司改革重组方案》已上报四川省国资委审批。甘孜州人民政府国资委监事会管理中心更名为甘孜州董事监事管理中心，增加外派董事的管理职能，结合职能职责，建立健全出资人监督体系。

【国有资产监管】 全年完成国有资本经营预算收入并上缴2593.44万元，超额完成目标，超预算16.66%，重点支持州属国有企业在水电、矿山、旅游等优势资源开发建设，促进了企业结构调整和发展。已签订参股协议企业4家，已商谈未确定参股比例企业12家。已完成甘孜州位于成都市三宗土地中两宗土地的拆迁及原甘孜州商业局驻成都站和原农资五交化公司成都十里店仓库35户住户的搬迁工作。四川里伍铜业公司黑牛洞铜矿项目和中咀铜矿项目建设加快推进，完成投资5164万元。甘孜州国资公司贡嘎山矿泉水厂项目完成投资2221万元，完成厂房建设和设备安装调试，取得产品品牌申报QS认证和取水许可证。制订《国有资产监督管理制度》《甘孜州国资委外派董事监事管理办法》《加强和改进州属国有企业纪检监察组织建设意见》《所出资企业投资管理办法》，起草《甘孜州州属国有企业负责人履职待遇、业务支出管理办法》《关于深化甘孜州国有企业负责人薪酬改革实施方案》《全面深化州属企业内部劳动人事分配三项制度改革实施方案》。全面完成甘孜州国资公司、四川里伍公司、甘孜州盐业公司、甘孜州中小企业融资担保公司、冰川饭店负责人2014年度经营业绩目标考核。对四川里伍公司、州担保公司、州文旅集团稻城亚丁景区旅游开发公司3户企业开展监督检查。

（刘煊华　段慧超　杜金松）

·国土资源·

【概况】 完成甘孜、色达等8个县15个土地整治项目的可研、规划设计编制和立项。争取省投资项目，甘孜县生康乡土地整理项目、乡城青麦土地开发项目和丹巴县半扇门乡土地整理项目获省批准建设，争取到省投资金5862.33万元。完成石渠县和稻城县3个土地整治项目建设，建成高标准基本农田93公顷，新增有效耕地面积124.47公顷。完成甘孜等县9个占补平衡项目设计、财评和立项等前期工作。为稻城、道孚等县城镇建设和雅砻江两河口水电站项目提供耕地占补平衡指标82.53公顷，保障了稻城和道孚两县6个批次城镇建设和雅砻江两河口水电站用地的依法报批。征收土地开垦费3450万元。全州实际保有耕地9.87万公顷，基本农田保护面积5.43万公顷。全面完成省下达的目标任务。经营性用地实现100%的招拍挂出让，商品住宅用地100%以拍卖方式出让，全州实现土地收益9441.37万元。成立不动产登记管理机构和经办机构的设立，全州共划转不动产登记行政编制8人、事业编制61人。共受理群众来信来访40件，信访办结率为100%。

【优先保障重点项目和民生工程用地】 审查上报雅砻江两河口电站工程、雅江县四川天齐盛合锂业有限公司锂辉石矿采选一期工程、省道215线九龙县城至凉山界段改建工程、色达洛若镇建设工程等27件国家、省、州重点建设用地，面积12837.5公顷。配置州级新增建设用地计划指标202.05公顷。安排康定市、泸定县灾后重建用地专项指标44.6公顷。

【矿产资源勘查开发有序推进】 新增氧化锂储量64万吨，其他矿种新增储量50万吨；重点开发项目有序推进，里伍黑牛洞铜矿1500吨/日，呷村银多金属矿1100吨/日采选工程基本建成；创新采矿权动态监测和年检工作，开展实地核查工作，发现8宗违规开采行为，并即时移交国土资源局执法支队查处；强化探矿权年检，灭失探矿权40余宗；实现矿业产值14.5亿元，征收矿产资料补偿费1890万元，征收惠民资金1200万元。

【地质灾害防治工作】 全州共发生较大规模地质灾害灾情37起，受灾人数3832人，未造成人员伤亡，实现全州地质灾害“零死亡”。成功预警预报7起地质灾害，紧急疏散、主动转移、提前避让2721人，避免1711人可能因地质灾害造成的伤亡，最大限度保障人民群众的生命财产安全。争取上级地质灾害防治资金5.27亿元（其中康定“11·22”灾后恢复重建地质灾害防治资金2.99亿元），组织实施3124户避险搬迁安置、47处重大地质灾害治理、141处排危除险、2处重点场镇和小流域地质灾害综合整治、州级和9个县国土资源应急能力建设等防治工程。完成丹巴等9个县地质灾害详细调查工作。推进康定“11·22”灾后恢复重建地质灾害防治项目六类30个项目。截至年底，30个项目已全面开工建设，其中完成16个、正在实施14个。指导得荣县灾后恢复重建中地质灾害防治工作，确保地震灾区未因地质灾害造成人员伤亡。争取到4300余万元，完成石渠县包虫病区150口打井供水及配套设施建设工程，解决87个村25个聚居点8所学校8个寺庙共17399人安全饮水问题。5月27日至28日，国土资源部在丹巴县召开“全国地质灾害应急避险工作现场会”。这是第一次在甘孜州召开全国性大型会议，州外参会代表对甘孜州地质灾害防治工作中总结的先进经验和取得的成绩给予高度评价。

【执法监察工作】 2015年，全州共出动5000余人次开展动态巡查工作，重点区域巡查覆盖率达100%，发现和制止率达95%以上；完成2014年度国土资源部下发甘孜州土地卫片监测图斑3862个（位居全省第二）核查工作，新增建设违法用地89宗，面积100公顷。通过采取主动衔接、及时启动、认真核查、积极整改等有效措施，最终全州新增建设违法用地比为14%，耕地违法比为12.9%，州级层面再次实现“零约谈 零问责”目标。州人民政府对雅江、巴塘2个县人民政府启动警示约谈，道孚县政府被纳入省级约谈对象；全州共出动执法人员4819人次开展巡查摸排工作，调查登记户数达9079户，发现违法违规用地5590宗，面积131.07公顷。立案查处76宗，面积4.41公顷，没收非法建筑26700平方米，拆除非法建筑4240平方米，罚没款165.5万元；非立案方式处理4495宗，面积1890亩，没收非法建筑500平方米，拆除非法建筑159392平方米，拆除围墙及围栏20225米，征缴土地出让金及罚没款4074.16万元。

【测绘地理信息工作成效明显】 完成全州18个县（市）坐标系统清理工作，建立2000国家大地坐标系和各县2010独立坐标系两套坐标系；完成新都桥镇等16个重点场镇，面积为56.96平方公里的大比例尺地形图测制；完成324.1平方公里的重大地质灾害隐患点高分辨率无人机影像获取及数字正射影像（DOM）制作，实现重点场镇以及重大地质灾害隐患点高精度测绘地理信息的有效覆盖。

（杨立骅）

·审计·

【概况】 2015年，全州审计机关共完成审计和审计调查项目899个，共查出主要问题金额312329万元，其中：违规金额96932万元，管理不规范金额214968万元。全年出具审计报告和专项审计调查报告899篇，提出审计建议4637条，提交审计信息184篇。成立州本级及18个县（市）公益一类事业单位审计信息和投资审计中心，共新增事业机构19个，新增事业人员编制94名，在现有审计业务人员123名的基础上，基本实现“再造一支审计队伍”。州审计局被州委、州政府授予“甘孜州交通建设三年集中攻坚活动先进集体”“全州群众工作先锋基层党组织”“2014年度全州目标绩效考核先进等次”；被四川省审计厅授予“2014年度州（市）审计业务工作绩效考核优秀单位”及“全省审计系统先进集体及先进个人”。由甘孜州审计局组织实施的巴塘县2013年度财政收支审计项目，首次荣获全省优秀审计项目，实现甘孜州审计项目获全省优秀审计项目表彰“零”的突破。

【政策措施贯彻落实跟踪审计】 完成全州260个部门执行落实政策措施情况的监督检查，揭示政策措施落实中的问题和偏差22个，提出审计建议23条。

【财政（预算执行）、决算审计】 完成2015年财政（预算执行）审计项目200个，财政决算审计项目7个，审计共查出预算编报不真实不完整14102万元，预算编制批复不规范5859万元，未按规定纳入预算管理3630万元，未按规定征收、缴纳预算收入7645万元，违规改变资金用途580万元。

【行政事业和企业审计】 完成行政事业单位审计项目52个，查出扩大开支范围或提高开支标准列支17万元，违规采购57万元，会计核算不实11万元，虚列支出39万元，违规使用发票4万元。完成企业审计项目3个，查出主要问题金额575万元。

【专项资金审计（调查）】 完成专项资金审计及调查项目85个，查出问题资金1.39亿元。

【固定资产投资审计】 完成固定资产投资审计项目458个，项目总投资436931万元，通过审计核减工程结算款22872万元，其他问题资金25332万元。

【社会保障审计】 完成社会保险审计项目8个，查出未按规定征收、缴存社保费74万元，其他问题资金3637万元。

【经济责任审计】 完成经济责任审计项目86个，审计县级主要领导干部5人、区科级领导干部37人、其他42人；在完成的审计项目中，任中审计66人，离任审计20人。审计查出违规金额56276万元，其中主管责任38387万元、直接责任10万元、领导责任5429万元；管理不规范金额12449万元，其中主管责任4083万元、直接责任1901万元、领导责任6464万元。

【信息化建设】 建成甘孜州审计局数据中心，启动实施第一批康定、九龙、道孚、新龙、色达、白玉、巴塘7个县（市）审计局数据中心建设，构建社保审计模型452个（基础版311个、扩展版141个），扩大实施州级和巴塘、新龙2个县社保“五险”基金计算机联网审计。

（童红英　吴艾芳　刘玉瑶　林咏峰）

·统计·

【概况】 2015年，全年共撰写统计分析资料和专题调研报告44篇。报送州委办、州政府办和省统计局信息达500余条，被国家局采用7条、省政府采用33条、州委办州政府办采用123条、被省统计局采用389条。形成《松茸为农牧民增收的调研报告》《投资增速持续下降 目标任务完成堪忧》《甘孜州万众创新调研报告》等专题分析报告。在全国民族自治州统计联合会第二十四次年会上，州统计局撰写的《适应经济新常态 加力发展服务精选》《甘孜州万众创新调研报告》《甘孜州养老服务业发展现状及建议意见》获得二等奖。完成工业、能源、投资、贸经、劳资、科技、服务业、农业、文化产业、综合核算、民营经济、城乡居民收入等常规统计和小康进程监测、两纲监测、投入产出等专项调查。提前做好第三次全国农业普查前期工作，将国家、省有关会议精神、工作部署，梳理成册，整理成文，或专题上报，或当面汇报。将第三次全国农业普查纳入2015年州政府1+8重点工作。完成20多套常规专业报表的年报、定期报表和各专项调查任务，许多专业在全省统计业务考核评比中获得较好名次，荣获一等奖5个、二等奖6个、三等奖6个、先进奖2个。组织统计人员从业资格考试培训228人、继续教育培训375人，对州、县两级统计业务骨干500余人分批次进行业务培训。与西南民族大学建立，搭建省、州、县三级专业人才培训基地。

【有序推进1%人口抽样调查工作】 成立1%人口抽样调查工作协调小组，下发《关于开展甘孜州2015年全国1%人口抽样调查相关事宜的函》（甘统计函〔2014〕68号），各县（市）人民政府，成立相应的抽样调查机构。召开1%人口抽样调查工作动员会议和业务培训会议，及时传达全省会议精神，分发社区核实表与操作手册，甘孜州1%人口抽样调查样本框核实的社区表录入进度均达到100%。州级与各县（市）共预算经费139余万元，年末到位102万元。其中，州级预算3万元，到位3万元；县级预算136万元，到位99万元。分发社区核实表与操作手册，完成社区基本情况表的核实填报工作，1%人口抽样调查样本框核实的社区表录入进度均达到100%。出台《甘孜州2015年全国1%人口抽样调查方案》和《甘孜州2015年全国1%人口抽样调查细则》。开展专项督查工作，州1%人口抽样调查办公室组成督查组，分别到康定市、泸定县、道孚县、炉霍县、甘孜县、新龙县等地开展实地调研督查。

【第三次全国经济普查工作取得阶段性成果】 2015年，甘孜州经普办完成对全州第三次经济普查数据的接收、汇总、审核和比对工作；撰写《甘孜州第三次全国经济普查主要数据公报》（第1、2、3号）；3月11日，组织州委宣传部、州委组织部、州委、州政府目标督查办、州发展和改革委、州财政局等27家州经济普查领导小组成员单位的分管领导召开甘孜州第三次全国经济普查新闻发布会；撰写系列经普数据简明信息；审核和编辑出版《甘孜州第三次全国经济普查主要数据公报》和《甘孜州第三次全国经济普查汇编资料》。

【完成名录库建设升级试点】 完成单位清查核查和名录入库比对工作，开展培训活动，建立健全名录库资料互换制度，不断更新、充实、完善全州基本单位名录库。加强“四上”企业调查单位名录管理工作组织领导，规范管理调查单位名录，按照“先进库，后有数”，“要进库，走流程”的原则，全面推行统一，规范管理单位名录，严格实施“四上”企业统计单位新增、变更、退出管理流程。完成名录库升级试点工作。

（李春芳）

·资料链接·

·甘孜经济·

2015 年甘孜州国民经济和社会发展主要指标一览表

	单位	2015 年	2014 年	±%
地区生产总值（当年价）	亿元	213.04	206.81	5.1
第一产业	亿元	54.41	51.02	3.9
第二产业	亿元	75.79	77.20	4.7
#工业	亿元	44.69	46.69	2.6
第三产业	亿元	82.85	78.58	6.0
人均地区生产总值（当年价）	元	18423	18096	3.8
年末常住人口	人	1164870	1147963	1.5
城镇化率	%	28.06	26.87	—
人口自然增长率	‰	7.16	6.18	—
全社会固定资产投资总额	万元	4218290	4657180	-9.4
固定资产投资总额	万元	3968290	4391180	-9.6
地方财政一般预算收入	万元	314299	275480	14.1
地方财政一般预算支出	万元	3162038	2888630	9.5
城镇居民人均可支配收入	元	24978	22979	8.7
农村居民人均可支配收入	元	8408	7341	14.5
常用耕地面积	公顷	89530	89627	-0.1
播种面积	公顷	85816	84203	1.9
#粮食播面	公顷	72138	71275	1.2
粮食产量	吨	252493	242182	4.3
规模以上工业增加值	亿元	36.61	38.94	1.8
规模以上工业企业产品销售率	%	99.7	98.9	—
公路里程	公里	31880	29599	7.7
社会消费品零售总额	万元	742038	694327	6.9
进出口总额	万美元	1333	1333	持平
出口总额	万美元	1333	1333	持平
入境旅游人数	万人次	7.51	9.71	-22.7
国际旅游收入	万美元	781.53	1799.33	-56.6
国内旅游人数	万人次	1068.67	792.72	34.8
国内旅游总收入	亿元	106.99	79.47	34.6
金融机构各项存款余额	万元	5883000	4996052	17.8
#住户存款余额	万元	1860660	1638111	13.6
金融机构各项贷款余额	万元	2304872	1940471	18.8

说明：全社会固定资产投资统计范围为 500 万元以上固定资产投资项目、房地产开发项目及农户投资

·国家统计局甘孜调查队·

【概况】 2015年，研究制定《甘孜调查队2015年业务建设实施意见》，对2014年新口径基数进行测算，正式向外界发布2014年城乡居民收入新口径数据。按季度向各县反馈住户调查数据，为助农增收、精准扶贫提供决策参考。6月、10月，队长张维先后陪同省总队总队长丁远忠、副总队长冯久先深入雅江、色达等县住户调查点调研。开展集中培训，利用工作群、电话等进行点对点讲解，指导各县解决业务和技术问题。按时做好CPI、PPI采价工作，利用《甘孜调查》《调查专报》向两办及相关部门、各县报送价格信息，通过手机短信、《甘孜日报》、电视台，及时向州和县（市）领导、社会公众发布消费价格和工业品价格运行情况。面开展调查点、代表规格品清理，完善消费品调查基础资料，重点开展鲜菜鲜果、水产品、在外餐饮、装潢材料、居家用品等权数调查，测算大中小类基期权数，3次组织队内评估，并邀请相关部门专家和住户代表进行全面评估，确保权数分配准确，为实施新一轮消费价格调查奠定基础。向发改、经信、工商、统计等有关部门了解、搜集基础资料，召集相关部门分析甘孜工业现状，各行业分布和支柱产业、重点行业以及新兴产业涵盖情况，研究样本代表性，为科学准确测算评估新基期权数提供支撑。精心抽样布点，与30多家调查企业联系，深入了解情况，进行认真核实和对比测算，确保新一轮样本企业的代表性、科学性和客观性。完成月度、季度报表和牛羊肉旬价价格调查任务，完成全州18个县（市）样本框分乡、分组数据的收集和上报；顺利完成康定地区农牧民工监测工作。

【涉企调查】 向采购经理、规下服务业、规下工业、小微建筑业新增调查企业送达《一封信》《建立调查关系告知书》，建立调查关系，强化依法管理。召开规下服务业、规下工业企业、小微建筑企业培训会，编印下发《甘孜州规模以下工业调查企业工作手册》《甘孜州规模以下服务业调查企业工作手册》，规范基层基础工作。由分管领导带队到各调查企业，采取“查基础、核数据、谈情况”的方式，检查企业基础工作，了解企业生产规模、生产流程、经营情况，对调查企业原始数据进行对比分析，确保源头数据质量。

【启动劳动力调查】 组织力量到康定市沙德镇、三合乡、捧塔乡和城镇调查点进行摸底，利用社区网格化管理资料核实调查小区住宅、住户分布情况，衔接调查组织工作。采取“三突出三互动”的方式，对调查乡镇、街道调查员进行培训，全面讲解调查方案、报表填报、PDA使用等知识，现场演练调查技巧。按月做好调查网点样本轮换，采取电话预约、上门走访的方式，按时完成资料采集和核实上报工作。

【民意调查】 完成《甘孜节前消费品稳价保供情况调查》《灾区群众和特殊群体过冬保障情况调查》《甘孜春节后企业用工情况调查》《大学生创业调查》《企业简政放权情况调查》等约稿调查，分别被国家统计局、总队采用。在州级40个单位和50个机关党支部开展调查调研，了解群众工作开展三年来取得的成效和存在的问题，征求各方面对推进群众工作常态化的意见建议，形成翔实的调查报告提交州委州政府。围绕海螺沟创建AAAAA景区工作，利用节假日深入到海螺沟景区，开展游客满意度调查，形成《海螺沟景区游客满意度调查报告》。深入酒店企业开展调查，反映企业发展面临的困境，撰写《甘孜酒店企业经营情况调查报告》。受财政局委托，组织力量，深入9个县、27个乡镇（居委会）、54个村组，开展甘孜州惠民政策执行落实情况调查和城乡低保、退耕还林、十五年免费教育政策执行专题调查，分别形成综合和专题调查报告。积极参与“十二五”规划执行情况总结工作，认真测算相关指标。

【统计法制建设】 利用召开工作会和培训会、基层调研、开展调查等机会，进行统计法、《实施细则》和《处分规定》的宣传，提高调查对象的法律意识。以《甘孜调查》季刊，刊载统计法规内容，扩大宣传范围。利用“中国统计开放日”“统计法颁布日”等机会，开展统计法规集中宣传活动。宣传《统计上严重失信企业信息公示暂行办法》，提高调查企业的知晓度和关注度。把建档工作纳入日常工作，分企业建立信用档案，做到信用条目完整规范、信用登记详细清楚、信用评价客观真实。对企业基础工作检查办法和年度考评办法进行修订，做到建档工作与检查考核有机结合。与新增调查企业、监测点签订《统计调查法律关系告知书》，明确调查对象的权利和义务，强化依法管理，维护国家调查权威。开展执法回访，对2014年被查处的企业进行实地走访，检查违法事项整改落实情况，开展业务指导，增进队企关系。搞好“六五”普法总结验收工作，认真进行总结，收集整理各类资料，全面反映“六五”普法取得的成效、特色亮点和经验做法，为进一步深化统计法治工作奠定基础。

（汪　涛）

·工商行政管理·

【概况】 2015年，全州实有各类市场主体36111户，其中企业4260户、个体工商户30665户、农民专业合作社1186户。全年新登记各类市场主体同比增长26.6%，新登记市场主体数量增速位列全省第一。全年查处扰乱市场竞争秩序案件35件，受理消费者诉求170件，挽回经济损失33.18万元。集中开展红盾春雷行动、成品油专项整治、格式条款监管、旅游市场专项整治、网络市场监管等专项行动，配合相关部门开展鼠疫防控、包虫病防治、改拼装汽车专项整治。州工商局被人力资源和社会保障部、国家工商总局授予“2015年全国清理整顿人力资源市场秩序专项行动取得突出成绩单位”；被国家工商总局评为“2014—2015年度全国工商系统诚信市场创建工作突出单位”。开展依法行政示范创建活动，被省依法行政领导小组评定为“省级依法行政示范合格单位”。

【推动大众创业、万众创新】 2015年，甘孜州工商局简政放权攻坚破难，“先照后证、三证合一”系列改革落地，在“放、管、扶”上下功夫。先于全省其他市州，探索推进“先照后证”改革，为全省开展此项改革工作形成了可复制的经验。全面实施“三证合一、一照一码”改革。9月25日在全州实施“三证合一、一照一码”登记制度改革。截至2015年年底，共发放“三证合一”营业执照548户。探索加强事中事后监管的新路径，完善市场后续监管体系，指导25个行政许可部门制定《“先照后证”试点后续市场监管实施办法》，有效解决过去部门之间监管工作的相互推诿，最大限度地清除监管上的“真空”和“盲点”。截至2015年年底，累计征集297家部门涉及全州5093条企业信用信息，向各部门推送信息11277条，向社会公众提供信息查询231次。甘孜州市场主体信用信息公示系统访问量达3117人次。集全州之力推进年报公示工作，顺利完成“两个不低于”（不低于往年年检率，不低于全国平均年报率）的目标任务。全州企业、个体工商户、农民专业合作社年报率排名全省前列。探索“双随机”抽查机制，创新监管方式，取得较好的效果。

【服务非公有制经济成效明显】 开展“法律七进”活动创新，在全省率先启动，采取政府购买服务的方式聘请北京大成律师事务所为民营企业、个体工商户作法律风险防控规划，确保法律进民企接地气。开展海螺沟景区诚信守法示范创建活动，共评选出“诚信守法”示范创建户178户，以此助力海螺沟AAAAA景区创建。此项工作获得省工商局首肯，在全省诚信守法示范创建会上作交流发言，乐山、巴中、资阳等19个市、县工商局专门到甘孜州学习交流。开展新法进民企专题培训会20场次。下发《关于促进民营经济加快发展的意见》，扶持措施30条。组织州内大型民营企业就“新三板”“现代企业制度”等相关知识进行培训和答疑解惑，扶持民营企业创业创新。并在全州4户民营企业中组织开展“现代企业制度”试点。在甘孜州工商局门户网站上开设“小微企业扶持专栏”，方便企业查看了解扶持政策及法律法规。甘孜州11户私营企业获得省依法治省领导小组办公室、省工商局授予的“四川省诚信守法示范企业”称号。

（徐　佳）

·质量技术监督·

【概况】　2015年，出台《关于加快建设质量强州的实施意见》《甘孜州贯彻实施质量发展纲要暨建设质量强州2015—2016年实施计划》，研究制定《甘孜州质量工作考核实施办法（试行）》，将质量工作纳入政府绩效考核。全年抽查工业产品136批次，合格127批次，合格率为93.4%，合格率较2014年基本持平。研究制定《甘孜州贯彻落实四川省计量发展规划（2014—2020年）实施意见》《甘孜州计量发展规划2015年度实施计划》。组织开展元旦、春节、“3·15”“5·1”等节日市场计量监督检查，组织开展集贸市场、餐饮场所、商场（超市）、眼镜制配场所专项监督检查，组织开展汽车衡、加油机、医用计量器具专项监督检查，组织开展定量包装商品专项监督抽查。加强强制检定计量器具的检定工作，完成周检率95%。聘请省质量技术监督局能源计量专家组成考评组开展九龙县里伍铜业“能源计量审查评价”工作，进一步推进节能降耗工作。指导丹巴县康定红葡萄酒公司申报“C标志”。

【标准化工作】　首次组建标准化专家库，由各类企事业单位、科研院所、检验检测机构、高等院校等单位长期从事标准化技术和管理工作的25名专家组成，为全州区域性地方标准的编制修订和管理提供咨询服务。加强农业标准化示范区建设纳入州政府“1+8”重点工作，得到强力推进，指导理塘县申报理塘萝卜示范项目，指导“甘孜青稞”“乡城藏鸡”等省级农业标准化示范项目承担单位按任务书开展建设工作。指导甘孜州康定情歌大酒店有限责任公司做好服务标准化示范工作，邀请省标准化院专家开展1期服务标准化培训。组织制订、发布实施《甘孜县青稞种植技术规范》《地理标志保护产品　乡城藏鸡养殖技术规范》《地理标志保护产品　乡城藏鸡蛋生产技术规范》等四川省区域性地方标准22项，建成农业标准体系13个，涉及各级各类标准200余个。

【认证认可工作】　加强对获证实验室、管理体系获证企业的证后监管，加强自愿性认证有效性监管，组织开展实验室检验检测统计试点工作，对检验检测机构实行分类监管，强化资质认定制度在检验检测机构管理中的支撑地位，对10家检验检测机构进行实验室认证运行有效性的监督检查。

【特种设备安全监察】　开展2期特种设备作业人员培训，开展应急演练活动2次，在2个县质量技术监督局（泸定、丹巴县）、5家企业开展分类分级监管试点的安全监察规范化建设工作。开展《四川省电梯安全监督管理办法》《安全生产法》宣传贯彻活动。开展今冬明春特种设备安全生产专项整治、电梯安全监管大会战、危险化学品易燃易爆物品和特种设备安全专项整治、安全生产月活动、安全生产整治“回头看”、特种设备安全隐患

"大排查大整治"活动、建设工程施工起重机械安全专项整治、油气输送管道安全隐患整治攻坚战、气瓶专项监督检查、大型游乐设施和客运索道监督检查、特种设备安全大检查"打非治违"和专项整治等多个专项整治行动，全州持续17年未发生一起特种设备安全事故。

【依法行政】 开展食品安全专项整治、农资打假执法、汽车配件专项整治、建材产品专项整治、儿童玩具专项检查、消防产品专项检查、民生计量器具检查、"黑心棉"专项检查等活动，严厉打击质量违法行为，维护消费者合法权益。

【品牌创建工作】 地理标志产品申报工作有序推进，配合甘孜县政府推进甘孜水淘水磨糌粑地理标志保护申报工作，组织开展地理标志产品专项监督检查，严厉打击假冒地理标志产品违法行为，参与"十二五"文化重点工程《中国地理标志大典》四川卷甘孜篇编纂工作，按期完成工作任务。对首届州政府质量管理奖和第11届四川名牌获得者实施表彰，启动第二届州政府质量管理奖评选，树立政府质量导向。

（朱春雨）

·安全生产监督管理·

【概况】 2015年，全州发生各类安全事故150起，死亡41人，受伤129人，经济损失475.95万元。与2014年同期比较，事故起数增加6起，上升4.17%；事故死亡人数减少28人，下降40.58%；受伤人数减少20人，下降13.42%；经济损失减少912.05万元，下降65.71%。全州发生生产经营性安全事故29起，死亡17人，受伤38人，直接经济损失124万元。生产经营性安全事故死亡人数占省政府安委会下达控制指标（35人）的48.57%。全州发生3起较大道路交通安全事故，死亡13人，受伤18人。较大事故起数占省政府安委会下达控制指标（5起）的60%。

【安全生产工作领导】 全年，州委常委会听取全州安全生产工作汇报、研究解决安全生产工作重大问题2次，州政府常务会听取全州安全生产工作汇报、研究解决安全生产工作重大问题3次，州委、州政府组织召开全州安全生产会议4次。州委书记刘成鸣、州政府州长益西达瓦及州委、州政府分管安全生产的领导分别针对不同时期的安全生产工作，多次作出重要批示。8月19日，州委书记刘成鸣带领相关部门负责人深入康定市重点企业开展安全生产明察暗访。12月31日，州委书记刘成鸣再次带队深入康定市、泸定县明察暗访冬季安全生产工作。州长益西达瓦多次在州政府常务会议上对安全生产工作进行安排，在州政府29次常务会上还主持学习新《安全生产法》。在安全生产督查检查工作中，州委、州政府班子成员分别带队深入一线，指导检查各级各部门各企业安全生产工作。全州安全生产指标考核在全州目标绩效考核中占2分。

【安全监管责任体系】 出台《甘孜州安全生产党政同责暂行规定》，明确党委7项职责、政府9项职责，各县（市）相继制定《安全生产"党政同责"暂行规定》，各乡镇设立安委会办公室、各村组确定安全协管员。全州全面落实完成"四级五覆盖"工作，转发《国家安全监管总局关于印发企业安全生产责任体系五落实五到位规定的通知》和《四川省安全监管局 四川省煤监局关于报送贯彻落实2015年有关重点工作进展情况的通知》至各县。全州规模以上企业100%落实完成"五落实五到位"安全生产责任体系。年初，州政府与各县（市）、州安委会各成员单位和省州属企业签订《安全生产责任书》，州安监局与重点企业签订安全生产责任书。

【重点行业（领域）安全生产专项治理】 道路交通：整治非法改拼装大中型货运车5993辆；整治危险路段、事故多发路段安全隐患1406项，隐患里程3136公里；查处各类交通违法行为5000余起。非煤矿山：开展安全隐患专家“会诊”专项行动，邀请省安全技术中心专家对甘孜州25座非煤矿山开展专家“会诊”检查，并逐矿形成会诊报告。以“政府购买安全监管技术服务”的形式建立安全生产监管第三方巡查制度，对6家非煤矿山实施巡查，排查出安全隐患和问题281项。消防：开展劳动密集型企业消防安全、社会福利机构消防安全等7个专项检查，共检查单位1211家（次），发现火灾隐患或违法行为258项，下发责令改正通知书203份，临时查封4家，责令“三停”6家，罚款20.06万元。建筑施工：加大对在建项目的监管力度，开展防坍塌、防高坠为主的专项治理，检查企业306个，排查整治一般隐患511项、重大隐患27项，打击非法违法行为16起，停产停业整顿企业1家。危险化品：检查企业79个，查出各类安全隐患和问题316项，责令停产整顿企业1家，实施行政处罚罚款3万元。

【安全生产宣传教育培训】 开展全国第14个“安全生产宣传月”和“安全生产咨询日”活动，通过设立安全法规宣传咨询台、设置宣传展板、悬挂宣传横幅、播放安全警示教育片、发放安全宣传资料等方式加强安全生产宣传教育，累计发放宣传资料20余种、10万余份。州安监局、州林业局、州总工会联合举办“中航安盟杯”甘孜州林业系统安全法规知识竞赛活动，活动集安全生产法规学习、培训、竞赛为一体，创新了安全生产法律法规宣传教育模式。全州林业系统13支代表队80余人参加活动。投入156500元资金在情歌广场、折多山设置2个大型安全生产公益广告宣传牌。对2家申报省级“安全文化示范企业”进行现场考核验收。开展生产经营单位负责人、安全生产管理人员、特种作业人员的培训工作，共完成2852人次安全培训、复审、考核工作。其中，特种作业人员取证、复审培训和考核292人次，危险化学品、金属非金属矿山主要负责人和安全生产管理人员培训282人次，完成职业健康知识培训454人次，完成生产经营单位的班组长、农民工安全培训1824人次。

【安全生产监管监察执法】 组织开展建设项目新、改、扩建安全设施“三同时”工作。完成8家企业职业危害现状评价、3家职业危害预评价、3家职业危害控制效果评价工作。完成危化品、非煤矿山建设项目新、改、扩建安全设施“三同时”工作评审17家企业。组织开展水电站隧道建设施工安全监察执法，检查施工企业15家，发现隐患28项、整改落实28项。开展非煤矿山企业安全监察执法，检查企业9家，发现隐患27项，出具现场检查记录2份，下达整改通知书2份。开展烟花爆竹储存、运输、经销专项安全检查，检查批发门市部2个，零售点10个，储存库房1个，出具现场检查记录2份，下达限期责令整改指令书2份。开展对道路施工企业的专项整治行动。出动人员20余人次，检查企业6家，排查各类安全隐患45条，下达《整改指令书》6份。州安监执法支队深入巴塘、理塘、雅江3县，开展非煤矿山、建筑施工、水电建设等行业领域的执法检查活动，对部分隐患突出的企业，进行警示约谈。

（安全生产监督管理局）

·食品药品监督管理·

【概况】 2015年，全面完成全州52家食品生产企业、4011家食品流通经营单位、3878家餐饮服务单位、329家零售药店主体资格调查，并签订食品药品安全责任书。通过建立完整监管信用档案，适时记录许可颁发、日常监督检查结果、违法行为查处等情况，有效实施全州景区精准化监管。从许可管理、人员管理等9个方面对全州3878家餐饮服务单位进行量化分级管理，100家获评A级（优秀），548家获评B级（良好），3230家获评C级（一般）。在助推海螺沟国家AAAAA级旅游景区创建工作中，结合海螺沟食品药品安全现状，制订《海螺沟创建国家5A级景区食品药品安全整治工作方案》。先后6次派出专门工作组采取打造示范样板户、逐户现场指导规范等方法，因地制宜对每家食品药品经营单位进行检查指导规范。共检查规范食品药品经营企业335户，下达监督意见书293份；统一为海螺沟景区144家食品流通经营户，167家餐饮服务单位制作完善台账表册及上墙制度，开展量化分级管理，并指导景区农贸市场进行标准化建设。全州培训执法人员900余人次，培训食品药品从业人员2600余名。其中，在海螺沟先后举办餐饮服务安全培训、流通环节食品安全培训4期，共培训食品药品经营户及协管员、信息员559人，对考试合格人员颁发从业培训合格证。

【市场整治】 先后组织开展节假日、国道318景观大道和旅游景区食品安全专项整治、白酒及酒类专项整治、中药材及中药饮片专项整治。全州食品药品共立案311件，结案291件，罚没307.68万元。其中食品立案253件，结案235件，罚没246.26万元，占立案总数的81.35%；药品立案31件，结案30件，罚没19.09万元；医疗器械立案22件，结案21件，罚没41.78万元；化妆品立案5件，结案5件，罚没0.55万元。在中药材、中药饮片专项整治中，全州共检查藏药制剂生产企业8家、医疗机构241家次、药品经营企业488家次、土特产经营地产中药材单位85家次，立案查处违法经营、使用行为10件，结案9件；完成158家药品零售企业GSP（药品经营质量管理规范）现场认证检查。年末，全州331家药品零售企业全部完成现场认证检查，其中通过认证企业303家，未通过认证企业28家。

【检验监测】 全年实际完成食品安全监督抽检415批/次，完成目标360批/次的115.28%。不合格102批/次，不合格率24.6%；完成药品监督性抽验任务836批/次，不合格24批/次，不合格率2.87%。其中完成中药材（饮片）专项抽验任务106批/次，23批/次不合格；胶囊剂药品专项抽验任务10批/次，完成检验。

【业务培训】 结合各市县食品药品监管、工商、质监部门机构改革实际，通过送出去、邀请省内食品药品安全监管方面权威师资来州统一培训，以及委托省食品药品学校集中培训等方式，加大执法人员培训力度，培训执法人员达558人次；全系统举办多期食品药品安全知识培训，培训从业人员2600余名，并对其进行考试，对考试合格人员颁发从业培训合格证。

【服务环境优化】 多次组织专业人员到德格宗萨藏医院制剂室进行现场指导，结合GPP相关要求提出整改意见，对制剂室申报许可证及制剂品种的筛选申报给予指导，积极协调该院制剂室完成制剂许可证申报相关资料上报省食药监局审批。对全州7家藏药制剂室进行监督检查和调研，给予业务指导，检查面达100%。完成对州藏医院及德格、色达、白玉、乡城、理塘5个县藏医院778个制剂品种再注册资料审核和发放注册批件相关工作，启动全州医疗机构制剂室换发制剂许可证相关工作。开展甘孜州常用藏药制剂标准提升研究工作，在原有藏药制剂注册标准的基础上，提前编制完成《甘孜州常用藏药制剂质量控制标准指导手册》（目标任务要求2016年完成），开展甘孜州常用藏药材质量控制标准整理研究，编制完成《甘孜州常用藏药材标准汇编》《甘孜州常用藏药材习用手册》，获得2014年度甘孜州科技进步三等奖，填补全州藏药材标准基础性研究无技术支撑的空白。

2015年，共对“甘孜州贡嘎冰露矿泉水

有限责任公司”“泸定雪森美好有限公司”“九龙藏区天乡原生态茶业有限公司”“得荣太阳魂农副产品加工有限责任公司”“得荣太阳谷绿色食品有限公司”等43家食品生产企业进行现场核查，新办食品生产许可证15家、换发或增项办证企业28家。全州取得食品生产许可证的企业已增至52家。

【科教宣传】 1—11月，全系统共开展食品药品安全宣传活动25次，设置咨询台50个，展板60块，悬挂横幅70条，发放食品药品安全知识宣传资料4万余份，接受群众咨询2000余人次，利用州县电视台播放食品药品安全电视公益广告及情景短剧60次，在《甘孜日报》刊登“为舌尖上的安全保驾护航”、《新食品安全法相关问题深度解读》专刊3期，甘孜州食品药品监管局与州藏研所合作，编印藏汉双语《食品药品安全知识宣传手册》2万册，发放到全州各乡镇、学校、寺庙和重点场所。

（德 西）

·住房公积金管理·

【概况】 2015年，认真贯彻落实住房公积金相关政策，及时调整甘孜州住房公积金提取使用政策，进一步支持职工基本住房需求，释放制度红利。全年整体运行情况良好，主要业务指标呈现持续增长态势，归集额、缴存人数、提取、个贷发放实现迅猛增长，政策效应持续向好，全面完成省住建厅下达的各项责任目标任务。全年实缴单位1994家，实缴职工7.01万人，缴存13.49亿元，同比增长15.50%。当年新开户单位99家，新开户职工0.62万人，净增单位55家，净增职工0.2万人。年末，缴存总额71.37亿元，缴存余额43.85亿元，分别同比增长23.31%、14.22%。全年提取8.02亿元，提取占当年缴存额的比率59.45%，比上年同期增加9.19个百分点。年末，提取总额27.52亿元，同比增长41.13%。本州个人住房贷款最高额度为50万元，其中，双职工家庭最高额度50万元，单职工家庭最高额度50万元。受委托办理住房公积金个人住房贷款业务的银行共计2家，本年无变化。全年，发放个人住房贷款0.53万笔20.37亿元，同比增长147.71%、239.49%。回收个人住房贷款6.37亿元。截至2015年年底，全州累计发放个人住房贷款4.08万笔73.41亿元，贷款余额39.60亿元，同比增长14.93%、38.40%、54.69%。个人住房贷款率为90.32%，比上年同期增加23.63个百分点。全州结余资金存款5.30亿元。其中，活期0.09亿元，1年以上定期3.04亿元，其他（协议、协定、通知存款等）2.17亿元。资金运用率90.32%，比上年同期增加（减少）23.63个百分点。甘孜公积金中心荣获省住建厅2015年度住房城乡建设目标绩效考核公积金管理类一等奖。

【主要财务】 全年，住房公积金业务收入共16302.59万元，同比增长12.65%。存款利息收入3886.91万元，委托贷款利息收入12414.86万元，其他收入0.82万元。业务支出共计3811.63万元，同比降低46.36%。缴存职工账户余额的利息支出3182.94万元，归集手续费用支出0万元，委托贷款手续费支出625.46万元，其他支出3.23万元。增值收益12490.96万元，同比增长69.54%。增值收益率2.83%，比上年同期增加0.93个百分点。提取贷款风险准备金9368.22万元，提取管理费用1957.34万元，上缴财政管理费用1957.34万元，提取城市廉租房（公共租赁住房）建设补充资金1165.40万元。年末，贷款风险准备金余额28611.01万元，累计上缴城市廉租房建设补充资金2571.33万元。

【资产风险状况】 个人住房贷款：截至2015年年底，逾期个人住房贷款148.80万元，个人住房贷款逾期率0.38‰。个人贷款风险准备金按增值收益的75%提取。当年使用个人贷款风险准备金核销0万元，个人贷款风险准备金余额为28611.01万元，个人贷款风险准备金余额与个人贷款余额的比率为7.22%，个人贷款逾期额与个人贷款风险准备金余额的比率为0.52%。

【缴存比例调整】 根据“缴存住房公积金的月工资基数，不得超过缴存人工作地所在设区城市统计部门公布的上一年度职工月平均工资的三倍”的规定。按照甘孜州统计局公布2014年职工平均工资为57971元，本州2015年度月缴存住房公积金不得高于3478.32元，即：单位1739.16元，个人1739.16元。缴存基数下限按照《甘孜藏族自治州人民政府关于调整全州最低工资标准的通知》（甘府发〔2014〕7号）规定，执行以下标准：石渠、色达、理塘、稻城四县住房公积金月缴存工资基数下限为1400元，2015年度月缴存住房公积金不得低于140元，即：单位70元，个人70元；其他各县（市）住房公积金月缴存工资基数下限为1250元，2015年度月缴存住房公积金不得低于125元，即：单位62.50元，个人62.50元。

【存贷款利率调整及执行】 中国人民银行2015年内相继下调五次住房公积金存款利率，现行利率执行2015年10月24日公布的住房公积金存款利率：当年归集部分执行活期利率0.35%，上年结转部分执行三个月整存整取利率1.10%；中国人民银行2015年内相继下调四次住房公积金贷款利率，现行利率执行2015年8月26日公布的5年以下公积金贷款利率为2.75%；5年以上公积金贷款利率为3.25%。

【政策调整及执行】 2015年5月20日，《甘孜藏族自治州人民政府办公室转发州住房公积金管理中心关于进一步提高住房公积金使用效率促进住房消费实施意见的通知》（甘办函〔2015〕113号），再次调高公积金贷款最高贷款额度。在州内和成都市行政区域以外购、建、大修自住住房的单笔最高贷款额度由原规定35万元提高到40万元；在成都市行政区域以内购、建、大修自住住房的单笔最高贷款额度由原规定35万元提高到50万元。本年调整部分公积金贷款政策：延长贷款年限，贷款最长年限由25年调整到30年。放宽贷款条件，降低首付比例，在甘孜州无公积金贷款余额，购买自住住房并符合其他公积金贷款条件的缴存职工，均可以申请公积金个人住房贷款，执行首套房贷利率。在州内已用一套自住房，到州外再购买一套自住住房申请住房公积金贷款的按首套房贷政策执行。降低购买首套普通住房的最低首付款比例为20%。完善抵押担保方式有效防范个贷风险，增加商铺抵押、保证担保等担保方式。进一步落实住房公积金贷款“零”收费政策。

（洪　彬）

ནོར་སྲིད་དང་ཁྲལ་དོན།
财政·税务

·财政·

【概况】 州、县（市）财政积极应对宏观经济下行、结构性减税、矿产品价格和用电需求下降的严峻形势，建立分县督导机制，强化重点税源征管，狠抓非税收入收缴，全州公共财政预算收入突破30亿元大关，达31.42亿元，完成预算的106.09%，较2014年同期增长14.05%。全州公共财政预算支出首次突破300亿元，完成316.68亿元，较去年同期增长9.63%。

【民生支出保障有力】 全年“三公”经费较上年减少4726万元，下降16.1%。全州盘活财政存量资金112033万元（其中：州级盘活11307万元，各县盘活100726万元），重点用于民生支出和州委、州政府重点工作。全州投入资金1627520万元，优先保障和改善民生，民生保障支出占比提高3.27个百分点。投入资金328236万元，支持教育优先发展。着力打造“教育一流州”建设。继续实施学前教育三年行动计划。实现义务教育全免费。全面免除17000多名普通高中贫困生学费，推动高中教育发展。投入资金226629万元，全面深化医药卫生体制改革。全面实施民族地区卫生发展十年行动计划和“健康甘孜2020”发展意见。全面推进基本公共卫生服务。投入资金269997万元，着力提升社会保障水平。全面推进社会养老服务体系建设。城乡低保实现应保尽保。城乡“三无”“五保”对象和孤儿集中供养实现全覆盖。投入资金8067万元，实施更加积极的就业政策，全面落实就业促进与援助政策。投入资金40500万元，着力改善城乡居民住房条件。开工建设2028套保障性住房，启动4806套干部职工周转房建设，让保障性安居工程惠及更多城镇困难群众。实施28476户农村危房改造、7448户“藏区新居”和1604户“彝家新寨”建设，让更多困难群众住上安全结实的新房。

【财政改革深入推进】 2015年州、县社会保险基金预算均已报请同级人民政府审定，州本级已报州人大常委会备案；州本级国有资本经营预算已报州人大常委会备案，有条件的县（市）均已开展试编工作。全州共实施政府购买服务试点项目47个，预算资金达11795.43万元（其中：州级6个项目、预算资金6360万元，县级41个项目、预算资金5435.43万元）。探索财政专项资金绩效分配方法，采用规划分配、因素测算、据实据效、特定补贴等分配方法，提高专项资金分配的科学性、公正性。全州325个乡镇全面完成国库集中支付改革，实现区域、单位、账户、资金、流程、业务“六个完整”。加力推进公务卡制度改革，州本级改革面已达100%，实现全覆盖。全州公务卡资金结算量达5273万元，同比增长近2倍。以州政府名义印发

《甘孜州州级部门项目支出预算执行考核办法》，按季度开展考核工作，并将考核结果通报至各县、各部门。对州本级27个项目2.26亿元资金使用的效率、效果实施项目支出绩效评价，积极营造“花钱必问效”的氛围。2015年，州、县两级政府预决算、“三公”经费预决算向社会公开；全州1350个预算单位在规定时限内公开部门预决算和“三公”经费预决算，公开面较上年分别提高53.77%和46.23%；财政预决算和部门预决算全部公开至“项”级科目。

【财政稳健运行】 2015年，州本级共化解支出挂账10.49亿元。州本级及德格、理塘两县按照建立跨年度预算平衡机制的要求，设立预算稳定调节基金，更好地发挥财政宏观调控作用；制定《甘孜州州本级财政对外借款管理办法》，规范借款审批程序，严格限定借款对象、借款用途、借款期限；州本级动态监控违规支付2000笔，查纠违规支付资金4.48亿元，规范预算单位财务管理，预防和减少违规问题的发生；对全州各级政府存量债务进行清理甄别，并全部纳入预算管理。

【规范化建设有序推进】 2015年，出台《甘孜藏族自治州财政局关于加强财政管理规范化建设的意见》，各县（市）结合自身实际，进一步细化目标任务，对应制定方案，确保工作有章可循；围绕预算管理、执行管理、监督检查三大环节，制定《甘孜州财政管理规范化建设考核办法》，细化考核指标，确保工作落地有效；建立领导分片联系制度，各分管领导分片联系指导各县（市）财政局推进财政管理规范化建设工作，确保工作开花结果。

（洛松次仁）

·国家税务·

【概况】 2015年，全州国税系统累计组织税收收入12.84亿元，同比（下同）增长5%，增收6200万元。其中：中央级收入9.24亿元，增长3.94%，增收3500万元，完成年度目标9.16亿元的100.87%，超收800万元。地方级收入3.59亿元，增长7.8%，增收2600万元；州本级收入12818万元，增长9.42%，增收1104万元，完成年度目标12594万元的101.78%，超收224万元。“营改增”纳税人缴纳税款6859万元，增长50.78%，增收2311万元，对地方财政的贡献立竿见影。

【依法征税取得明显成效】 全年通过稽查和评估补税3731万元，增长43.66%，清理欠税1834万元。开展税收风险管理，抓好数据清理采集，可疑数据清理率达99.67%，接收和制发风险任务257户，办结率100%，应对省国税局下发任务准确率为81.82%，州级任务应对准确率89.58%。

【国地税合作进一步强化】 全面加强国地税合作，建立《甘孜州国地税协作联席会议制度》，专题研究信息互换、委托代征机制、联合办证、互设窗口、互派人员等合作事宜。各县（市）国地税合作相继启动，九龙县国税局、地税局于4月实现联合办证，新龙等县国税局、地税局制定税收征管、委托代征、纳税服务、税收宣传等方面的合作方案；9月底，全州国税系统如期启动“三证合一”改革工作。

【纳税人满意度不断提升】 2015年，全州国税系统累计兑现税收优惠3.15亿元，增长21.6%；其中减免税收2.39亿元（落实小微企业税收优惠4342万元），抵扣固定资产进项税额7285万元，改革红利进一步释放，税收助力经济发展的作用愈加凸显。第三方机构调查结果显示，纳税人对甘孜州国税工作的满意度得分排全省第9位，比2014年上升3位。

·资料链接·

2015 年甘孜州国税税收收入统计表

单位：万元

项目	累计收入	2014 年同期收入	同比增减比例（%）	同比增减额（±）
税收收入合计	128393	122260.2	5.02%	6132.3
国内增值税	91898.7	91931.3	-0.04	-32.6
国内消费税	7801.2	3955.6	97.22	3845.6
企业所得税	19567.4	17289.7	13.17	2277.7
车辆购置税收入	9125	9083.6	0.46	41.4

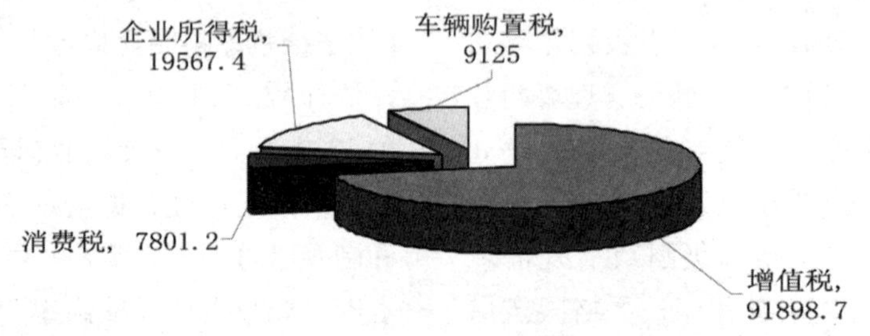

2015 年度甘孜州税收收入完成情况示意图

单位：万元

（朱　瑜）

·甘孜地方税务·

【概况】　2015 年内，甘孜州地税系统机构共213 个，其中：县级行政机关1 个，直属机构4 个［州局第一直属税务分局、州局第二直属税务分局、海螺沟直属税务分局、州局稽查局（副处级）］，下属18 个县局机关，基层税务所（副科级）69 个，县局稽查局（副科级）18 个，直属事业单位（服务中心）1 个，州局机关内设机构11 个，县局机关内设机构91 个。全系统现有职工661 人，其中：公务员603 人，事业及工勤人员58 人。大专以上学历633 人，占职工总数的95.76%。全年减免各类税收5782 万元，支持就业减免税金29.39 万元，减免企业所得税2300 万元。开展便民减负政策执行情况专项检查工作。加强“12366”纳税服务热线建设，完成门户网站升级改版和普查工作。建设纳税人学堂，共组织460 人次纳税人开展各类宣传和培训12 次。全系统配置4 台自助办税终端机，搭建“窗口办税、网上办税、自助办税”三位一体的办税服务架构。组织开展“建设服务型基层党组织”主题实践活动，重新确定示范科室17 个，示范岗位6 个，被州直工委授予“机关党建示范单位”荣誉称号。年内，提拔任用各级领导干部共23 人，转任副科级领导干部6 人，平职交流科级干部9 人。2015 年完成2014 年度公招任务，面向社会招录41 名公务员充实基层力量。全年自主组织的处级以下人员税收业务培训、人才库能力提升、会计从业资格考前培训、金税三期上线推广、新招录公务员岗位实训等培训班达14 期，累计培训817 人次，人均培训天数达14 天，干部职工培训率达到100%。通过视频会议系统举办党风廉政、预防职务犯罪、两权监督、税收法规、金税三期上线、“三严三实”党课报告等培训20余次，累计培训1000多人次。系统内8名干部入选省地税局人才库，2名干部入选省地税局师资队伍，8名干部被省地税局聘任为公务员岗前实训指导教师。2015年，在省地税局绩效管理考评中，州地税局名列全省地税系统第7名，自成立以来首次在综合性工作考评中被省地税局表彰为“先进单位”；在州委、州政府2015年度综合目标考核中，州地税局位居省属部门第一，连续14年荣获“先进单位”。

【地税收入】 2015年，全年共组织入库各项收入229853万元，完成省下计划221500万元的103.77%，完成州下计划221940万元的103.57%，同比增长11.33%，增幅位居全省第四。其中：税收收入入库207659万元，同比增长12.52%；基金附加收入入库22194万元，同比增长8.83%。地方级税收收入入库180984万元，完成省下计划171000万元的105.84%，同比增长13.26%。完成地方公共财政收入185521万元，同比增长12.90%，其中：州本级地方公共财政收入入库41861万元，完成州政府下达计划39958万元的104.76%，同比增长10.20%。

【税收管理】 全面落实《国地税合作规范1.0版》，建立国地税联席会议制度等协作机制，有序推进互设窗口、委托代征、信息互换、联合办证、联合税务稽查等各方面的合作事项。结合新版企业所得税汇算清缴软件的启用，加强业务培训，强化宣传辅导，全年清缴入库企业所得税1533万元；2014年度年所得12万元以上个人所得税纳税人自行申报1136人，完成计划任务的129.1%；做好个人所得税全员全额申报，全州完成全员全额申报799户，达到省局考核标准。全州共推送风险任务2批次3035户，评估税款60余万元。推行“三证合一、一照一码”登记制度改革，共为404户纳税人办理新证照。

【依法治税】 年内，开展税务中介机构、税务师事务所执业情况等专项检查，实施“医药零售”行业税收风险排查和“存量房交易税收”征收管理专项执法监察，建立大企业税收管理团队，开展对总局定点联系企业集团全流程风险管理工作。加强对重点税源企业的检查力度，深化打击发票违法犯罪活动。严格执行重大税务案件审理工作规程，开展重大税务案件审理和案卷评查活动，共对3件税务行政案卷进行评查，有效规范税收执法行为。联合国税部门开展纳税信用级别评价，全州评出纳税信用A级企业63户，税收信用体系建设进一步加强。

【信息管税】 全州地税系统于2016年1月8日圆满实现与全省同步单轨上线运行。上线前期工作中，全系统共采集数据条数共26431条，完成数据补录修正16103户，核定定期定额户11481户，完成数据质量分析129883条。双轨运行期间，完成发票发售1782笔，申报业务13015笔，代开发票1223笔。开展第三方信息采集应用工作，Tips三方协议累积签约达到4873户，实现电子缴税71240万元。

【获奖情况】 年内，在省地税局绩效管理考评中，州地税局名列全省地税系统第7名，自成立以来首次在综合性工作考评中被省局表彰为“先进单位”；州地税局获州委、州政府目标绩效考核“先进单位”（连续14年）；州地税局获全州社会治安综合治理工作先进集体（一等奖）；首获全州党委系统信息工作“先进单位”。全系统涌现出“甘孜州地税系统先进集体”1个，四川省政务服务示范窗口1个，全省地税系统先进集体4个、全省地税系统“便民办税春风行动先进单位”1个，全省地税系统“纳税服务工作先进单位”2个，全省地税系统“最佳办税服务厅”1个，四川省优秀工会工作者1人，先锋基层党组织（州委、州政府）1个，先进党组织（州委）

15个。全州保密先进单位1个，全省保密工作先进个人1人，全省地税系统先进个人5人，全省地税系统“服务明星”4人，政务信息工作先进单位1个（州政府）、“机关党建示范单位”1个（州直工委）、群众工作优秀机关工作人员1人（州委、州政府），全州牧民定居行动计划暨帐篷新生活行动先进个人1人，甘孜州地税系统先进集体7个，甘孜州地税系统先进个人10人。

（黄世才）

དངུལ་ཙ་དང་ཉེན་འགོག་འགན་ལེན།

金融·保险

·中国人民银行甘孜州中心支行·

【概况】 2015年，中国人民银行甘孜藏族自治州中心支行（以下简称州人民银行）召开甘孜州民族金融学会第五届会员代表大会，修订学会《章程》，完成换届选举等工作。成立甘孜州金融产品定价专业委员会、康藏金融研究专业委员会、钱币研究专业委员会，增强对藏区经济金融研究针对性。围绕经济新常态下甘孜藏区经济金融协调发展等重点热点问题开展调查研究。全年，报送各类调研28篇，被成都分行《行长调研报告摘要》采用2篇，州委《调查与决策》采用1篇，《关于甘孜州金融工作重要性的认识与思考》的调研报告得到州委书记重视，甘孜州委以《领导必读》批转全州党政领导干部学习借鉴。编发各类信息（含编译信息）303期，为领导决策和有关部门开展工作发挥了重要参考作用，信息采用率在州委、州政府省驻州单位中名列第1名。全年10余项工作获得州政府通报表彰和肯定，2012年至2015年连续4年荣获州目标管理考核先进单位。

【货币政策执行】 年末，金融机构各项存款余额588.31亿元，同比增长17.75%，较2014年同期提高4.96个百分点。贷款余额达230.49亿元，同比增长18.78%，增速较2014年同期提高3个百分点，较全省平均增速高7.44个百分点。保险公司实现保费收入3.52亿元，同比增加1300万元，增长3.83%；完成保险赔付2.07亿元，同比增加5200万元，增长33.55%。

【启动“1+6”金融助推藏区发展工程】 推进康定、稻城2个县创建金融扶贫惠农省级示范县，炉霍、九龙2个县创建州级金融扶贫惠农示范县。举办全州贯彻省委十届六次全会精神深化金融扶贫惠农推进全域旅游现场会，成都分行副行长李铀率省级金融工作组到会指导。制作宣传片《金融泽惠民生高原铸就传奇》。新华社、中央电视台、《经济日报》、《中国日报》等8家中央级媒体深入稻城等县开展金融扶贫成效专访，11月29日，中央电视台财经频道《经济信息联播》栏目对甘孜州金融扶贫开发工作进行专题报道，对甘孜州金融扶贫工作给予肯定。开展“小微企业金融服务提升工程”，印发《“中小微企业金融服务提升工程”工作方案》，动态调整小微企业融资培育计划红名单。年末，全州“百家十亿”小微企业贷款余额123.74亿元，较年初增长3.12亿元。修订完善《金融支持甘孜藏区幸福美丽新村建设工作方案》，督促引导金融机构落实《金融支持农产品加工业指导意见》。全州42个幸福美丽新村贷款余额2361.85万元，增量达750万元，增速达46.61%。以雅江县日基村为代表的幸福美丽新村荣获“全国文明村”称号。督促指导4

家涉农金融机构对重点培育的新型农业经营主体提供“一对一服务”，年末，新型农业经营主体培育库包括家庭农场、专业大户、农民合作社和产业化龙头企业70家，覆盖全州18个县。对库内新型农业经营主体授信20447万元，投放贷款16290.5万元。全州民族贸易及民族用品生产贴息贷款余额3000万元，贷款贴息61.62万元。选定四川民族学院作为大学生创业宣传平台，对大学生开展创业政策、小额担保贷款产品宣传。小额担保贷款余额2954万元；支持大学生创业贷款余额26万元。

【拓宽银行间市场融资渠道】 年内3次组织召开“政、银、企、农、保”融资对接集中签约活动，共有23个项目达成合作意向、签订贷款协议，签约总金额7.8亿元。持续推动州内企业“走出去”拓展融资渠道，促成四川久隆公司发行1笔金额为1亿元的“15久隆PPN001”直接债务融资工具。全年，州内企业在银行间市场发行的直接债务工具存续金额达到4亿元，较2014年增长33.33%。

【金融监督管理】 全年，接收处理重大事项报告84期，完成辖内6家金融机构的综合评价工作，开展专项执法检查7次，综合执法检查1次，实施行政处罚16万元。与工商、司法、银监等部门建立金融消保工作跨部门联席会议制度，健全完善金融消费权益保护工作机制。加强“12363”电话运行管理，中支维权中心共受理咨询57件，投诉5件，办结率100%，投诉者满意率100%。成立跨部门专项工作领导小组，全面安排部署工作任务。针对农牧民开展“存款保险知识宣传月”活动，发放藏文宣传资料，建立金融稳定分析按季召开例会制度，重点关注重点行业、重点领域信贷违约风险等突出问题，防范和化解各类风险。与政府有关部门和监管部门建立联席机制，完善与云南迪庆、青海玉树和西藏昌都等毗邻藏区金融稳定工作协调机制，修订完善《非银行机构突发事件应急预案》《金融机构突发事件应急预案操作简本》等应急管理制度。全面检验《甘孜州金融突发事件应急体系建设方案》《甘孜州金融突发事件总体应急预案》，整改落实存在的问题，构建更为完善的金融稳定制度体系。年内，对8家金融机构实施现场走访，1家金融机构开展约见谈话，5家金融机构实施电话质询，3家金融机构实施现场检查。主动发现可疑交易3起，配合行政调查7起。与州民宗委签订合作备忘录，实现信息互通共享；实践检验与核心成员部门现有的“点对点”合作机制，推动各项机制健康持续发展。年内，与州国安局开展涉嫌“民族分裂融资”案件、线索查办合作17次，提协助核查涉嫌“分裂融资”异常交易11起。联合州公安局开展禁毒反洗钱专题业务知识培训。指导银行机构按照监测模型开展资金监测。发现涉毒异常交易6起，协助公安禁毒部门破获毒品案2起。年内，二期大额现金监测分析系统成功上线，累计监测个人现金交易15万余条、对公大额现金交易4.8万多条。向全州银行机构发布风险提示3期；成功拦截电信诈骗3起，为群众挽回经济损失5.5万元。联合甘孜州国安局、甘孜州公安局等单位开展反洗钱知识大宣传活动1次。

【金融发展环境不断优化】 小微企业和农村信用体系建设工作成效显著。2015年4月取得州民政局、州质监局颁发的“社会团体证书”“组织机构代码证书”，实现甘孜州信用信息服务中心实体化。积极推广运用数据库和服务网，已累计为2053户企业建立信用档案，采集率达91.2%；服务网企业注册数162家，较2014年增幅406.25%；企业服务网上发布融资需求6.48亿元，实现银企融资对接3.11亿元。助推州政府印发《甘孜州北路片区农村信用体系建设实施方案》，将农村信用体系建设工作纳入《推进十一届州人民政府2014—2016年重点工作的意见》，建立守信金融正向激励机制，营造农村良好金融生态环境。12月末，全州有10个县成立农村信用体系建设领导小组，制定农村信用体系建设工作实施方案和守信激励政策。全年新采农户信用信息1.8万户、入库数1.4万户，累计为4.8万户农户建立信用档案；累计评定信用户6400万户、信用村39个、信用乡12个；金融机构为建档农户贷款余额28.66亿元；培育家庭农场、专业大户、农民合作社和产业化龙头企业等新型农业经营主体59个，年均投放贷款1.52亿元。截至12月末，全州44家金融机构全部在中征平台注册，指导92家企业在中征平台进行注册，上传存量应收账款2笔，累计金额2.03亿元，发生4笔新增应收账款融资业务，累计金额8900万元。促成州政府对13个评价为A、B等的金融生态县的县域给予财政资金倾斜。推动全州16个无人民银行分支机构县域开展金融机构代理查询信用报告工作，增添征信服务渠道。截至12月末，累计办理金融机构代理查询信用报告36笔。要求金融机构与两类机构合作时，需参考融资担保公司或小额贷款公司的评级报告和评级等级，对评级等级在A以上的两类机构给予合作额度提高或其他倾斜；推动州政府将融资担保公司评级报告与年度目标考核绩效挂钩；推动国资委将融资担保公司评级报告与增扩资本金挂钩。

【金融服务】 年内，创建惠农金融服务站7个，“农村金融综合服务示范站”2个、“支付惠农示范行”1个，发展银行卡助农取款服务点2336个，覆盖273个乡镇、1866个行政村，消除金融服务空白乡镇209个、行政村1753个，为农户节约取现成本多1300余万元。截至12月末，完成88座藏传佛教寺庙的单位银行结算账户开立，全州藏传佛教寺庙开户数达199座。全州已完成“一市五县一景”的银行卡刷卡无障碍示范街区创建工作。截至12月末，全州银行卡累计发卡244.59万张；布放ATM机具325台。累计发行金融IC卡110万张，实现金融IC卡在公共交通领域的应用；发行金融社保卡50万张，在州医院经开展金融社保卡上加载健康功能试点工作。年内打击遏制银行卡犯罪10余件。12月末，横向联网电子缴税业务量占比首次突破90%，比上年末提高35个百分点。实现财政非税收入直缴入库，启动实施国库代收工会经费业务。年末，全州实现外贸出口1228万美元，连续两年突破1200万美元大关；办理人民币结算9438.89万元，累计金额达1.2亿元。

【货币发行效能】 注重把握现金收支区域特点和偶发因素，强化对银行业金融机构现金需求预测工作指导和管理。截至12月末，投放现金36亿元，回笼现金13亿元，净投放23亿元。组织开展全额清分专项检查工作，实现现金清分进度目标；推动冠字号码查询机制建设、设备配置、系统开发、贴标等各项工作，全面完成辖区取款机、存取款一体机冠字号码查询及取款机、存取款一体机分类贴标工作。组织开展辖内银行业机构反假货币宣传月活动；健全完善涉假纠纷举证机制，开展防范和堵截假币专项治理工作，妥善解决涉假纠纷。12月末，收缴假币12600张，金额168045元。9月21日，中支与青海玉树中支于康定正式签订金融机构（石渠县）跨省现金存取业务协议，已办理取款业务2笔，金额3600万元。

（中国人民银行甘孜州中心支行）

·中国银行业监督管理委员会甘孜监管分局·

【概况】 2015年，全州银行业机构各项存款余额540.47亿元，比年初增加59.34亿元，增长12.33%；各项贷款余额230.49亿元，比年初增加36.44亿元，增长18.78%；实现税后利润6.8亿元。甘孜银监分局获2015年度全州目标绩效考核先进单位。

【金融服务与改革】　制定《甘孜州银行业服务实体经济健康发展的九条措施》，从加大县域经济发展支持力度、提升农村金融服务质效、加大旅游行业支持力度、提高小微企业金融服务水平等九个方面督促机构支持实体经济健康发展，“九条措施”被州政府全文采用。持续强化小微企业金融服务。与泸定县政府就进一步深化示范区建设进行专题研究。通报州内银行业机构“三个不低于”、涉农贷款“一个不低于”情况，对支持小微、“三农”不力的机构，采取约见高管谈话、现场督导等监管措施。联合甘孜州经信委对全州18个县（市）小微企业融资情况进行调查，全面掌握全州小微企业的融资状况。组织开展泸定、康定、丹巴、九龙四场次银企对接会，与16家企业签订合作协议书，达成协议金额4.2亿元，是近年来开展银企对接会场次最多的一年。全年，银行业机构共向20家（困难）小微企业办理续贷，续贷金额1.03亿元。《甘孜银监分局多措并举加大困难企业帮扶力度》被四川省人民政府网站“市州动态”栏目采用。全年共发放宣传资料8万余份，现场宣传活动90余次。在《甘孜日报》上刊登两期金融知识专题报道。累计派出9个工作组，共计129个工作日，开展困难企业融资、银行业不规范服务收费、普惠金融服务等方面调研，督导银行业机构有针对性开展金融服务。完成“村村通”工作任务。年末，全州银行业机构聘任金融联络员630人，覆盖749个空白行政村；布放EPOS、转账电话等金融服务电子机具445台（具），覆盖空白行政村377个，实现两个“全覆盖”的工作目标。累计发放灾后重建贷款1.22亿元。

【风险防控】　制定《甘孜银监分局防范和化解州内银行业机构信用风险实施方案》。召开风险防控的专题会议安排布置信用风险处置工作，其中九龙汇泉电站和泸定山盛水泥厂的信用风险得到初步化解。代州政府拟定《牧民定居贷款清收工作督导方案》，与金融办组成联合工作组分南北两路开展督导。全年共收回牧定贷款3751.56万元。尚有余额1.41亿元，其中不良贷款1.04亿元，占全部牧定贷款73.71%。对出现风险的3.6亿元非标业务中存在的违规问题启动行政处罚，拟处罚金额107万元。年末，全州非标业务压降7.99亿元，尚有余额33.86亿元。开展“两加强、两遏制”及“回头看”工作。对工商银行甘孜直属支行和州联社及稻城、雅江、白玉、新龙信用社实施现场检查，共查出问题24个，提出整改意见11条。处置康定雅拉分社“7·11”挪用资金案。12月末，已经确定的损失金额为620.55万元，挽回损失49.87万元。累计派出26个工作组，投入现场检查工作日743个，查出问题159个，提出整改要求217条。

（董碧霞）

·中国农业银行股份有限公司甘孜分行·

【概况】　2015年，中国农业银行股份有限公司甘孜分行辖31个营业机构，在职员工809人。全年投放贷款达到25.4亿元，各项贷款余额达到138亿元，较年初净增15亿元。涉农贷款余额达到131.8亿元，较上年同期新增16.24亿元，增幅达到14.05%，高于全行贷款增速1.85个百分点，涉农贷款完成“一个不低于”目标。小微企业贷款余额达到123.38亿元，较年初增长13.49亿元，小微企业贷款增速达到12.28%，超全行贷款增速0.08个百分点，小微企业户数225户，较上年同期增加38户，小微企业申贷获贷率92.54%，超过上年同期1.52个百分点，全面完成小微企业“三个不低于”目标。农户贷款余额达到1.1亿元，较年初净增1468万元，其中：新型主体139户、金额2588万元；新增农村生产经营贷款45户、贷款金额5181万元。

【金融服务】 2015年投放旅游类贷款7150万元。支持康定木格措景区基础设施建设、泸定海螺沟贡嘎神汤公司、稻城亚丁日松贡布公司等旅游综合体项目开发以及稻城日瓦谷村、阳光酒店、稻城妈妈等一大批乡村酒店及旅游民居接待户发展壮大。支持水电项目10个、发放贷款20.29亿元，矿产项目2个、发放贷款1.55亿元。涉及长河坝、黄金坪、猴子岩、古学、去学、国如、关州、达阿果、拉拉山等水电项目和黑牛洞铜矿、白玉兴源银多金属矿等项目。2015年新投放贷款2350万元。一方面重点支持了省级龙头企业康定华康公司、康定青藏谷地、乡城扎西集团公司等。另一方面，大力扶持新型农业经营主体发展生产，促进农牧民创收。运用农村生产经营贷款、家庭农场（专业大户）贷款等信贷产品，加大对新型农业经营主体的支持力度。截至年末，共支持专业大户（家庭农场）139户，贷款余额2588万元。

【普惠金融】 2015年，在全州共投放“超级柜台”16台，全行自助机具达到277台，其中存取款一体机112台、ATM取款机67台，银行自助终端67个，自助发卡机31台，建立金融便利店2个，建成在行式自助银行31个、离行式自助银行39个，离行式自助银行与物理网点占比达到1.3:1，提升了网点效能。在全州县域以下农村地区布放各类电子机具2218台，设立助农取款服务点1178个。运用“智付通”产品，探索出“助农取款服务点+转账电话或移动POS+社保IC卡”的金融服务新模式，实现城乡居民社保缴费方式由现金交易向网络渠道结算的历史巨变，解除了乡农保员和参保户翻山越岭收费缴费的实际困难。推进网点硬转型，辖属31个营业网点中，已建成21个全功能网点、10个基础网点，全部实现功能分区、客户分层、业务分流的目标。推进网点软转型，实施文明标准服务导入、固化以及标杆网点建设，服务质量效率得到进一步提升。

【民生改善服务】 2015年，在全州18个县（市）、39个幸福新村贷款余额达2.2亿元，安装助农取款点37个，其中惠民服务站15个。向泸定、得荣两县地震灾区515户农牧民发放地震灾区农民建房贷款2411万元。推进社保IC卡发放。针对农村牧区人口居住分散、人名重复情况普遍、农村牧区群众未申领身份证或没有及时办理等实际困难，免费发行社保IC卡38万余张。

（吴怀钰）

·中国建设银行股份有限公司甘孜分行·

【概况】 2015年，建行甘孜分行以加快业务转型为抓手，走综合性、创新型、集约化之路，把风险管控贯穿发展始终，各项业务持续发展。全口径存款余额为61.29亿元，较年初新增-0.63亿元，年增速-1.01%。贷款投放创历史新高，各项贷款余额38.38亿元，较年初净新增13.41亿元，年增速53.68%，存贷比达到62.62%，委托性住房贷款余额7.17亿元。

【助推重点建设项目】 2015年，积极争取信贷规模，贷款投放创历史新高，全年贷款累计投放15.13亿元，净投放13.4亿元，其中：固定资产投放14.86亿元，主要投向长河坝电站、黄金坪电站、雅砻江两河口电站等重点水电建设项目，重点建设项目投放占全部贷款投放的98.23%。开展银行承兑汇票和票据贴现业务，全年累计为甘孜州重点水电企业国电大渡河猴子岩水电建设有限公司和四川大唐国际甘孜水电开发有限公司累计开立银行承兑汇票210笔，累计金额28730.4万元，为客户及时补充资金，提供短、频、快的服务。

【强化内控与基础管理】 一是加强财务管理，落实中央“八项规定”和总行“十项要求”，加强成本管理，倡导勤俭办行，降低成本开支，严格控制费用支出。二是强化案件防控，提高案件防控和内控管理水平，全年实现无案件、无重大违法违纪违规事件、无重大责任事故的“三无”目标，保障各项业务健康发展。落实案件防控工作责任制，按月组织召开案件防控工作联席会议，落实岗位制衡制度，建立重点岗位人员库，建立轮岗交流工作台账，把轮岗休假制度的执行情况纳入业务条线内控管理的日常监督检查范围，规避经营管理中的操作风险和道德风险。三是开展案件专项治理活动，开展存款类案件风险专项排查工作，开展案件风险专项治理工作。开展信贷业务、理财业务、印章使用、员工不良行为等风险排查；组织员工学习“飞单”风险研读，开展员工飞单专项排查。

（黄光辉）

·中国农业发展银行甘孜州分行·

【概况】 2015年，完成全州19个县（市）69个粮点开展清仓查库，做到账实清楚和心中有数；全年共完成展期78笔，保证了地方储备粮油资金供应。加强与州金融办、州发改委、州国资公司、州交通运输局、州水务局的对接，成功营销全州干部周转房建设贷款项目、炉霍县康巴圣德牦牛乳业有限公司贷款项目、乡城市场建设等项目，年内完成康定青藏谷地公司700万元流动资金的续贷，完成炉霍圣德公司1200万元贷款的投放，业务发展实现底部突围。年内完成“甘孜州富余电量送出工程项目”“康定老城区地热集中供暖工程项目”“康定新城地热集中供暖建设”等3个项目，共计9300万元基金投资的申报、审批、投放工作。在2015年度州委、州政府目标考核中获得优秀等次。

【推动落实“两个从严”夯实内部管理】 加强财政拨付资金管理，完成财政补贴资金拨付11243万元；加大反洗钱和反假人民币宣传和日常管理力度；与甘孜州农村信用联社股份有限公司康定信用社签订《现金业务代理合作协议》，2015年7月1日实现现金业务全面代理。全年重新修订《接待管理办法》等12个管理和考核办法。全年对九龙汇泉不良贷款责任人、对省分行会计对接工作组检查问题责任人、对未按时完成对账工作的责任人、对2015年未入围担保机构所担保的贷款，未及时采取处置和补救措施的相关责人等共积分36分，经济处罚1600元。

（杨艳琼）

·中国邮储银行甘孜州分行·

【概况】 截至2015年年末，全州邮政储蓄各项存款余额113178.44万元，较年初增长-122.84万元，增幅-0.98%。全州邮政储蓄结存账户数256340户，较年初增加12380户，户均余额为3028.79元/户。扶贫惠农资金累计投放145笔，投放资金1071万元。代发各类扶贫资金177762笔，发放金额7268.03元。累计布放ATM机40台、POS机62台、商易通机具57台，在边远农村建立4个扶贫金融服务工作站和助农取款服务点15个，聘请金融服务联络员183人，履行业务宣传、业务受理、送金融知识下乡等职责。中国邮储银行甘孜州分行践行银行社会责任，大力推动普惠金融工作，服务范围涵盖代发新农保、涉农补贴、计生奖励、中职助学金等扶贫资金177762万元，千方百计满足广大客户的普惠金融服务需求。

【服务地方经济建设】 重点加强与地方政府的协作，打造精准扶贫融资渠道，与团州委、州农委、州扶贫移民局、州再就业局、州科协等合作，共同做好精准扶贫工作，继续开展“走政府”和农业龙头企业“走总部”活动。积极融入甘孜州委、州政府坚持“统筹联动、稳中求进、加快发展”工作基调，以金融扶贫惠农工程为主线，扎实推进“百家十亿”小微企业金融服务提升工程、农牧区支农再贷款创业惠农基地建设、支持幸福美丽新村建设、支持旅游业优先发展、支持“11·22”康定地震灾后重建、支持藏彝文化走廊建设等“6项”重点工作。在邮储银行甘孜州分行精准扶贫工作方案中推出小额贷款、农民专合社贷款、个人商务贷款、小企业法人贷款、农机购置补贴贷款5项精准扶贫产品。

【完善风险管理体系】 全面推动《中国邮政储蓄银行四川省分行合规基本办法》的宣贯和组织实施。扎实推进“两个加强，两个遏制”专项检查活动，组织开展州分行2015年内控评价工作及合规警示教育活动。开展“除隐患、提能力”支行集中整治、人员排查活动，落实常态化的重点风险督办机制，加强重点风险问题剖析与化解。开展各项专项检查、常规检查工作。组织开展“加强内部管控、遏制违规经营的违法犯罪专项检查活动”“打击和处置非法集资排查活动”“民间借贷专项排查整治回头看活动员工行为排查”“金融消费权益保护自查”等专项检查工作及常规检查。

（肖　勇）

·甘孜州农村信用联社股份有限公司·

【概况】 2015年，是甘孜州农村信用联社股份有限公司成立以来的开局之年。在职职工624人，其中：领导班子成员6人，党员243人，男职工301人，女职工323人；机关设立办公室、人力资源部、稽核审计部、业务发展部、财会运营部、合规风险部、金融市场部、电子银行部、营业部、公司金融部（小微金融部）、纪检监察室（安全保卫部）、信息科技中心甘孜分中心等12个部门，辖18个县（市）级信用社，126个营业网点。其美多吉获全国优秀工会工作者称号。

【业务经营】 2015年年末，甘孜州联社5亿股本通过分红转增股本的方式增加到5.4亿股；各项存款余额135.85亿元，较年初增加27.07亿元，增长24.89%；各项贷款余额46.67亿元，较年初增加6.42亿元，增长15.95%，存款规模和贷款规模均居全州金融机构第二位。不良贷款余额3.71亿元（按照省联社和银监部门要求，调增不良贷款2.84亿元），较年初增长2.46亿元，不良贷款率7.94%，较年初增长4.86%；拨备覆盖率106.74%，较年初下降162.32%；实现各项收入8.86亿元，较上年减少1.31亿元；实现拨备前利润3.67亿元，税前利润1.77亿元，计提所得税8887.89万元，账面净利润8864.68万元。

【支持地方经济社会发展】 巩固小额农贷的黄金品牌，通过提高农户小额贷款授信额度提高到10万元，扩大农户小额贷款覆盖面；开展走出柜台服务、上门服务；开展一次授信，随贷随用，循环使用的工作方式，切实解决农牧民生产生活资金需求。支持农业产业化龙头企业、农村专合组织、种养殖大户和新农村建设。重点突出支持矿产、旅游、农牧业等中小微企业发展，如巴塘县矿产工业总公司、九龙祥瑞专业合作社、海螺沟景区冰川观光运输有限公司、炉霍雪域俄色茶、泸定大成矿业有限责任公司、德格宗萨藏医院、新川藏运业公司等。累计发放单户金额200万元以上的中小微企业贷款70户，金额7亿元。以国道317、318线及其连接线19个幸福美丽新村建设为契机，突出“三个一”工程建设（安装一台取款机、布放一台POS或EPOS机、建立一个金融服务站）；支持幸福美丽新村开展民居接待、特色旅游接待，发放贷款1200户，金额6300万元；参与海螺沟AAAAA级景区创建，发放12469万元信贷资金。安装自助银行设备126台，安装EPOS终端1230台，安装POS机919台，设立助农取款服务点1230个，投放3台汽车流动银行。2015年5月，开展首批服务器租用业务，与康定县供排水公司合作的水费代收系统通过测试并成功上线，实现企业增效、市民方便、农信社形象提升的多赢局面，科技服务支撑作用明显体现。

（林　龙）

·中华联合财产保险股份有限公司甘孜州中心支公司·

【概况】　2015年是中华财险进入新常态，实施“三三九”战略，实现价值发展、管理升级、创新驱动、能力突围关键的一年，甘孜中支紧紧围绕全年工作目标，齐心协力，经营成效明显：截至2015年12月31日，实现保费收入7794.72万元，同比增加397万元，增长5.38%。高于行业增速0.65个百分点，市场份额居第二位。其中车险完成4083.91万元，占全险种的52.39%，非车险完成3710.81万元，占全险种的47.61%。分险种情况：车险保费收入4083.9万元，同比增长10%；财产险保费收入902.75万元，同比增长10.8%；农险保费收入415万元，同比增长-25.5%；意外险保费收入324.12万元，同比增长-17%；健康险保费收入2068.95万元，同比增长4.97%。全年共接报案5209件，立案4755件，已决4829件，赔款支出5794.46万元，同比增加585.36万元，增长11.2%。未决414件，未决赔款478.46万元，简单赔付率74.34%。提取未到期责任准备金112.52万元，历年累计计提2845.73万元；计提未决准备金-2078.81万元，历年累计计提2661.34万元，提取农险大灾准备金22.49万元，累计农险大灾准备金231.92万元，准备金累计5738.99万元。综合赔付率（含间接理赔费用）为55.51%，不含间接理赔费用综合赔付率为56.36%，综合费用率为27.46%，综合成本率为83.82%（经营目标综合成本率92%），低于年初签订的目标任务8.18个百分点，利润率为11.59%，截至12月盈利903.57万元。

【主要工作】　组织召开2015年度工作会议，将全年目标任务8400万元分解落实到14个目标单位，与州医保局签署2015年甘孜州城乡居民大病保险合作协议，大病医疗保险签单保费1402.87万元，根据前期运行亏损情况起付线由4000元提高到6000元，减亏1040万元；与集团运业公司新川藏运业公司、雅克运业公司、荣诚运业等进一步加强交流沟通，达成继续合作意向。农险方面新增扩面康定、丹巴、九龙3个县（市）。德格、稻城两县森林保险落地保费318.41万元。与大唐国际水电公司、九龙里伍铜矿、雅砻江矿业公司签订全面合作协议，落地保费123.5万元。与康定市达成灾后重建一揽子保险业务合作意向，参与州政府工作组赴泸州考察医责险，参与农行系统职工医疗保险招投标工作，推动农村居民住房地震巨灾保险试点。印制车险电销和农险大幅宣传广告画，在18个县（市）悬挂宣传。

（欧阳万进）

༄༅། །ཚོང་ལས་དང་ཚོང་ཡུལ་སྐོར་ལས་རིགས།
商贸·旅游业

·商务与经济合作·

【概况】 2015年，全年实现社会消费品零售总额74.2亿元，完成服务业增加值87亿元，国内招商引资到位资金155.89亿元，实现外贸出口总额1332.99万美元。清理保留行政权力124项，其中行政审批（行政许可）7项，行政处罚90项，其他行政权力27项，生猪定点屠宰管理职能划转州农业畜牧局。组织开展全州“十三五”现代服务业暨物流业发展规划编制，完成前期课题研究、现场调研等工作。完成政务信息公开72件。年末，窗口共受理各类行政审批项目891件，办结891件，办结率和满意率均为100%。

【对外开放成效显著】 举办“甘孜州与粤港澳企业座谈会暨项目签约仪式”“广州民营企业甘孜行”等系列投资促进活动；组织参加2015年中外知名企业四川行、2015年厦门国际洽谈会、中国西部（四川）进口展暨国际投资大会、珠三角地区四川省投资推介会、川商创新发展工作座谈会、四川省广东商会第四届理事会等活动。全年共宣传推介各类招商引资项目176个，投资总额达678亿元，系列活动期间共签约项目5个、总投资56.8亿元，实际到位资金155.89亿元。通过各类平台向企业发放招商U盘资料600余份，活动现场电子触摸屏项目浏览超过3000人次，各网站项目点击突破5万人次，有114家投资企业通过电话方式对甘孜州有关项目进行咨询，项目电子化宣传推介工作取得初步成效。汉能集团投资26亿元的300兆瓦薄膜太阳能幕墙制造项目成功落户甘眉工业园区；强化广东对口援建，与广东华昌铝厂签订投资20亿元的年产10万吨铝合金型材生产项目战略合作框架协议；登门推动，促进巴莫科技年产3万吨正极材料和动力电池三元材料项目落户园区。

【社会消费平稳增长】 组织州内企业参加“川货全国行”“惠民购物全川行动”和广博会、广交会、厦洽会等消费促进活动37场次，成功举办甘孜—泸州西南商博会甘孜专场推介会、甘孜—成都农商对接会、州内生产企业与电商平台对接会等贸易活动，贸易成交额3.2亿元，签订订单近2亿元。初步建成广东珠海、海螺沟等“圣洁甘孜”品牌店6个。全年实现社会消费品零售总额74.2亿元，同口径增长14.5%。全州服务业增加值达到87亿元，增长7.5%，成为全州经济增长最快的产业。开展2015年甘孜州大众评选“最康巴—特色名店”活动，累计评选特色名店100家。全州限额以上商贸单位达到126家，康定民贸第八商场和丹巴甲居藏寨食品公司经理阿加格玛荣获全国商贸流通先进称号。引进德惠商业服务公司，签订战略合作协议，计划分期投资1.5亿元，在甘孜州各县开办大型超市，提升丰富甘孜州商业业态。全州10个县编制完成《主要生活必需品市场应急预案》，初步建立骨干企业应急储备保障机制。

【外贸出口逆势增长】 全州外贸出口以虫草、松茸、魔芋胶为主，受经济下行影响，全国全省外贸出口全面回落，甘孜州全年外贸出口完成1332.99万元美元。培育新增进出口获权企业3户，总数达到47户，有进出口实绩企业9户。开展“万企出国门”活动，组织2家企业赴意大利拓展市场，2家企业观摩第118届广交会。

【流通体系逐步健全】 全年争取项目资金1406万元，其中，贫困地区民族地区项目10个486万元；内贸流通竞争性项目2个120万元；省重点物流项目8个800万元。多次组织工作组深入格萨尔机场实地调研，开展座谈交流，与德格县、甘孜县协调一致，制定项目实施方案，相继完成实施方案州、省两级评审咨询，推进项目建设前期工作。

【市场秩序有效规范】 加强民爆、成品油等重点领域，农贸市场、商场、超市等重点单位，节假日、汛期等重要时段的安全检查工作，全州商贸领域安全生产秩序保持平稳。加强实名制登记加油和零散成品油销售管理，新增6个乡镇加油站规划点，分片区全覆盖开展4期社会加油站业主安全管理现场培训，参训人员200余人次，全州成品油市场秩序得到有效规范。加强边销茶、食盐、拍卖、典当等行业监管工作，认真推进单用途商业预付卡治理及打击侵权假冒工作，全州商贸流通市场秩序规范有序。

【电子商务飞速发展】 开展电子商务知识培训，组织参加2015中国（四川）电子商务发展峰会、2015西部电子商务高峰论坛等活动，与州电信公司、州移动公司、国联圣洁蜀品公司签订战略合作协议，支持企业与天虎云商、和小宝等省内知名电商平台合作，建设“圣洁甘孜”特色网店，初步形成“全企入网、全民触网”的氛围。制定政策，强化引导，以“互联网+电商物流”实施方案为统领，推动本土电商经济快速发展，争取省级项目1个补助资金30万元，建成康旅公司农产品电商升级平台项目，溜溜康巴网、康巴商城、恩珠商城等本土电商平台企业蓬勃发展，一码通、圣洁南卡等电商服务企业不断壮大，全年电商网络实物零售交易额突破5000万元。

（州商务合作局）

·烟草专卖·

【概况】 全年销售卷烟29925箱，同比下降0.93%；销售地产烟13871箱，地产烟占总销的比重为46%，位列全省第一；实现税利2.1亿元，同比增长35%，增幅高于全省平均水平15个百分点，位列全省第三；单箱均价34552元，同比增长11.6%，高于全省平均水平4022元，高于全国平均水平5980元，位列全省第五。全年开展专项督办6次、日常督办15次，对273个企业管理制度进行修订汇篇，开展物流委托配送，全年减少物流费用128.55万元，单箱物流费用下降39.21元，降幅9.96%。全年累计投入19万元回应群众诉求；积极参与藏区扶贫攻坚，争取10个项目落户甘孜，选派1名机关人员驻村开展精准扶贫。

【内涵质量稳步提升】 截至年末，全州卷烟市场价格指数为101%，同比增长1.06%；客户满意度为96.59%，同比增长0.5%；卷烟供应满意度为95.21%，较2014年增长0.48%；社会库存动销率62.76%，环比增加0.68%：社会存销比为0.59，环比下降3.28%。电子结算率92.54%，电子结算成功率99.54%，电子结算金额比例为99.80%；网上订货率78.86%，网上结算成功率为

96.69%；跨行结算195户，使用活跃度96.92%，跨行结算成功率为92.89%。

【市场监管双零并存】　全年查获各类涉烟违法案件60起，涉案卷烟37.01万支，案值64.76万元。其中，康定市局自主查获一起省级三类网络案件，案值33.83万元，实现自主打假破网零突破；泸定县局协助眉山市局破获一起案值1248.12万元的网络案件。真品卷烟实现零外流。查获真品卷烟23.71万支，案值22.53万元，全州没有发生一起真烟外流案件。

（李　毅）

·旅游·

【概况】　2015年，全州旅游工作紧紧围绕实施全域旅游、旅游优先和旅游精品战略，大力推进旅游“十大工程”和全域旅游“八进”活动，着力完善规划编制，推动重点项目建设，强力开展宣传促销，持续加强区域合作，严格旅游执法检查，加大旅游市场监管，提升旅游行业综合服务质量，旅游业呈现向好发展态势。印发《开展综合执法检查规范旅游市场秩序的实施方案》，重点检查康定、泸定、丹巴、海螺沟、木格措等重点县（市）和景区13次，就存在的问题实现“一对一”罚点球督促整改。工商、公安、交通、卫生、食药监等部门整体联动，开展4次联合检查，净化旅游市场环境。受理旅游投诉34起，处理34起（其中有两起因调解无果，终止协调），结案率达到100%。全年接待游客1050万人次，实现旅游综合收入104亿元，同比增31%和30%。

【旅游发展规划编制】　修编18个县（市）《旅游发展规划》，指导得荣、德格、新龙、色达开展《旅游发展规划》编制，全州18个县（市）完成县域旅游规划的修编完善。高起点高标准编制《德格县生态旅游规划》和《丹巴中路藏寨旅游发展规划》，实现规划方法的创新和规划理念的提升。编制环格萨尔机场区域旅游规划、甘孜州旅游信息化发展规划、色达洛若镇旅游要素规划、亚拉—中谷旅游区旅游产品和项目规划等一批专项规划。配合抓好《中国最美景观大道——317/318川藏世界旅游目的地（四川段）规划》编制。开展《甘孜州全域旅游发展规划》编制，对全域旅游发展进行顶层设计，对接州域城镇体系规划和相关产业规划，紧扣国家产业政策和投资方向，梳理出一批“十三五”重点项目。

【旅游项目建设】　2015年，实施旅游项目97个，年度投资计划22亿元，完成投资9.38亿元；其中列入2015年全州重点生态旅游项目26个，计划完成投资8.73亿元，截至年末完成投资7.09亿元，完成计划投资的81.14%。启动实施“最后一公里”畅通、目的地建设、藏区旅游精品线路、最美景观大道、旅游厕所建设、信息化建设、景区城市、旅游乡镇、美丽乡村、最康巴等“十大工程”。完成磨西会议旧址、丹巴甲居藏民独立师博物馆、丹巴红五军团政治部纪念馆、甘孜朱德总司令和五世格达活佛纪念馆、泸定甘孜州红军长征博物馆、二郎山川藏公路博物馆、炉霍红军文化广场等7个长征遗址项目工程。海螺沟国家AAAAA级景区创建通过省级资源景观评定并报国家旅游局开展景观价值评审；丹巴甲居藏寨AAAA级景区创建作好迎接省检准备工作；泸定桥AAAA级景区已完成创建项目梳理，并与四川能投集团签署《泸定桥旅游景区项目合作开发框架协议》；道孚土石林AAA级景区完成州检。甘孜州索道公司完成组建，亚丁、海螺沟鹏程山、丹巴中路索道建设启动实施前期工作。海螺沟成功创建国家级生态旅游示范区，稻城亚丁、木格措创建为省级生态旅游示范区。

【乡村旅游】　将旅游业发展与扶贫开发紧密

结合，充分挖掘乡村自然景观和人文内涵，积极打造特色各异、优势互补的乡村旅游产品，逐步形成以海螺沟木林森村、康定营官村、雅江日基村、香格宗村、道孚雀儿村等为代表的一批乡村旅游精品村寨，实现“景城一体、城乡共融、产村共融”。完善《甘孜州乡村酒店建设与管理导则（试行）》，研究制定《加快乡村旅游发展的意见（初稿）》，为乡村旅游发展提供政策支撑，推进乡村旅游持续有序发展。以泸定樱桃节等节庆活动为契机，做大做响乡村旅游品牌。配合州农办、州扶贫移民局等部门实施沿国道317、318线及其连接线幸福美丽新村建设，指导创建乡村旅游主题文化酒店。

【旅游市场营销】 参加2015年中国自驾游大会暨中国自驾游路线评选颁奖盛典，高票夺取年度36条极致线路三个资源管理奖。赴新航线开通城市开展新闻发布暨四川甘孜藏区旅游宣传推介会，拓展中远端客源市场。“圣洁甘孜　走进深圳”受到业界和市民青睐。牵头组织“纪念红军长征80周年”系列庆祝活动，加大红色旅游宣传推广，塑造甘孜红色旅游胜地的形象。参与2015环贡嘎山国际户外运动挑战赛，实现体旅高度融合。指导开展“四月八”跑马山国际转山会、康定国际情歌节、丹巴国际嘉绒风情节、雅江松茸节、海螺沟夏季冰雪节及冰川论坛等节庆（论坛）活动。参加中国（广州）国际旅游产业博览会、第二届四川国际旅游交易博览会、中国国际旅游交易会、成都国际旅游展、香港宣传推介等活动。推动《共同推进生态文化旅游融合发展雅安共识》全面实施，荥经、泸定两县共同与能投集团签署合作开发协议，牛背山开发进入实质阶段。川滇藏青六市（州）签订区域战略合作协议，抱团打造区域品牌。以四川藏区精品旅游线路、“环贡旅游线”“环亚丁旅游线”“四川西环线”“大香格里拉环线”等为宣传重点，切实加大甘孜旅游整合推广力度。组织杭州、昆明、重庆等直航城市旅游业界代表入州踩线采风。配合协助中央电视台《地理·中国》、广东电视台《纵横天下》、广东经视传媒《一起旅游吧》进州拍摄宣传制品。与央视、客源地主流电视台、报纸、网络等媒体建立合作关系，投放专题宣传片或形象广告。在成雅高速和成绵高速路段投放户外形象宣传广告。在成都锦里、宽窄巷子、双流黄龙溪和重庆磁器口开展四季图片展。投入40余万元设计制作8套系列卡通版《全域旅游“八进”宣传挂图》。新增杭州、昆明、重庆、拉萨4城市直航康定、亚丁机场，康定、亚丁两个机场实现互飞，航线达11条。

【行业管理】 评定旅行社3家，全州旅行社增至19家；组织经营管理、服务技能、餐饮研发、民居接待等培训16期。全年，全州各类培训达9.5万人次；实施“康巴英才”工程，评选旅游优秀高端人才3人、中端人才30人、基础人才411人。建立旅游、工商、公安、安监、卫生等部门整体联动、多行业协调配合的旅游市场监管机制和旅游应急救援工作机制。开展“最康巴”特色住宿、购物、商品的评选活动。参加由省旅游局组织的“旅游饭店服务技能大赛”，荣获“优秀组织奖”。参加省旅游协会举办的“2015中国旅游商品大赛”四川赛区预选赛，获得由国家旅游局和浙江省人民政府共同举办的“2015中国国际旅游商品博览会”参展商品资格。

【“智慧旅游”】 编制“互联网+旅游”建设方案，启动智慧旅游建设，搭建旅游营销与服务平台，新版旅游官网全面上线，旅游官方微信平台正式投用。开发新版旅游手机APP，实现在线购买景区门票、预订州内签约酒店，游客信息服务更加便捷。筛选州内重点景区和交通道路监控点位，积极推进旅游应急指挥平台建设。

（州旅游发展委员会）

ཞིང་ལས།
农　业

·农业畜牧·

【概况】　2015年，是农业和畜牧职能整合后履职的第一年，州、县农牧部门认真贯彻落实中央、省委、省政府和州委、州政府关于农业农村工作决策部署，促进农业农村改革不断深入，新型经营主体得到较快发展，“圣洁甘孜”农产品品牌知名度得到提升，农业科技含量不断提高，农产品质量安全监管得到加强，农业生态建设与保护持续推进。大力培育特色种养业，有效推进高原现代特色生态农牧业发展，促进农牧业经济持续稳定较快发展。全州农作物播面达90307公顷，其中，粮、油、菜播面分别达到75580公顷、5986.67公顷、7346.67公顷，总产量分别达到28.02、1.36、23.10万吨，粮食生产实现丰收。年末各类牲畜存栏403万头（只、匹），牲畜出栏90.5万头（只）、商品数为64万头（只），总增率、出栏率、商品率分别达到22.5%、22.5%、16%，肉类、奶类、水产品总产量分别达到6.4万吨、10万吨、170吨。

【特色农牧产业加快发展】　加快丹巴、得荣、雅江、理塘4个省级现代农业和现代畜牧业重点县建设，重点发展油菜、蔬菜、水果、中药材、食用菌等产业，建成特色农业产业基地20406.67公顷。在康定、甘孜等地实施牛羊、藏猪、藏鸡标准化生产基地建设，新建生猪标准化养殖小区22个，扶持畜禽养殖场（户）72个。推广中蜂养殖技术，发展标箱养蜂示范户170户，年产蜂蜜8万公斤。有力促进农牧业增产增收。

【农业科技含量不断提高】　组织实施“院州”合作项目10个，“校州”农业合作项目4个。深入开展农牧业科技大推广、大培训、大示范，加大良种推广、农技推广和农机推广。全州开展农牧民实用技术培训33.25万人次，完成新型职业农民培训1024人和基层农技人员知识更新培训827人。全州粮食作物良种覆盖率达到92.8%，推广地膜覆盖栽培6666.67公顷、测土配方施肥53333.33公顷（次）、绿色植保防控13000公顷（次）、机耕52726.67公顷、机播21046.67公顷、机收25393.33公顷，农机化水平达到42.56%。加强畜禽遗传资源保护力度，引进投放良种畜禽0.2万头（只），畜禽改良17.04万头（只），本品种选育4.35万头（只）。畜禽良种覆盖面较上年提高4.23个百分点。大力实施国家农机购置补贴政策，推广各类农机具2902台（套），新建太阳能提灌站7座，新增提水保灌面积183.33公顷。

【农业生态建设持续推进】　落实强牧惠草政策，强化草原生态保护与建设。实施草原禁牧补助3000000公顷，草畜平衡奖励5308666.67

公顷，牧民生产资料综合补贴16.04万户，兑现补奖资金46964.5万元。全力组织实施退牧还草工程，开展围栏建设188000公顷，草原补播56400公顷，人工饲草地建设3066.67公顷、舍饲棚圈建设1210户。不断夯实畜牧业基础设施建设，建成标准化草地1333.33公顷，户营打贮草基地6666.67公顷，牲畜暖棚1700户13.6万平方米；实施草原鼠虫害防治工作，完成鼠虫害防治面积277866.67公顷。建设高标准农田711.81公顷。加强水生野生动物保护，全州共增殖放流珍稀鱼类95万尾。

【农产品质量安全监管】 重点加强蔬菜生产基地、农资经营单位、畜禽养殖场（户）、生猪定点屠宰场的执法检查。通过全省交叉抽检和自行抽检，全州农产品质量抽检合格率达96%以上，全年未发生重大农产品安全事件。全州大力推进“圣洁甘孜”区域农产品品牌战略，“三品一标”登记认证14个，兑现品牌创建奖励资金59万元。开展市场营销，专题研究“互联网+甘孜农业”“飞机+特色农产品”，在珠海、成都等地设立“圣洁甘孜”农产品营销专柜，组织龙头企业和专合组织到成都、广东、福州等地参加展示展销活动，提高甘孜州特色农产品的知名度。完成重大动物疫病免疫1205.06万头（只、羽）次，使用常规疫苗免疫各类牲畜548.40万头（只）次，应免畜禽的免疫密度达到100%。完成春秋内外寄生虫驱治589万头（只），确保州内无区域性重大动物疫病发生。全州产地检疫畜禽10.46万头（只、羽），屠宰检疫畜禽27.09万头（只、羽），指定通道查验活畜禽6.53万头（只、匹、羽），畜产品53.04吨；病死畜禽无害化处理率达100%。

【农业农村改革】 推进全州农村土地确权登记工作，完成土地确权登记面积25120.00公顷；引导农户土地流转2866.67公顷，实现收益2150万元；完成基本草原划定，启动色达县草原承包确权登记颁证试点工作；实施政策性农业保险，参保面积达到41333.33公顷，受益农户达到3.84万户。调整和完善农业三项补贴政策，兑现耕地地力保护、粮食适度规模经营和农机购置补贴8132.9万元。新发展农民合作社452个、家庭农牧场60个、种养大户3497户。为95个农民合作社和家庭农牧场落实扶持资金1035万元，向种养大户兑现补助428.2万元。

【法治农业建设】 全面完成“六五”普法，与州商务局、州水务局完成生猪屠宰、水产渔政行政管理职能交接。全州立案查处各类违法案件10件，涉及罚没金额5.6万元；开展农资打假专项治理行动，共检查农资经营单位176个（次）；宣传培训农牧民及寺庙僧尼25万余人次。完成机改后部门行政权力的清理，在局域网站公开行政权力清单和依据。全面规范行政审批工作，严格执行“两集中、两到位”制度，将清理后的20大项38子项行政审批事项全部进驻州政务服务中心。全年受理行政审批事项14件，办结率100%。

（杨尚志）

·林业·

【概况】 2015年，依法管护森林资源6034666.67公顷，有效巩固退耕还林成果53533.33公顷，兑现集体公益林补偿资金28390.8万元，完成人工造林333.33公顷、封山育林2333.33公顷、森林抚育24000公顷、低产低效林改造4600公顷、新一轮退耕还林2573.33公顷、义务植树248.45万株、道路绿化88.5公里。成功创建雅江那溪措省级湿地公园和稻城金珠省级湿地公园。森林覆盖率达33.48%。建设特色林果产业基地3806.67公顷（其中：核桃基地2140公顷，花椒基地600公顷，俄色茶原料林基地1066.67公顷）。成功举办泸定第五届乡村旅游·红樱桃节。措普沟、荷花海国家森林公园荣获“最具潜力森林康养目的地”称号。

全州实现林业产业总产值31.5亿元，较上年增10.1%。其中，森林生态旅游收入15.7亿元，较上年增12.1%。农民人均从林业获得收入1082元，较上年增10.2%。全年共争取林业投资10.75亿元，编制《甘孜州林业发展“十三五”规划》（征求意见稿）。

【科技林业建设】　开展林业科研课题15项，结题验收5项。俄色茶优良品种选育课题荣获全州科技进步二等奖。建立实验苗圃0.1公顷，建立种苗繁育示范基地5个，面积10公顷。首次组建核桃产业技术服务团队，累计培训林农3.6万人次。完成花椒、核桃林产品质量安全检验检测工作样品抽样检测100批次和200批次。

【开放林业建设】　制定出台《甘孜州完善和深化集体林权制度改革方案》，政策性森林保险实现全覆盖。国有林区和林场改革稳妥推进，编制《甘孜州国有林区改革工作方案》和《甘孜州国有林场改革的初步方案》。

【法治林业建设】　《甘孜藏族自治州集体人工商品林管理条例》即将颁布。清理优化行政权力事项189项。开展专项整治行动，森林防火工作实现连续28年达标。成功拔除并撤销泸定县松材线虫病疫区，林业有害生物成灾率实现连续24年零成灾。清理排查违法违规占用林地20宗，依法查处19宗。受理林业行政案件501起，查处501起，立林业刑事案件30起，破获29起。

（江　勇　刘清勇）

图为2015年州植保站在道孚县八美镇少乌基地开展绿色植保防控

བཟོ་ལས།

工　业

·经济和信息化委员会·

【概况】　2015年，全州工业实现增加值44.69亿元，增长2.6%，较2014年同期回升9.1个百分点。规模以上工业实现增加值36.61亿元，增长1.8%，较2014年同期回升11.7个百分点，扭转工业经济下滑局面。全年新增规模以上企业5户，实现增加值2.83亿元，占规模以上企业增加值7.7%。铜、黄金、水泥、发电量等主要产品产量保持增长。加快推进鑫源矿业、雅砻江矿业等重点项目建设，全年完成工业投资232.87亿元，水电业和制造业投资分别同比增长10.3%、29.9%。全州新增统调电站162.4万千瓦，统调电站装机594.4万千瓦，全社会装机655.6万千瓦。深入开展调研，找准促进水电业增长的突破点，争取省上政策支持，协调落实计划外电量27亿千瓦时，占全省15.79%。全年规模以上企业完成发电量169亿千瓦时，增长15.8%。共争取国家和省级产业扶持资金3045万元，落实州本级工业发展资金2000万元，培育特色产业发展。

【农产品加工业】　落实州人民政府《关于加快农产品加工业发展的意见》，鼓励各类市场主体建设原料基地，对符合产业发展方向和具有发展潜力的优势企业给予重点培育。抓产品开发和市场营销，支持企业创建知名品牌，进一步打造“圣洁甘孜”区域品牌，协调解决企业发展中的困难和问题。7户企业列为全省成长型企业，2户企业评为省级农产品加工示范企业，18个产品列入四川省地方名优产品目录。康定市被评为省级小企业创业示范基地。全州农产品加工企业实现产值2.9亿元。

【中藏医药产业】　制定《药材种植统筹推进方案》，规范基地建设，全州药材种植面积达到2.5万亩，康东片区药材种植呈现规模化、科学化、标准化的发展态势。出台《加快制剂室建设的指导意见》，指导州内藏医院制剂室建设重特色、定标准、上规模、推产品、拓市场，全州制剂室共有336个品种，生产150吨院内制剂，实现销售收入3000万元，宗萨藏医院高标准完成制剂室改造。牵头协调然降多吉胶囊合作生产事宜，争取泸定中藏药产业园区生产线延期一年GMP认证，组织企业赴广东开展产业招商，跟踪省内重点医药企业，与华润三九药业、四川海蓉药业等知名企业初步达成合作意向。

【民族民间手工艺】　启动《“十三五”民族民间手工艺业发展规划》编制，完成《甘孜州嘎玛博秀康巴文化旅游产业园区规划》编制。围绕旅游全域化带来的市场机遇，指导手工艺企业研发生产特色鲜明的优质产品，不断提升文化内涵，增强观赏性、艺术性。

开展甘孜州在成都地区手工艺从业人员调查，召开高规格座谈会，集思广益，共谋加快发展大计。筹划成立手工艺协会，鼓励支持民族手工艺产业在成都等地发展。重视民族手工艺人才培养，甘孜州7名手工艺从业人员荣获第四届省级民族手工艺美术大师称号。全州民间手工艺实现产值8000万元，同比增长4.6%。

【区域合作】 组织甘眉园区留存电量实施，支持企业降低成本，实际结算14.73亿千瓦时。加强园区招商和项目建设，签订汉能控股300兆瓦薄膜太阳能、华昌铝业10万吨高端铝型材项目，金源达、福兴铝业项目竣工投产，阳光铝业等项目有序推进。全年完成固定资产投入共计9.12亿元，实现工业产值2.85亿元。落实《甘孜—雅安“十三五”区域合作战略协议》，与雅安市相关部门及相关县开展合作对接，探索建立“飞地项目”新模式，共享合作发展成果。通过考察和洽谈，与青海玉树州就中藏药材种植、产品研发、共建企业和民族民间手工业发展等达成合作意向。促成四川省经信委与广东省经信委签订框架协议，共同推进甘孜州优势资源转化、中小企业发展、产业园区建设、发展“互联网+”、人才培训。

【创新驱动和结构调整】 办理项目备案12个，总投资6.2亿元。争取国家和省级技改资金546万元，撬动技改投资6.57亿元，支持企业技术升级、设备更新和生产流程再造，提高产品档次。全年实施重点技改项目35个，其中，新开工项目16个，竣工项目17个。争取创新资金220万元，实施创新项目7个，总投资6430万元，累计验收项目11个。完成泸定桥公司与泸定山盛公司并购重组，鲸勒硅业和佛光建材落后产能淘汰工作通过省级验收。

【信息化建设】 完成通信投资3.6亿元，新建通信光缆2200皮长公里，新建通信基站1032个，新增行政村通宽带195个，新增自然村通电话83个，全州互联网出口带宽达100G。实施全州政务外网改造提速工程，建成州电子政务办公云平台，州县机关各部门均接入办公网络移动终端。开发推广居家养老、平安医院、电力ITV等信息产品，协助支持社保、教育、金融等专网改造，提升信息化应用水平。牵头组织协调相关部门完成雅康高速公路5个标段53.896公里杆线迁改任务。牵头组织通信企业与州国资公司、海螺沟管理局协商完成景区1号营地、3号营地的铁塔、基站搬迁，支持海螺沟创建AAAAA景区。

【民营经济】 全年全州民营经济实现增加值达96.67亿元，同比增长5.4%。贯彻落实州委、州政府《关于促进民营经济加快发展的意见》，牵头与州发改、州工商、州税务等部门制定市场准入、证照办理、金融支持、税收优惠、减少审批和主动服务等支持民营经济加快发展的配套政策和措施。举办企业管理、项目申报、电子商务等专题培训500余人次，组织优秀民营企业家参加全省中小微企管理能力提升研修培训。

（严王清）

·水利·

【概况】 全年争取水利项目投资14.223亿元，同比增加35.89%。其中：中央投资12.2亿元，省级投资1.85亿元，州级投资0.18亿元。完成新增有效灌溉面积1523.33公顷，完成目标666.67公顷的111.46%；完成新增节水灌溉面积36.67公顷，完成目标82.67公顷的113.31%。排（污）水处理工程累计到位资金19068.00万元，累计完成投资6005.82万元。其中康定市污水管网工程已完工，甘孜县污水处理厂厂区部分已完工，丹巴聂呷、泸定污水管网分别完成85%、66.2%的工程量。炉霍、巴塘等9个县污水处理厂已取得初设批复。累计完成堤防建设50.9公里，累计完成投资26928万元。截至10月底，供水工程累计到位资金19950.57万元，累计完成投资20026.79万元。其中海螺沟、道孚、石渠洛须镇3个供水工程已完工。丹巴大马、理塘县城、泸定冷碛、得荣县城和瓦卡镇、色达洛若6个供水工程均已完成60%左右工程量。乡城城区、稻城香格里拉、雅江呷拉3个供水工程已开工建设，均已完成10%左右工程量。

【骨干水利工程】 康定力曲河水利工程。营官寨取水枢纽、甲根坝干渠、马达干渠完成土石方开挖57850.2立方米，混凝土浇筑1649.98立方米，累计完成投资10096万元。巴楚河引水工程。截至10月底，完成管道平台及隧洞开挖14.166公里，累计完成投资3700万元。泸定顺河堰水利工程。截至10月底，右干渠A标段完成15.4公里渠道建设，主体工程已基本完工；B标段已完成3.86公里渠道建设，完成1.34公里倒虹管架设，1.8公里倒虹管镇、支墩基础开挖和浇筑；左干渠C标已完成约1000米倒虹管安装，隧洞开挖约50米，完成合同段所需倒虹管的定购工作；D标段已完成招标设计、清单、控价的编制和财政评审工作，累计完成投资8632万元。易日河水利工程。截至年末，隧洞掘进994米，仁达倒虹管安装330米，累计完成投资6800万元。得荣白松茨巫水利工程。于2015年10月16日全面完工，2015年10月26日实施试通水及试压水，通水正常，各参建单位已开始收集整理内业资料。

【安全饮水工程】 建立旬、月、季报的定时报告制度。州“农村饮水安全工程建设工作领导小组”建立手机短信平台，将州、县（市）委书记、县长，州县成员单位相关责任人等共110余人纳入平台，自2月平台建立以来共群发各类短信24192条；采取“发点球”方式，对工作推进不力的县，直接点名县级“一把手”，将推进存在的问题进行全“曝光”。截至11月27日，全州18个县（市）已完成投资70858.4万元，完成投资的98.5%；1595处主体工程已全部完工，工程完工率100%；已建成受益人口50.4361万人，超额完成总任务的101.68%，已拨付资金25759.9万元。稻城县率先于9月20日全面实现通水。

【防汛工作】 2015年，派出工作组分赴东路、南路、北路对18个县（市）及海管局的汛前准备工作情况、重点河道、险工险段进行督导检查，对发现问题和隐患及时督促进行整改。全州共储备麻袋7.8万余条、编织袋31.84万余条、编织布1.71万平方米、无纺布1.01万平方米、铅丝钢片5120片、铅丝49.45吨、桩木3637立方米、块石4.075万立方米、砂石料5.93万平方米、橡皮舟5只、冲锋舟4艘、救生衣886件、救生圈20套、编织布1.7万平方米、工具（10套）、汽油70吨、雨衣200套、铁锹200把、大型探照灯5台、防爆电筒20把、发电机1台、不间断电源1个，全州物资合计395.1988万元；同时成立相应的防汛抢险应急队伍420支，抢险人员9784人，加强与当地驻军、武警部队、公安部门的联系，全力抗击大灾大险，抢救人民群众生命财产安全。通过短信平台发布全州天气预警信息40期，共计10000余条；通过电话通知各县（市）未来24小时天气预报、旬报、中长期预报及强降水现报等300余次。全年甘孜州汛期未因洪涝灾害死亡一人。2015年汛期灾害共造成全州康定市、丹巴县、九龙县、雅江县、炉霍县、甘孜县、新龙县、乡城县、稻城县、得荣县、理塘县11个县（市）受灾。受灾人口5.78万人，紧急转移0.23万人；倒塌房屋300间；农作物受灾面积1.33千公顷，成灾面积0.96千公顷，绝收面积0.4千公顷，减产粮食300吨，经济作物损失335.25万元，死亡大牲畜321头；停产企业3家，公路中断28条次，供电中断11条次，通信中断4条次；损坏堤防34处、9.09千米，损坏护岸5处，因洪涝灾害造成的直接经济损失2.0396亿元，其中：农业直接经济损失0.2564亿元，工业交通业直接经济损失1.1492亿元、水利工程水毁直接经济损失0.5065亿元。在抗御灾害中，抢险人数0.66万人次；投入动力240台班；投入编织袋3.74万条，沙石料0.72万立方米，木材100立方米，抗灾用油24.25吨，用电0.64万度，总物资消耗折算资金388.22万元。防洪减灾效益：减淹面积1800亩，避免粮食减收0.1万吨，减少受灾人口0.64万人，减灾经济效益0.46亿元。

【水利软环境建设】 2015年6月，国家水利部部长陈雷亲临甘孜州，从规划、高原节水灌溉、饮水、人才培养等方面加大对甘孜州藏区的支持，为甘孜州水利发展带来最佳契机。省农水局积极支持甘孜州巴塘、丹巴、泸定、稻城县申报2016年省级小型农田水利重点县项目备选。安排康定、雅江、道孚县（市）每县（市）500万元开展五小水利项目建设；省水保局安排德格、乡城县开展2016年水土流失重点治理工程实施方案编制储备工作；水利部人事司、省水利厅人事处自7月3次到甘孜州调研甘孜州水利人才培养事宜，帮助推动甘孜州水利人才队伍建设工作。《甘孜州水利人才培养规划》已启动编制；10月19日，甘孜州水利专业技术人员培训班在康定开班；11月，甘孜州藏区水利管理人员培训会在都江堰进行。

新办取水许可证2个，换证4个。争取到省水利厅委托州水务局征收水资源费的电站22个并参与分成；继续在得荣、乡城、德格等6个县开展水资源费代征收工作试点；受省水利厅委托，对巴塘拉拉山电站、雅江郭达电站完成现场取水验收工作。全年预计征缴水资源费5200万元，同比增长20.9%。筹措资金13万元在全州17个县共设立统一规格的标志碑26个，提前1年完成省水利厅安排的计划任务。全年安排水资源费项目资金4000万元。全年新增电站安装监测户12户。全州关闭河道砂石开采场点82处，规范105处。共发放《四川省河道砂石管理条例》手册500余份，宣传单1000余份。下发《四川省〈中华人民共和国水土保持法〉实施办法释义》读本126册。全州累计完成开发建设项目水土保持方案审批20个，开展水土保持行政监督检查4次，新建项目水土保持方案申报率达到100%，审批率达到100%，水土保持方案实施率达到60%；州级征缴水土保持补偿费21.43万元全部缴国库，其中：中央级2.14万元，州本级19.29万元。

【依法治水取得成效】 行政权力事项清理后共有行政权力160项，其中行政许可（审批）13项，行政处罚121项，行政征收4项，行政强制10项，行政检查3项，行政奖励8项，其他行政权力1项。5月增设行政审批科。全年行政许可共受理56件，办结56件。其中：开发建设项目水土保持方案审批和设施验收受理20件，办结20件（水利科）；建设项目水资源论证报告及取水许可报告书审批受理11件，办结11件（水政科）；河道管理范围内行洪论证与河势稳定审批、河道采砂实施方案、水利工程初步设计报告、河道采砂规划报告受理25件，办结25件（建设与管理科）。全年共出动宣传车辆50余次，人员400余人次，发放内容丰富的各类资料。在汛前检查中发现九龙县个人涉嫌违反《水法》，经局党组研究同意立案，通过调查取证，确定违法事实，并严格按照执法流程对其予以8万元罚款和补办相关要件的行政处罚。

（州水务局）

·电力·

【概况】 国网四川省电力公司甘孜供电公司（简称：分公司）成立于2006年1月，是隶属于省电力公司的以输电和售电为主的分公司，2015年有长期职工229人。国网四川甘孜州电力有限责任公司（简称：州公司）成立于2012年3月20日，下辖全州县级子公司17个（除德格县和海螺沟景区），是省电力公司控股的市州级供电企业，2015年有各类员工2001人，其中全民（其他）1859人，劳务派遣用工142人。按照一套人马、两块牌子、管理高度融合的原则，分公司人员整体无偿支援州公司。至2015年年底，公司资产总额已达到70.99亿元，同比增长27.62亿元。2015年，公司荣获"全国五一劳动奖状"和"四川省模范职工之家"等称号，多名员工荣获国家电网、省部级表彰。

【电网建设与发展】 公司重点抓好项目前期管理，完成5个项目的入项目储备库工作，全年无核准项目。2015年，公司完成工程建设投资5.67亿元。安全优质建成"电力天路"工程变电站6座，变电容量62.05兆伏安，35千伏及以上线路349.3公里；会同其他8家建管单位完成无电地区电力建设，为4.58万户无电户18.86万无电人口送去光明，圆满完成"电力天路"及无电地区电力建设任务。新开工建设110千伏项目1项，新开工并建成投运35千伏项目1项，完成35～110千伏项目开工准备3项。

【经营管理】 2015年，开展丹巴县公司数据清理，11月将丹巴县公司吸收合并入州公司，完成丹巴县公司的并表工作，实现甘孜州财务决算报表与省电力公司全口径合并。协调州国资委，就道孚鲜水河电厂划入方式达成一致意见。督促各县公司办理产权登记，完善法律手续。开展"税务、电价、往来"三项专项整治，购小水电上网价格全部严格执行州发改委价格文件，流动资产余额压降47.14%。

【安全生产】 2015年，炉霍、九龙、色达先后发生泥石流、山洪等自然灾害，各基层单位均能在最短时间内恢复供电，为当地救灾减灾工作的顺利开展提供电力保证。公司组织开展首届安全知识竞赛，投入20余万元发放近12万份藏汉双语宣传资料。先后组织4次《电力安全工作规程》普考、参加省电力公司调考共计843人次，开展"三种人"培训1782人次，认证下发"三种人"711人。组织91人参加能监办"四川电力安全取证"培训，合格率为100%。先后4批次组织为期1个月的"冬季送教上门"活动和为期3个月的"本部管理人员下基层"等专项活动，将用电安全、电力设施保护、风险管控、到岗到位、反违章、营配资料清理等基础管理工作进一步推向基层，有力推进县公司安全基础管理。

【科技与信息化工作】 建成网络控制中心，对系统内信息、通信及自动化系统运行情况进行集中监控、故障处置、诊断分析，提升对电网安全稳定运行的支撑水平。开展精益化项目，获得省电力公司二等奖。完成公司数据中心标准化、实用化整治，优化设备运行环境，进一步提高设备健康水平。开展电力调度控制系统信息安全等级保护测评，针对信息安全存在的薄弱环节，对安防、技防等领域进行整治和提升。组织公司各部门、单位签订《信息安全责任书》、信息网络使用人签订《信息安全承诺书》，强化全员信息安全意识。组织开展2次信息安全专项检查，主要针对桌面终端各类防护系统的开启、系统弱口令、违规软件等进行检查。全年，公司各类信息系统运行情况良好，未发生信息安全事件，未发生因系统故障引发的电网事件，未发生违规外联及信息系统泄密事件，信息安全工作整体情况良好。

【市场服务】 拓展第三方代收业务，与农行甘孜州分行、邮储甘孜州分行开展第三方代收电费合作，在全州17个县公司部署26台24小时自助缴费机，拓宽用户缴费渠道。在

17个县公司推广“掌上川电”APP注册，完成注册4503户，改造白玉县公司、稻城县公司营业窗口，改善供电服务环境。全州范围内调整营业厅作息时间，县级中心供电营业厅实行无午休、无周休制；农村地区营业厅实行周一至周五午休，最大限度方便用户交费及业务办理。开展明察暗访3次，检查8个县公司，开展业扩百日整顿行动，加强对公平的受电工程市场建设工作督导。配合四川省能源监督管理办公室于7月、9月对甘孜州开展受电工程市场环境、供电满意度开展专项调查。

（张显兴　李　飞）

组建铁塔

གྲོང་ཁྱེར་འཛུགས་སྐྲུན་དང་ཁོར་ཡུག་སྲུང་སྐྱོང་།

城乡建设·环境保护

·规划和建设·

【概况】 坚持“以人为本、城乡统筹”，着力顶层设计，积极探索具有甘孜州特色的城镇化新路。全面完成17个县城市总规和控制性详规修编，《州域城镇体系规划》获省政府批复并按法定程序进行公布。规范建筑市场，建设工程报建率、质量安全监督率、竣工工程质量合格率均达100%，全年未发生重大、较大质量安全生产事故。推广运用新技术、新材料、新工艺、新设备“四新”技术148项，新建绿色建筑12500平方米。推广散装水泥99.13万吨，水泥散装率达43.38%，万元建筑业增加值能耗下降3.46%。发展建筑企业16家（建筑企业达到73家），建筑业年产值10.1亿元，实现农牧民就业1.13万人次、增收1.51亿元。全力指导康定“11·22”地震灾后安置点规划选址，完成康定市、道孚县的7个聚居点的规划编制。推动灾后重建项目建设，加强房屋重建和路、水、电等公共基础设施配套，全年完成投资1亿元。

【城乡建设】 继续加大道路、桥梁、垃圾处理、污水处理等基础设施建设。新增城市新区建设项目6个，完成城市新区市政基础设施投资0.85亿元。加快推进城乡基础设施建设，实施城乡市政基础设施重点建设项目22个，完成投资2.96亿元。加快推进“百镇建设行动”，完成投资2.31亿元，成功申报第三批省级试点3个。

【住房保障】 开展“百万安居工程建设行动”，实施藏区新居建设（农村危房改造）5323户。投入资金6.62亿元，新开工公共租赁住房2028套，发放公租房租赁补贴2630户789万元。实施城镇危旧房棚户区改造2967户。

【环境治理】 利用各类媒体广泛宣传城乡环境综合治理及农村生活垃圾治理内容，开设专题、专栏23个，设置宣传栏、标牌116个。做好2015年度环境优美示范工程争创工作，实施45个示范村庄、6个示范乡镇、1个示范县城。持续治理“六乱”，深入开展“七进”“农村生活垃圾治理”“‘五一’攻坚月”等活动，重点治理县城、乡镇、村庄、旅游沿线环境卫生。

（州建设局）

·环境保护·

【概况】 2015年，全州共出动环境监察现场检查人员1730余人次，检查企业645家（次），对27家问题企业及建设项目依法下达《建设项目（污染源）限期整改通知书》，对1家企业责令停产整治，对8家企业进行约谈，立案查处企业18家（次），处罚金额63

万元。高质量完成2015年重点污染源监督性监测、跨界断面水质等例行监测、生态功能区监测和各类应急监测任务，共出具地表水监测数据1935个、环境空气监测数据12960个、噪声监测数据846个、酸雨监测数据248个，科学有效地对重点污染企业、项目开展监督性监测和环境现状监测，全方位掌控甘孜州环境质量状况和变化趋势。充分利用报纸、电视台、微信、微博等多种宣传媒体，宣传全州环保工作动态、环境保护和生态文明建设的大政方针、政策法规及环保常规知识，增强干部群众的生态环境保护意识。依托“3·11”生态日、“6·5”环境日、“防灾减灾日”“节能减排周”“安全生产月”等节日开展系列主题活动，通过发放环保袋、宣传画册，设置咨询台，张贴宣传标语等形式开展宣传活动，多角度多层面宣传环保法律法规及相关环保知识。

【治污减排】 研究制定年度减排工作计划并分解落实，完成5家重点污染源企业自动监控系统现场端的安装和联网工作，完成14个国、省控城市空气自动监测站建设任务和4家燃煤小锅炉的淘汰置换工作。通过开展重点流域污染综合治理，“两江一河”水污染综合治理和沿江、沿河工业、城镇、农村领域水污染防治设施建设，全面完成省下达的流域污染治理任务。进一步强化工业企业和资源开发企业排污监管，做好出入境河流断面水质监测和信息发布，全面掌握辖区水质现状。开展县城及以上集中式饮用水源地风险评估，落实监察、监测、预警机制，水源地保护规范化工程建设，有效确保辖区饮用水源地环境安全。推进燃煤燃油等行业脱硫、脱硝设施工程建设，推进扬尘管理“六不准”和“六必须”。高质量完成黄标车及老旧车年度淘汰任务。启动机动车尾气排放检测，对排放不达标的机动车一律不予年检并禁行禁运。全面摸清辖区内重金属排放企业的基本情况，在涉重金属、危险废物企业中施行环境污染强制责任保险试点，发挥保险机制的社会管理功能。

【环评审批】 围绕全州优化发展环境的大局，强化环评审批服务，实行分类管理，分级审批。对“保民生、调结构”、符合国家政策的项目，简化程序，开辟“绿色通道”，加快审批速度，缩短审批时限；对省以上审批的项目，主动上门，提前介入，积极协调，提供全程跟踪服务。对2015年度纳入《政府工作报告》的州内重大工程和重点项目，组织专门力量加大审批协调，及时跟进对接，杜绝因环评审批办理滞后影响项目落地情况的发生。2015年州本级按权限及受省环保厅委托审批项目30个，涉及资金22亿元，积极协调环保部、省环保厅审批硕曲河古瓦水电站、苏瓦龙电站、确如多电站等重大项目，为项目顺利开工创造条件。

【生态文明建设】 全力实施《甘孜州加强生态文明建设意见》，积极指导、推进生态县建设工作，抓好生态乡（镇）、生态村、生态家园、生态小区、绿色学校等生态细胞创建工程，在创建数量上实现新的突破。加强矿产资源开发、旅游开发和基础设施建设中的生态环境监管，开展生态修复工程，治理工程创面等方面取得重大进展。启动生态红线划定工作，按照生态红线由生态功能红线、环境质量红线和资源利用红线构成的基本思路，建立健全上下左右沟通联络机制，初步完成生态功能区、自然保护区、饮用水源保护区等区域划定工作。同时按照甘孜州生态文明体制改革路线图，加强生态法制建设，完善《甘孜州生态环境保护条例（草案）》，加大对甘孜州生态转移支付力度和补偿范围。全年，完成36个州级生态村创建和1个省级生态乡创建资料的上报工作，积极争取中央796万元“以奖促治”资金，在理塘等县实施5个农村环境连片综合整治项目，切实改善农村人居环境。

（刘　渊）

འགྲིམ་འགྲུལ།
交 通

·交通运输·

【概况】　全年完成投资104亿元，连续第三年完成投资过100亿大关。在建交通重点项目16个1731公里，完成路基189公里、路面559公里，其中国道318线东海路等9个项目通过交工验收；省道217线瓦丹路还建段等3个项目完成主体工程。雅康高速公路（甘孜段）等4个项目加快推进。甘孜格萨尔机场获得批复，进场公路工程有序推进。川藏铁路雅安至康定（新都桥）段工可已报国家铁路总公司审查。雅康高速康定过境段、国道215线竹二路、国道549线桑乡路和乡得路等项目前期工作加快推进，完成通乡油路735公里，完成目标任务400公里的184%，是2014年的2.06倍。建成通村公路6744公里，完成目标任务2500公里的269.8%，是2014年的6.44倍，比过去4年的总和还多2000余公里。实施路侧护栏332公里，完成目标任务252公里的132%。全州46座溜索改桥项目全部开工建设。

【路政宣传月活动】　6月2日，州交通运输局以全国第一个“路政宣传月”为契机，在全州范围内组织开展专题宣传活动。活动以“保护路产路权，促进公路事业全面发展”为主题，将《中华人民共和国公路法》《公路安全保护条例》《四川省〈中华人民共和国公路法〉实施办法》《四川省公路路政管理条例》等路政知识和相关法律法规向广大干部群众进行宣传，相继开展集中宣传咨询、展板展示、悬挂横幅以及联系州内电视媒体滚动播出宣传等一系列宣传工作。各县交通运输局还将相关宣传内容印制成藏汉双语宣传资料发放到干部群众手中，理塘县还深入虫草采集点和交通卡点针对虫草采集人员和货车司机进行重点宣传，确保宣传活动全覆盖。此次活动共出动人员93人，悬挂横幅36条，发放宣传资料2300余份。

【省道211线瓦丹公路全线通车】　7月21日，通过康定、丹巴两地党委政府共同努力，大唐甘孜公司、国电猴子岩公司以及数以千计建设者长达9年的艰苦奋战，省道211线瓦斯沟至丹巴段复改建公路全线通车。省道211线瓦斯沟至丹巴段改复建工程康定境内共计77公里，总投资30余亿元。施工区域主要在大渡河沿岸鱼通峡谷，绝大多数路段为桥梁和隧道，现场施工条件极其艰险，日照强、风沙大。该路段的全线贯通，极大地方便了沿线群众出行。

【上级调研】　8月5日，省人大常委会副主任李向志率执法检查组一行到甘孜州开展《安全生产法》和《四川省安全生产条例》（以下简称“一法一条例”）执法检查。7月27日至30日，全国政协考察团在全国政协委员、第二炮兵原副司令员于际训的率领下，对甘孜州川藏大通道建设工作进行考察。考察团一行先后对甘孜州雅康高速公路二郎山隧道工程、雅康高速公路大渡河兴康特大桥、川藏铁路雅安至康定（新都桥）段、新都桥500千伏变电站、省道215线小松林口至东俄洛大修工程及省道303线小八路改建工程，进行实地调查，听取在建（或已建成）项目施工单位的情况汇报，并对大通道建设方面的技术可行性、建设方式等提出建议措施。

【州委、州政府专题研究部署交通工作】 8月8日，州委书记刘成鸣深入雅康高速甘孜段和国道318线高尔寺山隧道开展调研。8月9日，召开交通建设专题会议，研究部署交通发展工作。要求在“十三五”期间川藏铁路雅康段争取开工建设；格萨尔机场争取通航，康定机场或亚丁机场争取开通北京、上海、广州等航线；雅康高速公路建成通车，泸定到石棉高速公路开工建设，打通提升石棉到九龙、丹巴到马尔康、石渠到青海玉树、得荣到云南迪庆、德格到西藏江达、巴塘到西藏芒康之间的道路。同时对桥梁、隧道、安保工程及客运站点建设等方面的工作进行安排部署。

【整治公路沿线环境】 为进一步推进国道318沿线汽车维修、加水场点及非公路标示标牌专项整治和规范管理，从10月开始，由州交通运输局牵头，协同州旅发委、州住建、州公安等部门对沿线风貌统一规划，对沿线汽车维修、加水场点及非公路标示标牌进行统一整治，对沿线堆放无序，污染道路环境及维修企业无证经营的问题进行统一整改。泸定、康定、雅江、理塘、巴塘、稻城6个县（市）共下发各类整改通知书266份，拆除取缔15个加水点及9家汽车维修点，拆除274个非公路标志标牌，整治5处沙场，基本实现划行归市、规范经营。

【开展道路运输行业安全隐患大排查大整治活动】 3月24日至4月2日，由州交通运输局牵头，会同州安监局、州公安局交警支队和州运管处组成联合检查组，对甘孜州新川藏运业公司、雅克旅游运业公司等8家客运公司、2个汽车站、2家公交公司、4家驾校、2家汽车维修企业和1家危险货物运输企业开展道路运输安全生产大排查大整治活动，并回访复查省政府十六督查组反馈意见整改落实情况。此次检查共发现一般安全隐患893项，发出责令整改通知书20份，已整改893项，整改率100%，完善企业各项安全管理制度289项。

【交通行业管理】 全年发生路政案件893起，结案852起，结案率达95.4%；办理公路路政行政许可346件，按时办结率和群众满意率100%。投入路政治超人员6811人次，累计完成检测货运车辆5.78万辆，查处违章超限车辆2443辆，卸载转运超限货物21128吨，超限率控制在4.23%以内。完成客运量630.748万人次，旅客周转量119321.979万人公里，货运量618.024万吨，货物周转量152469.328万吨公里。出动稽查人员18000人次，检查各类车辆25700辆次，纠正各类违章车辆865辆，查处“打野车”120辆。

【公路养护管理】 积极筹建机械化养护中心和路网管理中心，编制干线公路养护发展规划，建立健全大中修工程管理、小修保养管理及考核、机械设备及物资管理、干线公路保洁管理等一系列与公路养护相配套的规章制度，建立健全逐级考核制度，实行三级检查考核办法，全面推行养护绩效工资制，健全完善农村公路的建设、管理、养护保障机制，进一步建立健全农村公路奖励补助制度，落实好养护人员和资金，切实加强公路管养工作。

【“打非治违”工作】 为规范道路交通秩序，

切实解决客运市场混乱、非法营运猖獗、运输安全隐患大、车辆乱停乱放等突出问题，州运管处协同相关部门，从2015年3月1日至4月30日，在全州范围内开展联合打击“黑车”非法营运专项行动。据统计，整治期间全州交通运管部门共出动执法车1000辆次，上路执法1300余人次，查处“黑车”71辆，打击“黑车”非法营运工作取得初步成效。

【甘孜州国道318线东海路高尔寺隧道顺利贯通】 7月18日，国道318线东海路改建工程主要控制性工程高尔寺隧道主洞顺利贯通，该隧道全长5682米，进出口海拔4000米左右。参建单位克服高原缺氧、有效施工期短、施工效率低、地材奇缺、围岩破碎、地下水丰富、电力不足等诸多困难，历经四年零四个月的艰苦建设，实现隧道主洞的顺利贯通，至此国道318线东海路的高尔寺隧道主洞和平导洞均实现贯通，10月底正式投入运营。

【甘孜州康定市启动“飓风一号”非法营运专项整治行动】 12月5日，康定市组织交通、公安、交警和运管等部门开展“飓风一号”非法营运专项整治行动。截至12月6日，出动警力共计190人（其中交警88人、运管52人、巡防30人、派出所20人）、警车28辆（含6台拖车），检查车辆634辆，扣留涉嫌非法营运车21辆，查获涉嫌妨碍公务1人，无证驾驶3人，查获未按规定悬挂号牌车辆3辆，查处私自悬挂警灯警报器1辆，罚款1000元处罚，查获私拉盗运崖柏长安车1辆。

【省整治办督查道路交通安全】 7月20日至24日，省整治办副主任廖中平一行深入甘孜州泸定、康定、道孚、炉霍、色达5个县（市）督导检查道路交通安全综合整治工作。检查组一行采取“一看二访三座谈四调研”的形式深入各乡镇、大货车违法改拼装拆卸点、超限检测站、安保工程（路侧护栏）建设现场等了解相关情况。并就“双超”治理、公路安保工程建设、农村道路交通管理等六大项工作进展情况，超限检测站建设、货运源头监管、乡镇交管办建设、车辆和驾驶人共享信息平台应用等工作，交换意见。

（州交通运输局）

·公路·

【概况】 2015年，新增色达、新龙、雅江、得荣4个分局，共设14个分局。全年完成民生工程资金3.19亿元，完成优等路750公里，良等路560公里，中等路450公里，次等路480公里，路面使用性能指数完成90.3，超目标任务4.3，实现排名升位。投资537万元，处置安全隐患339处53.37公里，设置波形护栏14.759公里，设置安全警示标志标牌或警示柱510个。投资69万元，完成稻城无名山养护站建设。投资216万元，完成养护站维修项目17个。提前6个月完成省217线安卜拉山至石渠大修工程。全面完成省211刷丹路甲居水毁应急抢险工程并实现通车，完成投资3307万元。7月6日，甘孜州第一辆桥梁专用检测车在泸定康巴大桥投入使用，结束甘孜州无桥梁检测车的历史。全年，举办和组织参加机械操作及路面维修养护、桥梁检测与管理、安全管理、财务管理、内部审计、党务知识、行政文秘知识培训，培训干部职工415人次。获2015年度全州安全生产工作先进单位；2015年度全州维护稳定工作一等奖；2015年度全州社会管理综合治理工作二等奖。

【重点工程】 色达县色柯镇至色尔坝公路改建工程建设项目于2014年4月21日开工，2015年10月1日全面完工，提前6个月21天完成建设任务，完成投资4.8亿元。项目于2016年1月11日通过交工验收，工程质量评定为合格。

【抗洪抢险】 全年共发生水毁灾害50余次，断道阻车10余次。损毁路基1.2公里、路面

8000平方米，全毁涵洞5道，局毁涵洞2道，坍方、泥石流1.2万立方米，水毁直接经济损失1000余万元。累计投入水毁抢险保通资金300余万元、人工865个工日、挖掘机台班30个、装载机台班70个、东风运输车台班140个，完成铅丝笼356立方米、M7.5浆砌片石挡墙256立方米、C15片石砼护基260立方米，修复涵洞5道，保障了全州国省干线公路的安全畅通。

【应急保通】 成立公路应急保通工作领导小组，全年向省公路局信息处报送有效路况信息共20条，启动组建全省第一个路网应急管理平台，完成路网应急管理中心房屋维修改造和中心后端监控平台建设，完成国道318线和省道217/省道216线理亚路77个点位勘察和12个点位建设。

【环境治理】 按照“畅、洁、舒、美、安”要求，投入环境整治专项资金92万元，开展国省干线公路沿线环境综合治理和公路绿化工作。完成公路绿化28.5公里（新植21.5公里、补植7公里）。

（杨克勇）

省道217理亚路

ཕྲགས་སྤྱོད་དང་འཕྲིན་སྐྱེལ།

邮政·通信

·邮政管理·

【概况】 2015年，州邮政管理工作主动适应经济发展新常态和邮政业新定位，以深化改革统揽全局，以依法治邮为根本保障，以提质增效为发展目标，把握新机遇、破解新课题，突出重点，真抓实干，邮政行业持续快速健康发展，全面完成各项目标任务。全年函件业务累计完成18.71万件，包裹业务累计完成1.70万件，订销报纸累计完成2615.01万份，订销杂志累计完成48.03万份，汇兑业务累计完成7.25万笔。全州快递企业达到11家，分支机构12个，快递从业人员170人，快递车辆100辆，快递服务网点达到90个，快递业务已覆盖全州各县。2015年，全州累计完成快递业务量22.23万件，累计完成快递业务收入595.02万元。

【行业监管】 重新制定《邮政企业撤销邮政普遍服务营业场所办事指南》和《邮政企业停止办理或者限制办理邮政普遍服务业务和特殊服务业务办事指南》。与州综治办等6部门联合印发《关于加强邮件、快件寄递安全管理工作的实施意见》，推进国家9部委意见的落地实施。建立全州寄递安全管理工作领导小组和工作机制，制定寄递安全考评体系，常态化开展联合执法，全面系统提升邮政行业安全管理水平。严格执行收寄验视制度，逐步推行寄递实名制，从源头上堵住禁寄物品流入寄递渠道。督促企业开展安全隐患排查，及时排除企业安全隐患，杜绝意外伤亡事故发生。要求各企业邮（快）件必须100%实行实名制登记，100%执行收寄验视，100%实行过机安检，确保生产安全。开展乡镇普遍服务网点覆盖率调查，确认覆盖率为100%。强化旺季服务保障，同各企业签订快递业务旺季服务和安全保障责任书，细化各项保障责任和措施。规范和清理快递企业经营范围，督促企业按照规定限期进行整改。组织专项工作小组对企业进行明察暗访，杜绝超范围经营等行为发生。

【引领发展】 引导企业转变经营理念，从重视短期利益向以顾客为本、重视企业可持续发展，树立品牌竞争力的现代化经营理念转变。严格把控快递企业准入门槛。对新加盟、新备案企业的各项硬件设施、资质和人员配备开展严格审核，迫使企业提升管理水平，探索甘孜州快递服务质量评价体系建设，培养企业标杆，引领企业升级。坚持以甘孜州“圣洁·甘孜”品牌战略为统领，引导各快递企业加强与州内电商企业的密切合作，对“圣洁·甘孜”产品的寄递时限和服务质量进行严格监管。重点围绕基础设施配置、法定业务开办、工作人员配备、营业服务达标等内容进行现场检查，对运营工作提出要求，要求补建局所必须全部开办四项法定普遍服务业务，探索补建局所的运营模式，发挥其公共服务功能，拓展服务种类和范围，打造农村综合服务平台，提升补建局所的社会效益。

（梁学群）

·邮政公司·

【概况】 2015年，全州邮政实现业务总收入4190万元，其中：邮务类业务实现收入1062.22万元，代理金融实现收入1950.17万元，代理速递物流实现收入624.11万元。丹巴邮掌柜系统试运营成功，邮掌柜各项指标的考核率均达到100%。3月11日至12日，甘孜州邮政公司工作会在泸定召开。3月，按照集团公司要求完成子改分法人体制调整，“四川省邮政公司甘孜藏族自治州分公司”更名为“中国邮政集团公司甘孜藏族自治州分公司”，部分内设机构职能及专业机构调整：党群工作部从工会调整到综合办公室，实行合署办公，并保留党群工作部的牌子；信息技术分局更名为信息技术中心；新增邮政数据运营中心挂靠市场经营部，业务归口市场经营部管理，同时撤销函件集邮广告公司下的名址信息中心。截至2015年年底，共有从业人员627人，其中A类412人、B类97人、劳务工117人、非全日制用工1人。全州下辖18个县（市）分公司，329个网点。其中：27个支局，10个自办邮政所，292个代办所（含243个空白乡镇补建网点）。邮路总里程5286公里（其中一级干线邮路1208公里，邮区内邮路4078公里），城乡投递邮路3237公里。州公司荣获全国通信行业“满意企业”称号、康定市新都桥邮政支局荣获中华全国总工会“模范职工小家”称号。

【服务情况】 全年邮运车辆安全行驶149.74万公里，完成总包邮件进、出、转口量220.79万袋（套）；完成邮件运输量运邮件量130.17万袋；加发邮运班车554车次。全州机要通信完成企业产品量8.27万件，无失密丢损和延误差错，实现全州机要通信质量连续28年质量全红。认真做好义务兵免费信件寄递等工作。

【转型成效】 组织全州各县（市）分公司负责人到成都市公司考察学习，将炉霍、九龙、乡城、白玉纳入全州督导网点范围，聘请咨询公司分片区进行指导；与人保四川分公司达成合作协议于5月22日启动“人保保驾，百万身价”活动。中邮证券业务宣传推广也在全州铺开并实现用户网上开户。成立包裹业务局，举办红军“飞夺泸定桥胜利八十周年”纪念邮品首发式，实现收入近40万元；抓住红色文化主题为甘孜县政府开发政府礼品“红军进藏80周年”纪念邮册，实现收入12万元，开展“集邮进校园”活动，培养少年集邮爱好者。

【企业管理】 选拔后备人才44人，引入第三方对44名后备干部和22名大学生的素质测评工作。加大培训力度，其中远程培训38期，培训人次达780人；送外培训44期，送培人数达247人次，占在岗总人数的40%；州公司自主培训7期，参加人数达208人次，占在岗总人数的33.66%，薪酬分配制度优化调整顺利开展，实现薪酬导向明确化、晋级晋档常态化。签署2015年甘孜邮政代理金融隐患整改责任书，将县公司领导列为代理金融网点第一责任人。完成普柜、棕柜、网点负责人县间轮岗工作，全州累计轮岗19人，其中普柜7人、棕柜4人、网点负责人8人。制定或修订会议、车辆、差旅费等多个管理办法，日常管理工作更加规范。

【调研慰问】 2月11日，省公司党组成员、副总经理刘晓泉率新春慰问组为甘孜州邮政职工送来省公司党组的问候和关怀；6月28日下午，甘孜州委书记刘成鸣带领州委副书记、纪委书记汪洋，州委常委、组织部部长

ཚན་རིག་དང་སློབ་གསོ།

科学·教育

·科技和知识产权·

【概况】 2015年，全州科技和知识产权工作注重政策导向，释放改革红利，优化创新环境，立足州情，制定《关于全面推进大众创业万众创新的实施意见》《甘孜州企业科技创新体制改革意见》《甘孜州科技人才创新激励机制管理办法》《甘孜州科技计划项目管理暂行办法》等文件，召开“创新驱动发展”座谈会、打造“318最美景观大道”对策研究会，举办“大众创业·万众创新”科技论坛和“十三五”发展规划研讨等活动。争取省科技厅和省财政厅以定向财力转移支付的形式和竞争性科技计划项目资金1582万元，实施理塘“两区一体”农业产业化技术集成示范等省级科技计划项目23个。争取省级科技富民强县专项资金600万元，组织实施项目9个。启动甘孜州与清华大学战略合作，着力开展清华大学甘孜州教学实践基地建设，共建实习点3个，10名清华大学研究生开展并完成科技项目5项，取得助力清华研究生培养、助推甘孜发展的双赢效果。全州开展大中型科普宣传活动32场次，发放科普知识读本（小册子）上百种，发放宣传资料31万余册，科普书籍2.7万余册，科技咨询3.1万人次。开展科技培训101场次，培训5.6万余人次。

【工业科技】 培育高新技术企业1家（炉霍雪域俄色有限责任公司），认定甘孜州科技型中小企业8家。金珠制药公司“然降多吉胶囊”列入四川省战略性新兴产品目录；炉霍雪域俄色有限公司依靠高新科技实现俄色树特色资源的可持续深度综合开发利用，“雪域俄色功效茶”“霍尔古藏茶降糖胶囊”“霍尔古藏茶降脂胶囊”“蜡度康胶囊（抗缺氧）”等保健食品由四川大学华西医学院完成动物试验，在川北医学院通过人体试验，即将申报国家食品药品监督管理局审批“健字号”。

【精准扶贫】 以发展特色农产品为重点，强化科技支撑，探索构建“龙头企业+科技基地+专合组织+贫困户”的科技扶贫新模式。实施“互联网+乡村旅游+智慧农业”等技术示范项目，支持农村新兴产业发展。助力德格县年古乡门达村扶贫攻坚，针对该村缺乏大棚蔬菜种植技术问题，组织申报扶贫项目，因地制宜助力该村高原大棚蔬菜发展。协调落实贝母专用肥料和价值3万元的种子，为10户扶贫建档户开展高价值药材种植示范培训和技术指导。

【科技人才】 落实甘孜州“百千万康巴英才工程”人才激励政策，与州外科研院所、大专院校、科技型企业等单位共同申报和联合实施重大科技项目，培养和引进甘孜州产业发展需要的高层次人才。探索推行“人才+

项目”“人才+产业”“人才+课题”的人才开发模式，着力培养领军人物和青年英才。实施“三区”科技人才选派计划，53名省州各领域科技人才被选派到甘孜、炉霍、新龙、九龙等县及企业开展科技服务，23名县（市）科技人才在大专院校接受知识更新培训。

【知识产权】 组织开展知识产权宣传周和中国专利周活动，开展知识产权进社区、进企业、进学校活动。开展打击侵犯知识产权和制售假冒伪劣商品专项行动及全国知识产权局系统执法维权“护航”专项行动，定期、不定期开展专利执法检查，强化专利行政执法办案，整治专利市场秩序，营造保护知识产权，自觉抵制假冒伪劣商品的良好氛围。强化专利转化实施，提升科技成果的应用效果。

【决策咨询】 调整充实原科技顾问团成员，报请州委、州政府将原科技顾问团更名为州决策咨询委员会，加强决策咨询工作。组织召开“甘孜州科技人才工作专题调研座谈会”“甘孜州47个建制镇发展模式咨询会”，提出加强甘孜州科技人才队伍建设的建议意见、形成《甘孜州47个建制镇发展模式咨询意见》、编报《甘孜州科技顾问建议》14期。围绕政府工作报告、经济社会发展规划等重要文件和重大决策开展咨询活动。围绕甘孜州全域旅游发展、生态产业、民族文化产业、中藏药产业、马铃薯产业发展、打造国道318最美景观大道、旅游食品开发、生物质全效利用技术推广、旅游观光畜牧业、特色优质水果产业等提出高质量的意见建议。

（张红艺）

·防灾减灾和应急管理·

【概况】 2015年，下发《甘孜藏族自治州人民政府关于设立甘孜州应急委员会的通知》（甘府函〔2015〕157号）文件，调整充实州应急委成员单位，明确州应急委工作机制。向各县印发《2015年度地震短临跟踪监测工作方案》（甘减灾发〔2015〕3号），《甘孜州2015年度地震重点危险区应对工作任务分解表》（甘减灾发〔2015〕7号、11号）和《甘孜州2015年地震重点危险区应对工作方案的通知》（甘减灾领发〔2015〕1号），省下拨的地震工作补助经费、震情跟踪经费、监测预报体系建设费40万元均按省防震减灾局分配表按时下拨各县防震减灾局。联合康定中心站到龙头沟温泉（川－72泉）核实“CO_2百分含量测值下降”宏微观异常情况1起。先后到8个县开展地震短临跟踪工作检查。2015年度按时完成周会商47次，月会商10次，加密会商2次。全年，向省和国家地震局上报监测数据和观测日志各3650条。向成都高新减灾研究所争取到地震预警系统89套价值1100万元。全州18个县（市）已建地震预警系统台站143个。获得全省2015年度地震日常分析预报第一名、全省2015年度趋势研究报告优秀奖等成绩。

【震害防御】 对甘孜州泸定、康定、道孚、甘孜4个县（市），组织开展强震台托管人员及强震台站运行安全整顿，4—5月对全州17个县（市）及海管局进行“三网一员”信息登记更新工作。6月5—14日，副局长李小林带领工作组参加州政协副主席甲登·洛绒向巴率领的工作组深入丹巴、甘孜、新龙、雅江等县开展“三网一员”和应急管理体系建设专题调研。对康定、泸定、道孚、巴塘、乡城、炉霍、甘孜县（市）级防震减灾综合能力项目建设进行督促指导。对《九龙县森林防火综合能力规划建设示范试点工程地震安全评估的申请》进行认真研究，3月30日至4月1日，副局长李小林带领震防科人员到九龙县进行现场检查。提出抗震设防建议，及时发出工作回函。康定、泸定两县（市）申报地震安全示范社区。

【应急救援】 制定《年度地震重点危险区应对工作方案》《甘孜州应急指挥机构》《甘孜

州应急指挥工作流程》和《甘孜州应急值守工作守则》等预案和方案下发各县（市）及重点县。开展应急救援装备和物资储备情况更新统计，保障存储足够的应急救援物资器材资源，做到救灾物资、储备和管理“三清楚”，切实做好应对大震的准备工作。全州有挖掘机、装载机、消防车等大型机具327台（套），生命搜寻、抬升、破拆等地震应急救援装备502台（套），救灾帐篷9500余顶，棉被26000余床，卫星电话263台，移动通信车8台。审查州级专项、部门应急预案6个，企业应急预案14个。完成泸定、道孚、九龙、丹巴、巴塘等10个县《地震应急预案》的收集和备案工作。2015年1—11月，全州共组织开展地震应急疏散演练172次，参演人数达3万余人。先后派出26个由局领导带领的工作组，深入全州各县（市、局）、乡镇、学校，开展应急工作检查，重点检查应急预案、应急队伍建设、应急演练、避难场所、物资储备仓库、应急值守、温泉监测点、各县（市、局）办公场所及民房抗震设防等应急准备情况和学校的应急疏散演练等工作。7月，下发《甘孜州应急委员会办公室关于开展防灾减灾和应急管理工作检查的通知》（甘减灾发〔2015〕21号），先后派出4个由局领导带领的工作组，对36个州应急委员会成员单位开展以应急预案编制、应急物资储备、应急队伍建设、应急值守和应急档案管理为重点防灾减灾和应急管理工作大检查。实现全年365天应急值守无缝隙链接。不定期对全州各县（市、局）、州应急管理委员会成员单位的值班值守情况进行抽查。州级主要领导及分管领导每年春节、汛期等重要时段，亲自到州防灾减灾和应急管理局检查指导应急值守工作。

【防震减灾宣传】 下发《甘孜州防灾减灾局关于印发2015年防灾减灾和应急管理科普宣传工作要点的通知》（甘减灾发〔2015〕10号），制定相关宣传活动方案，研究部署“防灾减灾宣传周（日）”等防灾减灾宣传活动。全州防灾减灾系统充分利用科普活动月、防灾减灾宣传周（日）、“7·28”唐山地震纪念日、世界标准日暨地震标准化宣传日等时机，围绕“科学减灾　依法应对”的活动主题，广泛开展防灾减灾和应急管理科普知识进机关、进学校、进社区、进家庭、进企业、进农村、进寺庙“七进”活动，开展防灾减灾和应急管理知识科普宣传54次。全州共编印《甘孜藏族自治州突发事件应对条例藏汉双语版》10000册、甘孜州藏族自治州公众应急手册10000册、2016年藏历挂历10000张。开展防灾减灾和应急管理知识宣传活动96场（次），活动期间共悬挂宣传横幅1545条，制作展板1668张，咨询人数达19165余人次，发放《防灾减灾常识》《抗震救灾知识》《防震减灾知识十讲与汶川地震》《避震小常识》《甘孜藏族自治州突发事件应对条例》（汉文版）等各类涉灾宣传资料116140余份、宣传画册和挂图近3668套、VCD光碟1560余张。

【甘孜州防灾减灾应急指挥中心建设】 7月27日，州长益西达瓦召集州政府分管领导和州防灾减灾和应急管理局领导专题会议，研究决定同意新建应急指挥中心，由州防灾减灾和应急管理局、州国土资源局、州人防办三家打捆，建成全国一流的应急指挥中心。州防灾减灾和应急管理局积极汇报、协调项目选址、地堪、方案、招标、场平、设计、边坡治理和资金问题。年末，正开展边坡治理和场地平整工作，房屋初步设计方案已基本确定。

·教育事业·

【概况】 2015年，启动实施“运用现代信息技术　助推民族地区与内地教育同步发展”省级试点项目，“推进寄宿制规模优质办学进程，促进义务教育均衡发展；加强中职教育体系基础能力建设，完善职业教育产教融合制度；县域内义务教育学校校长教师交流轮岗；学校托管模式试点”等六项州级改革事项全面推进。全年通过公开考聘、双选、免费师范生、特设岗位计划等共补充新教师878名；通过国家级、省级、州级培训，共培训各级各类教师、校长3159人次；通过康巴网校远程网络培训平台开展“每天一小时”培训活动，参训教师达到9万余人次。甘孜州各级各类学校共893所，各级各类学校在校学生共175318人。全州教职工13525人，其中：专任教师12460人、代课教师540人。

【项目建设】 全年共投入96409万元，新建和改造校舍面积295810平方米。其中投入7533万元，新建和改造幼儿园舍面积38032平方米；投入73956万元，新建和改造中小学校校舍面积171201平方米；投入9501万元，新建和改造普通高中校舍面积44307平方米；投入5419万元，新建教师周转宿舍42270平方米。

【免费教育】 在全面落实义务教育“三免一补”和学前教育“一免一补”政策基础上，启动实施普通高中“两免”教育计划，对在州内就读的普通高中在校生免除学费、课本费，构建起从学前到高中阶段“广覆盖、保基本”的15年免费教育体系。全年共投入15年免费保障资金47791.2万元，14.5万名中小学生、幼儿受益。

【智慧教育】 着力构建“123”模式甘孜智慧教育总体构架，建成甘孜智慧教育云服务中心，搭建起“内地优质带动州内优质远程网络教育A平台”和“州内优质带动州内薄弱远程网络教育B平台”；创建州、县、校三级教育信息化形态，实现智慧教育的广覆盖，教育城域网全域覆盖，接入互联网光纤的乡（镇）中心校及以上学校达87%，实现乡（镇）中心校及以上有电学校网络校校通，班班通设备覆盖全州班级数的83%；2015年10月，全省教育信息化推进工作现场会在甘孜州召开，甘孜州教育信息化推进工作得到教育部、省政府、省教育厅领导及兄弟市州的充分肯定和高度赞扬；拉萨市、昌都市、阿坝州、凉山州、宜宾市、绵阳市、广元市、内江市等组织大批人员赴甘孜州参观考察。

【教育教学】 全州开展双语教学中小学校达到494所，占中小学校总数的95.18%，双语教学的中小学生达101766人，占全州在校生总数的71%，寄宿制学校485所，占中小学校总数的92.38%，寄宿制学生111722人，占全州中小学在校生总数的77.93%；依托乡镇中心校大力推进乡中心幼儿园建设，提高适龄幼儿入园率，加快推进学前教育普及发展。学前在园幼儿达到25644人，学前两年毛入园率达到65%，学前三年毛入园率达到51.49%；加强对义务教育县域内基本均衡发展工作的指导和过程督导，推进义务教育县域内基本均衡。9月21日至25日康定市、乡城县义务教育均衡发展如期通过国家认定，11月30日至12月4日炉霍、丹巴如期通过省级督导评估验收，12月13日至17日九龙、泸定如期通过省级督导评估验收，2016年接受义务教育均衡发展省级督导评估的甘孜、色达、理塘、巴塘四县启动并有序推进迎检各项工作；加力普通高中集中优质办学体系和中职“两元一体”办学体系建设，大力提升高中阶段学校基础办学能力，加快高中阶段普及发展，普通高中在校生达到12073人，中职在校生达到11515人（含内地“9+3”学生），高中阶段毛入学率达到70%。

【体艺教育】 2015年甘孜州康北民族高级中学、康定市第三中学、康定市实验小学三所学校通过“阳光体育示范校”省级评估验收；加强校园足球建设，在校学生每周不少于2小时足球活动时间，全校保证不少于50%的学生参加足球活动，康定中学、泸定中学、康定市第三中学列入首批“全国青少年校园足球特色学校建设单位”。组织参加省第八届中小学生艺术节，推动学校艺术工作的开展；课堂与当地艺术结合，丰富学生的课余生活，巴塘县将弦子艺术引入到学校一小时体育活动中，德格县以“快乐县舞”为主题，在课间活动中带领学生跳县舞、锅庄等民族舞蹈。

【招生考试】 全州9731人参加中考，平均分达到375.2分，较2014年提高10分；其中网络教学班1474人参考，平均成绩达到559.42分，600分以上有598人，较2014年增加113人，占网班参考学生数的40.57%。全州普通高考4887人参考，本、专科录取人数4445人，录取率为90.96%。

【语言文字工作】 将普通话培训测试的工作向基层延伸，向社会延伸。全年，完成3期农村教师普通话培训、4期普通话水平测试和2期公务员普通话培训工作，完成培训测试人数1200余人。

【安全校园】 全面落实县域内局长负责制、学校内校长负责制、年级内年级组长负责制、班级内班主任负责制、课堂内任课教师负责制、课余时间值周教师负责制“六项责任制”。全年向学生家长及过路行人发放各种宣传资料5000多份、防震减灾宣传光碟1200多张、举办专题讲座700多场、悬挂宣传标语53条、开展应急演练3000多次、建立“警校共育”警务室972个、组建巡逻队972支、开展社会治安综合整治及校园周边环境整治1200余次、开展师生矛盾纠纷排查与化解60余次、联合相关部门开展校园周边环境综合整治宣传30余次、发放社会治安综合治理宣传资料900余份；11月12日，甘孜州教育局与州药监局协同为期二十天赴各县（市）的学校（园）食堂以及周边的小摊进行食品市场专项整治监督检查；坚持实行“每周一跑”应急疏散演练，全州教育系统持续保持稳定。

（田振晓）

·四川民族学院·

【概况】 2015年，新建《课堂教学质量评估办法》等11个制度，细化指标体系，开展教学质量综合考评。申报立项国家民委等教学改革与质量工程项目9项、国家和省级大学生创新创业训练项目21项，全年学院有各类在建项目119项。制定《实验室安全管理规定》《学生实验守则》等制度。2015年新增校外实习实训基地9个，安排2000余名学生到成都、雅安、甘孜州内等实习基地实习实训。出台《完善绩效工资分配的实施意见》，绩效分配更加完善。2015年自主考核招聘研究生28人，年内有教职工533人，其中具有博士、硕士学位的234人，副高及以上职称170人，“双师型”教师75人。制定《学生教育管理综合考核暂行办法》，全年评选表彰12名优秀辅导员。发放奖助学金690余万元，受益学生7200余人次，为1700余名同学提供助学贷款近千万元。加快藏区项目建设，投入5000万元，新建学生宿舍（建筑面积7000平方米）、体育运动场（建筑面积35000平方米）。用好中央财政支持地方高校发展专项资金，投入1000余万元，完成园艺基础实验室、康巴旅游文化模拟实训室等实验实训场所的建设。投入近500万元，对校园道路、教学楼、教工宿舍进行维修改造，对校情馆进行装修和布展。加强数字化校园建设，实现全校建筑网络全覆盖，完成OA系统安装、调试，移动OA正式上线使用。加强图书资料建设，纸质图书增至81万余册，电子图书增至41万余册，电子期刊达1.2万种，图书馆全年接待读者12万余人次。

【提升科研能力】 全年共出版专著3部、编著14部、译著1部、教材3部，完成科研项目50项，发表论文467篇。成功申报国家社科基金、自科基金、国家民委、教育部、高教学会等各级项目92项。2015年在国内和海外，学报的浏览量、下载量、被引频次均比上年度有所增加，用户增至近5000家。

【推进招生就业】 2015年向六省市投放招生

计划2300名，实际录取2630人，在校生结构继续优化，少数民族学生比例增加到31%。高度重视毕业生就业工作，截至8月底，2015届毕业生一次性就业率92.59%。制定《大学生创新创业教育改革实施方案》，成立指导委员会、领导小组和俱乐部，开展“大众创业、万众创新”活动周、SYB培训、创业大赛等，引导学生树立正确的就业观和择业观；组织全州31所中小学、26家企业来校举办双选会，签约210余人；积极宣传西部志愿者计划、“三支一扶”计划等国家基层项目政策，就业188人，占就业人数的8.8%；全年共发放各类补助60余万元。

【学校荣誉】 2月25日，在“我的中国梦”全国第四届大学生艺术展演活动中，四川民族学院舞蹈节目《印象唐卡》荣获一等奖。

4月11日，在第六届“蓝桥杯”全国软件及信息技术专业人才大赛四川赛区中，四川民院参赛选手在本科组中获得一等奖1个、二等奖3个、三等奖7个，专科组中获得三等奖3个。

5月15日至16日，在“2015年四川省第六届传统武术名人明星争霸赛暨四川省武术段位制省考”中，四川民族学院学子获得一等奖3个、二等奖5个、三等奖5个。

5月21日至22日，在“2015年四川省大学生田径运动会”上，四川民族学院田径队获得“体育道德风尚奖”、3000米障碍赛第三名，创造四川民院参加甲组比赛以来的最好成绩。

5月30日，第六届“蓝桥杯”全国软件和信息技术专业人才大赛总决赛中，四川民族学院参赛学生闫传彬获得全国三等奖。

5月31日，“2015年舞动中国—排舞联赛暨全民健身操舞”比赛（四川赛区）中，四川民族学院参加体育专业组4个单项的比赛，获得排舞一等奖4个、爵士啦啦操第二名、团体第三名。

6月10日至13日，在“第二届社会指导员技能与风采展示活动”中，四川民族学院健美操队代表甘孜州参加爵士啦啦操和民族健身操的展示，获得优秀组织奖、最佳风采奖和优秀展示奖。

7月31日至8月2日，在2015年“启明星辰杯”全国大学生信息安全技术大赛暨四川省大学生信息安全技术大赛中，四川民族学院获得国家三等奖1个、省级三等奖2个。

9月11日，在“2015年全国大学生数学建模竞赛”中，四川民族学院参赛队获得省级二等奖、三等奖各一个。

9月，在中国高校校报协会好新闻评选中，四川民族学院师生作品获得版面类二等奖1个、通讯类三等奖1个、消息类三等奖1个。

9月，在“爱我祖国、兴我中华”全国民族院校大学生演讲比赛中，四川民族学院参赛选手获得优胜奖。

10月，在省教育厅主办的“2015年四川省普通高等院校青年体育教师说课比赛”中，四川民族学院参赛教师分别获得理论组二等奖、术科组三等奖、公体组三等奖，四川民族学院获团体组二等奖。

11月9日至10日，在共青团中央主办的全国第一届中华学子青春国学荟中，四川民族学院唐卡艺术协会荣获“全国优秀大学生国学社团”称号。

11月10日至12日，在“2015年四川省高校武术套路比赛”中，四川民族学院代表队参加11项个人比赛项目、1项集体项目的比赛，最终获得个人项目1金3银3铜、集体项目获得第八名、女子团体获得B组第六名、总团体获得二等奖的成绩。

11月28日，在2015四川省大学生会计创新技能大赛暨第九届“新道杯”大学生会计技能大赛总决赛中，代表四川民族学院参赛的队均获得团队三等奖。

11月，在第三届全国英语口语测评大赛中，四川民族学院共有15名学生在大赛中获奖，其中一等奖2名、二等奖2名、三等奖8名。

（陈　阳　魏鑫旻）

རིག་གནས་ལུས་རྩལ་དང་གསར་འགྱུར་དཔེ་སྐྲུན།
文化体育·新闻出版

·文化体育　广播影视·

【概况】　2015年，完成州农牧民演艺培训中心、州民族体育馆、州民族博物馆主体工程建设；启动州民族博物馆展陈布展及景观改造工程，启动康定北门体育场建设工作；9个县“两馆”竣工并投入使用；全面完成40个美丽新村文化活动室设备配送工作，完成311个乡镇农民体育健身工程和450个村级农民体育健身工程场地建设以及14个县级全民健身活动中心项目建设，完成18个县城影院和17个县广播电视业务用房主体工程建设。启动“户户通”和广播电视进寺庙工程，共发放安装27385套直播卫星接收设备；2015年广播电视人口综合覆盖率分别达到95.99%和95.65%，完成6个县级新华书店建设并投入使用。全年，开展“送文化下乡”1053场，观众达36余万人次，为学校、社区、部队、寺庙送图书2900余册；为40个美丽新村文化活动室购置图书24000册。利用场馆、站、中心大力实施免费开放，接待群众70万余人次；为农牧民群众免费放映农村公益电影36352场，观影群众达94.6万人次。为512个寺庙书屋集中采购图书96260册并发放到位。开展送文化活动服务到基层，开展“倡导全民阅读、建立书香甘孜”“4·23世界读书日”“六一”“七一”“八一”“纪念中国人民抗日战争暨世界反法西斯战争胜利70周年”书展、图片展等一系列文化活动，接待读者6000人次，展出各类书籍3000余册，解答读者咨询500余条。州文化馆利用欢乐周末开展广场文化活动90余场次，受益群众达30万人次，开展音乐、舞蹈、美术、摄影、书法等各类文化培训6场次，文化服务受益群众近1.9万人次。举办“红军长征到甘孜80周年暨红色文化旅游宣传促销系列活动”、2015·中国甘孜环贡嘎山百公里山地户外运动国际挑战赛、“2015格萨尔故里行、第七届格萨尔国际学术研讨会”、举办康定地区庆“元旦”趣味体育活动、“五一”国际劳动节职工拔河比赛、第六届“体彩杯”跑马山国际登山节等大型文体活动；组队参加2015年四川省首届艺术节、四川省健身气功交流比赛大会、代表四川省组队参加2015年全国第十届少数民族传统体育运动会押加项目比赛、四川省首届野战运动大赛、积极指导甘孜州老年大学合唱团参加省直工委举办的喜迎建党94周年大型歌咏比赛等一系列文体活动和赛事。开展宣传教育活动803场次，发放宣传资料15600多份。全年，有40件藏语广播电视作品荣获省级以上表彰，500余条外宣稿件在央视、四川卫视、康巴卫视平台播出。6个县级新华书店新建项目全面竣工并投入使用，发放18台县级新华书店流动售书车，完成512所藏传寺庙书屋书籍、书架配送工作。共420人参加各类培训。实现体育彩票销售额突破4369万元。

【文化产业】 2015年，全州共有文物保护单位1165处，其中，国家级文物保护单位15处，省保单位60处，州保单位221处，县保单位869处；人类“非遗”代表性项目3个，国家级“非遗”代表性项目23个、省级“非遗”代表性项目39个、州级“非遗”代表性项目63个，国家级代表性传承人7名，省级传承人65名，州级传承人168名；全州文化产业经营单位总资产达35亿元，全州民族文化产业实现增加值5.02亿元，占全州GDP的比重为1.86%。全州5所文物系统博物馆（纪念馆）共完成2424件（套）文物藏品数据在平台上的采集和登录上报，全面完成5所国有单位共111件（套）文物藏品数据在平台上的采集和登录上报，完成47处文保单位宗教场所活动场所350余件（套）文物藏品的线下采集工作。

【广播电视管理】 2015年，组织开展2次广电节目评比工作暨业务学习培训会；组织全州广播电视公益广告创作大赛和首届“圣洁甘孜”纪录片和微电影大赛；组织推荐11件作品参加全国、全省“弘扬社会主义核心价值观，共筑中国梦”主题原创网络视听节目评选；组织48件广播电视作品参加全省优秀广播电视节目评比，9件作品参加四川新闻奖评选工作，8件作品参加第八届“四川省巴蜀文艺奖”评选，11件作品参加全省第四届公益广告原创大赛。一年来，全州有40件藏语广播电视作品荣获省级以上表彰，500余条外宣稿件在央视、四川卫视、康巴卫视平台播出。6月，中央人民广播电台全面完成帮扶甘孜州100万元广播设备工作，康定、新龙、石渠、炉霍、得荣、道孚、稻城7个县（市）从中受益。

【节目制播】 第三届CCTV SXT 2015年新春原创音乐会比赛活动2015年1月11日在北京举行，道孚县文化馆歌手拥金卓玛夺得一等奖。2月4日晚，由中共甘孜州委、州人民政府主办，州委宣传部、州文体广电局承办的“圣洁甘孜·幸福家园——甘孜州2015木羊新春群众文艺会演”在州电视台文艺演播大厅正式录制。此次文艺会演被称为甘孜州自己的“春晚”，由甘孜州著名导演杨英担任总导演，特别邀请康巴卫视著名节目主持人向巴多吉和启米翁姆担任主持，“中国最美女中音”降央卓玛等参加演出。3月24日至27日，中央电视台音乐频道合唱先锋栏目组导演海燕一行先后赴巴塘县和泸定县，拍摄雪域童声合唱团和州职业技术学校合唱团节目，现场对节目进行艺术指导。

【群众文化】 2015年，完成《康定情歌》剧目申报国家艺术基金工作，完成本州文学艺术专家文艺新作采购工作，包括歌曲、歌词、散文、诗歌、美术、书法、摄影作品共140件，已结集成册，发放到全州各县文化馆和乡镇综合文化站；启动“甘孜州精品音乐评选活动”，面向社会公开征集到歌词353首、歌曲253首，最终评选出精品歌词，拟邀请藏区著名作曲家谱曲创作，参加2016年群星奖评选活动；新编创舞蹈节目7个，完成新的锅庄、踢踏群众广场舞蹈搜集编创、音乐制作、录制工作；完成电视剧《邓小平》《阿丕书记》等10部电影的翻译、配音工作。利用场馆、站、中心大力实施免费开放，接待群众70万余人次；为农牧民群众免费放映农村公益电影36352场，观影群众达94.6万人次。为512个寺庙书屋集中采购图书96260册；开展音乐、舞蹈、美术、摄影、书法等各类文化培训6场次，文化服务受益群众近1.9万人次。

·资料链接·

甘孜州代表团参加四川省青少年锦标赛获得前三名成绩表

姓名	比赛项目	名次
根　滚	摔跤男子古典式乙组58公斤级	第一名
王荣川	摔跤男子古典式甲组84公斤以上级	
高圆富	柔道男子乙组－81公斤级	
杨　充	柔道男子甲组－73公斤级	
郑　林	柔道男子甲组－81公斤级	
吴　慧	柔道女子乙组－57公斤	
尼杜克底	拳击男子乙组66公斤级	
四郎郎措	田径甲组女1500米	第二名
四郎郎措	田径甲组女3000米	
彭措多吉	田径七项全能男甲组	
杨丹平	田径标枪女乙组	
仁　青	摔跤古典式甲组84公斤以上级	
杨　燕	摔跤女子自由式甲组72公斤级	
刘源发	柔道男子乙组－81公斤级	
李雪凤	柔道女子甲组－52公斤级	
吴双晏	柔道女子甲组－48公斤级	
曾玉淋	柔道女子乙组＋63公斤	
沈懿伟	拳击男子丙组60公斤级	
呷玛辛巴	田径标枪乙组男	第三名
泽汪拉姆	摔跤女子自由式乙组＋65公斤级	
泽仁儿	柔道女子乙组－57公斤级	
邱么木则	拳击男子乙组50公斤级	

（陈攀峰）

·甘孜日报社·

【概况】　2015年，甘孜日报社派出年轻编辑记者到《四川日报》《成都日报》等主流媒体跟班学习6人次。报社党委指派业内老编辑记者对新进入报社的人员进行“一对一”帮带13人次。外出学习培训、上挂锻炼的6位编辑记者回到报社后，将学习的收获和感悟在职工大会上作交流，达到一人外出学习全社人员都受益的效果。《深圳商报》记者到甘孜日报社指导业务2人次。建立新闻通讯员档案，完善通讯员联系制度，畅通联通渠道。在“走转改”活动中送新闻课上门，为500多名新闻通讯员授课。召开通讯员表彰暨培训会，表彰年度十佳通讯员，开展业务培训和工作座谈交流。主动作为，与深圳报业集团深圳商报签订对口合作协议，就人才智力支持、搭建宣传平台、交流协作、媒体融合发展等方面达成合作共识。报社全媒体集群开展"我最喜爱的甘孜春晚节目投票"和"甘孜日报小记者暑期夏令营实践"等线下线上互动活动。完善"走转改"活动实施方案，开设"记者走基层"等栏目，紧紧围绕"走向哪、如何转、改什么"的问题，记者沉下身子，深入群众，贴近民生，用脚丈量，用心采写，用情讴歌，新闻更接"地气"，引起较好反响。分派13批次采访组，共赴12个县的76个乡镇，采写稿件（含图片）70余篇（幅）。

【打造全媒体产品集群】 深入推进媒体融合发展，推进报网一体化建设，报社已形成"三报、一网、两刊、三微、两端、一屏"的全媒体产品集群。即：甘孜藏汉文报、党政参考手机报；省委宣传部确定康巴传媒网为民族地区重点扶持新闻网站；全国藏区第一本全彩色印刷的藏文画刊《康巴印画》，全国藏区首创面向广大寺庙僧尼发行的藏文季刊《和谐天地》；在全国五省藏区最先开通的藏汉双语康巴传媒微信公众平台，政务类微信公众平台"甘孜发布"；LED户外电子阅报屏、电商平台"康巴商城"；开通藏汉双语多功能手机客户端"掌上康巴"。

康巴传媒网藏、汉、英文频道作为地区对外宣传的门户网站，依托报社强大的新闻资源优势，发挥网站超容量、多媒体、交互性功能，已成为获取甘孜新闻信息最权威的门户网站。康巴传媒网每天网站IP访问量在3000人次左右；页面访问量6500人次左右，最高近万人次。国内网民主要分布在四川、青海、北京、西藏等地，国外主要分布在印度、比利时、美国、加拿大等26个国家和地区。康巴传媒网藏文微信订阅用户为1825人、日点击率1120人次左右，汉文微信订阅用户8300人、日点击率3100人次左右。

【完善版面栏目设置】 更加突出党报的宣传功能属性和综合性日报的新闻定位，体现党报的深度、高度、宽度，凸显责任、权威、公信媒体品牌。版面栏目设置增加和确保必需的经济、民生版面，减少一般性街面社会新闻，从本土挖特色、从特色树品牌。《康巴周末》完善了大周末报纸副刊定位，做到栏目地域化、内容大众化。从8月开始将原《经济民生周刊》以每周一期专刊的形式在正刊出刊。

【增办宣传载体】 免费赠送给全州近21万户农牧民的《群众工作厚报》；面向广大寺庙僧尼发行的藏文季刊《和谐天地》，已出版发行6期、18000余份，已覆盖全州（除泸定县外）17个县（市）的藏传佛教寺庙，得到广大僧尼的欢迎，在全国五省藏区属于首创。推出《甘孜日报内参》2期。

【建设中央厨房】 实施甘孜日报全媒体（采编中央厨房）建设项目，对甘孜日报社现有采编系统进行升级改造，实现一次采集、多次生成、多元发布的全媒体采编发一体化格局。

【建立适应媒体融合发展的机制】 2015年，报社再构适应"中央厨房"建设需要的组织结构，成立藏文全媒体中心、汉文编采中心、康巴传媒中心、行政服务中心、全媒体运营中心5个中心。展开新一轮全员聘任上岗，根据5个中心的构架，根据工作需要设立相应的工作部门和工作岗位，实行全员竞聘上岗。建立以业绩为取向的考核制度。建立起定性考核与定量考核相结合的办法，制定细致的工作目标和考核办法，实行全员量化天天考，每天对采编人员稿件质量、编版质量进行考评打分，张榜公布。

（甘孜日报社）

འཕྲོད་བསྟེན།
卫　生

·卫生和计划生育委员会·

【概况】　2015年，全州有公办卫生机构457个，其中医院40个，妇幼和计生机构19个，疾病预防控制中心19个，执法机构19个，急救中心（站）19个，采供血型机构3个，社会卫生服务机构2个，乡镇卫生院334个（其中中心卫生院75个、一般乡卫生院250个，地名卫生院7个，重点寺庙医疗卫生服务中心2个），医学教学机构2个。有村卫生站（室）2124个，占全州行政村总数的78%；病床5068张，每千人拥有床位4.55张。全州拥有卫生人员8915人，其中卫生技术人员5721人（执业医师1927人，执业助理医师734人，注册护士1768人），有乡村医生2184人。卫技人员人均服务半径27.68平方千米。为州直属单位和各县考核聘用医疗卫生人才217人；考试招聘医疗卫生人才164人；完成2015年度全州卫计专业技术资格及护士执业资格考试网上报名和考务工作，全州1812人参考。对基层医疗卫生机构和人员实行一年一考核、两年一表彰的激励机制。2015年评选出医德标兵10名、优秀院长10名、优秀医务人员50名、优秀村医10名、先进集体20个，举办全科医师培训班、执业资格和晋升卫计专业初、中级职称考前理论培训、乡镇卫生院合理用药等各类培训班，培训人员达4074人次。为105.49万名城乡居民建立规范化电子档案，建档率92.72%；高血压管理率46.60%；糖尿病管理率15.65%。

【卫生改革】　县级公立医院全面实施取消药品加成综合改革，所有药品全部实行零差率销售。加强院长培训管理，组织康定、泸定、丹巴、甘孜、理塘、巴塘、新龙等县（市）人民医院院长参加全省医院“服务人次法”绩效管理培训班。成立急诊急救和药事管理州级质量控制分中心，加大对分级诊疗政策知识的宣传告知力度，各级医疗机构逐级签订双向转诊协议，畅通转诊绿色通道，推进建立“以三级医院为龙头、二级医院为支撑、基层医疗卫生机构为基础”的纵向“医疗联合体”，加快构建分级诊疗服务新格局。城乡居民基本医保参保率达到99.23%，政府人均补助标准提高至380元，政策范围内住院报销比例达到75.09%。城乡居民大病保险筹资2269.80万元，大病保险补助5363人次，赔付总额1669.25万元，净赔付率达到73.54%。城乡医疗救助资助参保21.12万人，累计救助2.29万人次，投入救助资金5259.81万元，政策范围内住院救助比例达到66.32%。建立医疗机构药械采购约谈制度，加强对医疗机构处方点评预警和药品采购使用监管，严格控制医疗机构基本药物、贵重药品、自费药品采购。乡镇医疗机构严格按照国家规定采购和使用基本药物。二级、三级医院基本药物使用量和销售额达到52%、35%以上。

【卫生规划与项目建设】 2014年下达项目开工率达100%，2015年申报的项目88%完成前期工作。编制《甘孜州乙类大型设备配置规划》《广东对口援建规划2016—2020》和《海螺沟南派藏医药传承创新基地项目规划》；开展全州医疗机构设备配置使用情况摸底调查，将设施设备建设项目调整到发改委“十三五”和广东对口援建重大项目库，为陆续推进各类卫生项目做好前期准备工作。

【卫生监督】 对集中式供水单位、学校、游泳场所、住宿、沐浴等各类公共场所开展执法监督，共检查3395户次，出动监督员7051人次，全州卫生行政处罚案件共18件，严格实行行政执法人员持证上岗、岗位培训和资格管理制度，加强对申领行政执法证件人员的资格审查。选派执法人员83人次参加省、州举办的培训共16次；开展内部稽查并组织开展卫计行政处罚案卷评查工作，开展州县两级卫生计生监督技能竞赛活动。

【医政管理】 全面推行医疗诊疗规范，落实医疗质量安全核心制度，强化对关键环节、重点部位、风险岗位的医疗质量安全管理。成立急诊急救、药事、输血质量控制中心。召开全州基层医院感染管理、护理、药剂、急诊急救、儿科、放射、输血质量控制培训会。组织开展医疗质量控制督导检查，规范诊疗服务行为。加强护理管理，推广运用《四川省医院护理质量管理评价标准》。实施国家基本药物制度，加强药品采购使用监管，开展抗菌药物专项整治，促进临床合理用药。实施分级诊疗制度，推进组建医疗联合体，鼓励基层首诊，畅通转诊通道。按计划完成州人民医院三级甲等综合医院等级评审工作。完成2015年度国家执业医师资格考试报名审核和考务管理工作，全州1373名考生通过审核。完成医师定期考核工作，本周期参加考核1806人，考核合格1793人。

【行政审批】 积极落实行政审批“两集中、两到位”，优化审批流程，提高审批效率。成立行政审批科，承担全委的行政审批职能。按照充分授权的要求，调整窗口首席代表，将13项审批事项的授权给窗口及首席代表，对卫生计生服务性项目进行全面清理。

【中藏医药事业】 通过县级中藏医院标准化建设项目的实施，全州大部分中藏医院投入使用，68%的乡镇卫生院、45%村卫生站能够提供中藏医药服务。2015年全州中藏医医疗机构门诊人次达到30.50万人次，比2014年同期增加5%；住院4250人次，比2014年同期增加5%；业务收入达到4850万元，比2014年同期增加5%。实施藏医学本科学历教育工作，招收的48名学生于2016年3月进入五年制本科学习，并开展第二批52名学员的招生工作。启动藏医药确有专长人员考核工作，通过层层筛选考试，72名合格人员取得“传统藏医学确有专长合格证书”，填补四川省藏医师承考核工作的空白。

【妇幼保健】 实施妇幼重大公共卫生项目，对4694名农村孕产妇兑现住院分娩补助资金243.72万元，住院分娩率达85.21%；对10462名准备怀孕和孕早期的农业户口妇女以及流动人口中的妇女免费增补叶酸。州县医疗服务机构利用各种机会加大自愿免费婚前医学检查和免费孕前优生健康检查宣传动员工作，努力提高知晓率和参与率。完成929对自愿免费婚前医学检查，完成免费孕前优生健康检查2025.5对4051人。督促指导石渠、九龙、乡城等县妇幼保健院做好医院创等达标和等级复审相关工作。

【送卫生计生下乡】 全年组建医疗队1466支，派出医务人员8069人次，义诊患者471570人次，发放宣传资料77.2万份，发放免费药品总价值135万元，培训基层医务人员7064次；免费下乡筛查眼疾患者16330人次，建议白内障复明手术1335人，实施减免费复明手术1734例。

【对口支援】 省（市）102家医疗卫生机构先后派出416人对口支援州、县、乡医疗卫生机构，累计诊治群众43415人次，开展示范手术141台次、新技术项目38项次、培训基层医务人员6194人次，抽派骨干医务人员到三级医院进修学习211人。

【三大行动】 全州18个县（市）332个乡镇卫生院共361名基层医疗卫生人员参加基层大练兵活动。9月中旬，甘孜州代表队参加全省民族地区乡镇卫生院操作人员大比武决赛，以优异成绩荣获团体第三名。同步建立参训人员设备使用情况跟踪管理与绩效考核机制，基层医疗卫生机构除X光机外，设备投入使用率达到90%。组织州、县名医和优秀医生511人到乡村开展巡诊服务，诊治基层群众109811人次。

【信息化建设】 推进“互联网+智慧卫生”行动计划，按照全州统筹，分步实施的原则加快卫生计生信息化建设。设立统计信息科，成立州远程医学中心，负责全州远程医学工作。完成甘孜州区域卫生信息平台和甘孜州居民健康卡发放应用系统建设项目一期工程，在全省率先探索推进居民健康卡和社会保障卡“两卡合一”，实现城乡居民社会健康“一卡通”，方便居民享受连续的预防、医疗、保健、康复等智慧卫生服务。至年底成功对比37万张人员信息，占人口比例的33%。

【寺庙社会化管理】 研究制定《甘孜州卫计系统开展党姆健康关爱工作方案》，共派出228支医疗队伍，免费为13256名僧尼进行免费体检，发放免费药品126165元，发放各类宣传资料25362份（册、张），建立完善僧尼健康档案13256份。加强寺庙疾病预防控制工作，制定寺庙传染病监测实施方案和寺庙处置突发公共卫生事件应急预案，组织全州各级医疗卫生机构深入寺庙开展食品饮用水卫生、环境卫生、消杀灭、化学物质中毒预防和处理等卫生防病知识宣传和指导

【机构改革】 2015年1月15日，甘孜藏族自治州人民政府办公室印发《甘孜藏族自治州卫生和计划生育委员会主要职责内设机构和人员编制规定的通知》，合并原州卫生局、原州人口和计划生育委员会职责，设立甘孜藏族自治州卫生和计划生育委员会。1月27日，甘孜藏族自治州卫生和计划生育委员会挂牌。2月9日，甘孜藏族自治州第十一届人大常务委员会第二十三次会议任命桑郎泽仁为甘孜州卫生和计划生育委员会主任。

（郑　芳）

·疾病预防控制中心·

【概况】 2015年，全州无甲类传染病报告，共报告乙丙类传染病2类23种6197例，报告发病率550.88/万。报告发病率上升的病种主要为麻疹、肺结核、淋病、梅毒、包虫病。完成全州18个县（市）医疗卫生机构传染病报告管理督导检查。全州报告突发公共卫生事件2起（康定市姑咱镇幼儿园发手足口病和色达县色柯镇二完小水痘暴发疫情），发病66人，无死亡，经积极妥善处置疫情得到有效控制。全年共完成检品25363份，发出有关卫生、食品、环境保护等方面的科学数据31381个。全年挂网发布各类信息100多篇。开展各类宣传日活动10多次，制作发放各种宣传材料10余万份，宣传咨询5000多人次，举办重点疾病健康知识专题巡讲6次，受众2000多人次。举办全州疾控系统健康教育骨干能力培训班2期，培训辅导基层健康教育工作人员200多人次。

【传染病监测】　流感监测。全州共报告流感样病例318例，州疾控中心PCR实验室检测流感哨点医院送检流感样病例标本318份，阳性5份，阳性率为1.57%。手足口病监测。全州报告手足口病359例，州疾控中心PCR实验室检测手足口病标本19份，阳性8份（EV71 1份、Cox A16 3份、其他肠道病毒4份），阳性率为42.11%。布病监测。2006年以来仅德格报告1例布病病例，2015年泸定县确诊1例布病病例，显示甘孜州布病防治形势不容乐观。

【免疫规划工作】　常规免疫接种报告接种情况，儿童预防接种监测系统报告，以县为单位应报11次，实报11次，报告率100%；以乡为单位应报231次，实报231次，报告完整率100%，以接种单位应报253次，实报253次，报告完整率100%。报告基础免疫“五苗”接种率中百白破疫苗最低，接种率为96.91%，报告疫苗接种率均在95%以上。全州共报告疑似预防接种异常反应31例，报告县覆盖率100%，均为一般反应。48小时内报告28例，48小时内报告率90.32%，无须调查的异常反应，疑似预防接种异常反应分类率100%。全年开展两轮脊灰疫苗及一轮麻疹疫苗补充免疫，第一轮麻疹疫苗报告应种39511人，实种36975人，接种率93.58%；脊灰疫苗报告应种43170人，实种39940人，接种率92.52%；第二轮脊灰疫苗补充免疫报告应种43779人，实种41877人，接种率95.66%。完成对各县的督导和接种率评估工作。全州共报告3例AFP病例，分布在理塘、德格两县，报告发病率1.16/10万，48小时内调查率100%，合格便采集率66.67%，便标本7天内送达率100%。全州共报告疑似麻疹、风疹病例484例，其中实验室诊断麻疹病例332例，临床诊断病例81例；报告疑似风疹病例5例，实验室诊断风疹病例3例，临床诊断病例1例，有流行病学联系病例1例；排除麻疹风疹病例58例，排除麻疹风疹发病率5.16/10万。麻疹监测各项指标均达到相关要求。

【结核病防治工作】　全州登记和治疗结核病人983例，其中新发涂阳178例、复治涂阳11例、免费涂阴794例，完成2015年活动性肺结核病人任务数的108.21%。州督导组对18县（市）和其中的18个乡镇结核病防治工作进行督导，并对部分结核病人进行访视。

【慢性病工作】　到年底，完成辖区居民建档人数1106684人，规范电子档案建档人数1055680人，规范化电子档案建档率92.78%；高血压在管人数为79004人，管理率为47.35%，规范化管理人数为67265人，规范化管理率为85.14%；糖尿病在管人数13807人，管理率为16.04%，规范化管理人数为9316人，规范化管理率为67.46%。全州65岁以上老年人有124589人，登记管理90162人，管理率为72.37%；重型精神疾病登记413人，在管人数202人，管理率为48.91%。全州网络直报定时统计死亡病例2617例（统计条件按：户籍地址+死亡日期），较2014年同期下降9.04%，报告粗死亡率为230/10万。

【鼠疫监测工作】　全州13个国家级和省级鼠疫监测县开展监测及防控工作，分离鼠疫菌34株，检获阳性血清4份，新发现新龙县鼠疫自然疫源地，经及时果断处置动物鼠疫疫情和强化宣传培训与监测防控，无人间鼠疫疫情发生。成功举办四川省鼠疫防控应急处置演练，获国家、省专家高度评价，成为指导全省鼠疫防控和应急演练的典范与模板。

【包虫病防治】　全州18个县（市）共B超筛查261311人，新发现病人231例；有病人12507例，接受药物治疗12366例、手术治疗173例；登记管理犬只230360只，多轮次犬只药物驱虫224921只次；收集检测犬粪样品

17458份，家畜感染监测6334头；健康教育活动543次、发放宣传资料189916份、覆盖目标人群902127人次；僧侣健康教育培训班67期，培训僧侣7211人次；发送手机短信33896条；举办培训班59期，培训人员4052人次。石渠、色达等7个县包虫病综合防治试点：儿童B超检查2280人，无主犬密度监测30次，庭院环境卫生监测822户，家犬繁殖情况调查46次，犬粪收集检测1635份，牲畜感染调查1040头，问卷调查6180份；圈养无主犬200条，犬只绝育2000条，捕杀犬只300条，拴养犬只15003条，加强犬驱虫及犬粪填埋36161次；开展多形式健康教育活动3766次；开展卫生庭院标兵评比活动9次，开展环境改善、安全饮水及卫生措施270户；督导指导、现场考核评估436次，开展培训班28次。全面完成县（市）级终期评估现场工作开展、采集平台数据录入、自评，完成州级审核、自评及省级考评组对全州的现场复核工作。全州抽样点共采集犬粪样本1800份，阳性35份，犬感染率为1.94%；检查家畜2100头，阳性71头，家畜患病率为3.38%；检查6～12岁儿童8242人，阳性20人，阳性率为0.24%，采集血清619份，阳性3份，阳性率为0.48%；调查家犬928只，登记924只，家犬登记管理率99.57%，规范驱虫922只，家犬规范驱虫覆盖率99.35%；病变脏器无害化处理调查全州17个屠宰场，具备无害化处理设施屠宰场14个，有无害化处理记录屠宰场8个，无害化处理率47.06%；防治知识知晓率情况调查1502人，合格人数1362人，知晓率90.68%；病人规范治疗率调查670例，规范药物治疗病例数590例，规范治疗率88.06%；随访督促服药率调查670例，进行随访病人数621人，随访率92.69%，随访督导人次数为1363人次；半年疗效考核率调查670例，完成628人，半年疗效考核率93.73%；专业知识和技能培训率调查598人，接受培训人数592人，培训率99%；安全饮水覆盖率调查228个点的安全饮水覆盖情况，覆盖数215个，安全饮水覆盖率94.30%。2015年，完成四川省藏校、甘孜州职业技术学校包虫病筛查2928人次。

【地方病防治】 全州完成5400份居民户盐样碘盐监测检测。州、县开展碘缺乏病宣传日活动19次，放发宣传资料12000余份，覆盖目标人群13000余人次。完成居民户及孕妇碘盐监测、儿童及孕妇尿碘监测和儿童氟斑牙调查，完成大骨节病、饮水型氟中毒和砷中毒、克山病监测调查，数据汇总、资料分析。甘孜、道孚、德格、稻城4个县共采集饮用砖茶200份。样品氟含量范围在157.9～1343.3毫克/千克之间，均值为648.02毫克/千克，达标砖茶6份。检查8～12岁学生1321人，氟斑牙检出率为29.9%。监测县康定、雅江、道孚3个县（市）35－55岁成年人X线检测325人，X片结果由省级专家阅片结果尚未反馈。3县（市）共监测成人尿样312份，超标29份。全州共完成治疗大骨节病人560人。完成色达、新龙、甘孜、德格4个县儿童X片检查。道孚县通过省级评审达到省级消除。

（蔡其华）

ཨི་རིགས་དང་ཆོས་ལུགས།

民族·宗教

·民族和宗教事务委员会·

【概况】 2015年，内设行政科室11个、事业科室2个。全年为道孚县争取民生工程资金210万元，为炉霍县争取民生工程资金190万元。争取到少数民族发展资金2130万元、民族工作机动金490万元。组织定点生产企业开展申报工作，共上报康定康藏工艺品制造有限公司等6家，为民族特需用品定点生产企业康定康藏工艺品制造有限公司争取到以奖代补资金40万元，民族特需用品定点生产企业道孚亚姆热旅游开发有限责任公司争取到企业技术改造贷款财政贴息资金20万元。代州政府草拟关于贯彻落实《甘孜藏族自治州藏族语言文字条例》的实施意见，翻译印制《条例》（藏汉双语）单行本26000册分发给给各县和州级部门。6月1日在康定举行贯彻实施《条例》新闻发布会。推荐选送甘孜州少数民族优秀声乐作品展演，报送2015年度民族语文翻译系列高级职称申报材料；协助州体育广电局做好全国第十届传统运动会押加项目的参加工作和承办2018年第十五届民运会前期相关工作。与卫生部门研究制定《关于在寺庙僧尼中开展包虫病综合防治攻坚工作方案》和《艾滋病防治知识宣传教育实施方案》。统计上报“11·22”康定地震中寺庙受灾情况，指导制定灾后重建工作方案，向上申报灾后重建和危房维修项目，将康定、丹巴、雅江、道孚27座寺庙纳入省级灾后重建恢复项目。年末，需推倒重建的康定市扎西寺已完成总工程的20%、道孚县金龙寺和惠远寺已完成总工程过半，其余24座寺庙维修加固工作已有10座寺庙竣工并验收。

【民族团结进步示范工作】 制发《甘孜州创建全国民族团结进步示范州活动2015年工作推进方案》。牵头召开全国民族团结进步示范州创建活动专题培训会，开展全州第二批民族团结进步示范单位的推荐评选工作，评选全州民族团结进步创建活动示范单位220个，在全州统战工作暨寺庙管理工作会上进行命名。全面实现全州5.17万名公职人员、1690名州县领导干部与21.1万户农牧户、531座寺庙、教堂结成民族团结共建对子，广泛宣传民族团结示范创建活动。全州上下组织开展创建全国民族团结进步示范州知识竞赛活动，各县（市）、州级单位共推选29支代表队在康参加全州性竞赛。先后5次深入道孚、炉霍、甘孜、色达、泸定等县，对县级机关、乡（镇）、村（社区）和学校、寺庙等创建示范相关工作进行督查指导，将创建工作纳入各县（市、局）、州级各部门年度绩效考核范畴，作为评先选优的重要依据。编发各类简报信息51期、调研报告3期、经验交流材料40期、文件通知39期、模范单位（个人）先进事迹材料20期、情况报告10期。开展《甘孜州民族团结进步条例》制定工作，8月深入巴塘、白玉、甘孜、炉霍、道孚等县，与基层干部群众深入交流探讨《甘孜州民族团结进步条例》修改议题，广泛征求修改意见，进一步促使条例接地气并富有特色和操作性。

【宗教事务管理】 制定下发《关于做好全国“两会”及3月敏感期间维护民族团结和社会稳定工作的紧急通知》《关于近期至7月敏感期间宗教重点工作措施》等系列文件。全州有125座一类寺庙升级为文明和谐寺庙、122座二类寺庙升级为一类寺庙、30座三类寺庙升级为二类甚至一类寺庙。修订《甘孜藏族自治州藏传佛教僧尼管理办法》等6个管理办法，新制定《甘孜藏族自治州藏传佛教学术交流活动管理办法》和《甘孜藏族自治州宗教活动场所财务监督管理规定》办法规定，出台《寺管会班子管理办法》。与各县（市）签订安全生产责任书，落实安全主体责任，强化安全隐患排查，严把宗教活动场所维修、重建、改建等事宜的审批关，加强场所建筑施工中的安全监督检查及管理工作，确保全州宗教场所安全。

（泽翁志玛）

·藏学研究·

【概况】 2015年，应邀参加中国民族语文翻译局在青海省海北州召开的“2015年度藏语文翻译专家工作会议（藏语新词术语审定会）”，会后及时形成情况汇报材料，并上报相关部门及领导。参加甘孜州文化体育和广播电视局在成都召开的“格萨尔文化学术研讨会”。参加由炉霍县委县政府在炉霍县举办的“康藏文明的古摇篮—炉霍历史文化研讨会”。完成一批由对方单位提供资料，藏学研究所负责翻译、审稿并印刷的藏汉双语对照、图文并茂的科普知识读本《食品药品安全宣传手册》《“六五”普法知识问答》。6月，在“2015年全国食品安全宣传周活动甘孜州暨康定地区启动仪式”上首次向群众免费发放2000册。此套科普丛书共印刷22000册，翻译字数10万字，已免费向全州基层发放。

【编译成果】 2015年完成《政府公报》共10期的翻译、审稿、校对工作，共计200万字。完成《甘孜藏族自治州突发事件应对条例》的翻译、审稿、校对，共计20000余字。完成州委宣传部翻译《道德讲堂》的口语稿件，共计1000余字。完成《甘孜州青少年法治宣传系列漫画挂图》的翻译（汉翻藏）、审稿、校对，共计15000字。完成各类会议横幅、公章、门吊牌等的翻译、校对共3000余幅。

【继续开展《甘孜州藏传佛教寺庙简介》编写工作】 完成《甘孜州藏传佛教寺庙简介》上册［康定、丹巴、九龙、炉霍、甘孜、德格6个县（市）189座藏传佛教寺院］的州级相关部门及专家学者意见征求会，向相关县的统战、宗教、佛协等单位征求意见，共召开座谈会7次，梳理意见80余条。根据意见反馈，将简介内容进行完善，增加藏文，形成汉藏双文、图文并茂的参考书籍。其中藏文翻译字数共计120余万字。前后共对汉藏文和配图进行5次修改和校对。年末，已完成上册的翻译、审稿（汉藏文）、制作、印刷工作。完成中册（乡城、稻城、得荣、巴塘、雅江、理塘、道孚7个县159座藏传佛教寺院）的初稿搜集、整理和初审，样本已制作完成。

（李洛珍）

སྤྱི་ཚོགས་འཚོ་བ།
社会生活

·人口和计划生育·

【概况】 2015年，适度生育水平得到稳定。年内全州出生11488人，人口出生率11.2‰，人口自然增长率7.16‰，符合政策生育率98%，出生婴儿性别比为108.39，综合节育率85.51%。全州共确定奖励扶助对象9776人，特别扶助对象816人，少生快富对象2213户，兑现奖励资金2084.08万元，启动家庭发展能力建设项目试点工作。积极推进生育证件办理制度改革，加强计划生育法律法规宣传力度，违法生育立案207例，处理198例，处理率达95%。

【流动人口管理】 2014年10月1日至2015年9月30日，全州共有流动人口22344人。其中：流入人口16202人、流出人口6142人。发放外出流动人口婚育证明2855人，办证率为85.40%。跨省流入持婚育证明人数为1461人，验证率为91.80%，为跨省流入已婚妇女落实国家免费计划生育手术641例，“三查”1174人。流动人口重点服务对象信息反馈：协查总数应反馈1008条，已反馈995条，接收、反馈率98.70%，动态监测调查完成率达100%。

【计生技术服务】 开展计划生育门诊人次10.72万人次，实施计划生育手术1.96万例，“三查”10.44万人次，发放避孕药具22.53万份。开展妇女生殖道感染疾病检查1.84万人，乳腺疾病普查0.64万人。下乡服务538次，实施计划生育手术0.2万例，三查3.84万人次，咨询1.74万人次，发放避孕药具9.26万份。大力实施免费孕前优生健康检查项目，免费孕前优生健康检查宣传193场次，发放宣传资料11万余份，完成孕前优生健康检查2505.5对5011人。州级财政配套孕前优生健康检查项目工作经费108万元。

（郑　芳）

·民政·

【概况】 2015年，出台《甘孜州社会救助实施细则》，召开全州社会救助工作推进会，全面推进社会救助工作制度化、程序化、规范化。牵头制定社会保障扶贫专项方案，全州城市低保保障2.8万人，发放保障金8066.9万元，月人均补差236.82元；农村低保25.6万人，发放保障金3亿元，月人均补差97.55元。全面资助城乡低保对象和“五保”对象参加医疗保险，住院救助和大病医疗救助29826人次，累计支出医疗救助资金8044.27万元，政策范围内住院自负费用的救助比例分别达66.53%、66.3%。举办全州重大自然灾害损失统计暨地震灾损评估工作培训会，成功创建3个综合减灾示范社区，发放灾害救助和冬春生活救助资金2465.92万元。

州政府出台《关于加快发展养老服务业的实施意见》，维修改造公办养老机构床位300张，建设城乡社区日间照料中心15个，建设农村幸福院87个，采取政府购买服务的方式为2.477万名困难家庭失能老人和80周岁以上高龄老人提供助餐、助浴、助洁、助急、助医等居家养老服务，满足不同层次的养老服务需求。建立80周岁以上低收入老年人高龄津贴制度，将高龄补贴资金纳入县级财政预算，丹巴县成功创建为四川省第四轮敬老模范县。全面落实孤儿基本生活配套经费，康南儿童福利院新建工程和州儿童福利院扩建工程有序推进。继续抓好城乡“三无”“五保”对象和孤儿集中供养全覆盖项目，福利机构床位建设全面推进。有序开展各项慈善捐赠活动，积极推进灾后慈善援建项目和福彩帮困助学、地震灾区贫困学生助学活动。圆满完成福利彩票销售任务，福彩公益金在助医、助老、助学、扶贫、济困等方面有效发挥其补充作用。

【基层社会治理】 编制甘孜州村规民约和居民公约的规范蓝本，指导各县（市）社区、村级组织不断完善和规范村规民约与居民公约。深入开展依法治村（社区）、民主法治、和谐社区示范创建活动，丹巴县步行街社区和稻城县尼龙村得到全国表彰；康定市炉城镇公主桥社区、道孚县鲜水镇前进一村、乡城县香巴拉镇色尔宫村被命名为省级依法治村（社区）示范单位。争取中央预算内投资计划社区服务站（社区服务中心）建设项目17个（资金1609万元），加快城乡社区建设步伐，积极优化城乡社区布局，协同推进网格化管理。依法开展民间组织登记备案和年检工作，登记在册全州性社会组织122个，其中当年登记备案7个，年检率达97%。继续开展非法民间组织和民间组织非法活动集中整治工作，取缔证据确凿的非法民间组织7个，对违法社会组织查处率达100%。评选40名“康巴百千万英才”工程优秀社工人才。

【服务国防和军队建设】 全面落实各类优抚对象抚恤优待政策，及时更新优抚对象信息系统，按时足额兑现抚恤补助金，拨发优抚安置资金1.06亿元并切实加强资金使用监管，有效保障优抚对象合法权益。依法依规开展评残、评烈审核申报工作，伤残军人和伤残人民警察证书换发率达100%。接收转业士官及2011年以前入伍城镇退役士兵11名，退役士兵接收安置率达100%。完成军休干部和无军籍职工接收计划8人，相应政策都得到全面落实，成立甘孜军队离退休干部成都管委会。组织开展清明节烈士墓祭扫和“9·30”烈士公祭日的公祭活动，扎实推进零散烈士纪念设施的抢救保护和烈士褒扬系统录入工作。开展“双拥在基层”活动，受省委、省政府和省双拥领导小组表彰的全省双拥模范县4个，双拥先进县（城）7个，先进单位12个，爱国拥军模范1人，拥政爱民模范1人，双拥先进个人8人。

【民政公共服务】 做好行政区划设置调整，康定顺利实现撤县设市，审核上报13个乡撤乡建镇请示。牵头完成九木线、理木线2条市州间及6条州内县级行政区域界线联检任务。做好第二次地名普查工作，加强地名普查工作培训，州本级和部分县技术服务“外包”工作已成功招标。为85名城乡“三无”、“五保”、低保对象及优抚对象家庭减免基本殡葬服务费用。开展流浪乞讨人员救助管理工作，对未成年人、危重病人、精神病人等乞讨人员发现一起救助一起，全州救助流浪乞讨人员6949人次（其中未成年人37人次）。组织开展婚姻登记机关标准化建设，启动网络预约登记服务，办理婚姻登记总对数15877对，完成1990年以来婚姻历史数据的补录工作。

（州民政局）

·劳动和社会保障·

【概况】 2015年，全州城镇新增就业7200

人，完成目标任务的 102.86%；城镇失业人员再就业 330 人，完成目标任务的 110%；就业困难人员再就业 240 人，完成目标任务的 120%；城镇登记失业率控制在 4.2% 以内，动态消除“零就业”家庭；建立高校毕业生见习基地 70 个，完成目标任务的 100%；帮助 542 名在校大学生和高校毕业生就业创业，完成目标任务的 108.4%；回州“9+3”毕业生就业率达 95% 以上；组织开展各类职业技能培训 7500 人，完成目标任务的 125%。开展农村劳动力转移就业培训 5600 人，完成目标任务的 133%，其中农村就业技能培训 5080 人，岗位技能提升培训 520 人；组织青年劳动者技能培训 2748 人，完成目标任务的 137.4%；开展创业培训 1200 人，完成目标任务的 200%。组织 12619 人次参加职业技能培训及鉴定，培养技师 155 名，培养高、中、初级工 12200 名。

【完善城乡社会保障体系建设】 年末，全州“五险”参保人次达 160.67 万人，与 2014 年相比增加 0.87%。医疗保险：城镇职工基本医疗保险参保 11.93 万人，完成目标任务 11.4 万人的 104.65%，与 2014 年相比增加 0.44%；城乡居民医疗保险参保 90.79 万人，完成目标任务 90.6 万人的 100.21%，参保率达 99.23%，较目标高 2.23 个百分点，与 2014 年相比增加 0.33%；养老保险：企业养老保险参保人数达到 5.74 万人，完成目标任务 5.5 万人的 104%，与 2014 年相比增加 1.59%；机关事业养老保险参保人数达 2.17 万人；城乡居民养老保险覆盖人数达到 38.20 万人，完成目标任务 37.8 万人的 101%，与 2014 年相比增加 0.95%；工伤保险：参保人数达 4.92 万人，完成目标任务 4.65 万人的 106%，与 2014 年相比增加 2.5%；生育保险：参保人数达 1.81 万人，完成目标任务 1.74 万人的 104%，与 2014 年相比增加 3.43%；失业保险：参保人数 5.11 万人，完成目标任务 4.9 万人的 104.29%，与 2014 年相比增加 5.52%。基金运行总体平稳。全州城镇职工基本医疗保险基金收入 49325 万元，完成目标任务 41000 万元的 120.3%，比 2014 年增加 1933 万元；城乡居民基本医疗保险基金收入 45236 万元，比 2014 年增加 5744 万元。全州企业养老保险基金征缴收入 35911 万元，较 2014 年增长 8%；机关事业养老保险基金征缴收入 21050 万元；工伤保险基金征缴收入 2939 万元，较 2014 年减少 6%（原因：一是 2939 万元为 2015 年预算数；二是 2939 万元中未包含上级补助和下级上解数；三是 2015 年缴费基数降低）；生育保险基金征缴收入 514 万元，较 2014 年增长 8%。失业保险基金征缴收入 5407.5 万元，比 2014 年增加 1141.83 万元。

【劳动关系】 出台《甘孜州农民工工资保证金和欠薪应急周转金制度》，健全和完善清欠联席会议制度，完善投诉受理机制和越级上访机制。拟定深化甘孜州州属国有企业负责人薪酬制度改革的实施方案。规范劳动用工行为，全州签订集体合同 612 家，覆盖职工 12741 人，企业集体合同签订率达 90%。劳动争议调解仲裁和劳动保障监察进一步加强，主动检查用人单位 1500 户，投诉举报结案案件 753 件，追讨农民工工资 2 亿元，涉及劳动者 13000 人，仲裁结案率 100%。建成劳动保障监察“两网化建设”州本级网络平台。

（金　珠）

·扶贫移民·

【概况】 2015 年，成立州委书记、州长亲自挂帅的扶贫攻坚指挥部，制定“1+10”扶贫攻坚工作方案，建立精准扶贫长效工作机制；全面开展贫困人口建档立卡复核清理工作，对建档立卡数据和“五个一批”数据进行复核清理并对 2014 年已脱贫的 27231 人作标注，对 2015 年的减贫任务 34375 人进行分解，完成水电移民人口中的贫困村、贫困人口的调查统计工作；召开精准识别专题会议6次，到各县（市）开展指导培训16期，督查暗访组17批；全州贫困村驻村帮扶工作实现全覆盖，通过专题培训，全州1360个贫困村“驻村第一书记”已全部到岗并开展工作；强化扶贫攻坚行动舆论宣传，举办“10·17”扶贫日活动，募集资金4900余万元，积极引导全社会共同参与甘孜州扶贫攻坚；全州累计争取各类专项扶贫资金8.25亿元，通过项目实施，已全面超额完成34375人的减贫任务；成功推广“村民四自”扶贫项目管理和建设模式，建设扶贫项目91个，投入资金1.44亿元，群众获得务工收入1064万元，节约建设资金2711万元；被省民开办评为2015年全省“两支”先进工作单位。

【水电移民安置】 坚持“先移民后建设”的工作原则，加快推进大岗山、泸定电站等6个移民安置点建设，大部分房屋已进入装饰装修工程，部分移民已搬迁入住；硬梁包电站已启动“先移民后建设”的专项迁复建及安置点建设准备工作。长河坝、黄金坪电站的2个移民安置点建设加快推进，其中姑咱安置点预计在12月份启动搬迁入住。猴子岩电站格宗安置点垫高防护工程完成80%的垫高防护工程建设任务。省道211线瓦丹段复建公路基本实现全线贯通。两河口电站于11月29日成功实现围堰截流目标，4座寺庙签订迁建补偿协议，瓦多、亚卓安置点基本完成场平工程；杨房沟、牙根二级、孟底沟等电站移民安置前期工作有序推进。苏洼龙、叶巴滩、巴塘、拉哇4个梯级电站整体进入移民前期规划设计阶段，进展顺利。甘孜州和昌都市召开金沙江上游川藏段水电资源开发协调座谈会，签订《加快推进金沙江上游川藏段水电资源开发战略合作框架协议》。

（州扶贫和移民局）

图为2015年4月州农机推广中心在道孚县示范推广油菜机械化播种

རྫོང་(གྲོང་ཁྱེར)དང་དཀར་ཤུང་པའི་སྐོར་ཁུལ།

县（市）·海螺沟景区

·康定市·

【概况】　康定市位于四川省西部、甘孜藏族自治州东部，辖区面积 1.15 万平方公里。辖 6 个镇、15 个乡，有藏族、汉族、回族、羌族等 17 个民族，年末全市常住人口 13.38 万人。2015 年，实现地区生产总值 50.46 亿元，比上年增长 3.2%；全社会固定资产投资 104.14 亿元，比上年下降 9.4%；社会消费品零售总额 17.38 亿元，比上年增长 21.6%；地方公共财政收入 4.85 亿元，比上年增长 18.2%；城镇居民人均可支配收入 2.69 万元，比上年增长 8%；农村居民可支配收入 0.98 万元，比上年增长 13%。2015 年 2 月 17 日，经国务院批准，民政部下发《关于同意四川省撤销康定县设立县级康定市的批复》（民函〔2015〕70 号），同意撤销康定县，设立县级康定市，以原康定县的行政区域为康定市的行政区域。康定市人民政府驻炉城镇茶马路 1 号，康定市由甘孜藏族自治州管辖。5 月 31 日，康定撤县设市授牌授印仪式在新城举行。

【社会事业】　以“优化布局、提升档次、办出特色，建设‘藏区一流教育强市’”为目标，继续落实“四免三补一提高”等教育惠民政策，优化调整贫困村学校布局规划，改善贫困村学校基础设施条件，实施灾后重建项目 26 个。义务教育均衡发展工作通过国家验收。实施“卫生发展十年行动计划”，提升公共卫生服务能力和医疗救治水平，推进卫生、计生事业协调发展。全市有卫生和人口计生机构 34 个，卫生技术人员 1206 人，床位 1205 张。人口出生率 7.96‰，人口死亡率 2.86‰，人口自然增长率 5.1‰。全面开工建设地面数字无线覆盖工程实施站点，发放安装“户户通”直播卫星设备 1200 套，完成 30 座寺庙 1101 套直播卫星“村村通”设备发放工作。广播覆盖率 99.38%，电视覆盖率 99.38%。继续推进文化馆、图书馆和 21 个乡镇文化站等公共文化设施免费开放。开展送文化下乡演出 51 场，新创作文艺作品 13 件。启动农村公路 3 年攻坚计划，年内完成投资 5.3 亿余元，项目覆盖 65 个村、4 个寺庙，受益人口 25000 余人。吉居乡各坝村结束不通公路历史。完成改建通乡通畅公路 41.3 公里、通乡通达 16.9 公里；通村通达工程 188.3 公里；通村通畅工程 172.9 公里。完成新建 8 座、维修 5 座桥梁 840 延米。解决百姓出行难的问题，扩大公交覆盖面，增加 18 辆小型公交车，先后开通康定新城政务中心至州特警支队、东关新车站至二道桥、康定新城至金汤，康定东关新车站至沙德的乡镇公交。建设完成金汤、捧塔、三合 3 个农村客运中心及 32 个村级招呼站。截至 2015 年年末，全市通车公路里程 1919 公里，公路旅客周转量 65152 万人公里，公路货物周转量 52113 万吨公里。开展实用技术培训 36 期，培训咨询农户 2.82 万人次，发放各类技术资料 1 万余份。全年推广各类良种作物 7166.66 公顷。

【城乡环境“十乱”治理】 制定下发深入推进城乡建设管理和环境综合治理工作的《意见》和《实施方案》，25名县级领导包片、57个部门包干的措施，整治以屋顶乱搭、房屋乱建、摊位乱摆为重点的“十乱”现象，拆除违法违规建筑物334处1.88万平方米，建设郭达桥至三叉桥路段钢架棚，迁入各类经营户117户，整治违规店招店牌、户外广告368个；整治国道318（康定段）沿线汽车维修、加水场点及非公路标志标牌137处。

【康定“11·22”地震灾后重建】 抓好康定“11·22”地震灾后重建《实施方案》落实落地，152个规划重建项目，年内开工151个，开工率99.34%，完成投资11.74亿元。其中，城乡住房建设类项目完成投资8.69亿元；公共服务设施类项目完工48个，完成投资0.82亿元；基础设施类项目完工3个，完成投资1.11亿元；宗教活动场所类项目完成投资0.54亿元；地质灾害治理类项目完工1个，完成投资0.59亿元。截至12月31日，全市农房重建完成906户，农房维修加完成9215户，城镇住房维修加固完成6060户，全市232户受灾群众入住重建新居。实现“灾后重建有形象，温暖过冬有保障”。

【民族节庆国际化探索实践基地】 11月29日，在“第三届中国节庆全国交流大会”上，“中国康定国际情歌节”被授予“民族节庆国际化探索实践基地”。作为康定的旅游文化节庆，“中国康定·国际情歌节”自2001年首次举办以来，成功举办6届，内容与形式不断丰富，成为康定对外宣传的窗口、对外交往的平台以及甘孜州少数民族文化的一个品牌。2015年“第六届中国康定·国际情歌节”在汲取往届情歌节成功举办经验的基础上，本着“突出特色、展示文化、厉行节约”的原则，按照“小型化、特色化、市场化、大众化、分散化”的要求举办。打破历届情歌节所惯用的开闭幕式的办节模式，没有邀请明星、嘉宾前来助阵，节庆中的活动由17个系列活动组成，更多的是面向群众和游客，大幅度提高社会的参与度。节庆活动时间由原来的3天延长为1个月。

（姜　莉）

·泸定县·

【概况】 泸定县位于甘孜州东南部，全县辖区面积2165.35平方公里，辖4个镇、8个乡、7个居民委员会、19个居民小组、145个村民委员会、179个村民小组；居住着汉族、藏族、彝族、回族、羌族、蒙古族、苗族、纳西族等22个民族，共计8.77万人，人口自然增长率4.88‰。全面完成十项民生工程、20件民生大事、藏区六大民生工程年度任务。启动因国家建设被征地农民超龄人员养老保险工作。在全州率先成立建设领域劳动争议调解委员会、劳动争议流动仲裁庭。成立冷碛专职消防队，全力确保社会安宁和谐。改善农业产业结构，发展绿色生态、特色效益农业，新发展高产核桃733.33公顷、优质魔芋66.66公顷、特色水果266.66公顷；巩固提升蔬菜基地2000公顷，发展食用菌33.33公顷；年末牲畜存栏9.4万头（只、匹），出栏8.3万头（只、匹），出栏率89%；“无公害农产品产地”整体认定面积4870公顷；登记认证“三品一标”农产品24个，全州农业产业结构调整现场会在泸定县召开。整合推进泸定桥水泥厂、山盛水泥厂并购重组。启动50万吨超精细石膏深加工二期项目。积极培育新能源产业，风能开发测速启动前期。全年实现工业增加值7.9亿元，比上年下降8.4%，完成目标任务的82.2%。

【社会各项事业】 启动二郎山寄宿制学校等23个教育类项目，加强校园文化建设，顺利通过省级义务教育发展基本均衡县督导评估。继续实施“卫生十年行动计划”，县人民医院住院大楼建成，县民族医院主体完工，冷碛镇中心卫生院完成整体搬迁，分级诊疗制度加快推进。启动“1+10”精准扶贫规划编制，精准识别全县44个贫困村、2804户贫困户、9399名贫困群众；启动“五大扶贫工程”和“五个一批”扶贫攻坚行动计划，全年脱贫2290人。持续推进高半山扶贫攻坚，整合涉农资金4.12亿元，开展13个重点新村、4个新农村综合体建设，完成25个新村聚居点打造；统筹推动“三大特色产业”发展，带动高半山农民人均增收1340元，实现易地扶贫搬迁500人。继续做好两资、以工代赈和东西扶贫协作项目，在广东省江门市建立泸定特色农产品展示区、集散输送基地。泸定电站移民安置房主体建设全面进入收尾阶段，推进生产安置人口界定。大岗山电站得妥、繁荣集镇安置点完成97.8%的房建任务。启动硬梁包电站“先移民、后建设”安置规划。“三馆”建设如期完成，成功举办红军飞夺泸定桥胜利80周年暨川藏公路开工建设65周年纪念活动。挂牌成立2个旅游服务中心；建成旅游综合服务站1座、公厕3所。全年累计接待旅客79.5万人次，实现旅游综合收入7.8亿元，分别较上年增长18.66%和85.71%。

【基础设施建设】 深化农村公路三年攻坚行动成果，实现所有行政村通公路、90%行政村通水泥硬化路的目标，全州农村公路建设现场会在泸定召开。实施“水电惠民两年专项行动”“广电惠民工程”，2.15万人安全饮水得到保障，7590人用电不安全问题得到解决，城区用电线路升级改造顺利完成，广播电视节目综合覆盖率达到98%。解决新城建设难题，依法终止与“三一”公司合同，清除新城建设障碍。整合资金1.3亿元，有序实施“旧城提档升级工程”，加力推进城市主干道“黑化”工程。完成年度829户棚改任务。建成城市规划展览馆。

【灾后重建】 “4·20”灾后重建综合补助类项目完工率、投资完成率分别达99%、81%；全面完成15900户城乡居民住房维修加固、2475户农村居民住房重建；12个新村聚居点和幸福美丽新村建设有机结合、整合推进。“11·22”灾后重建项目开工建设40个，完成6246户城乡居民住房维修加固，县城区主干道改造、牛背山大桥等项目顺利推进。

2015年泸定县经济社会发展主要指标统计表

项　目	单位	实绩	同比增减（%）
地区生产总值	亿元	18.73	0.1
第一产业增加值	亿元	3.16	2.4
第二产业增加值	亿元	8.87	-5.1
规模以上工业增加值	亿元	7.17	-9.0
第三产业增加值	亿元	6.69	7.3
民营经济增加值	亿元	6.37	3.0
粮食总产量	吨	14060	3.99
肉类总产量	吨	4841	3.44
社会消费品零售总额	亿元	4.99	27.8
全社会固定资产完成投资	亿元	46.22	40.7
地方财政一般预算收入	亿元	1.68	5.34
地方财政一般预算支出	亿元	13.96	17.83
年末金融机构存款余额	亿元	50.96	14.3
年末金融机构贷款余额	亿元	26.61	2.39
保费收入	亿元	0.38	-2.85
城镇居民人均可支配收入	元	21283.32	9.94
农民人均收入	元	8997.48	14.0
城市垃圾处理率	%	95	20
中小学在校生数	人	11850	0.02
广播综合覆盖率	%	98.00	5.47
电视综合覆盖率	%	98.00	5.47
新型农村合作医疗制度参合率	%	99.02	0.01

·丹巴县·

【概况】 全县辖区面积5649平方公里，其中耕地2632.08公顷，辖13个乡、2个镇、4个社区，全县户籍总户数1.75万户，总人口5.99万人。人口出生率7.9‰，死亡率4.66‰，人口自然增长率3.24‰。全县实现地区生产总值13.32亿元，比上年增长12%，其中：第一产业增加值3.40亿元，比上年增长1.4%；第二产业增加值5.26亿元，比上年增长18.5%，其中工业增加值4.50亿元，比上年增长27.4%，工业化率达33.8%；第三产业增加值4.66亿元，比上年增长9.1%。三次产业分别拉动经济（GDP）增长0.27、8.73和3个百分点。人均地区生产总值1.90万元，三次产业增加值占地区生产总值的比重分别为25.5：39.5：35。全县民营经济增加值5.12亿元，比上年增长8.8%，对经济（GDP）增长的贡献率为28.3%，占地区生产总值的比重为38.4%。农村居民人均纯收入8262元，比上年增长12.9%。完成地方财政一般预算收入8620万元，比上年下降8.1%，财政总支出14.05亿元，比上年增长31.8%。全年城镇居民人均可支配收入2.51万元，比上年增长7.9%。

【社会事业】 投资3600余万元实现218个班优质资源班班通和46个班远程网络教学，中小学英体美设施设备和图书配备达到省定标准。全州教育信息化工作现场会在丹巴召开，全省教育息化工作现场会在丹巴设观摩点，创建“国家义务教育发展基本均衡县”通过省级督导评估。中小学幼儿园在校生8274人，教师781人，学龄儿童入学率100%。中藏医院竣工初步验收，乡镇卫生院标准化建设项目6个完工、5个加快推进，40个村卫生室和2个乡级医疗急救点投入使用。公立医院改革有序推进，卫生人才柔性流动机制不断完善，新型农村合作医疗制度深入实施，省级计划生育优质服务先进县成果全面巩固。卫生机构21个，病床位269张，卫生技术人员253人，全县新农合参合率99.3%。开发公益性岗位142个，新增城镇就业503人。城镇职工基本养老保险覆盖率、失业保险覆盖率、基本医疗保险覆盖率、基本养老金社会化发放率均实现100%，参保人员缴费率达90%以上。2015年，累计接待到丹巴游客75万余人次，实现旅游综合收入7.43亿，旅游业已成为最具优势和带动作用的富民支柱产业。成功举办“2015中国四川丹巴嘉绒文化风情节暨第二届嘉绒文化研讨会”，吸引了成千上万的游客。城镇化进程不断加快，嘉绒新区街道建设全面启动，嘉绒大桥、粮食局片区危旧房改造、珠市街整治工程等有序推进，第三期安心工程完成主体结构。新村建设深入实施，全年完成新建和改造提升项目23个。生态治理全面加强，绿色长廊建设、五里牌和聂呷片区植被恢复工程基本完成。瓦丹路复建和自建工程竣工通车，投资1.56亿元实施通村公路、林区公路、危桥改造、溜索改桥、安保工程和农村客运站点等一大批建设项目，交通通行能力得到极大提升，群众出行进一步便捷和通畅。完成近2万人规划外安全饮水工程和灾后重建安全饮水项目，完成大马水厂主体工程和嘉绒新区、聂呷片区污水治理工程。

【特色农牧业】 丹巴县始终坚持把发展现代农牧业作为群众增收致富的主要途径。特色农牧业逐步形成“一沟一品”“一带一品”的产业布局，农旅融合格局初具雏形。全年，完成农作物总播面5976.6公顷，实现粮食总产量2.28万吨。建成特色农业基地5313.33公顷、高产小麦166.67公顷、玉米666.67公顷。玉米高产攻关田亩产1276.38公斤，创我国西南地区新纪录。申报2个万亩现代农业示范区。建成酿酒葡萄基地266.67公顷，甜樱桃和核桃基地各66.67公顷，药材种植33.53公顷。实现各类牲畜存栏16.2万头（只、匹），出栏率、商品率、总增率分别达到33%、24%、33%。新（改扩）建养殖小区5个。扶持农产品加工销售企业7家、专合组织15个。全年未发生重大农畜产品安全事件，农产品质量安全抽检合格率达98%。完成《丹巴县生态特色农牧产业规划》和《丹巴县产业扶贫规划》编制工作。积极开展农牧民实用技术培训，培训农牧民群众3.8万人次，培训新型职业农民200人，推广各类粮食作物良种面积4556.67公顷，实现良种覆盖率达95%。积极推广农机新机具400台（套），完成机耕4034公顷，实现农机合作社作业面积100公顷。

【脱贫攻坚】 召开县委十二届六次全会专题部署脱贫奔康工作，围绕“六个精准”“五个一批”制定《中共丹巴县委关于集中力量打赢扶贫开发攻坚战确保同步全面建成小康社会的决定》和10个专项扶贫方案，从农牧民最关心、最紧迫、最现实的问题入手，统筹规划，整合项目资金，发动贫困农户筹资投劳，加强农村通村公路、电网、增收产业等项目建设。结合丹巴县农村实际，通过看住房条件、看劳动力、看农业收入、看子女就学情况、看惠民补助等“五看”方法将识别标准再细化、再具体，清退不符合标准建档立卡贫困户1177户4879人，重新识别新进贫困户1298户4879人，复核后建档立卡贫困村54个，贫困户2436户9286人。明确帮扶责任人，逐村逐户分析致贫原因，制定帮扶措施，落实帮扶政策，32名县级领导联系指导54个贫困村，54个机关党支部分别共建指导1个贫困村，驻村工作组181个，“第一书记”54名，落实帮扶责任人2436人，确保建档立卡贫困村，村村有第一书记，户户有结对帮扶干部。

（周永生）

·九龙县·

【概况】 九龙县位于四川西部、甘孜藏族自治州东南角，辖区面积6770平方公里。辖2个镇、16个乡，其中彝族乡7个；63个村民委员会，263个村民小组，2个居民委员会。全县总人口6.64万人，全县人口出生率10.04‰，死亡率2.4‰，人口自然增长率7.64‰。2015年，实现地区生产总值21.40亿元，比上年下降0.9%。其中：第一产业增加值2.80亿元，比上年增长5.8%；第二产业增加值13.90亿元、比上年下降3.5%；第三产业增加值4.71亿元，比上年增长6.3%。完成第一批11个乡镇21个村96个组3875户彝家新寨建设工程，配套的基础设施和公共服务设施建设进入收尾验收阶段。正在组织实施的第二批10个乡镇21个村2358户彝家新寨建设项目，已完成主体工程680户。全面完成第一批18个乡镇42个村1550户藏区新居建设工程。城镇职工医疗保险参保人数达0.51万人，参保率达100%；城乡居民医疗保险参保5.20万人，参保率达99.02%；实现全县城镇新增就业460人；实现城镇失业人员再就业25人；就业困难人员再就业15人，城镇登记失业率控制在4.2%以内。发放小额担保贷款20户，发放就业见习补贴104人、49.92万元。

【社会事业】 全县小学正常适龄儿童入学率99.4%，毕业率100%；初中阶段适龄少年入学率99.16%，毕业率100%。全县有各级各类学校35所，在校学生14247人。12月，义务教育均衡发展工作通过省州督导评估验收。完成第一批次汤古乡中心校、县城小等13所学校校园文化建设。继续实施义务教育阶段“三免一补”政策，免除教科书费、学杂费、作业本费168.64万元，补助义务教育阶段寄宿制学生生活费1345.65万元。引进教师29人，完成各级培训895人次。基层医疗卫生服务体系不断完善，完成汤古乡、洪坝乡卫生院超标准化建设；全面取消县级公立医院药品加成，财政补助比例达20%；建立居民规范化电子健康档案56685份，建档率达

89.83%；开展包虫病防治宣传2.17万人次，共普查群众1.19万人，查出新发包虫病患者3人。启动国家级卫生县城创建工作。九江路路面工程全面完工。改扩建通乡公路239.7公里，改建通村公路85公里。完成农村公路路侧护栏20公里。完成三垭乡、俄尔乡小型农田水利建设，新增灌面353.33公顷、节水灌面200公顷，新增蓄引提水能力5000立方米。新建和改造供水工程205处，解决3.04万人的饮水安全问题。完成九龙县城和湾坝乡堤防维修养护项目建设。山洪预警非工程措施项目正式投入运行，新建自动雨量站12个、自动水位站2个。完成18个乡镇综合文化站建设；完成踏卡乡耳朵村和呷尔镇华丘村2个幸福美丽新村文化院坝设备发放。组织开展“送文化下乡”活动53场次，电影放映1656场次。全年创作文艺作品30件。完成14个乡镇、52个站点州县节目地面数字电视无线覆盖勘察工作；完成18个乡镇3座寺庙1000套户户通直播卫星设备发放及安装工作。全年接待游客40.30万人次，旅游总收入4.02亿元。

【农牧业】 全年粮食作物播种面积3784公顷，粮食总产量17247吨，比上年增4.17%。农林牧渔业总产值36435万元，增9.79%。实施玉米基地建设1700公顷，马铃薯基地建设866.67公顷，蔬菜基地建设466.67公顷，魔芋基地建设400公顷，茶叶基地建设200公顷，新建茶园40公顷，新建果园66.67公顷，新建中药材种植基地66.67公顷。完成马铃薯高产创建333.33公顷，玉米地膜覆盖900公顷，测土配方2013.33公顷次，绿色植保防控1466.67公顷。推广各类农机具237台（套）。全县农村专合组织达242个，注册资金3.80亿元，成员2597人，辐射带动农户6941户。“一村一品”专业村26个，占全县行政村的41%。九龙天乡茶叶（藏红）荣获第二届中国·四川秋季国际茶业博览会“金奖养生茶”桂冠。各类牲畜年末存栏209287头（只、匹），牲畜总增率32.85%，出栏率25.96%，商品率14.32%；肉类产量3066吨，奶类产量2203吨；各类牲畜出栏55216头（只）。完成7个养殖专业合作社圈舍改扩建。新（改扩）建蜜蜂养殖小区1个，扶持建设标准箱养蜂户35户，发放1050套标准箱及蜂具。九龙牦牛种质资源场建设项目通过验收。

2015年九龙县经济社会发展主要指标统计表

项　目	单位	实绩	比2014年增减（%）
地区生产总值	万元	214035	-0.9
第一产业增加值	万元	27999	5.8
第二产业增加值	万元	138983	-3.5
工业增加值	万元	121751	-5.1
第三产业增加值	万元	47053	6.3
粮食总产量	吨	17247	4.17
各类牲畜出栏	头（只、匹）	55216	0.16
肉类总产量	吨	3066	0.07
全社会固定资产投资	万元	180890	-2.1
社会消费品零售总额	万元	25003	31.09
地方公共财政收入	万元	26428	9.13
地方公共财政支出	万元	118324	-3.4
年末金融机构存款余额	万元	222328	8.1
年末金融机构贷款余额	万元	203374	1.9
城镇居民人均可支配收入	元	26152	9.3
农牧民人均可支配收入	元	10308	11.8

·道孚县·

【概况】 全县辖区面积7053平方公里，辖5个片区工作委员会、2个镇、20个乡、158个行政村、2个居民委员会。年末常住人口58.36万人，人口出生率22‰，人口死亡率12‰，人口自然增长率10‰。全年农牧民人均纯收入达7987元，比上年增长15.2%；全年城镇居民人均可支配收入达2.21万元，比上年增长10.1%。完成农作物播面6174.67公顷，粮食播种面积5155公顷，经济作物1019.67公顷，粮食产量1.42万吨；年末各类牲畜存栏22.85万头（只、匹），肉类总产量0.29万吨，奶产量0.60万吨，牲畜总增率、出栏率、商品率分别为16%、16%、11%。参加企业养老保险参保人数1905人，机关事业养老参保人数1058人，全县城镇职工医疗保险参保单位158个，参保人员6371人；全县失业保险参保企事业单位136个，参保人数2272人。全县参加城乡居民养老保险人数1.81万人，参加城乡居民医疗保险人数4.55万人，参加生育保险参保人数741人。全年发放城市低保金384.28万元，节日慰问金28.3万元；发放农村低保金1802.89万元；集中供养人员58名。

【社会事业】 道孚县教育根据“一核两翼”布局框架，按照“集中规模优质”的办学思路，对全县校点布局进行优化调整，至2015年年底全县有35所中小学校，在校中小学生6562人。有幼儿园19所，在园幼儿1293人。有教职工572人。全县小学入学率为97.07%；初中阶段入学率为98.28%。高中阶段教育持续发展实现初中毕业生升学率98%。共有各级各类医疗卫生机构27所，共诊治患者3.37万人次。全县医疗卫生总收入1376.7万元。为农牧民减免计划生育手术费9.057万元；疾控中心免费对1.22万人次成人开展包虫病防治B超检查，对包虫病防治国家监测点龙灯乡和协德乡3岁以上人员进行B超检查3810余人次。全县实现接待游客35.54万人次，旅游收入3.52亿元，比上年增长12%。八美土石林通过AAA创建，开通“道孚旅游”官方微信，启动惠远寺创AAAA建设；全县有文化馆1个，公共图书馆1个，藏图书7000余册；广播电台1座，电视台1座，有线电视用户3800余户。全县公路通车里程1877.1公里，拥有货运车辆1222辆，客运车辆62辆，客运量为7.06万人，旅客周转量2515万吨公里，货运量49.60万吨。投资9927万元的过境公路建成投入使用；邮政业务收入145.88万元，全员劳动生产率达到5.84万元/人；CDMA手机用户5194户，宽带用户达到2971户，光纤H用户2766户，ITV用户2657户；移动网络乡级覆盖率100%，村级覆盖率91.2%。康定“11·22”地震全县12个重建项目全部开工，完成投资1.6亿元，363户重建户已全部开工建设，2647户完成加固维修，3个集中安置点房屋主体完工70户，完成基础工程82户，共完成投资3740万元。

2015年道孚县主要经济指标统计表

项 目	单位	实绩	比2014年增减（%）
GDP（地区生产总值）	万元	72220	6.3
第一产业	万元	21949	1
第二产业	万元	10860	7.6
其中 工业：	万元	6050	18.8
第三产业	万元	39411	8
财政收入	万元	7316	28
固定资产投资	万元	86185	-11.8
社会消费品零售总额	万元	20530	24
农牧民人均纯收入	元	7987	15.2
城镇居民人均可支配收入	元	22112	10.1

（彭 平）

·炉霍县·

【概况】 炉霍县位于甘孜州中北部，全县辖区面积为5796.64平方公里，辖4个工委、16个乡（镇）、171个行政村。2015年，实现地区生产总值5.51亿元，比上年增长5.7%；其中第一产业增加值达到2.31亿元，比上年增长4.3%；第二产业增加值达到0.86亿元，比上年增长4.7%；第三产业增加值达到2.34亿元，比上年增长7.3%。三次产业结构为42:16:42；民营经济增加值完成2.09亿元，比上年增长6.3%。全社会固定资产投资完成7.06亿元，比上年减少8.2%。工业增加值完成4952万元，比上年增长15.8%。社会消费品零售总额全年完成2.72亿元，比上年增长29.8%。全县地方财政一般预算收入0.48亿元，比上年增长34.3%；城镇居民可支配收入全年完成2.12万元，比上年增长10.9%；农牧民人均可支配收入全年完成7750元，比上年增长15.1%。工业增加值4285万元，比上年增长39.6%。

【农牧业】 全县农作物播种面积4680公顷，其中粮食作物播种面积4200公顷；油菜播种面积400公顷；蔬菜播种面积80公顷。粮食作物良种推广面积3907.4公顷；良种繁育面积966.67公顷。建现代化农业产业基地3400公顷；机耕2966.67公顷，机播2473.33公顷，机收1866.67公顷；良种覆盖率达到93%；粮食总产量达到1.27万吨。牲畜存栏达23万头（只、匹）；牲畜总增率、出栏率、商品率分别达18%、18%、11.5%；肉类、奶类总产量分别达3200吨、6000吨。2015年开展畜禽改良3600头（只），本品种选育1000头（只），新（改扩）建养殖小区1个。开展围栏建设、退化草原补播、人工饲草地建设、舍饲棚圈建设等任务；加强工程监管，提高退牧还草工程综合治理效果。全面完成草场补播4000公顷和围栏安装8000公顷建设任务，已通过县级验收。

【社会事业】 2015年，全县有各级各类学校37所，在校生合计8938人。寄宿制学生规模达7260名，7141名贫困寄宿制学生享受生活补助。在岗教职工605名。78名寄宿制学校临聘“三员”。退休教师148人，离岗待退教师2人。小学入学率为100%，辍学率控制在0.64%，初中阶段入学为103.2%，辍学率控制在2.46%。实施普通高中“两免”计划：对州内普通高中学生免除学费和课本费元，每生每年标准为2000元。实施3个续建项目和27个新建项目，维修52个项目，总建筑面积33078.7平方米，总投入资金1.05亿元。投入2170万元购置教学设施设备和教学仪器，实现学校实施设备和仪器配备率达100%。医疗卫生计生机构147个，卫生计生机构人员279人。累计建立纸质健康档案4.65万人份，建档率96%；建立电子健康档案4.63万人，建档率96.5%，其中规范化电子建档45223人，规范化建档率94.2%。2015年全县新增就业463人，失业人员再就业28人，就业困难人员就业23人，动态消除“零就业”家庭困难人员城镇失业登记率控制在4.2%以内。新增发放小额担保贷款45万元；促进3名高校毕业生实现自主创业；高校毕业生见习基地新增3个；小额担保贷款发放45万元，开发公益性岗位82个，2011级藏区“9+3”学生初次就业率达96.3%。城乡居民参保人数3.92万人，新农合参合率达99.2%，城镇居民完成目标任务的102.03%。

【基础设施】 中央彩票公益金小型公益性项目7个，总投资1000万元，涉及朱倭乡卡勒村、更达村，宜木乡绒巴龙、戈巴龙村，仁达乡呷拉宗村，下罗乡玖玛村，新都镇七湾村。总投资100万元，完成修建3座便民小桥，分别为雅德乡交纳桥、仁达乡固依支勒桥、宜木乡戈巴龙桥。总投资30万元，完成修建3座板桥，涉及仁达乡易日村、洛秋乡易日村、扎麦。旦都乡秋所村连片开发项目，总投资500万元。该项目已完成总工程量的60%；完成中藏药基地建设项目，总投资100万元。积极争取到贫困户救助资金项目，总投资481万元；教育十年行动计划项目，总投资57.8万元。投资736万元建设泥巴乡、洛秋乡通乡通畅工程，建设里程共计9.2公里，现泥巴乡通乡通畅0.6公里已完成建设，洛秋乡通乡通畅至年底已完成部分路基工程8.6公里、路面工程5.0公里；累计完成投资399.04万元，占总投资的58%。投资90万元建设虾拉沱片区、新都镇片区、朱倭片区、罗宗片区等4个片区60个农村客运招呼站。改建宜木乡戈巴龙村通村通畅工程；完成泥巴乡次郎村、旦都乡沙湾村、秋所村等8个村10公里安保工程建设。

·甘孜县·

【概况】 甘孜县位于四川省西北部、甘孜藏族自治州北部，全县辖区面积7303平方公里，辖5个片区工委、22个乡（镇）。年末常住人口7.2万人。地区生产总值达到8.17亿元，耕地面积1.12万公顷，粮食总产量3.76万吨，油料产量1601吨。牲畜年末存栏数18.85万头（只、匹），猪牛羊肉产量4456吨。全社会固定资产投资总额10.32亿元，地方财政总支出12.65亿元。引进成都西博西南食品城入驻甘孜，康北商贸中心地位进一步凸显。总投资22.6亿元的甘孜格萨尔机场获国家发改委批复，成功举办甘孜州农村公路建设推进现场会。全县公路通车里程达到2110.21公里。兑现生态效益补助1.79亿元；巩固退耕还林成果2533.33公顷，兑现补助4500万元；植树造林1200公顷。投资210万元，完成棚户区改造180户。投资1.6亿元，完成扎恩沟等19处泥石流灾害治理、13处沙化治理及雅砻湿地保护一期等工程建设。投资1056.6万元，完成地质灾害避险搬迁439户。投资910万元，完成朱德总司令和五世格达活佛纪念馆改扩建项目。投资2337万元，完成317沿线4处旅游观景台等建设，完善景区景点步游道、标识标牌等基础设施。投资3400万元，实施河坝新村旅游示范村和斯俄1村新村建设。投资2.06亿元，完成新区道路、东大街、川藏路等8条城市骨干道路建设改造，实施新区团结路南段、民族路、解放街道路建设；投资2208万元，完成公安特勤消防站、交通应急指挥中心和粮食储备库项目建设。投资5276万元，完成县城污水处理厂、红绿灯、公厕、隔离带等城市公益设施建设，实施城镇污水处理设施配套管网、“三线下地”工程。三是投资1.7亿元，完成安心工程515套、干部周转房292套、廉租房485套建设。投资13.9亿元，完成220千伏输变电站和“新甘石”县境内联网工程建设；投资2.08亿元，完成甘孜至达通玛110千伏输变电工程。投资1.68亿元，完成无电地区建设，实施电网升级改造。

【社会事业】 深入实施教育“十年行动计划”，加快推进教育信息化建设，全面加强师资队伍建设，提升规范管理和优质教学水平。全县各级学校35所，小学在校学生6055人，小学专任教师400人，中学2所，中学在校学生3172人，初级中学专任教师202人。投资近3亿元，完成民族中学改扩建、二完小迁建、两个片区寄宿制学校及18个乡标准化中心小学、5个乡中心幼儿园等工程建设。全面落实“两免一补”政策，累计兑现寄宿制生活费、学生书杂费、奖助学金等各类惠民资金8979.5万元。选送“9+3”学生117名、异地代培生139人，高考本科上线304人。深入推进医药卫生体制改革，大力实施卫生发展“十年行动”计划，全面落实“健康甘孜2020”卫生事业跨越发展实施意见。全县有各级医院、卫生院27个，医院、卫生院床位数289张，医院、卫生院技术人员298人。投资2.36亿元，完成县医院综合楼、中藏医院整体迁建、妇幼保健院等工程建设，完成7个乡镇卫生院标准化建设及219个村卫生室建设。深入落实计生基本国策，兑现“计生奖补”资金188万元，人口自然增长率控制在3.1‰。完成包虫病筛查1.52万人次，药物治疗714例。深入推进11类基本公共卫生服务，建立城乡居民健康档案6.31万份；义诊7.5万人次，减免费用150万元。成功创建了省级卫生应急示范县和省级卫生示范县。“甘孜踢踏”成功申报国家级非物质文化遗产，开展了《岗坚夏卓》群众文化系列活动，完成歌舞数据库建设任务。投资6000万元，完成全民健身中心、22个乡（镇）综合文化站、55个农民健身广场、综合体育场改扩建及文化馆、图书馆建设，实施白利寺等2处文物保护工程，完成广播电视业务用房、州县广播电视农牧区无线覆盖工程，实现“村村通”“村村响”。城乡居民养老保险参保2.4万人、基本医疗保险参保5.35万人，城乡居民基本养老保险参保率达到70%，基本医疗保险参保率达到99.16%。兑现城乡低保金、五保供养金、孤儿养育金9254.88万元。实现就业1870人，兑现就业资金497.62万元；发放医疗救助资金2067.13万元，支付离退休人员基本医疗保险住院费687万元。发放救灾救济金530.74万元，社会各类捐款达261万元。投资2618万元，完成康北儿童福利院建设；投资2000万元，完成4所敬老院建设并投入使用。投资400万元，完成残疾人综合服务中心建设。荣获第十届省级“双拥”先进县称号。

·色达县·

【概况】 色达县隶属于四川省甘孜藏族自治州。位于青藏高原东南缘，四川省甘孜藏族自治州西北部。东邻阿坝州的壤塘县，北与青海省的班玛、达日两县接壤，西部和南部分别与本州的甘孜、炉霍两县毗邻。辖4个片区（泥曲片区、色曲片区、色塘片区、色尔坝片区），17个乡镇（泥朵乡、克戈乡、康勒乡、然充乡、大章乡、大则乡、亚龙乡、塔子乡、年龙乡、色柯镇、洛若镇、霍西乡、旭日乡、杨各乡、翁达镇、甲学乡、歌乐沱乡），134个行政村。县人民政府驻地色塘区色柯镇（色塘系藏语译音，意即金坝，又名色格过更塘），北纬32°16′，东经100°19′，海拔3893.9米，距州府驻地康定444千米，距省府成都680千米。2015年，全县地区生产总值完成61148万元，同比增加5099万元，增长7.4%。全社会固定资产投资完成101446万元，同比减少18608万元，下降15.2%。地方公共财政收入完成5881万元，同比增加1293万元，增长28.2%。金融存贷余额分别为220922万元、15017万元。农牧民人均可支配收入7605元，同比增加1075元，增长16.46%；城镇居民人均可支配收入27897元，同比增加1690元，增长6.4%。工业增加值完成1293万元，同比增加1151万元，增长15.5%。社会消费品零售总额完成18908.1万元，同比增加4630.3万元，增长32.4%。招商引资完成5000万元，同比增加850万元，增长20.5%。2015年年末，全县总人口53846人，同比增加88人。总人口中，男性27067人，占50.3%；女性26779人，占49.7%。在总人口中农业人口48933人，占90.8%；非农业人口4913人，占9.2%。按民族分，藏族52160人，占总人口的96.87%，还有汉族、回族、羌族、彝族、满族、侗族等民族。2015年，全县人口出生率为15.68‰，人口自然增长率为9.92‰。

【基础建设】 国道548（色年路、色色路）改造提升工程全面竣工并投入使用；国道317过境线改造提升全面完成；色锣路、达达路纳入省道建设规划；克然路建成投用，大章路加快推进。建成通畅、通达公路1893公里、各类桥梁60座，完成主干道路安保工程76公里。新建乡镇客运站7个、村级招呼站44个。投资11亿元，建成甘孜—色达、炉霍—翁达110千伏输变电联网工程；完成大章、年龙、然充35千伏输变电线路，电网覆盖17个乡镇

134个行政村7600户。完成《县城总体规划》《县城控制性详规》《洛若镇总体规划》《洛若镇控制性详规》《泥朵乡总体规划》编制工作。投资2.1亿元，完成县城市政基础设施建设。投资10.67亿元，启动洛若市政道路、消防、供水、垃圾处理、污水处理等11个项目，洛若镇列入全国重点发展镇和全省百镇建设行动试点镇。累计投资2.88亿元，完成洛若、大章、旭日等乡镇矿区植被恢复，大章、色柯、亚龙等地沙化治理项目，县城、翁达饮用水源地保护工程和大则、大章、色柯等地草原鼠虫害防治，恢复植被1053.33公顷，治理沙化土地933.33公顷，草原鼠虫害防治126666.67公顷，实施城市绿化工程，种植云杉、高山柳5000株。兑现草原生态奖补资金2.59亿元，集体生态林效益补偿资金1775.97万元、退耕还林政策资金520万元。建成通信基站157座，架设光缆727皮长公里，宽带覆盖全县15个乡镇政府驻地。

【产业培育】 沿国道548线重点打造县城格萨尔文化艺术中心、洛若藏文化特色旅游风情小镇、翁达格萨尔藏寨。投资7983万元，完成格萨尔文化艺术中心、翁达尼崩达雅酒店和部分乡村的步游道建设，完成瓦须酒店主题文化改造，设置旅游标示标牌14处，建成观景平台1个；2015年年末，全县共有民居接待10户、帐篷接待9户；成功引进318自驾游营地建设项目。投资5780.5万元，实施草原建设80000公顷、饲草基地746.67公顷，新建牲畜暖棚1910座。在色柯镇试点建立3个畜牧“专合组织”。兑现牦牛上市销售奖励补助35.18万元，2015年，牲畜总增率、出栏率、商品率分别达18%、19%、10%，实现牧业产值3.65亿元。粮食产量达2700吨。“金马药业”饮片厂获得全州首张生产许可证并顺利通过GMP认证，“妞玛”颗粒顺利通过QS认证，研制藏药“珍珠日月金朵”“雪菊景天茶”等藏药制剂83种。新建4个药材种植抚育基地。年末，全县民营企业35家，个体工商户1095户，实现民营经济增加值3.54亿元。

【社会事业】 整合资金2.7亿元，实施二完小、“6+3”精品学校、“暖心工程”、乡镇幼儿园建设等重点教育项目57个。投资1800万元，推进县乡两级智慧教育中心建设，中小学全部实现优质教育资源校校通、电子白板班班通，开通9个网络教学班。学前教育覆盖17个乡镇，选送“9+3”学生226名。出台色达县教育事业发展“321”意见，政府每年拿出30万元兑现教育质量奖每年拿出10万元奖励一线优秀教师。筹资99.5万元，实施纯农牧民大学生资助计划，帮助252名农牧民子女就读大学。筹资148.6万元，奖励补助初中以上学业的农牧民子女。为教育基金注入360万元，1105名农牧民子女得到资助。筹资100万元，组织120名农牧区学生赴北京、上海等地参加“爱我中华”夏令营活动。投资1.57亿元，完成17个乡镇卫生院标准化建设、34个村卫生室标准化建设，建成翁达中心卫生院、藏医院、急救中心、县医院高压氧舱、液态氧制氧站等项目，启动五明佛学院社区医疗中心建设。建立完善城乡居民电子健康档案，建档5万余份，建档率达90%。筹资100万元，建立政府医德医风奖励基金，重奖150名优秀医护人员。举办建县60周年爱国守法和谐幸福主题活动。城乡居民养老保险参保5.5万人次，法定参保覆盖率达61.6%；城乡居民医疗保险参保22.8万人次，参保覆盖率达99%；劳动就业和社保业务延伸覆盖15个乡（镇），举办岗前技能培训、创业培训26期，参训2229人次，全县新增就业2140人，失业率控制在4.2%以内，切实保障农民工合法权益，追讨民工工资1369万元；城乡低保分别覆盖776人、13352人，城乡医疗救助7万余人，保障“五保”对象584人、孤儿100人，发放生活补助1105.27万元；改造提升3个农村敬老院，新建色柯镇农村敬老院和洛若社会福利中心，顺利实现入住。投资

2.1亿元，实施2343户危房改造和427户藏区新居建设，完成568户棚户区改造、96套廉租房、530套县乡干部周转房建设，建成60个牧民定居点、3692户定居房；投资3317.56万元，实施寺庙“五通”工程。筹资6821.09万元，1528名干部职工享受“安心工程”补贴；新建安全饮水工程178处，打井900余口，基本解决5.4万群众的饮水难题；累计兑现燃油补贴927.47万元。累计投入扶贫专项资金1.84亿元，7897名贫困人口生产生活条件得到改善。

·石渠县·

【概况】 石渠位于甘孜藏族自治州西北部，辖区面积25191平方公里，辖23个乡（镇、场）、170个行政村（社区），年末常住人口9.7万人。2015年，实现地区生产总值7.49亿元；实现全社会固定资产投资7.73亿元；实现社会消费品零售总额2.47亿元；实现城镇居民可支配收入2.75万元；实现农牧民人均可支配收入7634元；实现地方财政一般预算收入5782万元。实现各类农作物播种面积3077.33公顷；粮食总产量达8216吨，实现良种推广2353.33公顷，良种覆盖率达到89.9%。到年底有各类牲畜存栏454286头（只、匹），出栏牲畜8.11万头（只），出售肉用畜6.18万头（只），肉产量4534吨，奶产量1.20万吨。实施各类项目共计176个，计划总投资11.88亿元。组建成立石渠县扶贫攻坚指挥部，编制完成《石渠县“精准扶贫”工作目标绩效考核细则》，建立扶贫工作台账14套，选派19名优秀双语干部到乡（镇）任扶贫专职副乡（镇）长，配齐112个贫困村的第一书记，并落实保障经费。全年投入各类扶贫资金2001.8万元完成16个扶贫、“两资”、以工代赈项目，完成3438人的脱贫任务。投资252万元完成84户避险搬迁任务。

【社会事业】 深入实施教育惠民政策，累计拨付“三免一补”经费2770万元，支出营养改善计划资金、高海拔学生取暖费、幼儿保教费1060.52万元。投资2933.4万元，实施教育建设项目13个，新建校舍面积1.17万平方米，硬化面积5450平方米。选送241名学生到内地就读“9+3”中职免费教育、甘孜州内地高中班和职业学校。实现秋季学期在校学生1.16万人，控辍保学取得新成效。投入4322万元完成起坞乡等6个标准化卫生院建设项目，并启动建设呷依乡等5所标准化卫生院，完成瓦须乡瓦须二村等13个村卫生室标准化建设。投资420万元为各级医疗机构购置医疗设备。全年共诊治门诊病人13.5万人次，住院病人2280人次。住院分娩953人，兑现农村孕产妇住院分娩补助资金37.8万元，计划生育率达到98.96%，人口出生率控制在9.35‰以内，人口自然增长率控制在6.18‰以内。制定《石渠县包虫病综合防治试点工作方案（2016—2020）》，计划5年内投入6.4亿元实施包虫病综合防治试点项目，到2020年包虫病得到有效控制。投入4278万元的县文化体育活动中心已完成主体建设。新建乡、村级农民体育健身场所25个，发放安装“户户通”3220套，建成77个州、县节目无线覆盖发射基站，安装调试“村村响”广播41套，实现州、县节目覆盖边远乡镇。成功举办2015年“农信杯”“颂党恩、守法律、爱家园”大型群众会演；积极参加深圳、成都、乡城等地的文化交流活动，全面加强对外宣传，接待游客12.5万人次。向农村低保对象3.78万人发放最低生活保障金4006万元，向城市低保对象1233人发放最低生活保障金307万元，向农村“五保”供养对象724人发放生活保障金325万元，为医疗救助参保对象3.99万人解决医疗救助资金738万元，向522户困难群众发放临时生活救助资金45万元，发放孤儿生活保障金267万元。投入1620万元实施县社会福利救助中心、儿童福利站和俄多玛农村敬老院建设项目。医疗保险参保人数达9.18万人，医疗保险门诊、住院累计报销10.2万人次，报销医药费1553.07万元。养老保险参保4.47万人，发放养老金1548.44万元。新增城镇就业254人，城镇失业率控制在4.2%以内，依法为农民工追讨工资100万元。

·德格县·

【概况】 德格县位于甘孜州西北部，辖区面积11025.24平方公里。辖5个片区工作委员会、4个镇、22个乡，171个行政村。年末全县户籍人口85689人，死亡率为5.04‰，自然增长率为6.09‰。全年完成地区生产总值7.11亿元，比上年增长4.6%。其中：第一产业完成3.20亿元，比上年增长2.8%。第二产业完成1.15亿元，比上年增长5.2%。第三产业完成2.76亿元，比上年增长5.9%。三次产业结构由上年的45.6:16.5:37.9调整为45.0:16.2:38.8。一、二、三次产业对地区生产总值增长的贡献率分别为21.7%、21.6%、56.7%。全年民营经济实现增加值3.97亿元，比上年增长5.3%。其中：第一产业增加值2.91亿元，比上年增长7.9%；第二产业增加值4358万元，比上年下降6.8%；第三产业完成增加值6184万元，比上年增长6.7%。民营经济增加值与地区生产总值的占比为55.8%。2015年完成全社会固定资产投资完成8.73亿元，比上年增长13.3%。完成工业增加值1459万元，比上年增长12.9%。完成地方财政一般公共预算收入完成4053万元，比上年增长53.0%。全年地方财政一般公共预算支出13.10亿元，比上年增长20.0%。年末金融机构各项存款余额18.33亿元，比上年增长14.7%。完成全社会消费品零售总额2.01亿元，比上年增长27.2%。实现农林牧渔业总产值4.25亿元，比上年增长7.3%。全年粮食作物播种面积4680公顷，比上年增长3.2%；粮食产量1.41万吨，比上年增长4.9%。全年各类牲畜期末存栏38.19万头（只、匹），比上年下降3.4%，各类牲畜出栏9.24万头（只、匹），比上年增长0.7%，肉类总产量4826吨，比上年增长0.6%，牛奶产量9000吨，与上年持平。全县农牧民人均可支配收入达到7766元，比上年增长16.2%；恩格尔系数为59.5%，比上年下降0.9%。城镇居民人均可支配收入2.16万元，比上年增长9.9%；恩格尔系数为38.4%，比上年下降1.3%。

【社会事业】 2015年，全县有各级各类学校40所、在校学生8949人、专任教师667人。深化“2313”校点布局，投入2.21亿元，有序推进马尼干戈、龚垭片区寄宿制学校和阿须中心校建设等30个项目；加力推进“3333”数字甘孜信息化建设，11所学校实现网络远程教学；投入376.55万元，全县新增教学一体机配置170台，262个班实现“班班通”；投资689万元，学生营养餐改善计划全面实施；兑现各类教育补贴资金70.97万元，办理生源地信用助学贷款98人。全县共有医疗卫生机构30所，拥有床位数339张，拥有技术人员339人。推动医疗卫生服务体系建设，投入5840万元，完成阿须镇、俄南乡等11所乡镇卫生院标准化建设；互动发挥州人民医院战略托管和成都高新（新都区）等对口援建的“传帮带”作用，医院制度管理更加规范。推进公共卫生服务均等化发展，实现“三病筛查”管理1112人，孕产妇住院分娩率达81.6%，儿童计免接种率达95%以上；狠抓包虫病防治工作，免费筛查19864人次，新发现患者26人，药物治疗863人；突出犬只管理，全面实施犬只挂牌登记1781只，处理病犬1361只；兑现计生“三项制度”扶助资金94.13万元。人口自然增长率控制在7‰以内。文化事业更加欣欣向荣。着力“一号工程”建设，投资612.4万元，完成无线发射系统平台24台，完成太阳能改市电站点建设15个；继续推进农村广播电视事业发展，安装“户户通”设备1500套，为57座寺庙发放卫星直播设施935套、电视机1025套，3075名僧众受益；强化公共文化服务，丰富群众文化生活，投资43.7万元，建成农村体育健身场所19个，全年送文化下乡46场次，放映免费电影2011场次，惠及群众6.4万人次。积极拓宽就业渠道，全年新增城镇就业250人，新增公益性岗位60个，“9+3”毕业生就业率达95%，全县就业服务平台首次实现全覆盖，金保网络开通率达88%。实施全民保障，城乡居民参保人数7.57万人，新农合参合人数7.11万人，参保率达99%，城乡居民养老保险覆盖率达78%。强化保障性安居工程，投资2522万元，完成廉租房建设80套，棚户区及危房改造376户，藏区新居建设185户；加快社会救助服务体系建设，全年兑现城乡低保资金2571.52万元，城乡社会救助金432.04万元，医疗救助598.6万元，2.2万困难群众受益；投入579万元，温拖、俄支敬老院建设完成，500多名“五保”供养人员和孤寡老人居家养老服务持续保障。有效落实惠民政策，落实粮食直补和综合直补408万元，农业支持保护补贴资金393.12万元，实现社会慈善事业捐资272.78万元。全年累计接待游客23.6万人次，实现旅游收入2.37亿元。

【基础设施建设】 狠抓重点项目实施。德格段国道317、省道217改造全面完工；雀儿山隧道累计掘进5530米，达总工程量的78.1%；德格隧道全线贯通，累计掘进2943米；海子山隧道累计掘进1393米，完成总工程量的55.45%。不断加力新型城镇化建设。完成县城和马尼干戈市政建设，启动两地城镇风貌改造；继续抓好新农村建设，投入500万元，完成年古乡若达村、温拖乡康郎村等5个藏区新寨建设。投资737.7万元，完成更庆镇五一桥幸福美丽新村和马尼干戈镇民族团结示范新村建设；加快农村公路“三年攻坚”步伐，投入1680万元，完成燃姑乡通乡通畅公路13.1公里，投入14220万元，完成阿须镇浪隆村、俄南乡绒加村通村通达公路284.4公里，投入1406万元，完成俄支乡绒娘村、打滚乡康秋村等通村通畅公路建设70.3公里。全县境内公路总里程2353公里，同比增长20.1%。全年公路运输总周转量4558万吨公里，同比增长4.9%；加力水利基础设施建设，投资7749万元，完成118处、384个点的新增农村安全饮水项目，5.37万人的安全饮水问题有效解决。持续深化农网升级改造，投资2.903亿元，新、改建110千伏变电站1座、35千伏变电站5座，完成0.4千伏及以上线路842.31公里，竹庆至俄支、竹庆至阿须、兴城至多瀑沟3条35千伏农网输变电工程全面完成，已投电运行，有效缓解群众用电难问题。着力通信设施建设。年内新建光缆128公里，累计完成通信基站130个，实施移动4G基站建设51个。

【脱贫攻坚】 2015年，德格县不断深化脱贫攻坚措施落实，落实就业扶贫资金613.9万元，拓展就业致富门路；落实产业扶贫资金885万元，推进民居接待、农牧产品开发等营销渠道；投入扶贫资金1183.68万元，完成更庆镇五一桥村新村建设，有效推进扎科乡同鸠村、雄拖村和俄支乡烟达村扶贫连片开发、马尼干戈镇马尼民族团结新村建设；投资110.65万元的燃姑乡异地扶贫搬迁项目建设进展顺利；投资200万元，完成100户农村住房解困工程；按照“五个一批”的要求，着力在“精、准”上下功夫，全县摸排识别贫困村102个、贫困人口19086人，实现脱贫3185人。突出成都高新（新都）区、广东省深圳市等援建帮扶作用发挥，援建投资7797万元，着力城镇基础设施、扶贫开发、智力帮扶和民生服务，援建帮扶成效明显。

·白玉县·

【概况】 全县辖区面积10386平方公里，辖4个区、2个镇、15个乡、156个行政村、2

个社区、1个管理局、3个寺管会。年末全县总人口5.51万人，比上年增长0.55%，人口自然增长率为7.17‰。耕地面积5586公顷。完成农业总产值9276万元，比上年增长15.6%；农作物播种面积4080公顷，比上年增长2%。年末各类牲畜存栏30.01万头（只、匹），比上年减少0.7%。各类牲畜总增率19.9%；出栏率为20.3%；商品率为16.6%。完成奶产量7168吨、肉产量4178吨。实现全部工业增加值4.16亿元，比上年增长15.5%。城镇新增就业325人，城镇失业人员再就业17人，城镇登记失业率控制在4.2%以内。实施无电地区电力建设项目及表后工程，“点亮”95个村4300户，安装独立光伏设备1253套，有效解决了广大农牧民群众的用电难问题。拉龙措国家级湿地公园通过专家实地论证和初步审查，得到国家批复。总投资400.52亿元，总装机达228.5万千瓦的叶巴滩水电站《移民安置规划大纲》已通过国家水规总院评审，电站“三通一平”等前期工作有序推进。制定出台《关于举全县之力打赢脱贫攻坚战的决定》，组织600多名干部驻村开展摸底调查，精准识别出贫困村81个、贫困户2511户、贫困人口10791人。对81个贫困村逐一制定“脱贫”规划，制定致富产业培育、乡村道路畅通等27个脱贫攻坚专项方案。

【社会事业】 2015年，全县共有小学生4373人、初中生669人、在园幼儿1239人。在建项目9个，总投资5002万元，总建筑面积达15562平方米。开工建设义务教育学校教学用房1100平方米，边远贫困地区农村教师周转宿舍80套。完成60名三年制“3+3”定向培养生和150名一年制州职校委托培养生的招录工作；选送“9+3”学生41名。落实“三免一补”资金1128.76万元，县级配套74.94万元；落实高海拔地区义务教育阶段取暖经费228.1万元，购置取暖设备215万元，解决民族地区义务教育阶段学校5300名学生的取暖费。为4377名农村义务教育阶段学生提供营养餐，落实营养改善计划资金394万元。总投资2525万元，建筑面积10270平方米的白玉县文化中心竣工验收投入使用。开展送文化下乡50场次，观众达3.56万人次，乡镇开展文化活动40余场次；共实施广播电视户户通工程460套（户），广播村村响22套，维修村村通设备90台，高频头20个。完成3名“第五批省级非遗项目代表性传承人”和2名“第四批国家级非遗代表性传承人”的材料和视频制作。四川省社科院四川省康藏研究中心白玉研究基地授牌，白玉金属锻造技艺展陈馆开馆，召开白玉历史文化研讨会。举办中国·白玉首届“康巴原生态锅庄节”暨群众文艺会演。投入2455万元，完成县医院远程会诊及远程教学系统、5个乡镇卫生院与21个村卫生室建设。开展包虫病普查1.13万人次，发现新病人32人，免费药物治疗596人。麻疹及脊灰接种率达到95%以上，“五苗”免疫接种率达到93%以上，县农村孕产妇住院分娩率提升至81.6%。培训各级各类医技人员523人次。开展送医送药下乡活动35次，下派医务人员180人次，免费义诊7400人次，免费发放常用药品价值2.10万元。城镇职工养老保险参保人数1834人，基金征缴515万元，发放147.83万元，发放率和社会化发放率均为100%。城乡居民养老参保1.73万人，基金征缴46.35万元，发放待遇481.81万元。城镇职工医疗保险参保职工4310人，基金收入1178.20万元，支出436.50万元；城乡居民基本医疗保险参保4.65万人，城乡居民参保率达99.01%，基金征收295.25万元，支出953.75万元。工伤保险参保1562人，基金征缴54.09万元，支出1.2万元；生育保险参保466人，基金征缴8.08万元，支出4.81元；失业保险参保1536人，发放失业金64人次，发放失业金11.78万元紧紧围绕“宁玛祖地、父系之遗”旅游形象定位，以登龙锅庄、河坡民族手工艺等文化传承为底蕴，举办“白玉旅游”推介会、“康巴户外天堂察青松多摄影大赛”“中国·白玉康巴原生态锅庄节”、成立康藏文化研究中心白玉研究基地等系列活动，深挖旅游资源，提高白玉旅游知名度，完成旅游纪念品白玉河坡民居摆件纪念品的设计。共接待游客18万人次，旅游收入达1.78亿元。

【**基础设施**】 2015年，紧扣全州城乡建设“七大提升”战略，完成城市总规、控制性详规等5个规划评审，加快乡（镇）村规划编制，治理“乱搭乱建”79处，圆满承办全州实施城乡提升战略北路片区现场会。投入4680余万元，完成河东、河西街道路改扩建、白玉桥续建等项目；建成干部周转房、廉租住房82套；投入9798万元实施欧曲河综合治理；投入3378万元，开工建设城市生活垃圾处理场和污水处理厂，城市面貌和人居环境得到大幅提升。投入2990万元，完成昌台集镇道路改造扩建工程；投入1780万元，完成阿察干部周转房、昌台公安分局、阿察派出所、阿察法庭及阿察综合农贸市场建设，设立金融服务网点和通讯服务网点，打造阿察藏族风情旅游小镇。投资1.35亿元，建成村通畅公路316公里；建成2个农村客运站、14个村级招呼站，完成2座危桥改造。投入1767万元，完成溜索改桥3座，建成安保工程5公里，养护农村公路183.4公里。全县公路通车里程达到2444公里，增长18.8%。全年完成货物周转量236万吨公里；完成旅客周转量743万人公里。实现邮电业务收入151万元，下降3.8%。电信ITV2500台。移动电话用户数达28128户，其中电信移动用户6000户，增长3.4%。互联网用户达到2733户，增长13.7%。

【**对口援助**】 2015年，对口援助工作强化援建项目管理，稳步推进16个民生项目建设，计划5年投入资金1.2亿元，累计到位9639万元。武侯、崇州100余名干部赴白玉开展结对共建，兑现共建帮扶资金160余万元，看望慰问乡村干部、贫困党员农牧民群众500余人，选派17个乡镇党委书记赴崇州参观学习“农业共营制”、社区标准化规范化服务、社会治理创新等典型经验和先进工作模式，选派山岩乡2名干部到红牌楼街道办跟岗学习3个月。策划举办“2015中国·白玉‘康巴户外天堂’察青松多全国摄影大赛”，吸引北京、天津、港台等3批次100名摄影家到白玉采风。协调武侯区、崇州电视台、报刊、崇州帮帮网、甘孜微生活等媒体宣传白玉，制作“高原新故乡”视频在优酷、腾讯等10余个主流视频网站宣传；国庆假期，在成都武侯祠、锦里和崇州街子古镇等旅游胜地开设专栏宣传白玉旅游，极大地提高了白玉知名度。协调崇州市出资10万元收购河坡乡、麻绒乡村民种植的芫根12吨，并委托广汉南方食品公司加工成休闲食品后投放市场。“全国扶贫日”全体援藏干部人才捐款26100元；协调武侯爱心人士通过“网络援助”等方式向二完小学生定向捐赠约7吨价值6万余元的过冬衣物及学习用品；捐赠各乡镇、中小学、卫生院书籍和体育用品计6.2万元；确定每年资助100名困难学生、孤残儿童及农村弱势群体等，学生每学年资助1000～2000元；协调成都八益家具集团为昌台中心卫生院捐赠了办公用品、家具等价值72万元；协调崇州爱心人士、崇州市青年联合会社会爱心人士捐赠笔记本电脑、投影仪、图书、文体用品、衣物等价值42万元的物资。选派县机关、乡镇文秘人员、财会人员108余人到崇州市参加了专题培训。武侯崇州与白玉互派教师开展课堂教学交流研讨55人次；白玉21所学校（园）与崇州21所学校（园）、武侯7所学校（园）“1对1”结对，点对点的“传帮带”工作已进入常态化。

2015 年白玉县经济社会发展主要指标统计表

项　目	单位	实绩	比 2014 年增减（%）
地区生产总值	亿元	10.21	9.1
第一产业增加值	亿元	3.18	2.3
第二产业增加值	亿元	4.75	11.8
第三产业增加值	亿元	2.29	9
非公有制经济增加值	亿元	3.51	6.5
粮食总产量	万吨	1.2	7
肉类总产量	万吨	0.42	0
社会消费品零售总额	亿元	2.39	27.1
全社会固定资产投资	亿元	10.1	-23.6
地方公共财政收入	亿元	1.44	20.5
地方财政一般预算支出	亿元	10.85	15.4
年末金融机构存款余额	亿元	19.74	17.6
年末金融机构贷款余额	亿元	4.08	65.9
城镇居民人均可支配收入	元	22851	9.4
农民人均纯收入	元	8219	15.2
中小学在校生数	人	5042	2.5

（马春林　王　鹏　彭贵福）

·新龙县·

【概况】　全县辖区面积 9182.74 平方公里，辖 4 个区工委、17 个乡、2 个镇。年末常住人口 50873 人，人口自然增长率 7.35‰。实施粮食作物播种面积 3408 公顷，推广良种 3128.67 公顷，经济作物播面 293.33 公顷，粮食产量达 1.19 万吨，经济作物产量预计达 3319 吨。完成土地确权面积 1275.6 公顷、农作物参保面积达 1962.66 公顷。牲畜“三率”分别为 20.09%、20.2%、14.4%，肉类总产量达到 3513 吨、奶产量达到 9076 吨。实施“四个一批”项目 123 个，计划总投资 44.3 亿元，完成投资 11 亿元。完成《新龙县国民经济和社会发展第十三个五年规划》编制并通过审议。完成仁达沟和阿色沟流域水电开发规划环评修编，正等待省环保厅评审。宜宾市对口援建项目 8 个，总投资 2.69 亿元、到位资金 2690 万元；广东省对口援建项目 2 个，计划总投资 2078 万元。完成银多乡等 3 个乡（镇）无电地区已成功通电投运，免费发送太阳能发电设备 573 套。

【社会事业】　2015 年，全县义务教育阶段学生共计 6124 人，全部免除学杂费并免费提供教科书。完成 10 所学校 34 套触摸式一体机等教学设备的安装调试；为 9 所城域网学校新增电子白板 34 套；确定 10 所“3+3”或“6+3”学校校园文化建设，已开工建设 5 所。全面推进 11 类基本公共卫生服务均等化项目，城乡居民健康档案建档率达 92%；孕产妇住院分娩率 81.4%，完成免费婚前检查 63 对；取消县级公立医院药品加成覆盖率 100%，21 所区乡（镇）卫生院全面实施集中网上采购；免疫规划接种率达 95%，完成包虫病 B 超筛查 1.07 万人，管理包虫病患者 262 人。组织 200 余人次开展巡回医疗和健康体检活动，诊治患者 5000 余名，规范健康档案 1.2 万余份，赠送药品价值 2 万余元。完成 6 个乡卫生院标准化建设。城镇新增就业 323 人，城镇失业人员再就业 15 人，就业困难人员再就业 10 人，认定高校毕业生就业见习基地 3 个，公益性岗位开发 55 个，开展职业培训 504 人，农村转移就业劳动者技能培训 444 人。城乡居民基本养老保险参保人数达 1.62 万人，参保缴费人数达 1.11 万人；城镇基本医疗保险参保人数达 8247 人，城乡居民基本医疗保险参保人数

4.35万人。发放低保金1850.30万元，惠及低保对象1.36万人。发放城乡低保对象在州内住院期间临时生活补助金3.16万元，发放医疗救助金148.51万元，资助城乡低保、农村“五保”对象和孤儿参保参合金126.855万元，惠及1.41万人，参保参合率达100%。发放城市“三无”人员、农村“五保”对象供养金、孤儿保障金总计410.25万元，惠及1135人次。

【文化旅游】 2015年，接待图书阅览1580人次、电子阅览734人次，开展新龙锅庄辅导60次，8000人次，送文化“四下乡”76场次，观众达1.36万人次；完成新龙县原生态100首锅庄和100首山歌、情歌、歌卦、劳动号子等三库建设；协助藏式药泥面具制作技艺传承人四龙降泽参加第五届中国成都国际非物质文化遗产节、四川民间文艺会展、第三届四川省农博会等活动；对国家级重点文物波日桥进行第三次抢救性维修；开展拉日马石板藏寨和布鲁曼官寨遗址、益西寺文物保护规划；收缴置换非法地面卫星接收机25套，清理销毁盗版光碟4500盘；完成“雪炭工程”灯光球场改造；完成18个乡镇和34个村级农民体育健身工程。全年共接待游客19万人次，实现旅游总收入1.88亿元。

2015年新龙县主要经济指标完成情况统计表

项　目	单位	实绩	比2014年增减%
地区生产总值	万元	79125	4.3
第一产业增加值	万元	33100	3.3
第二产业增加值	万元	12665	0.2
第三产业增加值	万元	33360	6.9
工业增加值	万元	1963	18.2
建筑业增加值	万元	10702	-2.6
非公有制经济增加值	万元	40130	4.7
人均地区生产总值	元	15477	4.6
农林牧渔业总产值	万元	43936	3.4
粮食总产量	百吨	119	3.8
肉类总产量	百吨	35	4.2
社会消费品零售总额	万元	13510	30.0
全社会固定资产投资完成额	万元	114155	-23.3
地方财政一般公共预算收入	万元	6940	12.0
地方财政一般公共预算支出	万元	113333	27.6
金融机构人民币各项存款余额	万元	162833	18.5
金融机构人民币各项贷款余额	万元	9346	20.5
城镇居民人均可支配收入	元	21868	9.4
农村居民人均可支配收入	元	7807	15.2

（蒋秀芳　杨　梅）

·雅江县·

【概况】 雅江县位于青藏高原东南麓，雅砻江中游。全县辖17个乡（镇）、113个行政村、128个村民小组。共12438户，总人口51143人，人口出生率10.74‰，死亡率2.53‰；人口自然增长率8.21‰，城镇化率

21.32%。实现地区生产总值10.00亿元，比上年增长10.1%。其中：第一产业2.46亿元，比上年增长5.3%。第二产业4.07亿元，比上年增长13.7%，其中：工业增加值3993万元，比上年增长126.1%；建筑业3.67亿元，比上年增长7.1%。第三产业3.48亿元，比上年增长8.7%。三次产业对经济增长的贡献率分别为11.64%、54.61%和33.75%。人均国内生产总值1.91万元，比上年增长13.53%，三次产业增加值占国内生产总值的比重分别为24.62%、40.64%、34.74%。全社会固定资产投资51.27亿元，比上年增长28.2%。2015年建筑业总产值1015万元，比上年减少65.55%。实现公共财政收入2.23亿元，比上年增长28.1%；公共财政预算支出12.29亿元，比上年增长13.6%。各项存款额达25.74亿元，各项贷款余额达6.82亿元，城乡居民储蓄存款余额达7.78亿元。实现农业总产值3.17亿元，比上年增长7.2%，实现农牧民人均纯收入8251元，比上年增长15.1%。各类牲畜年末存栏15.00万头（只、匹），牲畜总增率25.45%，商品率26.44%，出栏率17.43%。完成工业总产值7975万元，比上年增95.22%。完成社会消费品零售额2.84亿元，比上年增长31.7%。

【社会事业】 2015年，全县有中小学45所，在校学生8143人，适龄儿童入学率为99.61%。全县医院及卫生院共22个，卫生技术人员239人，年末病床262张。雅江县中藏医院于2015年6月22日正式开诊。完成12个乡（镇）49个“州县无线覆盖工程”站点的前期勘测；对150台（次）“村村通”设备进行维护、维修；代售80套“户户通”设备；在河口镇本达宗村麻格宗组、香格宗组，八角楼乡日基村完成170套“户户通”设备发放、建档及用户信息的上传工作；发放并安装313套有线、无线广播电视设备。全县城镇职工基本医疗保险参保3525人，参保率达100%；城乡居民基本医疗保险参保4.01万人，参保率达97%；参保人员医保政策内报销比例达75.13%。全县城乡居民基本养老保险参保登记1.88万人，参保缴费人数达1.19万人；领取养老待遇4530人。全县失业保险参保人数1515人，征缴失业保险金149万元；工伤保险参保人数1891人，征缴保险费用80万元；生育保险参保人数436人，征缴保险费用11万元。城镇新增就业人员430人；城镇失业人员再就业15人；就业困难人员再就业10人。年内发放29012张社会保障卡。

【基础设施】 雅江县木雅广场、干修所片区竣工验收并正式交付业主；完成藏区新居254户、棚户区改造521户、公租房220套的建设，启动城北片区改造工程。城镇路网骨架初成体系。通过沿江路一、二期、城北入城道路应急工程及城南、城东大桥的建成投入使用。营造整洁有序的城区市容环境，投入资金60万元对城区内垃圾车、洒水车、垃圾箱、果皮箱等基础设施进行了更换。投资2.1万元购置30个可回收果皮箱放置在城区主街道和公共场所，建立6个垃圾收集点；完成273盏路灯的维修，并签订路灯长期维修协议。县城续建工程21个工程，建筑面积62970.22平方米，投资为20038.88万元，同时县城新开工工程有9个，建筑面积3674.68平方米，投资为2458.751万元。未发生重特大安全事故。11月，位于甘孜州雅江县境内的雅砻江两河口水电站成功截流并开始围堰填筑，标志着我国第三大水电基地雅砻江流域中游的首座电站全面进入主体工程施工阶段。全县公路总通车里程达到2111.34公里，其中国道318过境里程171公里、县乡公路713.53公里、通村公路1226.81公里。

2015 年雅江县经济社会发展主要指标统计表

项　目	单位	实绩	比 2014 年增减%
地区生产总值	亿元	10.003	10.1
第一产业增加值	亿元	2.4623	5.3
第二产业增加值	亿元	4.0656	13.7
第三产业增加值	亿元	3.4751	8.7
民营经济增加值	亿元	4.51	10.6
粮食总产量	万吨	1.0502	8.26
肉类总产量	万吨	0.2154	0.6
社会消费品零售总额	亿元	2.8367	31.7
全社会固定资产完成投资	亿元	51.2743	28.2
地方财政一般预算收入	亿元	2.2281	28.1
地方财政一般预算支出	亿元	12.29	13.6
年末金融机构存款余额	亿元	25.7411	40.05
年末金融机构贷款余额	亿元	6.8228	-5.1
城镇居民人均可支配收入	元	25963	9.7
农牧民人均纯收入	元	8251	15.1
中小学在校生数	人	8143	0.917
新农合参合率	%	99	-0.03

（周晋康　周　宇　吴　静　唐雪梅）

·理塘县·

【概况】 全县辖区面积 14182 平方公里，辖 5 个片区、1 个镇、23 个乡。全县总人口 70420 人。全县耕地面积 4287.27 公顷，草地面积 99.25 万公顷，森林面积 13.33 万公顷。森林覆盖率 19.30%，木材蓄积量 3686 万立方米。全县实现地区生产总值 9.61 亿元，比上年增长 6.1%。其中，第一产业增加值 3.66 亿元，比上年增长 6.1%；第二产业增加值 1.93 亿元，比上年增长 4.4%；第三产业增加值 4.03 亿元，比上年增长 6.7%。三次产业结构为 38∶20∶42。实现农林牧渔业总产值 4.70 亿元，比上年增长 8.4%。全年农作物播面达到 4472 公顷，比上年增长 7.11%。粮食总产量达到 1.36 万吨，比上年增长 8.64%。年末各类牲畜出栏 6.82 万只（头、匹），比上年增长 3.02%，年末各类牲畜存栏 30.27 万只（头、匹），比上年下降 3.07%。全年肉类总产量 4786 吨，比上年增长 3.4%，全年奶产量 9001 吨，比上年下降 1.2%。完成工业增加值 5720 万元，比上年增长 13.9%。全社会固定资产投资累计完成 18.45 亿元，比上年增长 22.4%；固定资产投资完成 17.03 亿元，比上年增长 17.7%。实现消费品零售总额 5.09 亿元，比上年增长 30.1%。公共地方财政收入完成 8889 万元，比上年增长 28.5%；地方一般预算支出 15.59 亿元，比上年增长 16.8%。全县金融机构各项存款余额 22.87 亿元，比上年增长 14%。城镇居民人均可支配收入 2.72 万元，比上年增长 8.4%。农牧民人均纯收入 7760 元，比上年增长 16.06%。

【社会事业】 2015 年，全县共有幼儿园 6 所、中学 3 所、小学 28 所。中小学在校学生 8837 人，专任教师 697 人。全年小学入学率、巩固率、毕业率分别达 99.73%，94.53%，99.59%，初中入学率、巩固率、毕业率分别为 98.4%、96.1%、100%。投入 800.27 万元向寄宿制贫困生发放生活补助。实施续建项目 16 个，建筑面积 27304.25 平方米，总投资 7355.71 万元；启动实施食堂专项建设资金项目 7 个，建筑面积 4909.82 平方米、总投资 1320.2 万元；启动实施教师周转宿舍建设资金项目 1 个，建筑面积 2520 平方米，总投资 770 万元；启动实施学期教育推进资金项目 2 个，建筑面积 1183.84 平方米，总投资 355 万元。医院、卫生院 29 个，床位数 613 张，专业技术人员 342 人。全县参加基本养老保险和参加基本医疗保险的职工人数分别为 5978 人、5832 人；城镇居民和农村居民最低生活保障人数为 1155 人和 1.60 万人；参加农村合作医疗的人数达 56767 人；参加城乡居民养老保险人数为 15990 人。

（降央曲珍）

·巴塘县·

【概况】 巴塘县位于四川西部青藏高原东南缘，金沙江中游东岸。辖区面积 7852 平方公里。辖 5 个片区、16 个乡、3 个镇、123 个行政村（含 1 个居委会）、207 个自然村。2015 年，全县总人口 53617 人，人口出生率 10.17‰，人口自然增长率 6.13‰。实现地区生产总值 10.6 亿元。人均 GDP 为 1.98 万元。全社会完成固定资产投资累计 98.7 亿元。社会消费品零售总额完成 3.37 亿元。城镇居民人均可支配收入达到 2.42 万元。农牧民人均可支配收入达到 6898.5 元。完成工业增加值 1.11 亿元，完成工业总产值 2.43 亿元，规模以下企业实现 6250 万元。规模以上企业实现 5210 万元。完成一般预算收入过亿元，各项税收完成 7000 万元，非税收入完成 1889 万元，完成基金收入 39 万元。地方财政一般预算支出 6.13 亿元。全县 81 个项目，其中政府类投资项目 74 个，投资 3.6 亿元；市场类投资项目 7 个，投资 14 亿元。固定资产投资完成 15 亿元。

【农牧业】 2015 年，全县农业总产值 3.6 亿元。在稳定粮食生产的基础上，积极推进万亩马铃薯、万亩玉米和千亩蔬菜、千亩青稞小麦、百亩酸石榴、百亩巴塘辣椒等特色种养基地建设，努力打造核桃、玛咖等特色品牌。扶持 33 个农村专业合作组织发展，积极尝试“农校对接、农企对接、军地共建”特色产品销售新模式，促进农牧民群众持续增收。全县农作物播种面积 4600 公顷，粮食播种面积 851 公顷，粮食产量 1.55 万吨。在德达乡牧业新村建设 20 公顷青稞种植基地，创建休闲农业与乡村旅游示范村。实际销售粮油 180 万公斤，周转粮库存和地方储备粮库存为 245 万公斤，调入粮油 158 万公斤，完成粮食收购 30 万公斤，实际实现利润 4.3 万元。实现牧业产值 1.30 亿元，各类牲畜存栏达 16.25 头（只、匹），出栏数为 4.71 万头（只、匹），商品数为 3.17 万只（头、匹），奶产量达 3179.6 吨。

【基础设施】 2015 年，总投资 12.1 亿元建设 374 个项目，全县基础设施建设和公共服务进一步向农牧区延伸，实现 90% 行政村通电视、97% 行政村通通信、98% 行政村通路、100% 行政村通水通电。累计投入 3.6 亿元，建成 75.6 公里波密通乡油路、98 公里夏邛至格聂公路和 619.5 公里村通达通畅公路，全县公路总里程达到 1444 公里。建成 10 个乡镇客运站、119 个村级招呼站和 81 公里安保护栏。水利建设成效显著，投入资金 2.67 亿元，加大水利枢纽建设力度。全力推进巴楚河引水等水利工程；新建、维修整治全县农牧区水渠 67 公里，新增灌面 153.33 公顷，改善灌面 500 公顷；建成供水工程 303 处，解决了 4.7 万人的安全饮水问题。电网建设有序推进，投资 25 亿元的川藏联网巴塘段工程竣工投运。完成波密、竹巴龙、苏哇龙三条 35 千伏输变电工程以及波密、拉哇、波戈溪 10 千伏配电线路建设；对电网无法覆盖地区，采用光伏发电方式，全面消除无电户。通信网络不断延伸，新建光缆 830 公里、基站 105 个，信号覆盖全县119个行政村，覆盖率达到97%。新增手机用户9000户、宽带用户2423户、光纤电视用户4000户。累计投资1.4亿元实施21项市政建设重点项目，建成保障性住房1013套和5个小型生活垃圾填埋场，启动县城污水处理厂建设，采取BT模式完成县城路灯改造，城市路网基本形成，城市功能逐步完善。统筹资金3450万元建成益则村等6个生态新村，完成德达幸福美丽新村、拉宗伙民族团结进步新村和20个扶贫整村推进项目，完成农村危房改造5001户，农村基础设施不断改善，农村风貌不断提升。

【社会事业】 2015年，巴塘县有各级各类学校42所，共有小学生5711名、中学生2004名、学前儿童1179名。全面落实学前幼儿免费午餐补助资金83.88万元；全面落实“两免一补”政策，免费为7647名中小学生提供教科书；免除7647名中小学学生学杂费552.41万元；全面实施营养改善计划，累计下拨资金553.58万元；落实高海拔地区学生取暖补助资金147.38万元为7647名中小学生提供冬季取暖补助；全面免除义务教育阶段学生作业本费25.91万元。积极争取双流对口援建项目资金25万元，培养（B超、心电图、检验）医务人员38名，组织选派骨干医务人员6名到上级医院进行进修半年。组建医疗队139支，派出医务人员650人，义诊患者达7812人次，发放健康教育资料7.5万份，发放免费药品价值7.22万元。完成6433人的免费B超检查，免费药物治疗112名包虫病患者，犬粪收集950份、犬驱虫药品发放65592份；对贫困白内障患者实施复明手术57例。免费药物治疗112名包虫病患者，至年底已治疗127人。对贫困白内障患者实施复明手术55例。完成全县19个乡镇卫生院标准化建设任务。企业养老保险参保覆盖2126人，基金征缴1200万元，企业养老保险在职职工参保覆盖1733人，机关养老保险参保覆盖1382人，城乡居民社会养老保险参保覆盖20924人，参保缴费11000人。工伤保险参保覆盖2500人，基金征缴58万元，基金支出73万元。生育保险参保覆盖653人，基金征缴12万元，基金支出7万元。医疗保险职工参保4931人，城乡居民参保4.46万人。失业保险参保覆盖3902人。全年实现城镇新增就业460人，实现失业人员再就业12人，困难人员再就业12人，登记失业率控制在4.1%。城镇居民人均可支配收入2.46万元，农牧民人均纯收入8205元。共接待游客25.56万人次，实现旅游收入2.475亿元。

（唐定太　胡　珊）

·乡城县·

【概况】 全县辖区面积5016平方公里，辖3个片区工委、3个镇、9个乡、89个行政村。年末总人口30132人，人口自然增长率为2.42‰。2015年，实现地区生产总值7.76亿元，比上年增长7.5%。地方公共财政收入5608万元，比上年增长6.5%。全年粮食播种面积2733.33公顷，粮食总产量1.18万吨，比上年增长2.6%。年末牲畜存栏11万只（头、匹），肉奶产量0.4877万吨，总增率、出栏率、商品率分别达24.5%、24.5%、17%。第一产业实现增加值2.05亿元，比上年增长4.3%。第二产业实现增加值2.70亿元，比上年增长10.2%。工业增加值9900万元，比上年增长50.1%。民营经济实现增加值2.90亿元，比上年增长9.1%。第三产业实现增加值3.00亿元，比上年增长9.3%。社会消费品零售总额实现1.81亿万元，比上年增长2.9%。全年争取中央、省预算内资金2.75亿元。确定12个州级36个县级重点项目，10个基础设施、17个民生工程、3个产业项目、18个社会事业项目建设全力推进。完成全社会固定资产投资9.70亿元。

【社会事业】 实施民族地区教育十年行动计划、农村学前教育推进工程、校舍改造工程、教师周转宿房建设工程，顺利通过教育均衡发展省级验收。城区一完小、沙贡乡、洞松乡幼儿园、中学教师周转宿舍竣工235套投入使用；全民健身活动中心（中学运动场）等项目推进顺利。4175名在校中小学生享受“三免一补”政策。实施卫生十年行动计划和“健康乡城2020”行动，12个乡镇标准化卫生院建成投入使用。基本公共卫生服务体系覆盖全部户籍居民和常住人群。免费筛查包虫病6177人，免费药物治疗17人。落实计划生育各项优先优惠政策，计划生育服务能力和水平逐步提升。城乡居民医疗保险和养老保险参保率分别达99%和63%。全年兑现城乡低保资金1148万元、城乡医疗救助金139万元、绝对贫困生活补助金495万元、残疾人补助金37.5万元、五保三无和孤儿生活保障金340万元。全年新增城镇就业252人，城镇登记失业率控制在4.2%以内。2015年，重新精准识别贫困村42个，贫困人口1249户6831人，制定一户一策帮扶措施，实施“五个一批”项目扶持，全年减少贫困人口1024人。省、州“十项民生工程”“藏区六大民生工程”全面实施，年内完成20件民生实事和投资3890万元116个“四小工程”建设任务；藏区新居建设完成222户；建成幸福美丽新村5个，新村聚居点14个；农村公路修建187公里，安保工程建成34公里；解决1.6万人饮水安全问题；小型农田示范县建设予以启动；新建通讯基站25个，乡镇空白邮政所补建9个；发放新型小粮仓3800个。各项惠农惠民政策全面落实，城乡居民收入稳步提高。城镇居民人均可支配收入2.2397万元，比上年增长9%；农牧民人均纯收入0.7004万元，比上年增长15%。全年接待游客27.3万人次，实现旅游收入2.72亿元。

（谢红军）

·稻城县·

【概况】 全县辖区面积7323平方公里，辖3个片区工委，11个乡、3个镇、121个村民委员会、138个村民小组。年末总人口3.27万人。出生率为11.6‰，人口自然增长率5.3‰。实现地区生产总值5.98亿元，比上年增长6.6%，其中，第一产业增加值1.90亿元，比上年增长4.2%；第二产业增加值1.43亿元，比上年增长1.6%；第三产业增加值2.64亿元，比上年增长10.3%。三次产业对经济增长的贡献率分别为31.6%、0.1%、68.3%，分别拉动经济（GDP）增长1.0、0.4和5.2个百分点。第一、二、三产业的结构比例由上年的32：25：43调整为31.8：23.9：44.3。实现民营经济增加值2.68亿元，比上年增长7.7%，占地区生产总值的比重为44.9%，对GDP的贡献率6.1%。全年完成固定资产投资21.50亿元，完成社会消费品零售总额2.11亿元，比上年增长34.1%。地方公共财政收入1.04亿元，比上年增长45%；地方公共财政支出11.81亿元，比上年下降6.6%。年末金融机构各项存款余额18.79亿元，比上年增长2.7%；各项贷款余额4.56亿元，比上年增长7.9%。2015年规模以下工业企业8户，实现全部工业总产值4155万元，比上年增长12.1%，工业增加值2047万元，比上年增长15.5%。

【农牧业】 2015年，实现农林牧渔业总产值2.45亿元，比上年增长7.8%。其中：农业产值1.16亿元，比上年增长9.7%；牧业产值为1.02亿元，比上年增长4.4%；林业产值2503万元，比上年增长13.9%；农林牧渔服务业产值188万元，比上年增长8%。全年完成农作物总播面3598.67公顷，粮食作物播种面积3078.67公顷，粮食总产量1.19万吨，比上年增长2.6%。各类牲畜存栏12.68万只（头、匹），比上年增长1.4%。各类牲畜出栏2.70万头只（头、匹），比上年增长2.5%，全年肉类总产量1682吨，比上年增长2.2%，牲畜总增率23.2%、出栏率21.6%、商品率13.67%。全县农业机械总动力6万千瓦，农村用电量230万千瓦小时，完成机耕2000公顷、机播100公顷、机收67公顷。

【社会事业】 2015年，完成8所学校校园文化打造，投入2450万元，完成桑堆镇中心校迁建和牧区重点寄宿制学校建设；投入1705.94万元，推进“改薄工程”建设。减免“三免一补”各类费用942.2万元，解决学前教育保幼经费47.65万元；投入324.8万元，实施营养餐改善计划。培训骨干教师500余人次。全县学校19所，小学入学率99.48%，初中入学率96.6%。启动12个乡（镇）卫生院标准化建设，竣工7个；投入258万元，实施乡镇卫生院设施设备购置和标示标牌、管理制度制作，建成10个村级卫生室。全县卫生机构17个，卫生机构床位数192张，卫生技术人员282人，全年医院门诊人数8.62万人次，住院4160人次，治愈好转率97.7%。投入28万元，完成桑堆镇幸福美丽新综合文化室内装；投入95万元，为14个乡镇配置固定电影放映设备及发电机，采购流动放映设备2套，免费放映农村电影1500余场（次）；完成广播电视节目农牧区无线覆盖工程县级平台建设及40个基站设备安装。新增电视栏目5个，制作播出各类新闻400余条、专题片7个。申报国家级非物质文化遗产项目1个、省级非物质文化遗产传承人4名；县城标志性建筑（三馆合一）建成投用，新建和改造乡（镇）综合文化站14个、农家书屋121个、寺庙书屋13个。完成广播电视节目农牧区无线覆盖县级平台建设和40个基站设备安装，广播电视综合覆盖率95%。完成亚丁机场至景区公路沿线通讯杆线“三杆合一”工程，美化、亮化通讯塔76个，新建基站68个，全县移动电话用户1.57万户，宽带用户2285户，固定电话用户2460户。全年接待游客突破120万人次，实现旅游总收入9.6亿元。亚丁机场新增航线7条，航班2202架次，旅客进出港旅客21.41万人次，进出港货物185.5吨。整合资金4539万元，实施扶贫项目20个，实现195户992人贫困农牧民脱贫。完成农村低保、“五保”和农散居孤儿保障提标，兑现各类保障金1789.18万元；落实优抚自然增长机制，兑现优抚补助金89万元。城乡居民医疗保险参保26034人，报销医疗费用1039.3万元，兑现城乡低保和“五保”医疗救助金200万元；新型农村和城镇居民社会养老保险参保1.23万人。失业保险参保1730人，征收保险金110.5万元。完成各类就业培训367人，全县实现城镇新增就业320人，城镇失业人员再就业15人，就业困难对象再就业10人，累计认定高校毕业生就业见习基地96个，促进高校毕业生实现创业4名，带动就业10名，城镇登记失业率为4.2%。

【基础设施建设】 投入近1000万元，完成“一城一镇两村”及5个新村规划编制并获批，完成桑堆、吉呷规划和亚丁、仲堆村传统村落保护发展规划初稿。按照“做强县城、做优乡镇、做美村寨”的总体要求，投入3.35亿元，完成市政道路改造提升16.5千米，并完成人行道、管网、标线及亮化等配套建设。实施幸福美丽新村和整村推进项目，建成幸福美丽新村13个，整合涉农资金8499万元，建设省级示范县。藏区新居建设任务535户完成70%；完成地质灾害避险搬迁90户；投入1.08亿元，建成村通畅公路217千米；实施溜索改桥项目3个；投资60万元，建成农村招呼站40个，新增农村客运线路10条；投入3432万元，完成规划外新出现农村饮水安全项目建设，新建小型集中供水工程48处，解决24966人的安全饮水问题。投资1100万元，建成通乡路17千米。俄牙同通乡路完成投资800万元。实施道路安保工程建设20千米；县汽车站、亚丁机场客运站均完成主体，亚丁旅游客运站完成主体工程的60%；投资100万元，完成巨龙、吉呷2个客运站建设项目。改造10千伏线路3.2千米，0.38/0.22千伏线路1.6千米，户表25户，发放完成7个乡（镇）266户农牧户小型光伏发电设备。加快新农村示范点建设，整合各类资金4194万元，集中打造仁村、桑堆村幸福美丽新村，建成省级示范县聚居点16个；投入

2547万元，完成C级危房改造及抗震加固5085户、藏区新居333户；实施整村推进项目6个；投入180万元，实施通村路桥等“四小”项目7个；投入200万元，完成易地扶贫搬迁66户、地质灾害避险搬迁40户。投入近5000万元，新建小型集中供水工程4处，分散式供水140处，解决2.75万人的安全饮水问题。

2015年稻城县经济社会发展主要指标统计表

项　目	单位	实绩	比2014年增减（%）
地区生产总值	亿元	5.98	6.6
第一产业增加值	亿元	1.90	4.2
第二产业增加值	亿元	1.43	0.6
第三产业增加值	亿元	2.64	10.3
民营经济增加值	亿元	2.68	7.7
粮食总产量	万吨	1.19	2.6
肉类总产量	万吨	0.17	2.2
社会消费品零售总额	亿元	2.11	34.1
全社会固定资产完成投资	亿元	21.50	-13.8
地方公共财政收入	亿元	1.04	45
地方公共财政支出	亿元	11.81	-6.6
年末金融机构存款余额	亿元	18.79	2.7
年末金融机构贷款余额	亿元	4.56	7.9
城镇居民人均可支配收入	元	26030	9.37
农牧民人均纯收入	元	8614.56	14.2

（李华竹）

·得荣县·

【概况】　全县辖区面积2916平方千米。辖2个镇、10个乡、127个行政村、2个居民委员会、245个自然村。年末常住人口2.76万人，人口出生率10.2‰，死亡率4.8‰，人口自然增长率5.4‰。实现地区生产总值6.30亿元，比上年增长9.3%。其中：第一产业增加值1.86亿元，比上年增长1.4%；第二产业增加值2.18亿元，比上年增长14.5%；第三产业增加值2.26亿元，比上年增长9.3%。三次产业构成为29.5：34.7：35.8。人均GDP达2.43万元，比上年增长9.9%。地方财政一般预算收入4966万元，比上年增长59%。金融机构存贷款余额达到8.94亿元，全社会固定资产投资17.4亿元，比上年增长20%。工业增加值4007万元，社会消费品零售总额1.18亿元，比上年增长28%。城镇居民人均可支配收入2.63万元，比上年增长12%。农村居民人均可支配收入8096元，比上年增长15%。全年累计接待游客34万人次，实现旅游收入2.82亿元。农作物播种面积3249.87公顷，其中粮食播面2730.26公顷，粮食总产量达1.19万吨，比上年增长2.63%。牲畜存栏达到7.24万头（只、匹），肉类产量达2091吨，奶类产量达1035吨，牲畜总增率达45%，牲畜出栏率达44.5%，牲畜商品率达27.9%。

【社会事业】　2015年，各级各类学校32所，教职工447人，在校学生3076人，寄宿制学生2524人。医疗卫生机构16个，有村级卫生室118个。村卫生室覆盖率达92.9%。卫生专业技术人员194人，每千人拥有卫技人员数为7.462人。各级医疗卫生机构床位数达97张，每千人拥有床位数3.73张。城镇新增就业260人；城镇失业人员再就业14人；就业困难对象再就业12人；认定高校毕业生就业见习基地6个；城镇登记失业率控制在4.2%以内。全县参加职工养老保险971人；工伤保险1519人；生育保险521人；失业保险1630人；全县城乡居民养老保险覆盖9978人；城镇职工基本医疗保险2971人；城乡居民基本医疗保险2.11万人。全年共免费放映2005场次影片，建成12个乡（镇）、40个行政村的农民体育健身工程，发放420套“村村通”设备。启动实施城市升级改造工程，完成县城主中心道路、五线下地、城区防洪河堤、城市供水管网改造、人行道改造等工程；启动违规建筑拆除工作，实施城区绿化工程，县城面貌得到有效改善。完成城北格子达1.27公顷土地的征收和整体规划，解决了干部周转房、农贸市场、公共租赁等项目落地，拓展了县城发展空间。白松教育集中办学点建设快速推进。完成乡城县洞松经云南省东旺乡至得荣县古学乡（得荣段）19.24公里的建设，总投资7500万元。完成贡波通乡公路71.2公里．公路应急抢险25.1公里，通村通畅272.7公里，通村通畅达69.2公里，建设6座贝雷钢架桥，80公里波形护栏，40个客运招呼站点建设，公路总里程达1496.61公里。投资875万元，完成38个点，解决12个乡（镇）6038人的农村饮水安全问题，投资85万元在瓦卡镇土改村岗学自然村建成第一座太阳能光伏提灌站。茨巫220千伏变电站和得荣110千伏变电站与国家电网实现并网，完成221户表后安装工作。

【灾后重建】 2015年，灾后重建各类项目完成投资3.44亿元，占总投资的73.1%。农房重建稳步推进，全面完成维修加固任务，兑现补助2565万元，完成投资100%；新建农村居民住房525户，开工率100%，完工478户，完成率91%，兑现重建户补助2177万元，完成投资83.4%；发放农房重建贷款2838万元。基础设施加快实施。EPC项目开工20个，累计完成投资2.09亿元。水利类5个项目全部开工，完成投资5059万元，得荣县冻谷水厂补充水源工程管道安装、厂区相关水池基本完成；瓦卡供排水建设项目管道安装、净水厂净水车间、值班室、污水处理厂电控值班基本完成；白松茨巫渠系配套一期工程茨巫段完成管道安装87%；白松段斗渠完成100%，新建3个水池完成砼浇筑；因都坝农业节水灌溉项目完成管道安装13千米，1#蓄水池灌浆施工、仁学坝大坝混凝土浇筑及引水管道回填完成；垃圾填埋场项目垃圾站管理用房涂料完成50%，大坝砼完成85%。瓦卡镇3#泥石流沟治理工程基槽土方开挖完成97%，完成投资230万元。白松新区市政道路建设项目完成各支线路基工程、涵洞工程，完成投资310万元。白松新区供排水工程供水厂及新区段完成管沟土方开挖，完成投资235万元。围绕“产业重建”，以灾后重建为契机，完成《得荣县全域旅游总体规划》修编和《下拥景区生态旅游总体规划》编制工作，注重农旅、文旅深度融合，打造AAAA级藏乡田园风情旅游小镇。瓦卡游客中心、客运站、藏乡水街、市政道路等旅游基础设施主体工程全面完成，引领农户打造瓦卡民居示范户147户，乡村主题酒店示范户10户，培训旅游从业人员230人次。不断巩固优势酿酒葡萄产业，引进早、中熟新品种13个3000余株，实现产值445.76万元，促进挂果种植户人均增收521元。实施3个幸福美丽新村，1201户藏区新居建设，地质灾害避险搬迁安置150户，将环境卫生综合治理等纳入《村规民约》，完成1201户改厕、改水、改厨、改圈，全力打造“花园瓦卡”，实施街道绿化9公里，栽植榆树、臭椿、岷江柏3个树种1万余株10公顷，种植三角梅、炮仗花等3种花卉共2300余株。

2015 年得荣县经济社会发展主要指标统计表

项　目	单位	实绩	比 2014 年增减（%）
地区生产总值	亿元	6.3	9.3
第一产业增加值	亿元	1.9	1.4
第二产业增加值	亿元	2.2	14.5
第三产业增加值	亿元	2.3	9.3
粮食总产量	万吨	1.2	0.96
社会消费品零售总额	亿元	1.2	30.4
全社会固定资产完成投资	亿元	17.4	29.8
地方公共财政收入	亿元	0.3	14.4
地方公共财政支出	亿元	1.4	8.2
年末金融机构存款余额	亿元	4.9	-5.6
城镇居民人均可支配收入	元	26299	12.4
农民人均纯收入	元	8096	15.0

·海螺沟景区·

【概况】 海螺沟景区位于四川省甘孜州泸定、康定、九龙 3 个县（市）和雅安市石棉县交界处。辖区面积 906.13 平方公里，辖 2 个乡镇、21 个行政村，总人口 1.5 万人。2015 年，实现地区生产总值 5.32 亿元，比上年增长 13.19%；完成固定资产投资 4.61 亿元，比上年增长 32.85%；地方公共财政收入 2992 万元，比上年增长 6.86%；农村居民人均可支配收入 7654.1 元，比上年增长 56.69%。接待游客 125.98 万人次，比上年增长 36.19%，实现旅游综合收入 12.47 亿元，比上年增长 130.93%。拥有初级中学 1 所、小学 4 所，医疗机构 3 个。

【AAAAA 景区创建工作】 海螺沟景区管理局全面落实“12345”旅游发展新思路，科学编制《海螺沟创建 5A 级景区提升规划》《海螺沟 2015 年创建 5A 级景区总体方案》《贡嘎山海螺沟景区创建国家 5A 级景区申报材料（景观质量）》及景观资源宣传汇报片等，高分值通过国家景区资源与景观质量评审，正式列入国家 AAAAA 级景区创建预备名录，进入加速创建的快车道。累计完成创建项目投资 3.5 亿元，竣工项目 27 个，其余创建项目推进顺利。同时，完成国家生态旅游示范区、省级旅游度假区的创建并已授牌。

【服务管理】 海螺沟景区管理局创立“4321”系列服务管理模式，突出“四大亮点”工程，在全国首创“垃圾银行”“厕所革命”，组建海螺沟“小红帽”义务咨询服务队和农民义务市场纠察队，海螺沟“厕所革命”入围 2015 中国旅游厕所革命先锋前 3 强，并在全州范围内进行推广，海螺沟也荣获“最具文化创意旅游景区”“2015 中国旅游创新奖”等荣誉。以“高价天麻”危机公关事件为切入点，创立“三项制度”“两项基金”“一个门槛”，规范旅游市场秩序，切实维护广大游客和消费者合法权益，受到社会广泛赞誉。编制《海螺沟 5A 创建靠大家》《十要十不要》《四必须八严禁》等系列卡通宣传片，引导干部群众积极融入 AAAAA 创建。围绕服务礼仪、环境保护、景区管理、食品安全等举办系列培训班，旅游从业人员素质和能力大幅提升。

【营销宣传】 海螺沟景区管理局投入 1200 余万元营销宣传经费，CCTV－1、CCTV－4、CCTV－13 和各主客源地卫视以及各类媒介上投放景区品牌宣传广告，加入康东旅游联盟营销体系，积极参加各类旅游交易会，组织开展“冰雪盛宴·星动跨年”“微游海螺沟，微传大美丽”“穿越千年冰川，武媚娘走进海螺沟”“哈苏行摄海螺沟，探寻红石之谜”“行南丝绸之路，游大熊猫家乡——欧洲熊猫粉丝团走进海螺沟”、探秘海螺沟“狼图腾”奇观、“海螺沟杯”第二届圣洁甘孜国际摄影大展等主题营销活动，全方位展示景区丰富的自然、人文、历史等资源。邀请《城市1+1》《地理·中国》《纵横天下游》等栏目组在景区拍摄并宣传海螺沟。荣获2015中国旅游创新奖、最具文化创意旅游景区、最具魅力休闲户外运动目的地、四川省十大“最热门”景区、公众喜爱的四川十佳国家级森林氧吧荣誉称号。

【灾后重建】 大力推进康定“11·22”地震灾后恢复重建工作，梳理灾后恢复重建项目25个，总投资达1.34亿元，实际投入超过2亿元。为确保灾后恢复重建目标的全面实现，结合海螺沟实际，制定《海螺沟景区“11·22”康定地震灾后恢复重建实施方案》，建立项目总指挥、施工总承包、建设总管理、进度总督导“四总”机制，加力推进项目实施，注重项目实施与AAAAA创建、民生改善、基础设施建设、产业发展、社会进步有机结合，统筹推进农房维修加固、风貌改造等灾建项目，有效整合项目及资金，实现经济效益和社会效益最大化。2015年，景区广电中心办公楼、新兴乡卫生院、海螺沟中学等12个项目竣工并通过验收，完成农房维修加固1032户，启动磨西路、市政道路等一系列改造项目，完成所有改造项目工程总量的70%。

（黄　敏）

མི་སྣ་མཚན་སྙན།

人物·荣誉

·州、县（市）组织机构和领导名录·

（2015 年内在任）

一、中共甘孜州委

中国共产党甘孜州第十届委员会

书　记　胡昌升（—2015.06）
　　　　刘成鸣（2015.06—）
副书记　益西达瓦　汪洋　向秋
常　委　杨凯　陈忠义　相洛　段内开
　　　　张昊　许春秀　陈爱皖
　　　　张平森　唐强　赵波　于涵
　　　　李兴文（2015.08—）
秘书长　张平森
副秘书长　刘宗建　东风　陈泽明
　　　　　邓薇　夏永志　刘亦兵
　　　　　蒲朝勇

州委办公室

主　任　刘宗建
副主任　李灿　李德强　尼马

保密办（州保密局）

主　任（局长）　郭秀英（女）
副主任（局长）　舒大有

机要局

局　长　木得古合
副局长　张森林
总工程师　谢培诚

州纪律检查委员会

书　记　汪洋
副书记　王强　卢登　宁凯
常　委　谢平　黄建国　王昌荣
　　　　张全康　段含国

州委组织部

部　长　赵波
副部长　扎西翁加　倪全安　仁青（女）
　　　　王永康　裴嘉　李林华　邓薇

州委宣传部

部　长　相洛
副部长　拥措（女）　王光达
　　　　陈明凯（—2015.12）
　　　　王丹（—2015.06）

州委统战部

部　长　段内开
副部长　昌嘎次称　高尔布　蒙兴普

赵霞（女）
部务委员　熊军

州政法委
书　记　向秋
副书记　尹天飞　董邓康　戴斯林
徐贵强　付宝（挂职）
政治部主任　向国恩

州委州政府目标督查办
主　任　兰芝
副主任　杨慧（女）　杨兴　谢雨农

机关事务管理局
局　长　泽仁翁姆（女）
副局长　王平　方一舟

州委政研室
主　任　陈泽明（2015.02—）
副主任　张林　维色木果（2015.05—）

州农工委
常委副主任　张家志（—2015.05）
杨志贵（2015.05—）
副主任　李鹏　吴运凌

州直属机关工委
书　记　张平森
常务副书记　王兴丽（女）
副书记　赵静　黄晓梅（女）

州委群众工作局
局　长　高才宏
副局长　刘小凤（女）　张建国

州委编办
主　任　谢培勇（—2015.02）
王永康（2015.02—）
副主任　王松　谷云

州委老干部局
局　长　裴嘉（女）
副局长　伍建忠　王斌斌

二、州人大常委会

甘孜州第十一届人大常委会
主　任　李康
副主任　李致民　香根·巴登多吉
胡德明　廖才坤　杨国元
陈德贵　白苏英（女）
杨煜康
秘书长　郑显峰

办公室
主　任　田　龙
副秘书长　付林（女）
副主任　泽里拥忠（女）　张运旻

法制委员会
主任委员　叶萌
副主任委员　李友才　陈昊

财政经济委员会
主任委员　林志伟
副主任委员　殴春萍（女）　刘锦

人事代表工作委员会
主　任　赵玉玲（女）
副主任　朱亚军　李靖

民族宗教外事工作委员会
主　任　鲁建康
副主任　邱文兰

教育科技文化卫生工作委员会
主　任　杨贵平
副主任　黄树军

农业与农村工作委员会
副主任　杨锐

城乡建设环境资源保护工作委员会
主　任　蒋晓蓉（女）
副主任　张祯平

预算工作委员会
主　任　黄建军
副主任　柏云
常委会办公室纪检组长　李建林
常委会信访办主任　袁剑
机关党委专职副书记　奔巴措

三、州人民政府

甘孜州十一届人民政府
州　长　益西达瓦
常务副州长　陈忠义
副州长　张昊　于涵
　　李兴文（2015.10—）　舒大春
　　葛宁　舒文　张永德　何飚
　　杜德清
秘书长　王方霖
副秘书长　程永红　刘俊明　周雪峰
　　陈荣　王虎　张世旭
　　叶绍军　高见　易武（兼）
　　牛麦青云　赵五一（挂职）
　　查心刚（兼）

办公室
主　任　程永红
副主任　友珍（女）　马传勇　陈应轩

研究室
主　任　王虎
副主任　郭静

金融办
主　任　周雪峰

人防办
主　任　易武
副主任　谭伟

法制办
主　任　刘俊明
副主任　胥晓莉（女）

州发展和改革委员会
主　任　王成康
副主任　廖命福　苏久泽古　四郎翁吉
　　罗本彬　陈志勇　李樱（女）
　　李学余（挂职）
纪检组长　翟光远
信息中心主任　刘屹

州教育局
局　长　嘎绒拥忠
党工委副书记　何利（女）
总督学　尔恩木沙
副局长　杨思微（女）　刘康飞　尹创
　　李玉刚　廖伟（挂职）
纪检组长　谢永华

州科技局
局　长　邱发国
副局长　泽朗格西　汪洋
纪检组长　陈咏红
州科情所所长　岳宇

州经济和信息化委员会
主　任　何康军
副主任　唐林　张涛　蒋飚　倪纲
总经济师　张建波
纪检组长　赵志刚

州公安局
局　长　舒文
副书记　王建　太学军
副局长　多军　敬阳　扎巴　杨勇隆

向学马（兼）
纪委书记　罗德双
政治部主任　刘堰
交警支队长　骆勇
特警支队长　向学马
国保支队长　阿成
刑侦支队长　成伟
警务督查支队长　唐永孝
禁毒缉毒支队长　王建平
经侦支队长　袁伟
治安支队长　所呷
反恐处处长　朗加

州监察局

局　长　王强
副局长　王昌荣　晓蓉（女）

州民政局

局　长　刘小康
副局长　柏鹏　徐平静　黄九利
纪检组长　窦零
党总支书记　张健康

州司法局

局　长　李春兰（女）
副局长　黄俊勇　格桑居勉　丹达瓦
扎西彭错
政治部主任　杜明亮
纪委书记　王有兰（女）

州财政局

局　长　格绒（女）
副局长　李晓蓉（女）　成岗　周宇
纪检组长　朱旗
总会计师　方荣
监督检查局局长　夏益军
国库支付中心主任　刘树安

州人力资源和社会保障局

局　长　仁青
副局长　杨成君　苏久拉铁
仁真拥措（女）　杨永华（女）
陈勇　陈代康（兼）
纪检组长　蹇明燊
社保局局长　陈代康
就业局局长　何海
医保局局长　李云峰

州国土资源局

局　长　昂波
副局长　胡忠平　王忠靖　张洪生
罗布　曾渝
总工程师　胡修林

州环境保护局

局　长　袁亮
副局长　罗雪英（女）　徐建国　谢礼
纪检组长　毛雪梅（女）
总工程师　周旋

州住房和城乡规划建设局

局　长　扎西彭措（—2015. 10）
颜磊（2015. 10—）
副局长　刘竤　王健　宋清洪　叶兆鸿
李茂贵（挂职）
纪检组长　吴勋良
总工程师　张刃

州交通运输局

局　长　冉义
副局长　丁虹　夏晓敏　闻琼（女）
康秀英（女）　李王斌
政治部主任　根秋泽仁
纪检组长　唐劲松
总工程师　刘军儒
安全总监　高宝寿
运管处处长　刘进军
路政支队队长　曲美降措

州水务局

局　长　杨正勇

副局长　唐静（女）　毛进明　马丽涛

总工程师　刘宁

州农业畜牧局

局　长　松呷

副书记　罗永红

副局长　杨树农　刘忠　甲措　何阿福
　　　　杨林

总农艺师　达娃

总畜牧兽医师　王大成

纪检组长　曲珠

州林业局

局　长　杨庆华

副局长　洛绒泽仁　潘华　付达荣
　　　　陈学军（挂职）

政治部主任　曾在明

森林防火指挥部专职副指挥长　刘森林

总工程师　代学冬

纪委书记　曾关钰

州商务局

局　长　李凡

副局长　孙雪毓　王能宏（女）
　　　　张良勇　拥塔拉姆（女）

纪委派驻调研员　徐明全

州文体广新局

局　长　龚建忠

副局长　向国华　蒋敦安　许志东
　　　　苏少华　向巴启绕

纪检组长　杨苏斌

歌舞团团长　刘力夫

电视台台长　肖勇（—2015. 06）
　　　　　　王丹（2015. 06—）

州卫计委

主　任　桑郎泽仁

副书记　杨庆东

副主任　唐冬梅（女）　卫林（女）
　　　　黄荣斌　何云华　刘晓蓉

纪检组长　李康华

州人民医院院长　多吉

州卫校校长　杨建军

州藏医院院长　白玛卓嘎

州皮防院院长　王康平

州审计局

局　长　辛勤（女）

副局长　陈军　吴建刚　汪孝竹（挂职）

总审计师　何琼英（女）

纪检组长　梁红（女）

州国资委

主　任　马国忠

副主任　余涌　龙野　刘启殿

纪委书记　李晓涛（女）

政治部主任　陆文光

州安全生产监督管理局

局　长　徐杰

副局长　彭措　肖志超　贡嘎绒波

纪检组负责人　肖兴庆

监察专员　赤乃贡布

州统计局

局　长　洛绒土登

副局长　甄康新　杨慧青（女）

总统计师　陈林

纪检组长　巴松

州旅发委

主　任　肖锋

副主任　王秋蓉（女）　刘洪　彭建军

纪检组长　鄢琴章

州民宗委

主　任　肖志洪

副主任　乌尼合几　陈中华　高荣布鲁
　　　　降拥赤来　苏元明
纪检组长　向峰

州扶贫和移民工作局
局　长　周道君
副局长　黄建国　穆撼　曹阳　安真
纪检组长　丁晓华
总工程师　扎西彭措

州防灾减灾局
局　长　李德
副局长　李小林　喜江鹏

州外事侨台办
主　任　张平林（女）
副主任　杨康华　泽尔加
纪检组长　卫东

州食品药品监督管理局
局　长　曲梅（女）
副局长　邹治平　罗文明　尼勒木卡
　　　　周泽安　康勇
党总支书记　郑向丽

驻蓉办
主　任　伍秀英

驻京联络处
主　任　高国强

四、州政协

政协甘孜州第十二届委员会
主　席　易凡
副主席　刘昌泽　范文华
　　　　甲登·洛绒向巴　周冬秀（女）
　　　　多吉扎西　洛绒曲批
　　　　蒋秀英（女）　赵斌　孙飞
　　　　杨学康
秘书长　刘勇
副秘书长、办公室主任　冯柏清
副秘书长　戈教·云登嘉措　谢民　熊维权

经济科技委员会主任　王笑迟
提案法制委员会主任　陈英（女）
文教医卫和群团委员会主任　徐海波
文史资料和学习委员会主任　肖勇
人口资源环境委员会主任　小卓玛
农业委员会主任　童波
研究室主任　杨雄

五、驻军及武警部队

甘孜军分区
司令员　樊亮才（—2015.07）
　　　　李勇（2015.07—）
政　委　陈爱皖

武警甘孜州支队
支队长　陈孟才
政　委　舒文（兼）　彭涛

武警四川总队第二支队
支队长　田晓东
政　委　古林

武警甘孜州森林警察支队
支队长　张世光
政　委　祝平

甘孜州公安消防支队
支队长　张　涛
政　委　刘中树（—2015.06）
　　　　刘茂生（2015.06—）

六、法检机关

州中级人民法院
院　长　吴良军

副院长　彭涛　刘国建　易兵　张犁
纪检组长　卢有康
政治部主任　杨洪波

州检察院

检察长　李鹏飞
副检察长　张文光　董平　桂荣　黎军
　　　　杨小莉（女）
纪检组长　乌尼乌沙
反贪污贿赂局局长　严渝康
机关党委书记　石顺荣

七、群团机关

州总工会

主　席　许春秀（女）
副主席　丹珍志玛（女）　岳国荣
　　　　罗德强

团州委

书　记　洛绒拉珍（女）
副书记　陈琳娜（女）

州妇联

主　席　穆黎（女）
副主席　王惠（女）　充芬（女）

州文联

常务副主席　格绒追美
副主席　李琴英（女）

州科协

主席　罗振远
副主席　章全　胡德友

州工商联

常务副会长　张建泉
副会长　王永生

州残联

理事长　戴旭
副理事长　李明其　阿六古合

州佛教协会

会　长　甲登·洛绒向巴
副会长　多吉扎西　洛绒曲批
　　　　格达·扎西绒布
　　　　戈教·云登嘉措
　　　　旦增·龙多尼玛　巴迦　洛呷
　　　　俄色·洛绒登巴　泽旺吉美
　　　　夏坝·降央克珠
　　　　图布丹确吉坚赞　尼玛降真
秘书长　仁孜
副秘书长　公确旺加　罗勇　白登勒席
　　　　　洛桑降史降措
　　　　　土登·登增尼玛

州红十字会

常务副会长　王旭初

州社科联

常务副主席　戴刚
副主席　王韩玉

八、州委直属事业单位

州委党校

校　长　赵波
常务副校长　肖福荣
副校长　易诚　代文辉

州委党史研究室

主　任　张敏
副主任　王佐

甘孜日报社

社　长　阿莲
副书记　黄良福
副总编　田杰　周华

州藏学研究所（州编译中心）
所长（主任）　柏萍（女）
副所长（副主任）　落比罗布

九、州政府直属事业单位

州公路局
局　长　刘江
副书记　冯艳（女）
副局长　更登格西　肖星义
政治处主任　廖虎
工会主席　学英
总工程师　罗成和

甘孜州行政学院（州民族干部学校　州社会主义学院）
常务副院（校）长　蒋耀原
副院（校）长　周素平　孙强　龙跃海
党委副书记、纪委书记　陈明有

州档案局
局　长　黄仁钰
副局长　汪秋平德　熊剑

州地方志办公室
主　任　刘启蓉（女）
副主任　韩广富

州住房公积金中心
主　任　安世辉
副主任　谢宏

州政务中心
主　任　李言明
副主任　洛绒泽仁　四朗益西

十、省驻州行政机构

甘孜州国税局
局　长　罗科
副局长　白蕾（女）　李敏（女）
秦志勇　何全富
纪检组长　王林
总会计师　尼杜伟哈
总经济师　多吉降措

甘孜州地税局
局　长　文建国
党委书记　高德明
副局长　郑玉峰　张瑞钧
纪检组长　王雪峰
总经济师　何国平
总会计师　高德富

甘孜州工商行政管理局
党组书记　王益西吉村
局　长　丁淑娟（女）
副局长　格桑泽仁　张昉　席小康
纪检组长　高长明

国家统计局甘孜调查队
队　长　张维（女）
副队长　蔡启军　陈华南（女）
纪检组长　张子安

州质量技术监督局
局　长　王葆春
副局长　刘继萍　张春钰　阿姆（女）
纪检组长　夏光全

中国人民银行甘孜州中心支行
党委副书记、副行长　何家鸿
副行长　王凡志　席建生　叶宏伟
纪委书记　杨庆环（女）

甘孜州烟草专卖局（公司）
局长、经理　陈志学
党组书记　青志勇
纪检组长　郝渠源
副局长　易海波　李贵华

副经理　吴忠于

甘孜州邮政管理局

局　长　郑雨晴

副局长　帅军

十一、省驻州事业单位

四川民族学院

党委书记　李继平

党委副书记、院长　李能武（—2015.09）

郭庆义（2015.10—）

纪委书记　刘瑛（女）

副院长　黄正刚　凌立

郭庆义（—2015.09）

詹先友

中国银行业监督管理委员会甘孜监管分局

局　长　黄先明

副局长　黄慧

纪委书记　魏荣

州气象局

局　长　蒲强

副局长　陈朝勇　谭绍华（2015.10—）

唐磊

纪检组长　谭绍华（—2015.10）

王茂华（2015.10—）

甘孜监狱

监狱长　李远康

政　委　洛绒昂旺

省藏文学校

书记、校长　罗江龙

副校长　高志安　降措　牛麦泽翁

工会主席　泽仁多吉

康定地震站

站长　张绪奇

十二、企业

中国农业银行股份有限公司甘孜分行

行　长　毛树德

副行长　扎西泽仁　范君　李波

周莉萍

中国建设银行股份有限公司甘孜分行

行　长　宋斌

副行长　王俊熙　秦国武

中国农业发展银行甘孜州分行

行　长　罗家齐

副行长　李阎　郑雯

中国工商银行甘孜直属支行

行　长　蒋征江

副行长　古卫　郭冰

州农村信用联社股份有限公司

董事长　钟小林（—2015.09）

赵军（2015.09—）

主　任　王虎

监事长　昂钦

副主任　易清　赵洪

董事会秘书　李家文

四川省邮政公司甘孜州分公司

总经理　李显华

副总经理　曾华　曲桂珍

中国邮政储蓄银行甘孜州分行

党委书记、行长　罗斌

纪委书记、副行长　孟纯

中国电信甘孜分公司

总经理　张世敏

副总经理　张韧　刘运刚　李光荣

李多杰

中国移动甘孜分公司
总经理　陈可（—2015.01）
　　　　李林格（2015.01—）
副总经理　李晏林　陈俊　李何刚

中国联合网络通信集团有限公司甘孜州分公司
总经理　米崇璟（2014.08—）
副总经理　李华　伍泽荣

中国人民财产保险股份有限公司甘孜州分公司
总经理　文祺麟
副总经理　姜芝文　李建康

中华联合财产保险股份有限公司甘孜州中心支公司
总经理　兰国柱

平安财险甘孜中心支公司
总经理　赵成勇
副总经理　王德浩

国网四川甘孜州电力有限责任公司
董事长　明自强
党委书记　刘友志

州国资公司
总经理　易刚
副总经理　温登明
财务总监　阮少军

康定机场集团公司
党委书记、董事长　谭亨

州林业工程处
处　长　肖体华

力邱河林业局
局　长　朱国明

康定新川藏运业有限责任公司
董事长　刘汉民
总经理　尹麒

四川里伍铜业股份有限公司
董事长　陈道前
总经理　祝军

十三、各县（市、局）党政主要领导名录

康定市
市委书记　唐强
人大常委会主任　马昌华（—2015.09）
政府市长　甲么
政协主席　张定贵（—2015.11）

泸定县
县委书记　陈廷全
人大常委会主任　胡林
政府县长　祝邦文
政协主席　杨晓刚

丹巴县
县委书记　杜德清（—2015.02）
　　　　陈天康（2015.02—）
人大常委会主任　温绍安
政府县长　何文才
政协主席　阿根

九龙县
县委书记　赵景强
人大常委会主任　罗凡
政府县长　尹江涛
政协主席　王琦

雅江县
县委书记　阿基布珠
人大常委会主任　刘进顺
政府县长　旦灯

政协主席　杨双寿

道孚县

县委书记　蒲永峰
人大常委会主任　高林中
政府县长　杨国清
政协主席　蔡景荣

炉霍县

县委书记　汪堆
人大常委会主任　康玲（女）
政府县长　巴登
政协主席　吴小平

甘孜县

县委书记　何康林
人大常委会主任　仁孜
政府县长　龙明阿真
政协主席　阿日

新龙县

县委书记　公纠
人大常委会主任　徐康玉（女）
政府县长　董德洪
政协主席　泽翁

色达县

县委书记　王永康（—2015. 02）
　　　　　张平森（2015. 02—）
人大常委会主任　秋他
政府县长　巴登
政协主席　所波

德格县

县委书记　何晓春
人大常委会主任　吴忠贵
政府县长　黄杰
政协主席　四郎益西

白玉县

县委书记　康光友
人大常委会主任　喻建强
政府县长　陈天康（—2015. 02）
　　　　　阿央邓珠（2015. 04—）
政协主席　周玉红（女）

石渠县

县委书记　伍强
人大常委会主任　文晓军
政府县长　仁青降措（—2015. 06）
　　　　　袁明光（2015. 06—）
政协主席　刘泽

理塘县

县委书记　雷建平
人大常委会主任　曲批
政府县长　格勒多吉

巴塘县

县委书记　汪玉琼（女）
人大常委会主任　代龙
政府县长　张家志（2015. 04—）
政协主席　格绒

乡城县

县委书记　郑天强
人大常委会主任　杨建
政府县长　黄进
政协主席　丁淑群（女）

稻城县

县委书记　邓立军
人大常委会主任　唐晓庆
政府县长　曾关和
政协主席　龙龙

得荣县

县委书记　陈洪暴
人大常委会主任　阿郎

政府县长　普呷
政协主席　阿当扎西

海螺沟景区管理局
局　长　谭智泉
副书记　洼西彭措
纪委书记　李绍霖

副局长　王光志　高茂平　张丹（挂职）
政治部主任　龚自毅

稻城亚丁景区管理局
局长　葛宁（兼）
党工委书记　樊玉良
副局长　孙亮　肖电珠

·先进个人·

一、全国先进个人

【2015 年全国劳模】
吴林　甘孜州白玉林业局
程远友　康定中学
桂花　丹巴县聂呷乡甲居一村

【全国优秀县委书记名单】
何康林　甘孜州甘孜县委书记

【2015 年度最美医生】
占玛泽仁　甘孜州德格县上燃姑乡卫生院

【全国模范司法所长】
张白方　甘孜县司法局贡隆司法所所长
李红梅　乡城县司法局白依司法所所长

二、省级先进个人

（排名不分先后）

【四川省第七届劳模】
陈永强　康定市孔玉乡色龙村
公秋称里　石渠县色须镇红旗一村
刘显虎　泸定县兴隆镇和平村
王安全　国网四川理塘县供电有限责任公司拉波供电所
雷艳　四川里伍铜业股份有限公司
龙波　甘孜州道孚林业局
毛进彬　甘孜州畜牧站
小热登　道孚县中心敬老院
刘志斌　甘孜州林业科学研究所
谭晓琴　炉霍县斯木乡中心卫生院
周华荣　甘孜州交通测量队
罗卫东　甘孜州康北民族高级中学
张燕　甘孜州人民检察院

【四川省五一劳动奖章】
郭汪利　甘孜州力邱河林业局
罗孝贵　甘孜州农业科学研究所

【四川省优秀共产党员名单】
多吉　康定市瓦泽乡鱼子西三村村委会主任
冯兴富　丹巴县半扇门乡阿娘沟一村村委会主任
王伟　雅江县公安局副政委
根确单孜　道孚县尼措片区工委主任兼鲜水镇党委书记
洛绒泽登　甘孜县拖坝片区工委主任
呷绒登孜　新龙县甲拉西乡曲格村党支部书记
扎西泽仁　巴塘县松多乡党委书记
翁小丁真　乡城县青德镇仲德村党支部书记
张燕　甘孜州人民检察院计划财务装备处处长

刘一（藏族） 四川稻城亚丁机场有限责任公司党支部书记、副总经理

【四川省践行“三严三实”优秀党员领导干部名单】

四郎曲批 色达县委常委、洛若镇党委书记、喇荣寺五明佛学院管理局局长

罗林 石渠县委副书记

曾关和 稻城县委副书记、县长

【四川省优秀教师名单】

龙泉元 康北民族高级中学

刘焰虎 康定中学

曾德西 巴塘县中学

鸥如 白玉县安孜乡中心小学

胥治彪 丹巴县中学校

吉安拉姆 得荣县子庚乡中心小学

邱泽勇 道孚县协德中心校

唐伟 稻城县东义九年义务教育学校

罗蓉 甘孜县幼儿园

赵代平 九龙县沙坪职业中学

鲁平 康南民族高级中学

泽仁志玛 德格县城关幼儿园

康莉 理塘县城关小学

李云华 泸定县岚安乡中心小学校

朱兵 炉霍县中学

秋莫措 色达县塔子小学

沈燕 海螺沟寄宿制小学

呷拥 石渠县民族寄宿制中学

多吉 乡城县尼斯寄宿制小学

金安拉姆 新龙县大盖片区寄宿制学校

丁思强 雅江县中学

曹世刚 职业技术学校

扎西多吉 康定市藏文中学

央娜 甘孜藏族自治州幼儿园

阿兄扎姆 甘孜州特殊教育学校

【四川省优秀教育工作者】

肖刘 稻城县中学校

郭望丹 石渠县教育局

朱昕 甘孜州大学中专招生委员会办公室

夏轶美 甘孜州民族教育科学研究所

何光良 甘孜藏族自治州电化教育馆

李长清 九龙县教育局

【2015 年度四川省优秀共青团员】

丰子布 团炉霍县委西部计划志愿者

洛绒尼玛 乡城县教育局少先队总辅导员

余彬 稻城亚丁景区管理局营销接待处科员

李央忠 九龙县民族风情艺术团舞蹈演员

宁伟 巴塘县族迹生态特色农副产品发展有限责任公司经理

王国强 四川民族学院美术系视觉传达设计 1443 班学生

白马卓嘎 得荣县中学（教师进修校）初 2016 级 8 班学生

泽让志玛 康定市藏文中学高 2015 级 4 班学生

陈长征 中国人民解放军 77363 部队 50 分队中士

【2015 年度四川省优秀共青团干部】

罗绒志玛 团州委学少部副部长

志玛拉吉 团石渠县委书记

扎西拉姆 团理塘县委书记

雪梅 团德格县委科员

陈静 甘孜县卡攻乡团委书记

巴桑尼玛 巴塘县公安局团支部组织委员

邹倩 甘孜银监分局团委委员

三、州级先进个人

（排名不分先后）

【全州牧民定居行动计划暨帐篷新生活行动先进个人】

康定市（5 名）

陈康蓉 康定市人大常委会副主任

泽仁多吉 康定市人民政府副县长

李恒香 康定市捧塔乡人民政府乡长

刘　建　康定市沙德镇人大主席
廖明儒　康定市牧定办干部
泸定县（2名）
六瓦降泽　四川泸定山盛水泥有限公司总经理
王奇林　泸定桥水泥有限公司总经理
丹巴县（3名）
亚马太　丹巴县半扇门乡党委书记
郭刚毅　丹巴县委农办科员
拥丹降初　丹巴县巴底乡牧业村村支部书记
九龙县（5名）
杨国民　九龙县委常委、副县长
吕健康　九龙县委农办（牧定办）主任
李平安　九龙县呷尔镇农牧综合站站长
王明元　九龙县斜卡乡雪洼村委会主任
曹立慧　九龙县汤古乡党委书记
雅江县（7名）
达尔比　雅江县委常委、统战部部长
张卫星　雅江县国土资源局局长
张怀国　雅江县委组织部常务副部长
仁则多吉　雅江县西俄洛乡人民政府乡长
李多吉　雅江县祝桑乡人民政府副乡长
龚　斌　雅江县住建局质安站站长
张　平　雅江县牧定办干部
道孚县（7名）
八青克珍莫　道孚县委常委、常务副县长
向　阳　道孚县委统战部副部长
李泽芹　道孚县交通运输局局长
四郎拉姆　道孚县八美镇瓦西村委会主任
陆明新　道孚县林业局局长
邓　刚　道孚县水务局副局长
魏　康　道孚县住建局副主任科员
炉霍县（7名）
李志刚　炉霍县水务局工程师
吴成祺　炉霍县地税局科员
四郎仁青　炉霍县下罗科马乡党委书记
龚建强　炉霍县宗塔乡人民政府乡长
张跃平　炉霍县宗麦乡党委副书记
雪　梅　炉霍县更知乡人民政府副乡长
肖兴兰　炉霍县财政局干部
甘孜县（7名）
仁青彭措　甘孜县人民政府副县长
吕体伟　甘孜县委办副主任、农办主任
岳正权　甘孜县住建局副局长
洛绒降措　甘孜县茶扎乡党委书记
达瓦绒波　甘孜县茶扎乡人民政府乡长
青麦多吉　甘孜县下雄乡党委副书记
土登降措　甘孜县马来乡人民政府乡长
色达县（8名）
尼玛泽郎　色达县民政局副局长
张泽君　色达县住建局技术员
呷他　色达县泥朵乡人民政府乡长、派出所所长
呷波　色达县大则乡人民政府乡长
金生　色达县洛若乡党委副书记、纪委书记
花桑　色达县翁达镇人民政府镇长
四郎交　色达县然充乡桑桑村支部书记
称滚　色达县色柯镇姑咱二村支部副书记
德格县（8名）
尼玛　德格县浪多乡党委书记
林涛　德格县委农办副主任
生龙翁须　德格县玉隆乡党委书记
绒呷　德格县柯洛洞工委主任
降拥赤乃　德格县交通运输局局长
达娃泽仁　德格县住建局局长
贡呷尼玛　德格县中扎科乡芒科村村支部书记
翁堆　德格县竹庆乡党委书记
白玉县（6名）
代坤兰　白玉县审计局审计监督员
根秋桑珠　白玉县阿察镇党委书记
李彬　白玉县水务局技术员
岗洛　白玉县纳塔乡党委书记
唐可　白玉县住建局质安站副站长

土灯　白玉县麻绒乡然本村村支部书记
石渠县（9名）
仁青降措　石渠县人民政府县长
彭措　石渠县委农办（牧定办）主任
尼美更绒　石渠县扶贫移民局局长
尼郎　石渠县国土资源局局长
热巴　石渠县阿日扎乡党委书记
扎西达瓦　石渠县委群众工作局局长
多交　石渠县色须镇退休干部
扎根　石渠县宜牛乡宜牛一村村主任
卡益　石渠县阿日扎乡帮充村村支部书记
新龙县（4名）
王朝鸣　新龙县人民政府副县长
陈朝美　新龙县牧定办负责人
格绒江村　新龙县洛古乡人民政府乡长
呷他　新龙县拉日马乡色戈村村支部书记
理塘县（8名）
绕吉　理塘县奔戈乡萨戈村村支部书记
彭重刚　理塘县水务局副局长
阿亚　理塘县曲登乡额和村村支部书记
扎西泽仁　理塘县农牧和科技局局长
高绒　理塘县禾尼乡党委书记
李华兵　理塘县财政局副局长
王霖　理塘县牧定办副主任
银批　理塘县格木乡党委书记
巴塘县（5名）
罗康　巴塘县人大常委会副主任
阿勇　巴塘县副调研员
王丹平　巴塘县牧定办干部
巴登次仁　巴塘县德达乡行政村原村支部书记
曹雪莲　巴塘县牧定办干部
乡城县（5名）
张岭　乡城县住建局副局长
朱秀军　乡城县洞松乡人民政府乡长
青麦　乡城县尼斯乡党委书记
阿依呷　乡城县财政局干部
空达邓珠　乡城县正斗乡党委书记
稻城县（5名）
扎西绒波　稻城县赤土乡人民政府副乡长
青绕　稻城县委党史研究室副主任
郎色　稻城县牧定办干部
仁青电珠　稻城县桑堆乡党委副书记
廖传林　稻城县木拉乡人民政府副乡长
得荣县（4名）
罗绒益西　得荣县八日乡人民政府乡长
罗绒吉村　得荣县交通运输局副局长
晓多吉　得荣县水务局副局长
泽仁扎巴　得荣县八日乡日西顶村村支部书记
州级部门、单位（94名）
刘宗建　州委副秘书长、办公室主任
夏永智　州委副秘书长
陈荣　州政府副秘书长、研究室主任
谢平　州纪委常委
郅云洪　州纪委（监察局）第五纪检监察室主任
郭秀英　州委保密办（保密局）主任（局长）
谭海源　州委组织部党员教育中心副主任
旷伟　州委宣传部新闻科副科长
陈建兵　四川日报社甘孜记者站站长
谭荣皓　州广播电视台技术部主任
格绒洛真　州广播电视台记者
益西贡布　甘孜日报社副译审
秦松　甘孜日报社记者
熊军　州委统战部办公室主任
董邓康　州委政法委副书记、矛盾纠纷大调解协调中心主任
张福　州委、州政府目标督查办督查科科长
泽仁翁姆　州机关事务管理局局长
林杨　州委农办综合科科长
高才宏　州委群工局局长
袁德海　州委办公室秘书二科负责人
龙骏　州草原站畜牧师

王一民　州委农办劳务办副主任
叶萌　州人大法制委主任委员
斯郎泽仁　州政协文教医卫委办公室主任
郭俊英　州法院机关党委办公室主任
石顺荣　州检察院机关党委书记
郭建尧　州政府办公室秘书二科副科长
郑春晓　州发改委农经科科长
尹泽旺　州发改委资环科科长
王芝清　州教育局后管办主任
任克荣　州科技局副调研员
唐林　州经济和信息化委副主任
查鹏　州经济和信息化委电力科科长
通尼落布　州民委经济科科长
周杰　州公安局指挥中心（办公室）科员
何朝忠　州公安局交警支队主任科员
刘金英　州公安局治安支队主任科员
葛兴灵　州公安局治安支队主任科员
陈祖兴　丹巴县消防大队副大队长
黄九利　州民政局副局长
杨杰　州财政局农业科科长
李成良　州财政局农业科主任科员
泽央宗　州人力资源社会保障局军转办副主任
王志斌　州国土资源局土地管理科副科长
尼卜权明　州环境保护局技法支队副支队长
王健　州住房城乡建设局副局长
宋清洪　州住房城乡建设局副局长
邹巧燕　州住房城乡建设局城乡科副科长
彭进斌　州住房城乡建设局质监站高级工程师
李建　州公路运输管理处副处长
周华荣　州交通运输局测量队队长
冯友才　州水务局副调研员
王一德　州水务局规划计划科科长
杨开俊　州农科所所长
李晓敏　州畜牧局畜牧兽医科科长
张德建　州畜科所科技推广部副部长
洛绒泽仁　州林业局副局长
徐晓杨　州林业局培训教育科科长
郭廷汉　炉霍林业局天保办主任
鲜　勇　翁达林场财务科科长
黄元和　新龙林业局副局长
和荣生　州商务合作局市场体系建设科科长
向国华　州文化体育广播局副局长
吴友才　州文化体育广播局竞训科科长
代金伦　州文化体育广播局科技科科长
卫林　州卫生局副局长
吴希琼　州审计局经济责任审计分局审计师
代忠　州审计局农业与资源保护审计科科长
马国忠　州国资委主任
刘洪　州旅游局副局长
穆撼　州扶贫移民局副局长
陈立平　州扶贫移民局扶贫规划项目科科长
泽尔加　州外事侨台办副主任
陈琳娜　团州委副书记
罗红英　州妇联妇女联合部部长
陈代勇　州公路局政治处副主任
董晓琴　州档案局管理科科长
钱玉英　州档案局经科科副科长、副研究馆员
李敏　州国税局副局长
姚雪平　州地税局办公室副主任
罗胜　州工商局办公室副主任
罗勇　人行甘孜中心支行办公室主任
肖莉　州农村信用联社股份有限公司助理会计师
邹俊　乡城县信用联社主任
廖斌　炉霍县信用联社主任
杨素芳　雅江县信用联社主任
张韧　电信甘孜分公司副总经理
曾祥　移动甘孜分公司网络部副经理

常建华　德格县人武部副部长
陈欢　武警甘孜支队十五中队政治指导员
张繁军　康定大站新都桥兵站站长
周跃平　康定大站机关勤务班班长
来庆文　川藏兵站部巴塘大站副站长
杨丽明　川藏兵站部巴塘大站上士

【2013—2014 年度群众工作先进个人】

（一）优秀县委书记
康光友　白玉县委书记
（二）优秀县长
曾关和　稻城县委副书记、县长
（三）优秀乡（镇）党委书记
张忠贵　康定市姑咱镇党委书记
刘洪　泸定县得妥乡党委书记
格绒纳尔布　丹巴县章谷镇党委书记
苏林　九龙县汤古乡党委书记
刑小东　雅江县恶古乡党委书记
约来　道孚县协德乡党委书记
鲁呷　炉霍县充古乡党委书记
土尼　甘孜县扎科乡党委书记
更登泽郎　色达县杨各乡党委书记
降村　石渠县呷依乡党委书记
阿郎　德格县普马乡党委书记
根秋桑珠　白玉县阿察镇党委书记
泽称　白玉县河坡乡党委书记
白马翁加　新龙县乐安乡党委书记
达洼泽仁　理塘县高城镇党委书记
格绒曲批　理塘县村戈乡党委书记
扎西泽仁　巴塘县松多乡党委书记
泽郎初　乡城县青德镇党委书记
电登　稻城县傍河乡党委书记
肖江　得荣县瓦卡镇党委书记
（四）优秀乡（镇）长
杨龙明　康定市金汤镇镇长
强秋明　泸定县田坝乡乡长
斯郎彭措　丹巴县格宗乡乡长
沈忠科　九龙县呷尔镇镇长
所郎多吉　道孚县八美镇镇长
万阿富　雅江县普巴绒乡乡长
白玛卓嘎　炉霍县泥巴乡乡长
洛伍七扎　炉霍县旦都乡乡长
呷玛降泽　甘孜县卡龙乡乡长
张瑛　甘孜县南多乡乡长
花桑　色达县翁达镇镇长
达瓦邓珠　德格县俄支乡乡长
扎西泽仁　白玉县辽西乡乡长
降拥　石渠县起坞乡乡长
多吉桑珠　新龙县尤拉西乡乡长
登巴亚批　理塘县濯桑乡乡长
格生　巴塘县波戈溪乡乡长
阿称　乡城县定波乡乡长
龙龙　稻城县巨龙乡乡长
罗绒益西　得荣县八日乡乡长
（五）爱民村党支部书记
王强　康定市金汤镇新联下村党支部书记
格里若波　康定市吉居乡宋玉村党支部书记
达汪泽仁　康定市呷巴乡塔拉下村党支部书记
吕全　泸定县得妥乡椒子坪村党支部书记
许忠平　泸定县杵坭乡金鸡坝村党支部书记
刘显虎　泸定县兴隆镇和平村党支部书记
陈昌　泸定县冷碛镇团结村党支部书记
龙他吉阿布　丹巴县巴底乡崃依村党支部书记
阿支拉交热　丹巴县革什扎乡大桑村党支部书记
阿热　丹巴县聂呷乡敖日村党支部书记
冲麦　丹巴县梭坡乡左比村党支部书记
王泽翁　九龙县魁多乡魁多村党支部书记
维色尔哈　九龙县踏卡乡甲铺子村党支部书记
王朝清　九龙县八窝龙乡烂泥巴村党支部书记

邓成轩　九龙县子耳彝族乡庙子坪村党支部书记
次昌扬追　雅江县红龙乡错柯二村党支部书记
江布银巴　雅江县柯拉乡益因一村党支部书记
丁则　雅江县恶古乡马一西村党支部书记
科洛　道孚县八美镇中古村党支部书记
幸富　道孚县甲宗乡兴岛科村党支部书记
安芝降错　道孚县鲜水镇胜利一村党支部书记
其他　炉霍县充古乡扎日村党支部书记
多交　炉霍县旦都乡秋所村党支部书记
欧穷　炉霍县上罗科玛乡四村党支部书记
伯伯　甘孜县下雄乡地庆二村党支部书记
纳布伍加　甘孜县查龙乡南卡村党支部书记
呷绒郎加　甘孜县甘孜镇德巴村党支部书记
学曲多吉　甘孜县卡攻乡仲须村党支部书记
多尔洛　色达县甲学乡阿拉甲学村党支部书记
梦江　色达县大章乡嘎志玛一村党支部书记
盆根　色达县亚龙乡色多玛二村党支部书记
桑措　白玉县灯龙乡定戈村党支部书记
其麦多吉　白玉县河坡乡仁白村党支部书记
加洛　白玉县纳塔乡措拉村党支部书记
布切　德格县白垭乡冷茶村党支部书记
西珠　德格县浪多乡洞达村党支部书记
多吉　德格县燃姑乡亚西村党支部书记
格乃　德格县汪布顶乡扎西旦村党支部书记
所达　石渠县温波乡温波五村党支部书记
拿拉　石渠县呷依乡呷依三村党支部书记
西绕　石渠县尼呷镇城关四村党支部书记
呷绒登孜　新龙县甲拉西乡曲格村党支部书记
仁孜尼马　新龙县雄龙西乡腰古村党支部书记
泽翁　新龙县友谊乡古鲁村党支部书记
绕吉　理塘县奔戈乡萨戈村党支部书记
扎扎　理塘县高城镇珍呷村党支部书记
降央绒布　理塘县拉波乡卡通村党支部书记
阿扎　巴塘县列衣乡仲堆村党支部书记
洛真　巴塘县松多乡松多村党支部书记
达瓦绒布　巴塘县夏邛镇罗布通顶村党支部书记
瓜加赤称　乡城县尼斯镇则鲁村党支部书记
马太扎西　乡城县青德乡木郎宫村党支部书记
召宋久　乡城县青麦乡巴吾村党支部书记
四郎　稻城县蒙自乡格沙村党支部书记
自壮　稻城县色拉乡普力村党支部书记
空沙电登　稻城县赤土乡只定二村党支部书记
洛绒吉村　得荣县日龙乡日堆村党支部书记
珠扎　得荣县贡波乡中木村党支部书记
洛绒达瓦　得荣县徐龙乡莫丁村党支部书记
朱世茂　海管局新兴乡高庙子村党支部书记

（六）模范村委会主任

周文俊　康定市雅拉乡头道桥村村委会主任
骆有林　康定市三合乡新五大寺村村委

会主任
尤安明　康定市时济乡帮吉村村委会主任
倪学兵　泸定县得妥乡发旺村村委会主任
罗元刚　泸定县岚安乡乌坭岗村村委会主任
高建明　泸定县冷碛镇梅子坪村村委会主任
叶洪江　丹巴县水子乡纳交二村村委会主任
只它　丹巴县格宗乡白玉村村委会主任
安巴　丹巴县巴底乡培尔村村委会主任
革让朋错　九龙县呷尔镇查尔村村委会主任
谭共荣　九龙县乌拉溪乡偏桥村村委会主任
尼卜木甲　九龙县三垭乡龙塘子村村委会主任
布穷　雅江县米龙乡陇冬村村委会主任
阿取　雅江县普巴绒乡甲德村村委会主任
付鹏　道孚县各卡乡加拉宗村村委会主任
达瓦　道孚县红顶乡向秋村村委会主任
四郎仁孜　道孚县甲斯孔乡卡美村村委会主任
巴多　道孚县龙灯乡柯尔卡村村委会主任
阿所　炉霍县洛秋乡瓦贡村村委会主任
次仁降村　炉霍县泥巴乡四季村村委会主任
扎西泽仁　炉霍县斯木乡瓦达上街村村委会主任
降拥扎巴　炉霍县下罗科玛乡亚理科村村委会主任
土登降措　甘孜县生康乡三村村委会主任
冲翁登真　甘孜县夺多乡纳多村村委会主任
洛绒多吉　甘孜县昔色乡哈旦达村村委会主任
仁波多吉　甘孜县查龙镇吉庆一村村委会主任
帕尔加　色达县歌乐沱乡切科村村委会主任
俄登　色达县色柯镇解放二村村委会主任
央洛　色达县霍西乡拉当村村委会主任
达珍　色达县泥朵乡棒须村村委会主任
阿扎　德格县岳巴乡岳巴寨村村委会主任
细波　德格县亚丁乡呷曲通村村委会主任
泽公　德格县错阿乡错通村村委会主任
伍金彭措　白玉县灯龙乡洞拖村村委会主任
扎西格来　白玉县建设镇呷巴村村委会主任
四郎多吉　白玉县麻绒乡德来村村委会主任
西了穷里　石渠县长沙干马乡三村村委会主任
翁登　石渠县虾扎镇阿色二村村委会主任
巴秋　石渠县色须镇团结二村村委会主任
扎根　石渠县宜牛乡宜牛一村村委会主任
阿布达勒　新龙县甲拉西乡曲格村村委会主任
阿尼　新龙县通宵乡察亚所村村委会主任
阿苦　新龙县洛古乡泽科村村委会主任
阿朱　新龙县皮察乡足然村村委会主任
巴青　理塘县哈依乡哈依村村委会主任
甲它　理塘县甲洼乡俄曲村村委会主任
多吉泽仁　理塘县下木拉乡黄烟村村委会主任
泽登　巴塘县松多乡朗多二村村委会

主任

马吉村　巴塘县夏邛镇孔打伙二村村委会主任

阿扎　巴塘县党巴乡麻顶村村委会主任

铁超　乡城县定波乡白兰斗村村委会主任

西格次称　乡城县尼斯镇巴尔村村委会主任空色泽仁　乡城县青麦乡黑达新村村委会主任

中拥　稻城县木拉乡半岛村村委会主任

电波　稻城县各卡乡思子村村委会主任

白玛邓珠　稻城县香格里拉镇日美村村委会主任

扎西翁堆　得荣县松麦镇约日村村委会主任

扎西次登　得荣县斯闸乡八浪村村委会主任

洛绒达瓦　得荣县八日乡供巴村村委会主任

徐国全　海管局磨西镇杉树坪村村委会主任

（七）“与党同心·与民贴心”优秀共产党员

洛珠　康定市塔公镇日沙一村

呷让　康定市普沙绒乡宜代村

尼玛　康定市吉居乡菜玉村

龙安富　康定市舍联乡牛棚子村

金学武　康定市三合乡昌须村

李芝顺　泸定县烹坝乡烹坝村

方强　泸定县加郡乡房背后村

李远林　泸定县得妥乡得妥村

王红建　泸定县德威乡磨子沟村

陈刚　泸定县泸桥镇泸桥村

格西　丹巴县革什扎乡瓦角村

张国华　丹巴县格宗乡鱼日村

张运碧　丹巴县章谷镇城关村

杨树林　丹巴县半扇门乡核桃坪村

杨洪刚　丹巴县中路乡罕额依村

陈友华　九龙县乌拉溪乡偏桥村

沙马尔提　九龙县三垭乡龙塘子村

倪建军　九龙县洪坝乡羊圈门村

阿扎拉卡　九龙县乃渠乡水打坝村

高雪林　九龙县上团乡运脚村

阿让　雅江县八衣绒乡鲁日村

学若志玛　雅江县瓦多乡白龙村

阿托　雅江县红龙乡东来一村

洛日泽仁　雅江县柯拉乡伙拉村

泽仁多吉　雅江县波斯河乡孜河村

加洛　雅江县米龙乡卢衣普村

刘贯中　道孚县格西乡吾斯尼村

高绒多吉　道孚县各卡乡甲拔村

多吉降泽　道孚县甲斯孔乡文宫村

切尼　道孚县甲宗乡银克村

单孜多吉　道孚县孔色乡约尾村

泽布　道孚县龙灯乡拉日村

曲尼志玛　炉霍县充古乡卡沙村

洛绒扎西　炉霍县旦都乡马居村

依机　炉霍县更知乡德雅村

次里降村　炉霍县卡娘乡吉扎村

班洛　炉霍县洛秋乡灵都村

加班　炉霍县泥巴乡易绕村

俄呷　甘孜县查龙乡查龙一村

白玛恩珠　甘孜县夺多乡瓦达村

扎西拥措　甘孜县甘孜镇新区社区

向巴勒珠　甘孜县卡攻乡浪子村

拉姆　甘孜县呷拉乡呷拉村

昂翁邓珠　甘孜县夺多乡牛日村

穷着　色达县旭日乡仁达村

所郎　色达县康勒乡阿交二村

青则　色达县年龙乡日撒玛村

四郎交　色达县然充乡桑桑村

俄登　色达县大则乡厚门村

庞确　色达县大章乡嘎志玛二村

尼拥　德格县温拖乡康郎村

土登达瓦　德格县玉隆乡绒青村

秋呷　白玉县阿察镇班充村

泽多　白玉县安孜乡昌戈村

德青绒布　白玉县灯龙乡伍沙村

伍金仁真　白玉县建设镇播麦村

多吉　白玉县金沙乡多来村

洛布扎西　白玉县绒盖乡协达村

土美　石渠县阿日扎乡各冲村
所仁　石渠县德荣玛乡草原二村
卓仁　石渠县国营牧场二村
土加　石渠县洛须镇龙溪卡村
志玛泽翁　石渠县真达乡真达村
根虾　石渠县奔达乡格绒村
扎西绒布　新龙县银多乡阿色一村
益西　新龙县和平乡竹青村
洛布降泽　新龙县如龙镇俄日村
呷绒洛布　新龙县友谊乡措日村
所扎　新龙县博美乡仁乃村
阿秋　新龙县子拖西乡呷戈村
阿比　理塘县哈依乡桑多村
阿吉阿郎　理塘县绒坝乡拉吾村
丁真罗布　理塘县高城镇车马村
格初　理塘县拉波乡然东村
克珠　理塘县村戈乡村戈村
洛绒向巴　理塘县觉吾乡作吾村
阿江　巴塘县列衣乡热乃村
洛绒　巴塘县昌波乡下贡村
普巴　巴塘县波密乡下波村
益西次仁　巴塘县夏邛镇孔打伙村
罗松彭措　巴塘县党巴乡雅哇村
平措　巴塘县波戈溪乡拉多村
四郎洛布　乡城县洞松乡太年村
土登　乡城县尼斯镇马色村
阿松呷　乡城县青麦乡供改村
批中伍金　乡城县热打乡热打村
洛绒邓珠　乡城县沙贡乡达根村
电珠　稻城县各卡乡卡斯村
次麦布呷　稻城县巨龙乡布郎村
拉空铁比　稻城县香格里拉镇培仲村
洛绒电月　稻城县省母乡茶花村
卓拉　稻城县吉呷乡吉尔同上村
扎西次仁　得荣县瓦卡镇瓦卡村
红建　得荣县松麦镇格绒村
洛绒达吉　得荣县日龙乡日堆村
白磊次仁　得荣县松麦镇曲雅村
都罗　得荣县贡波乡贡堆村
邹朝刚　海管局磨西镇杉树村
吕建惠　海管局新兴乡喇嘛沟村
刘福强　海管局新兴乡大坪村

（八）群众工作优秀机关工作人员

罗让降央　康定市塔公镇人大主席团主席
杨曦　康定市金汤镇干部
白马拥青　康定市呷巴乡干部
宋云霞　泸定县人民医院中医科主任
倪斌　泸定县得妥乡派出所所长
谢林　泸定县农牧科技局干部
周锦　泸定县加郡乡“一村一大”
王跃跃　丹巴县委组织部人才办副主任
徐弟友　丹巴县纪委（监察局）纪检监察信息中心主任
降初泽郎　丹巴县委宣传部网络舆情中心干部
拥忠扎西　丹巴县委办公室副主任
李黎明　九龙县湾坝彝族乡副乡长
李云晟　九龙县群众工作中心干部
孙云花　九龙县烟袋镇党委副书记、纪委书记
郑瑞源　雅江县委办公室主任
伍福康君　雅江县木绒乡纪委副书记、组织员
胡德伟　雅江县委统战部副部长
郭强　雅江县国税局局长
达瓦让布　道孚县第二中学校长
曾浩　道孚县委宣传部常务副部长
刘怡　道孚县八美镇干部
付正英　炉霍县审计局干部
刘丽　炉霍县泥巴乡干部
张黄康　炉霍县更知乡党委副书记
翁堆　甘孜县委党校干部
苏吉贡布　甘孜县委副调研员
张涛　甘孜县民政局局长
雷波　色达县检察院政治处主任
朱巴　色达县委政法委副书记、综治办主任
张树君　色达县食品药品监督局副局长
降初太　色达县疾控中心主任

李晓斌　白玉县麻邛乡干部
格绒泽仁　白玉县人武部干部
绒它尔　白玉县灯龙乡干部
呷绒多吉　德格县浪多乡干部
王宇　德格县检察院公诉科副科长
傅小阑　德格县政府办公室主任
巴宗　石渠县检察院检察长
陈阿兴　石渠县阿日扎乡干部
段玉梅　石渠县色须镇干部
蔡仁芬　新龙县委组织部副部长、老干局局长
呷绒巴登　新龙县河口片区寄宿制学校校长
赵川　新龙县公安局指挥中心民警
杨勇　理塘县人力资源社会保障局局长
唐伦　理塘县法院院长
毕代兵　理塘县中木拉乡副乡长
春花　巴塘县亚日贡乡“一村一大”
李小平　巴塘县人民医院副院长
陈彪　巴塘县公路分局干部
青志强　乡城县委组织部常务副部长
阿强　乡城县白依乡干部
陈洪勇　乡城县尼斯镇干部
克称　乡城县农牧和科技局干部
益西拉姆　稻城县公安局干部
刘旭东　稻城县水务局干部
辛星　稻城县司法局干部
陈康权　得荣县农牧和科技局局长
许小龙　得荣县瓦卡镇干部
徐树文　得荣县财政局干部
邹航　海管局安监执法大队副队长
裴嘉　州委老干局局长
资艳　州委党校联络科科长
蒋平　甘孜日报社总编室副主任
杨利君　州发改委基础产业科副科长
刘洪　州旅发委副主任
李小虎　州公安局干部
尹洪　州民宗委少数民族古籍整理办公室副主任
王宁　州民政局救助管理站干部
白马久美　州司法局基层工作科科长
格绒　州财政局局长
仁青　州人力资源社会保障局局长
扎西尼玛　州环境保护局康南监测站站长
吴文友　州交通运输局干部
刘杨　州水务局供排水科副科长
松呷　州农业畜牧局局长
汤建华　州林业局组织人事科科长
李凡　州商务合作局局长
王胤　州安全监管局协调办主任
曲梅　州食品药品监管局局长
罗胜　州工商局办公室副主任
泽仁汪登　亚丁管理局党政综合办公室副主任
文建国　州地税局局长
张维　国家统计局甘孜调查队队长
何家鸿　人行甘孜中心支行副行长
谢宇飞　州烟草专卖局人事劳资科科长
武章霞　四川民院党委宣传部干部
蒲强　州气象局局长
范文琼　州公路局养护计划科副科长
黄仁钰　州档案局局长
雷世华　武警二支队政治处保卫股股长
蒋永菊　团州委办公室主任
龙培民　康定中学党委办公室主任
娜措　州广播电视台总编室副主任
尼玛拥措　州医院外联部主任
泽仁友珍　州歌舞团党支部书记
易清　州农村信用联社股份有限公司副主任
谭亨　康定机场集团有限责任公司董事长
王晓林　甘孜州中小企业融资担保有限责任公司总经理
周国康　里伍铜业公司办公室副主任
罗亚　道孚林业局政治处主任

【“铸忠诚警魂”先进个人】

（一）优秀政法干警

朱晓军　德格县公安局白垭派出所所长

杨素英　丹巴县检察院政治处副主任
文健康　丹巴县公安局革什扎派出所所长
全洪　炉霍县委政法委常务副书记
甘勇　炉霍县公安局新都派出所民警
王冀川　甘孜县公安局副局长
罗桑达娃　甘孜县公安局拖坝派出所教导员
洛吾旺佳　色达县法院副院长
白马其珍　色达县检察院科员
黄凯　色达县委政法委副主任科员
蒋长春　色达县消防大队教导员
郝贵勇　白玉县司法局局长
罗江益　石渠县洛须法庭庭长
土比只鲁　石渠县公安局瓦须派出所所长
张伟　新龙县委政法委维稳办副主任
泽仁降措　理塘县检察院政治处主任
贾靖　理塘县甲洼乡司法所负责人
向英　乡城县“铸忠诚警魂”活动办公室负责人
王芳　稻城县法院院长
夏梅　州法院刑一庭庭长
张燕　州检察院计划财务装备处处长
向学马　州公安局副局长、特警支队支队长
宾学强　州公安局民警
马代春　州司法局计财装备科科长
洛松邓珠　甘孜国安局一支队主任科员
张文秀　甘孜国安局一支队主任科员
朱礼茂　甘孜监狱教导员
朱平孝　州武警支队副政委
叶涛　武警二支队政治处干事
康斌　州“铸忠诚警魂”活动办公室综合组组长

·先进集体·

一、全国先进集体

【全国先进司法所】

德格县司法局柯洛洞司法所

【全国法院先进集体】

泸定县人民法院冷碛人民法庭

二、省级先进集体

（排名不分先后）

【四川省“十二五”劳动竞赛优胜单位】

甘孜州明珠花园酒店有限责任公司

【四川省“五化五强”班组】

中国电信股份有限公司甘孜分公司新都桥支局

【四川省先进基层党组织】

泸定县兴隆镇党委
九龙县乌拉溪乡党委
德格县玉隆乡绒青村党支部
白玉县委组织部机关党支部
理塘县濯桑乡党委

【四川省教育工作先进集体】

丹巴县水子片区寄宿制学校
德格县城关幼儿园
甘孜藏族自治州职业技术学校
康定市东大街小学
甘孜藏族自治州特殊教育学校

【2015 年度四川省“五四”红旗团委】

团石渠县委
团丹巴县委
巴塘县公安局团委

色达县歌乐沱乡团委
甘孜县色西底乡团委
新龙县博美乡团委
康定市炉城镇团委
中国电信甘孜分公司团委
白玉县中学团委
康定中学团委

【2015 年度四川省“五四”红旗团支部】

州人民政府办公室团支部
稻城县司法局团支部
乡城县人民政府办公室团支部
道孚县民宗局团支部
中国邮政集团公司雅江县分公司团支部
丹巴县高中团总支
康定机场集团有限责任公司机关团支部
四川民族学院政法系 1443 班团支部
海螺沟中学 2013 级 2 班团支部
武警四川省总队第二支队第四大队火炮中队团支部

三、州级先进集体

（排名不分先后）

【全州牧民定居行动计划暨帐篷新生活行动先进集体】

（一）建设先进集体
康定市住建局
康定市信用联社
康定市捧塔乡党委
丹巴县丹东乡党委
丹巴县太平桥乡党委
九龙县委农办（牧定办）
九龙县呷尔镇党委
道孚县人民政府
道孚县甲宗乡人民政府
道孚县维它乡人民政府
炉霍县委
炉霍县洛秋乡党委
炉霍县上罗科马乡党委
甘孜县大德乡人民政府
甘孜县查龙乡人民政府
甘孜县卡龙乡人民政府
新龙县委
新龙县大盖乡人民政府
新龙县住建局
白玉县安孜乡党委
白玉县阿察镇阿察班充村党支部
白玉县麻邛乡甲旭村党支部
德格县亚丁乡人民政府
德格县玉隆乡绒青村
德格县牧定办
德格县发改局
石渠县宜牛乡人民政府
石渠县阿日扎乡人民政府
石渠县德荣玛乡人民政府
石渠县色须镇日扎村委会
色达县克戈乡人民政府
色达县亚龙乡人民政府
色达县霍西乡党委
色达县杨各乡人民政府
雅江县交通运输局
雅江县柯拉乡人民政府
雅江县住建局
理塘县委组织部
理塘县交通运输局
理塘县牧定办
理塘县村戈乡人民政府
稻城县赤土乡党委
稻城县吉呷乡尼公村
乡城县正斗乡党委
乡城县洞松乡党委
乡城县沙贡乡党委
巴塘县茶洛乡人民政府
巴塘县德达乡党委
巴塘县列衣乡人民政府
得荣县八日乡人民政府
得荣县牧定办

（二）参建先进集体
康定市水务局
丹巴县扶贫移民局

九龙县财政局
道孚县审计局
炉霍县住建局
甘孜县住建局
新龙县交通运输局
白玉县交通运输局
德格县水务局
石渠县水务局
色达县牧定办
雅江县委组织部
理塘县住建局
稻城县水务局
乡城县民政局
巴塘县牧定办
得荣县住建局
州委办公室
州政府办公室
州委宣传部
州委农办
州民委
州教育局
州民政局
州交通运输局
州水务局
州林业局
州商务合作局
州文化体育广播局
州卫生局
州扶贫移民局
州农村信用联社股份有限公司
移动甘孜分公司
（三）帮建先进集体
康定市委组织部
泸定县人武部
丹巴县民政局
九龙县民政局
道孚县财政局
炉霍县农牧和科技局
甘孜县民政局
新龙县扶贫移民局
白玉县财政局
德格县浪多乡志巴村
石渠县住建局
色达县信用联社
雅江县扶贫移民局
理塘县信用联社
稻城县地税局
乡城县住建局
川藏兵站部巴塘大站
得荣县扶贫移民局
州委组织部
州委统战部
州委州政府目标督查办
州机关事务管理局
州政协办公室
州公安局
州人力资源社会保障局
州人大常委会农业与农村工作委员会
州国土资源局
州农业局
州畜牧局
团州委
州妇联
州公路局
州档案局
州国税局

【群众工作先进集体】

（一）先锋基层党组织
康定市委办公室党支部
康定市政府办公室党支部
康定市委组织部机关党支部
泸定县委办公室机关党支部
泸定县政协机关党支部
泸定县加郡乡机关党支部
丹巴县委统战部党支部
丹巴县委政法委党支部
丹巴县人大常委会机关党支部
九龙县呷尔镇机关党支部
九龙县委组织部党支部
九龙县乌拉溪乡机关党支部

雅江县柯拉乡机关党支部
雅江县检察院党支部
道孚县委组织部党支部
道孚县财政局党支部
道孚县人力资源社会保障局党支部
道孚县纪委（监察局）党支部
炉霍县下罗科玛乡机关党支部
炉霍县司法局党支部
炉霍县人力资源社会保障局党支部
甘孜县拖坝区工委党支部
甘孜县法院党支部
甘孜县检察院党支部
甘孜县公路分局党支部
色达县财政局党支部
色达县国税局党支部
色达县公安局党支部
德格县检察院党支部
德格县浪多乡机关党支部
德格县中扎科乡机关党支部
白玉县委办公室党支部
白玉县教育局党支部
白玉县章都乡机关党支部
石渠县地税局党支部
石渠县扎多工委机关党支部
石渠县长须贡玛乡机关党支部
新龙县委组织部党支部
新龙县委办公室党支部
新龙县人大常委会机关党支部
新龙县政府办公室党支部
理塘县农牧和科技局党支部
理塘县政府办公室党支部
理塘县委组织部党支部
巴塘县检察院党支部
巴塘县纪委（监察局）党支部
巴塘县教育局党支部
乡城县纪委（监察局）党支部
乡城县检察院党支部
乡城县委组织部党支部
乡城县发改局党支部
稻城县委组织部党支部
稻城县人力资源社会保障局党支部
稻城县司法局党支部
稻城县香格里拉镇中藏医院党支部
得荣县奔都乡机关党支部
得荣县农牧和科技局党支部
得荣县委组织部党支部
得荣县委统战部党支部
海螺沟景区人民医院机关一党支部
州纪委（监察局）党支部
州法院机关三党支部
州检察院机关第二党支部
州人大常委会办公室党支部
州政协机关第二党支部
州政府办公室机关党委二党支部
州委组织部机关党支部
州委宣传部机关党支部
州委统战部机关党支部
州委政法委机关党支部
州委机要局党支部
州委农办党支部
州直工委机关党支部
州发改委机关二党支部
州经济和信息化委党支部
州卫计委党支部
州国资委机关党支部
州科技局机关党支部
州公安局第一党支部
州财政局第一党支部
州人力资源社会保障局机关党支部
州审计局机关党支部
州统计局党支部
州扶贫移民局党支部
州防灾减灾和应急管理局党支部
州质监局党支部
州国税局机关二党支部
四川民院机关第三党支部
州民干校行政党支部
州地志办党支部
州总工会机关党支部
州妇联党支部

州科协党支部
州军休所党支部
州农科所党支部
州图书馆党支部
州幼儿园党支部
州职业技术学校行政党支部
九龙县雅砻江矿业有限责任公司机关党支部
新龙林业局党委
（二）红旗示范村党组织
康定市吉居乡宋玉村党支部
康定市时济乡杠江沟村党支部
康定市雅拉乡三道桥村党支部
康定市金汤镇先锋三村党支部
康定市三合乡昌须村党支部
泸定县得妥乡南头村党支部
泸定县杵坭乡松林村党支部
泸定县加郡乡田坝村党支部
泸定县德威乡咱威村党支部
泸定县冷碛镇潘沟村党支部
泸定县兴隆镇化林村党支部
泸定县泸桥镇海子村党支部
丹巴县章谷镇城关村党支部
丹巴县聂呷乡聂呷村党支部
丹巴县巴底乡木纳山村党支部
丹巴县革什扎乡洛尔村党支部
丹巴县边耳乡二瓦槽村党支部
丹巴县格宗乡川主庙村党支部
九龙县三垭彝族乡龙塘子村党支部
九龙县呷尔镇华丘村党支部
九龙县乃渠乡水打坝村党支部
九龙县踏卡乡花椒坪村党支部
九龙县汤古乡伍须村党支部
九龙县湾坝乡挖金村党支部
九龙县魁多乡魁多村党支部
雅江县波斯河乡雨日村党支部
雅江县米龙乡陇冬村党支部
雅江县普巴绒乡亚中村党支部
道孚县麻孜乡菜孜坡村党支部
道孚县下拖乡荣须荣恩村党支部
炉霍县旦都乡加郎村党支部
炉霍县充古乡马交村党支部
炉霍县更知乡措口村党支部
炉霍县洛秋乡穷各村党支部
炉霍县泥巴乡次郎村党支部
炉霍县下罗科玛乡甲色村党支部
炉霍县雅德乡然柳村党支部
甘孜县色西底乡色西一村党支部
甘孜县呷拉乡呷拉村党支部
甘孜县仁果乡八村党支部
甘孜县下雄乡地庆二村党支部
甘孜县昔色乡哈旦达村党支部
甘孜县四通达乡瓦拉达村党支部
甘孜县拖坝乡拖坝三村党支部
色达县康勒乡阿交一村党支部
色达县大章乡下多村党支部
色达县杨各乡支巴村党支部
色达县甲学乡阿拉甲学村党支部
色达县塔子乡蚌珠村党支部
色达县歌乐沱乡草坡村党支部
色达县甲学乡二加其村党支部
白玉县灯龙乡定戈村党支部
白玉县盖玉乡德来村党支部
白玉县章都乡金龙村党支部
白玉县赠科乡上比沙村党支部
白玉县安孜乡如须村党支部
白玉县阿察镇昌托村党支部
德格县白垭乡日火村党支部
德格县亚丁乡岸日村党支部
石渠县洛须镇龙溪卡村党支部
石渠县阿日扎乡错布村党支部
石渠县宜牛乡宜牛一村党支部
石渠县色须镇红旗一村党支部
石渠县新荣乡蒙沙一村党支部
石渠县温波乡五村党支部
石渠县正科乡甲松村党支部
新龙县甲拉西乡曲格村党支部
新龙县博美乡德麦巴村党支部
新龙县尤拉西乡洛足村党支部
新龙县麻日乡麦坝村党支部

新龙县友谊乡古鲁村党支部
理塘县呷洼乡日斗村党支部
理塘县高城镇哈戈村党支部
理塘县禾尼乡禾然色巴村党支部
理塘县喇嘛垭乡格青村党支部
理塘县麦洼乡康村党支部
理塘县莫坝乡下莫坝村党支部
巴塘县地巫乡甲雪村党支部
巴塘县地巫乡坝伙村党支部
巴塘县夏邛镇道冉村党支部
巴塘县夏邛镇拉宗伙村党支部
巴塘县亚日贡乡仲勉村党支部
巴塘县拉哇乡索英村党支部
乡城县尼斯镇马色村党支部
乡城县青德镇仲德村党支部
乡城县青麦乡仁堆村党支部
乡城县正斗乡永德村党支部
稻城县吉呷乡呷拉村党支部
稻城县香格里拉镇仁村党支部
稻城县赤土乡甲拉村党支部
稻城县木拉乡同沙村党支部
稻城县省母乡茶花村党支部
得荣县瓦卡镇瓦卡村党支部
得荣县日龙乡日堆村党支部
得荣县徐龙乡莫丁村党支部
得荣县贡波乡中木村党支部
得荣县松麦镇冉绒村党支部
得荣县古学乡卡日贡村党支部
海管局磨西镇杉树村党支部
海管局新兴乡燕子沟村党支部

【“铸忠诚警魂”先进集体】

（一）先进集体（10 个）
康定市委政法委
丹巴县委
雅江县委
白玉县委
新龙县委政法委
理塘县委
稻城县委
州委组织部
州委宣传部
州委政法委

（二）优秀政法单位（10 个）
泸定县法院
德格县检察院
理塘县公安局
州武警支队巴塘县中队
州公安局特警支队
州司法局
甘孜国安局一支队
武警二支队
州森警支队
州公安消防支队

【2015 年度全州重点项目建设先进县（企业）】

（一）2015 年度重点项目建设考核获奖县
一等奖：康定市、雅江县
二等奖：泸定县、丹巴县
三等奖：白玉县、德格县

（二）2015 年度重点项目建设考核获奖市场类项目业主

一等奖：四川大唐国际甘孜水电开发有限公司（大渡河长河坝水电站、大渡河黄金坪水电站）、

国电大渡河猴子岩水电开发公司（大渡河猴子岩水电站）

二等奖：稻城亚丁房地产开发有限公司（亚丁天街项目）

四川金康电力发展有限公司（金平水电站、金元水电站）

四川大唐国际新能源有限公司（甘孜县火古龙村光伏电站）

三等奖：中国水电建设集团新能源开发有限责任公司（炉霍县贡唐岗光伏电站）

雅江金通水电开发有限公司（达阿果水电站）

九龙县雅砻江有限责任公司（雅砻江有限责任公司黑牛洞铜矿 1500 吨/日采选工程项目）

四川革什扎水电开发有限责任公司（吉牛水电站）

四川省川物汽车进出口贸易总公司（丹

巴长沙坝旅游一条街及帕拉梅拉打酒店)。

【2015 年度全州安全生产工作先进县(单位)】

(一)安全生产先进县

巴塘县人民政府

白玉县人民政府

炉霍县人民政府

稻城县人民政府

乡城县人民政府

甘孜县人民政府

(二)安全生产先进单位

州卫计委

州公安局

州财政局

州水务局

州农业畜牧局

州林业局

州安全监管局

州商务合作局

州公路管理局

州总工会

【2015 年度农村公路集中攻坚示范县(市)】

甘孜县　泸定县　康定市

·逝世人物·

唐时胶

(1970—2015)

男,四川仪陇人,1970 年 10 月出生,1995 年 3 月加入中国共产党,1996 年 7 月参加工作,历任中共炉霍县委办公室副主任,炉霍县委农办主任,2002 年 9 月任雅江县人民政府副县长,2011 年 11 月担任中共雅江县委常委、宣传部部长。2015 年 1 月 29 日,雅江县米龙乡甲绒卡村突发森林火灾。唐时胶在火灾前线奋战两天两夜后于 1 月 31 日 20 时 57 分,在前往指挥部途中村道上遭遇车祸,因公殉职,年仅 44 岁。

徐　骅

(1990—2015)

男,土家族,湖北恩施人,1990 年 7 月出生,2009 年考上北京林业大学国防生,2014 年 7 月,分配到武警甘孜支队雅江大队二中队担任排长。2015 年 1 月 29 日,雅江县米龙乡甲绒卡村突发森林火灾。徐骅在火灾前线奋战两天两夜后于 1 月 31 日 20 时 57 分,在前往指挥部途中村道上遭遇车祸,因公殉职,年仅 24 岁。

དཀར་ཆག
索 引

一、本索引采用内容分析索引法，按索引条目汉语拼音字母顺序排序。

二、年鉴中的“特载”“专文”“大事记”“州情概貌”“县·公园管理局”“人物·荣誉”均未作索引。

三、索引标目后的数字表示内容所在的页码。

0～9

A

B

C

D

F

G

H

J

K

L

M

N

P

Q

W

X

Y

Z